# 14,5
## ENSAIOS DE HISTÓRIA
## E ARQUITECTURA

PAULO VARELA GOMES

# 14,5
## ENSAIOS DE HISTÓRIA E ARQUITECTURA

ALMEDINA

14,5 ENSAIOS DE HISTÓRIA E ARQUITECTURA

AUTOR
PAULO VARELA GOMES

EDITOR
EDIÇÕES ALMEDINA, SA
Rua da Estrela, n.º 6
3000-161 Coimbra
Tel.: 239 851 904
Fax: 239 851 901
www.almedina.net
editora@almedina.net

PRÉ-IMPRESSÃO • IMPRESSÃO • ACABAMENTO
G.C. – GRÁFICA DE COIMBRA, LDA.
Palheira – Assafarge
3001-453 Coimbra
producao@graficadecoimbra.pt

ISBN 978-972-40-3062-3
DEPÓSITO LEGAL: 254096/07
FEVEREIRO, 2007

Apesar do cuidado e rigor colocados na elaboração da presente obra,
devem os diplomas legais dela constantes ser sempre objecto
de confirmação com os das publicações oficiais.

Toda a reprodução desta obra, por fotocópia ou outro qualquer processo,
sem prévia autorização escrita do Editor,
é ilícita e passível de procedimento judicial contra o infractor.

*Às minhas alunas e alunos de licenciatura
e pós-graduação no DARQ*

# ÍNDICE

Previamente   11

## I
## NA EUROPA

1. 1998, "'Obra crespa e relevante', os interiores das igrejas lisboetas na segunda metade do século XVII, alguns problemas", catálogo *Bento Coelho (1620-1708) e a cultura do seu tempo*, IPPAR, 1998   17

2. 2001, "*Damnnatio Memoriæ*. A arquitectura dos marqueses de Castelo Rodrigo", actas do colóquio *Arte y Diplomacia de la Monarquía Hispánica en el siglo XVII*, Casa de Velazquez, Madrid, Maio de 2001, pub. ed. José Luis Colomer, Fernando Villaverde Ediciones, Madrid, 2003   47

3. 2001, "Ordem abreviada e molduras de faixas na arquitectura italiana, espanhola e portuguesa do Renascimento", actas do *V Congresso Luso-Brasileiro de História da Arte*, Faro, Outubro de 2001, pub. Universidade do Algarve, Faro, 2002   89

4. 2003, "A tradição clássica na arquitectura luso-brasileira", *Anais do VI Congresso Luso-Brasileiro de História da Arte*, Rio de Janeiro, 1, 2 e 3 de Outubro de 2003, pub. Rio de Janeiro, 2004   113

5. 2006, "Guarini and Portugal", colectânea / catálogo *Guarino Guarini*, Centro Andrea Palladio, Vicenza, 2006-2007. Texto em curso de publicação   135

## II
## NA ÁSIA

6. 1996, "'Ovídio Malabar', Manuel de Faria e Sousa, a India e a arquitectura portuguesa", *Mare Liberum*, Comissão Nacional para as Comemorações dos Descobrimentos Portugueses, nº 11-12 (1996)     159

7. 2004, "Portuguese settlements and trading centres", catálogo *Encounters between Asia and Europe*, Victoria & Albert Museum, Londres, 2004     187

8. 2004, "Dans les Villes de l'Asie Portugaise: frontières réligieuses", actas do colóquio *Frontiéres Réligieuses. Rejets et Passages, dissimulation et contrebande spirituelle*, organizado pelo Centre Culturel Calouste Gulbenkian em parceria com o IRCOM e o Centre Roland Mousnier da Université de Paris IV (Sorbonne), Paris, 18-19 de Junho de 2004. Texto em curso de publicação     201

## III
## ENTRE MULHERES

9. 1999, "Arquitectura de mulheres, mundo de homens: intervenções da DGEMN em mosteiros femininos extintos, 1930-50", catálogo *Caminhos do Património: DGEMN, 1929-1999*, Lisboa, 1999     229

10. 2000, "A fachada pseudo-frontal na arquitectura das igrejas de freiras no mundo português", actas do colóquio *Conversas à volta dos Conventos*, Montemor-o-Novo, Novembro de 2000, pub. Montemor-o--Novo, 2002     249

11. 2001, "As igrejas conventuais de freiras carmelitas descalças em Portugal", *Museu*, 4ª série, nº 9 (2001)     263

## IV
## DEPOIMENTOS (QUE SÃO QUASE ENSAIOS)

12. 2001, "Arquitectura não-alinhada", *Jornal Arquitectos* nº 200 (2001)     279

13. 2003, "O palácio que não houve", *Jornal Arquitectos* nº 212 (2003)     285

**14.** 2003, *'Se não me engano'. O Oriente e a arquitectura portuguesa antiga*, conferência pronunciada no Instituto Cultural de Macau, Lisboa, em 19 de Março de 2003. Texto inédito.                295

## V
## E MEIO ENSAIO, PARA (POR) ACABAR

**14.5** 2003, *'Cazas de taipa pintadas ao fresco têm somente a vista'. A construção de uma identidade para a arquitectura portuguesa no período filipino*, conferência nos III[os] Encontros de Investigação em Curso, DARQ, FCTUC, 2004, previamente apresentada noutra versão na Associação dos Professores de História, Lisboa, em Julho de 2003. Texto inédito.                311

# PREVIAMENTE

Quando me perguntam o que é que faço na vida respondo que sou historiador de arquitectura. Ora, esta colectânea, que reúne alguns dos pequenos ensaios* que escrevi nos últimos dez anos (enfim, quase todos nos últimos cinco...), contém no essencial estudos de história, de história da arte, de história da arte e arquitectura, de história da cultura. Verdadeiramente de história da arquitectura – em minha opinião, que o assunto é controverso – são os textos 6, 8, 10, 11 e 12, menos de metade do total. E daí o seu título: "Ensaios de história e arquitectura" (e não história *da* arquitectura).

Os textos, muitos deles de difícil acesso para os leitores portugueses e alguns não publicados, apresentam-se como foram publicados ou escritos mas com pequenas correcções, a grande maioria apenas de carácter semântico.

Há, no entanto, algumas excepções:

No texto acerca das intervenções da DGEMN em conventos femininos extintos preciso melhor uma informação já contida no artigo original mas talvez pouco explícita: a de que a demolição dos conjuntos monásticos não foi decisão daquela Direcção-Geral mas de um processo longo vindo desde o final do século XIX.

Neste e nos outros textos sobre questões relativas à arquitectura de conventos de freiras eliminei da bibliografia muitíssimos títulos e remeto para o artigo de Luís Urbano "Arquitectura dos conventos femininos: correntes de investigação", publicado na revista *Murphy* nº 1 (2006).

Cortei alguns parágrafos do artigo sobre a arquitectura das igrejas conventuais de freiras carmelitas descalças porque repetiam informação presente noutros artigos aqui publicados.

O ensaio mais antigo desta colectânea: "'Ovídio Malabar', Manuel de Faria e Sousa, a India e a arquitectura portuguesa", escrito entre 1994 e 1996, apresentava dois problemas de pormenor (além de um mais importante que refiro a seguir): corrijo agora uma apreciação errada que então fiz de um texto de Sylvie Deswarte ("Antiguidade e Novos Mundos", em *Ideias e Imagens em Portugal na época dos Descobrimentos*, Lisboa, 1992) porque desconhecia na altura que a leitura "antiquizante" que muitos cronistas portugueses fizeram da arte da Índia não foi um fenómeno exclusivamente português, longe disso, correspondendo a uma corrente do pensamento europeu na sua relação com as artes não-europeias.

Está provavelmente errada neste ensaio (e naquele que intitulei *"Cazas de taipa pintadas de fresco têm somente a vista"*) a ideia de Joaquim de Vasconcellos, Sylvie Deswarte e Paulo Pereira de que o "Auto" de António Prestes de cerca de 1550 figuraria Francisco de Hollanda na forma de um *Diabo vestido à italiana*. De facto, como aprendi entretanto ao ler *The European Renaissance, centres and periferies* de Peter Burke (1998), trata-se de uma figura-tipo muito comum na sátira europeia do século XVI, aparecendo em várias culturas para marcar distâncias em relação à supremacia italiana.

De resto, assinalei em nota entre parêntesis rectos várias alterações pontuais que fiz em matéria bibliográfica ou outra.

Nos três ensaios da secção "Na Ásia" existe um problema sério que salta à vista no primeiro texto, o mais antigo ("Ovídio Malabar"), e se dilui um pouco nos outros, mas não deixará de incomodar quem conheça bem a literatura produzida internacionalmente nas últimas duas décadas sobre as questões relativas ao hinduísmo e ao Islão na Índia. Em poucas palavras, e forçando a nota, trata-se do seguinte: de acordo com muitos historiadores (citem-se Romila Thapar ou Sanjay Subhramanian), e até de acordo com historiadores da arquitectura e arqueólogos (o norte-americano Philip Wagoner, por exemplo), a distinção entre "comunidades" hindus e muçulmanas na Índia é uma invenção europeia. Foram os ocidentais que criaram essas designações, distinções e diferenças.

Ora, os meus ensaios discutem textos portugueses e de outros europeus dos séculos XVI e XVII como se tais textos estivessem a descrever a existência de hindus ("gentios") e muçulmanos ("mouros") e não como se, ao fazê-lo, estivessem afinal a reflectir preconceitos vindos da Europa e a contribuir para criar as categorias que julgavam descrever.

A minha objeção maior a este ponto de vista (pós-colonial, digamos assim) é que os europeus não foram os únicos ocidentais que viajaram para a Índia e nela exerceram um determinado modo de ver as sociedades. Antes dos europeus que viviam a norte do Mediterrâneo, estavam na Índia outros ocidentais: aqueles que viviam a sul a a leste deste mar e que os portugueses chamavam "mouros". Foi provavelmente por isso que os portugueses não ficaram absolutamente nada surpreendidos com as sociedades que encontraram na costa do Malabar, no Concão, no Gujerat ou no interior da Índia. Já conheciam a maneira de descrever a sociedade que se utilizava na Índia porque era a mesma que há séculos e séculos era corrente na bacia do Mediterrâneo: a da divisão por etnias e por estratos sociais que na Índia se chamam castas.

De qualquer maneira, não tenho a certeza absoluta de que os meus três ensaios – sobretudo o primeiro – não sofram do pecado tradicional de ingenuidade perante as fontes, e do pecado mais recente de etno-centrismo.

Os ensaios que publico em inglês (dois) e em francês (um) foram originalmente escritos nessas línguas e decidi que não queria traduzi-los eu próprio para português nem fazer aumentar o preço da colectânea pedindo para serem traduzidos profissionalmente.

A colectânea contém quatro quase-ensaios: dois deles são textos com princípio, meio e fim mas escritos para uma publicação de carácter semi-jornalístico (a revista profissional da Ordem dos Arquitectos). Um outro a que chamo meio-ensaio, é um texto que daria um livro, uma dissertação de doutoramento... ou um ensaio como deve ser. Não houve nem haverá ocasião para isso porque não voltarei ao assunto de que o texto trata. Ficam alinhavadas algumas ideias para quem as quiser aproveitar.

S. Domingos, Janeiro de 2007

---

\* Com pequenos ensaios quero dizer artigos. Publiquei neste últimos anos dois livros com os quais estou razoavelmente satisfeito: *Buçaco, o Deserto dos Carmelitas Descalços*, Coimbra, 2005; e *Arquitectura, religião e política em Portugal no século XVII. A planta centralizada*, Porto, 2001. E também alguns artigos de que gosto tanto como estes que aqui junto, mas que julgo suficientemente divulgados ou divulgáveis: "A arquitectura: um tipo único de igreja. A importância da planta centralizada na igreja do Menino-Deus", *Reabilitação Urbana* nº 1, Lisboa, Direcção Municipal de Conservação e Reabilitação Urbana, 2005 – é um artigo cuja informação original se reencontrará toda no texto sobre Guarini. "'Jornada pelo Tejo': Costa e Silva, Carvalho Negreiros e a cidade pós-pombalina", *Monumentos*, DGEMN, nº 21 (2004) – artigo muito divulgado resultante da tradução de uma conferência pronunciada num simpósio internacional na Universidade de Georgetown em Washington DC, EUA, em 1991. A recensão crítica do livro de Angela Delaforce, *Art and patronage in eighteenth-century Portugal*, Cambridge University Press, 2002, no *Journal of the Society of Architectural Historians*, vol. 62, n. 1 (2003). "'Se eu cá tivera vindo antes'... Mármores italianos e barroco português",

ARTIS, *revista do Instituto de História da Arte da Faculdade de Letras de Lisboa*, nº 2 (2003) – a maior parte da informação contida neste texto surge noutros que aqui se publicam e, de qualquer modo, a revista, dirigida por Vítor Serrão, é muito conhecida. Escrevi também várias pequenas entradas sobre arquitectura portuguesa no *Atlas Mundial de la Arquitectura Barroca*, dirigido por Antonio Bonet Correa e Beatriz Blasco Esquivias, Edições UNESCO/ Electa, Madrid, 2002 (pp. 212-223 e 404-405). As entradas sobre a arquitectura portuguesa na Índia foram redigidas pelo meu colega da Universidade de Charleston na Carolina do Sul (EUA), David M. Kowal, mas os organizadores da publicação eliminaram inexplicavel e indecentemente o seu nome e substituiram-no pelo meu. Do artigo "Les projets de Francesco Borromini et Guarino Guarini pour le Portugal", *Revue de l'Art*, Collége de France, Paris, nº 133 (2001), o essencial aparece aqui nos textos sobre Guarini e o marquês de Castelo Rodrigo. O artigo "A Capela do Monte em Velha Goa" (com Percival de Noronha), foi publicado na muito conhecida revista *Oriente*, Fundação Oriente, Lisboa, nº 1 (2001). Escrevi também dois livros de divulgação que não foram publicados e não sei se alguma vez o serão: para o IPPAR uma história abreviada da arquitectura conventual em Portugal e, para uma editora privada, o volume respeitante ao neoclassicismo de uma história da arte em Portugal (mais uma...).

# I
# NA EUROPA

# *OBRA CRESPA E RELEVANTE*
OS INTERIORES DAS IGREJAS LISBOETAS
NA SEGUNDA METADE DO SÉCULO XVII – ALGUNS PROBLEMAS

1998

As mais importantes pinturas de Bento Coelho da Silveira (1620-1708) foram executadas tendo em vista a sua integração em ambientes arquitectónicos especiais: as naves de algumas igrejas lisboetas. Os painéis de pintura eram parte constitutiva destes ambientes que adquiriram uma coerência notável nos vinte anos finais do século XVII: são em geral igrejas-caixa, de planta rectangular com transepto inscrito ou pouco pronunciado. A capela-mor a as capelas laterais têm altares de talha dourada ou de pedra. As paredes laterais da nave e do presbitério estão decoradas até meia altura com azulejo figurativo azul e branco. A parte de cima está coberta com painéis de pintura sacra. A abóbada é frequentemente decorada de brutesco com motivos vegetais. Partes do altar e muitas molduras (arcos, ombreiras, cornijas) estão revestidas de embutidos de mármore colorido de um género que pode ser designado por embutido fino (**im. 1**).

O presente ensaio procura discutir alguns passos da evolução cultural e construtiva que conduziu a este género de interiores – totalmente diferentes daqueles que eram vulgares na arquitectura portuguesa do século XVI e primeira metade do século XVII.

Nos anos ao redor de 1640, dois importantes aristocratas portugueses propuseram para a arquitectura que se praticava em Portugal um novo modelo de gosto: Roma.

Estes aristocratas foram o segundo Marquês de Castelo Rodrigo, D. Manuel de Moura Corte Real (1592-1652) e o segundo Conde da Vidigueira, depois Marquês de Nisa, D. Vasco Luís da Gama (1612--1676)[1]. Eram homens de grande influência política e social. D. Manuel

---

[1] [Ver sobre a actividade artística do segundo e do terceiro marqueses de Castelo Rodrigo a tese de doutoramento que entreguei em 1998 na Universidade de Coimbra e o artigo "Damnatio Memoriae" desta colectânea (ver esse artigo também para bibliografia)].

IMAGEM 1:
Igreja de Nossa Senhora da Conceição dos Cardais, Lisboa,
vista em direcção ao coro alto e portaria (fotografia PVG)

de Moura, filho primogénito e herdeiro de D. Cristovão de Moura (fal. 1612), o todo-poderoso ministro de Filipe II (I de Portugal), era desde 1632 embaixador extraordinário de Espanha em Roma e ocuparia, depois de 1640, os cargos de embaixador e depois governador dos Países Baixos espanhóis. Vidigueira foi embaixador de D. João IV em Paris e Roma e ocupou vários altos cargos na corte lisboeta da Restauração.

Os dois aristocratas conheceram-se antes de 1640 e Vidigueira retomou depois da Restauração um contacto romano muito importante de Castelo Rodrigo: Francesco Borromini.

De facto, D. Manuel de Moura encomendara a Borromini a decoração arquitectónica do panteão dos Moura Corte Real em Lisboa (uma cripta sob a capela-mor da igreja do convento de S. Bento da Saúde) e a decoração da própria capela-mor que pertencia à sua família. A encomenda foi realizada em Roma em 1636-1637 e as primeiras pedras chegaram a Lisboa no ano seguinte. A cripta, aberta pelo arquitecto Teodósio de Frias (fal. 1634) em 1629-1630, foi decorada de mármores negros com inscrições a ouro e a capela-mor com ornamentos de mármore de várias cores lavrados no estúdio de Borromini. D. Manuel encomendou também em Roma nessa época vários projectos para jardins e casas na sua Quinta de Queluz – que seria incorporada na Casa do Infantado depois da Restauração, dando origem ao actual Palácio.

Castelo Rodrigo era um homem impulsivo e autoritário. Iniciara as obras em S. Bento e em Queluz em 1630-1631 quando estava em Portugal enviado pelo Rei e Olivares para se ocupar das naus da carreira das índias. Todavia, ao chegar a Génova a caminho de Roma (1631-1632), pôs os seus colaboradores e criados perante um verdadeiro *coup de foudre*: enviou para Lisboa instruções para se pararem os trabalhos afirmando preferir os mármores lavrados em Itália a tudo o que se fazia em Portugal e Espanha. De facto, Génova impressionara-o muito e a sua iniciativa foi um dos primeiros indícios de uma tendência artística que dominaria toda a segunda metade do século: o gosto pelo trabalho dos marmoristas e estatuários de Génova e pelo brilho dos materiais nobres.

Ao chegar a Roma, nova revelação e novas instruções: que em Lisboa aguardassem, porque ia enviar novas traças para Queluz e S. Bento. Enviou-as de facto mais tarde, logo seguidas pelas pedras riscadas por Borromnini.

D. Manuel não cedia, em Roma, a uma moda local. De facto, Borromini era então quase completamente desconhecido. Castelo Rodrigo foi afinal o seu verdadeiro "descobridor" e o seu primeiro patrono. Foi ele que pagou o famoso convento e igreja de S. Carlino às

Quatro Fontes (iniciado em 1634 e só terminado depois da saída de D. Manuel de Roma, em 1641). Para Castelo Rodrigo compilou Francesco Borromini o seu Tratado *Opus Architectonicum*, publicado postumamente só em 1725 e dedicado ao "Eccelentissimo Signor il Marchese di Castel Rodriguez... che mi amava pio da figlio che da servo".

A Restauração interrompeu brutalmente as obras de S. Bento e de Queluz. Os Castelo Rodrigo nunca mais voltaram a Portugal e, por um conjunto perverso de circunstâncias, foram vítimas tanto aqui como em Espanha e em Itália, de uma verdadeira *damnatio memoriae* que apagou a sua brilhante contribuição para a história da arquitectura europeia[2]. Mas, até meados do século XVIII (pelo menos), as pedras borrominianas da capela-mor de S. Bento da Saúde estiveram no sítio, sendo vistas e admiradas por muitos curiosos.

Invocando explicitamente o exemplo de Castelo Rodrigo, um dos procuradores do conde da Vidigueira em Roma sondou Borromini em 1645 no sentido deste vir para Portugal[3]. O arquitecto aceitou o convite (embora depois a viagem não se tenha realizado) e enviou entretanto para Lisboa uma lista dos preços das pedras que riscara para D. Manuel de Moura e que tanto haviam encantado a aristocracia lisboeta.

D. Vasco Luís da Gama precisava de Borromini para as obras que estava a levara cabo no seu palácio a S. Roque (encostado ao sítio onde é hoje a Misericórdia). Nesse palácio, Vidigueira aproveitava a torre das

---

[2] A Igreja de São Bento da Saúde desapareceu no século XIX; no terramoto ardera já o palácio Corte Real; a incorporação de Queluz na Casa do Infantado fez desaparecer todas as obras anteriores; e até o palácio no castelo da vila de Castelo Rodrigo caiu em ruína e no esquecimento enquanto o nome da família, identificado com a "traição" a Portugal, foi pouco a pouco recalcado. Em Espanha, a grande quinta dos Castelo Rodrigo perto de Madrid desapareceu no século passado; a igreja de Santo António dos Portugueses, que Castelo Rodrigo ajudou a construir, tornou-se igreja dos Alemães; o palácio real do Buen Retiro, para o qual D. Manuel deu um contributo decisivo, foi derrubado (ver sobre o Buen Retiro, entre outras obras, Jonathan Brown e J.H. Elliot, *A Palace for a King. The Buen Retiro and the Court of Philip IV*, Yale, 1980). Em Roma, toda a gente esqueceu o contributo de D. Manuel para a construção de San Carlino e a dedicatória do tratado de Borromini. Finalmente até a família de Moura Corte Real se extinguiu no final do século XVII, sendo absorvida pela dos Príncipes italianos de Pio de Sabóia.

[3] Vidigueira não imitava só D. Manuel de Moura. De facto, ainda antes da Restauração, outro importante aristocrata português, seduzido pelo exemplo de Castelo Rodrigo, tentara convencer Borromini a vir trabalhar para Portugal: o Duque de Bragança, D. João, depois D. João IV. A Restauração impediu que o convite se concretizasse, tendo Borromini invocado para o recusar o desgosto que ia causar ao seu protector Castelo Rodrigo. [Verifiquei posteriormente que talvez me tenha enganado: os convites de Vidigueira e Bragança não foram dirigidos a Borromini mas provavelmente a um colaborador seu. Ver o artigo "Damnatio Memoriæ"].

muralhas medievais de Lisboa que aí se situava (visível em algumas das panorâmicas antigas) para lhe construir anexo um novo corpo palacial onde inaugurou uma importante biblioteca e uma galeria de arte. O conde era um extraordinário bibliófilo: importou de Itália, da França e da Flandres centenas de livros e obteve do Papa a autorização especial requerida para ler obras proíbidas pela Inquisição (por exemplo, as de Maquiavel). Para a galeria de arte, Vidigueira importou várias obras italianas, nomeadamente um conjunto de bustos esculpidos por Alessandro Algardi. Tudo isso se dispersou – e terá desaparecido – com a ruína da casa dos marqueses de Nisa em meados do século XIX[4].

Mesmo tendo em consideração que as preferências concretas de D. Manuel de Moura e D. Vasco Luís da Gama ficaram isoladas no meio lisboeta[5], não é possível acreditar que as obras que importaram tivessem passado despercebidas. Pelo contrário, a sua iniciativa vinha ao encontro de, e estimulava, uma tendência geral do mundo arquitectónico ibérico. Um aspecto fundamental dessa tendência em Portugal é o gosto pela policromia da pedra, pelo seu polimento e pela sua nobreza.

---

[4] J. Ramos Coelho publicou, *O primeiro Marquês de Niza*, Lisboa, 1903, pp. 45 e sgs., excertos das cartas referentes à encomenda de Algardi mas sem conseguir identificar o escultor que nas cartas aparece só como Alexandre. Ora, algumas das cartas existentes no ANTT e na BNL (cod. 2665 e cod. 4466) revelam que o escultor trabalhava na época para o príncipe Pamphili. Só se pode tratar de Algardi que fez o busto deste nobre romano depois de 1644. Os bustos que Nisa encomendou eram oito (ou doze, a informação é contraditória) e as cartas identificam Séneca, Diógenes, Adriano, Vénus, de entre dois imperadores, dois filósofos, duas mulheres e dois *moços copiados do antigo*. Não procedi a qualquer pesquisa no sentido de identificar positivamente ou encontrar estas e outras obras encomendadas por Vidigueira. Em todo o caso, o Palácio de S. Roque e a nova casa dos Vidigueira-Nisa, unidos à casa de Unhão no final do século XVIII, o Palácio Unhão-Nisa à Madre de Deus, foram vendidos em meados do século XIX. Sobre a ruína da família, cuja fortuna foi dispersa pelo aventureiro e jogador nono (e último) Marquês de Nisa e nono Conde de Unhão, D. Domingos Xavier da Gama (fal. 1873), ver o pouco conclusivo e romanceado Eduardo de Noronha, *O Último Marquês de Nisa, romance de costumes*, Lisboa, 1909. [Quando escrevi o presente artigo e este foi publicado, a Doutora Teresa Vale preparava na Faculdade de Letras da Universidade do Porto o seu doutoramento, que completou em 1999, sobre a importação de escultura italiana no contexto das relações culturais entre Portugal e a Itália no século XVII. Práticamente todos os factos ainda não publicados sobre estes assuntos da escultura que aparecem neste meu artigo estavam a ser trabalhados por Teresa Vale – mas eu não sabia, nem ela. Todavia, quando, após 1999, fiz algumas referências, num ou noutro artigo que escrevi, a alguns factos relativos a estes temas, continuei a ignorar a tese de Teresa Vale. Por ignorância. Mas incorrectamente. A tese foi publicada em 2004 sob o título *Escultura Italiana em Portugal no século XVII*, Lisboa, Caleidoscópio.]

[5] Até ao ponto de Vidigueira se ter queixado amargamente que a sua biblioteca, aberta ao público aristocrata da capital, só tinha um visitante regular, o conde de Vimioso... D. Vasco ficou tão desapontado com esta indiferença que pensou em encerrar a biblioteca. Ver J. Ramos Coelho, op. cit., pp. 22-24.

O exemplo mais precoce que conhecemos em Portugal de uma animação de paredes, abóbadas e molduras de pedra clara com placas ou embutidos de cor diferente é o Panteão da Infanta D. Maria, a capela-mor da igreja da Luz em Carnide, riscada por Jerónimo de Ruão e construída entre 1575 e 1594. Esta obra é de uma erudição arquitectónica pouco usual entre nós mas a forte influência flamenguizante das ordens usadas e do essencial da decoração tem feito esquecer os motivos de mármore colorido embutidos nas paredes laterais. Ao descrever a igreja, frei Roque do Soveral[6] disse que Dona Maria *mandou a Jeronimo de Ruam seu architecto que fizesse a traça & que fosse das melhores cousas da Europa;* e acrescentou: *quando a obra hia ja fora dos alicerces duas canas de altura, com seu próprio lenço andava a Princesa alimpando os jaspes lustrados (dizia ella que aquelles erão seus espelhos em que se revia),* uma referência muito explícita e admirativa à novidade da obra e ao gosto pelo pulimento da pedra, um verdadeiro "espelho de Príncipes", no sentido em que a nobreza dos materiais expressa pelo seu brilho reflectia e acrescentava a nobreza do encomendador.

A abóbada e as paredes do transepto da igreja estão decoradas com pedra branca e vermelha de um tipo que nos habituámos a considerar como característico de uma época mais tardia.

Uma origem que deve ser considerada para este género de revestimento ornamental prende-se à personalidade e ao trabalho em Portugal do escultor, engenheiro militar e arquitecto florentino Giovanni Vicenzo Casale residente em Portugal desde 1589 e falecido em Coimbra em 1593. Durante estes quatro anos, Casale esteve ao serviço da política de fortificações da coroa ibérica mas dedicou-se também à arquitectura religiosa sendo, como se sabe, o projectista da Cartuxa de Évora[7]. A vida artística de Casale começou na igreja dos servitas de Lucca anos 60 do século XVI, onde projectou um altar de mármores. Depois, trabalhou em Florença em projectos de arquitectura efémera e revestimentos marmóreos. Passou a Nápoles em 1573-1574 e aí foi engenheiro militar. Veio para Espanha em 1586 e para Portugal três anos depois. Ao falecer

---

[6] Ver fr. Roque do Soveral, *Historia do insigne apparecimento de Nossa Senhora da Luz e suas obras maravilhosas*, Lisboa, 1610, pp. 40-41. Não há ainda um estudo monográfico contemporâneo sobre a igreja da Luz de Carnide. Deste modo continua a ser necessário ler os escritos de Gabriel Pereira, *De Benfica à Quinta do Correio-Mor*, Lisboa, 1905 e *Notícias de Carnide*, Lisboa, n.d. Além disso há informações interessantes em fr. Miguel Pacheco, *Vila de la sereníssima Infanta Dona Maria, Hija delrey D. Manoel.* Lisboa, 1675.

[7] Ver A. Bustamante e F. Marias, "Francisco de Mora y la arquitectura portuguesa", in *As Relações Artísticas entre Portugal e Espanha na época dos descobrimentos*, Coimbra, 1987, pp. 277-318.

deixou em Portugal um fabuloso album de desenhos e gravuras que terá passado para Espanha no século XIX e constitui hoje um dos mais importantes fundos iconográficos da Biblioteca Nacional de Madrid[8]. Entre estes desenhos há vários que são directamente pertinentes para a questão dos embutidos de mármore: projectos para mesas, tectos e pavimentos feitos no gosto que se convencionou dizer florentino e que não puderam deixar de influenciar todos os arquitectos e engenheiros portugueses que contactaram com Casale[9].

Entre 1603 e 1617, foi bispo do Porto o superior dos beneditinos frei Gonçalo de Morais que reconstruiu completamente a capela-mor da sua Sé em 1609-1610[10]. Os alçados laterais estão decorados com embutido largo[11]. A abóbada é de caixotões e a cornija está sustentada por mísulas voluta, tudo à maneira da época. Na *Europa Portuguesa*, livro publicado em Lisboa em 1678 mas começado a escrever nos anos de 1620, Manuel de Faria e Sousa (1590-1649) classificou a capela-mor (que conheceu pessoalmente quando viveu no Porto protegido por Frei Gonçalo de Morais) como "belíssima, e custosa, e grande" (III, III, XII, 171). Num elogio fúnebre poético ao bispo falecido, incluído na *Fuente de Aganipe*, recordou a capela e o dono da obra, aludindo ao corpo de S. Pantaleão sepultado naquele local:

> "Purpureo Pantaleão cuja ventura
> Foi ter, por Panteão tanta estructura".

Um outro caso interessante é a capela do Menino Jesus em S. Roque de Lisboa projectada em 1619 por Baltazar Álvares (fal. 1624)[12]. Nestes

---

[8] Ver sobre este álbum e sobre a vida de Casale, o catálogo *Dibujos de arquitectura y ornamentacion de la Biblioteca Nacional, Sglos XVI y XVII*, Madrid, 1981, pp. 211-313. O texto é de F. Marias e A. Bustamante. Estão reproduzidos todos os desenhos e gravuras.

[9] Vejam-se por exemplo os desenhos C.99 e C.119 cujas legendas, manuscritas por Casale, são verdadeiras listas de *pietre dure* florentinas.

[10] Ver Jaime Ferreira Alves, *O Porto na época dos Almadas. Arquitectura. Obras públicas*, Porto, 1988, Vol.I, p. 58.

[11] [Os adjectivos "largo" e "fino" usados neste texto para distinguir dois tipos de embutido de mármore foram "inventados" por mim para este fim e nesta ocasião. Vejo-me obrigado a esclarecer este ponto porque já houve quem pensasse que se tratava de termos técnicos habituais e até talvez antigos...]

[12] Ver sobre esta capela Victor Serrão, "Documentos dos protocolos notariais de Lisboa referentes a artes e artistas portugueses (1563-1650)", separata do *Boletim Cultural da Assembleia Distrital de Lisboa*, III série, nº 90, (1984-1988), p. 26. Ver ainda Miguel Soromenho "Classicismo, italianismo e estilo chão, o ciclo Filipino", in Paulo Pereira (dir.), *História da Arte Portuguesa*, Lisboa, 1995, Vol.II, pp. 385-386. [Entretanto surgiram dados novos que suspendem a atribuição do projecto a Baltazar Álvares: ver Sílvia Ferreira e Maria João Pereira Coutinho,

mesmos anos, o arquitecto Pedro Nunes Tinoco (fal. ca. 1640) projectou o túmulo de D. Brites Brandoa no mosteiro de Santo António da Lourinhã fazendo uso de pedra branca, rosa e embutidos de pedra azul escura. Em 1635, Tinoco desenhou outro túmulo onde também aparecem embutidos largos, o de D. Duarte de Menezes no convento de S. Francisco de Santarém – hoje no Museu de Alporão[13] – e, em 1630, projectara o lajeado do chão da igreja do Loreto em Lisboa com "pedras lioz de Tirgache branco e vermelho e sanefas ou faxas de pedra vermelha" separando as pedras maiores, como ainda hoje se vê na igreja[14].

Em 1636 começou a circular por toda a Europa um Álbum de gravuras reproduzindo os aparatos efémeros da *Joyeuse Entrée* na cidade flamenga de Gand (1634) do cardeal Infante D. Fernando de Áustria, filho de Filipe IV (III de Portugal). O mais espectacular de todos estes aparatos representa um *cenário*, uma rua efémera sob um tecto de caixotões sustentado nos dois lados por uma colunata em dois pisos. A gravura, a cores, imita um revestimento de mármores coloridos vermelhos e azuis dispostos em formas geométricas regulares, extraordinariamente evocativo do género de decoração arquitectónica que se divulgava em Portugal na altura[15].

A seguir à Restauração, encontramos o primeiro interior conhecido onde o embutido largo é usado generalizadamente num padrão próximo daquele que aparece nesta gravura flamenga: a igreja do Bom Sucesso de Belém (de freiras dominicanas irlandesas), construída no essencial nos anos 40 e 50 do século XVII[16]. A igreja está dotada de uma decoração de

---

"'Com toda a perfeição na forma que pede a arte': a capela do Santíssimo Sacramento da igreja de São Roque de Lisboa", *Artis*, 3(2004), pp. 267-295.]

[13] Ver Victor Serrão, "O arquitecto maneirista Pedro Nunes Tinoco, novos documentos e obras (1616-1636)", separata do *Boletim Cultural da Assembleia Distrital de Lisboa*, III série, nº 83 (1977) e *Santarém*, Lisboa 1990, pp. 72-74.

[14] O contrato notarial da obra foi assinado em 10 de Março de 1630 com os pedreiros Antão Gonçalves e Leonardo Jorge (ANTT, Cartº Not. 11, Livro 185, Fols. 30v-31v, localizado por Victor Serrão, op. cit., p.39). A igreja do Loreto não é ortogonalmente rectangular em planta; o pavimento lajeado é mais largo no topo norte que à entrada e o projecto teve de compensar essa diferença com as tais *faxas* ou *sanefas*, colocadas entre as pedras maiores. A obra não foi bem executada e nota-se a não regularidade da dimensão das pedras.

[15] A gravura está publicada no catálogo *Los Austrias, grabados de la Biblioteca Nacional*, Madrid, 1993, p.19 e nº 299b. O livro de onde foi reproduzida é Giugliemo Becano, *Serenissimi Principis Ferdinandi Hispaniarum Infantis Triumphalis Introitus in Flandriae Metropolim Gandavun*, Antuérpia, oficina de Ioannis Meursi, 1636.

[16] É preciso não esquecer que desaparecerem em 1755 as mais importantes igrejas lisboetas (S. Nicolau, S. Julião, S. Domingos, Santa Justa) bem como muitos conventos onde tiveram lugar obras sucessivas na primeira metade do século XVII. Ver Victor Serrão, op. cit., 1977.

motivos quadrangulares de pedra azul e vermelha nos intradorsos dos arcos e na abóbada da capela-mor[17] (**im. 2**).

Outro aspecto inovador interessante é a preferência cada vez mais acentuada de encomendadores e artistas pelo engordamento dos motivos arquitectónicos (molduras, mísulas, frontões, etc.) que provinham da influência de Filipe Terzi (fal. 1597) antes e durante o reinado de Filipe I de Portugal[18]. Desta tendência para a mudança faziam também parte o aparecimento de novos elementos decorativos e uma compreensão diferente da relação da ordem arquitectónica com a parede.

A obra do entalhador e arquitecto Marcos de Magalhães (act. 1647--1667) nos portais da igreja do Loreto (final dos anos 50) (**im. 3**) e na sacristia de S. Domingos do Rossio em Lisboa (1664-1665)[19], manifesta a tendência para tornar mais gordos pináculos, mísulas e volutas que apareciam, numa versão magra, na obra de Jerónimo de Ruão no panteão dos Jerónimos (1587-1591) – volutas e mísulas-volutas – e na obra de Terzi (veja-se no convento de Cristo de Tomar a fonte parietal do claustro grande, por exemplo, datada de 1593, com volutas e mísulas-voluta alongadas). Aparecem também nos portais de Marcos de Magalhães motivos inéditos na nossa arquitectura: a voluta-corda, pináculos-jarra, a cartela com decoração vegetal, etc.

Mas estes portais caracterizam-se também pelo abandono dos tipos de porta vigentes desde o final do século XVI em favor de composições retabulares e decorativas[20].

---

[17] Um outro caso interessante é o de dois desenhos de Mateus do Couto Sobrinho (fal. 1696), representando alçados para um altar, datados de cerca de 1671 e destinados ao arcebispo de Leiria, D. Diogo de Sousa (colecção ANBA de Lisboa, publicados por Ayres de Carvalho). Os desenhos representam um arco decorado com losangos de pedra escura, numa composição muito semelhante à do Bom Sucesso, embora mais tosca. Num dos desenhos escreveu Mateus do Couto: "os moldes pª se obrar não consinta V. S.ria senão que os tire eu q nelles esta toda a graça", indicação muito clara de que o autor tinha consciência de que só as pedras (para as quais eram precisos moldes) davam valor ao arco. Ver Ayres de Carvalho, *As obras de Santa Engrácia e os seus Artistas*, Lisboa, 1971, ils. 36 e 37.

[18] Sobre Terzi e a arquitectura portuguesa, os trabalhos mais actualizados e mais inovadores são os de Miguel Soromenho, "O Mosteiro e Igreja de S. Vicente de Fora", in Irisalva Moita (coord.), *O Livro de Lisboa*, 1994, pp. 207-218, e op. cit., 1995, vol. II, pp. 377-403.

[19] Sobre Marcos de Magalhães, ver Victor Serrão, " Marcos de Magalhães, arquitecto e entalhador do ciclo da Restauração", separata do *Boletim Cultural da Assembleia Distrital de Lisboa*, III série, n° 89, 1° tomo, 1983.

[20] Sobre este novo tipo de composição de portais e retábulos na época da Restauração, ver ainda o desenho do entalhador António Vaz de Crasto (act. 1656-1664), BNL, D.27 R (publicado Rafael Moreira, entrada "Desenho", in J. F. Pereira e P. Pereira (org.), *Dicionário da Arte Barroca em Portugal*, Lisboa, 1989, p. 147; discussão em Ayres de Carvalho, *Catálogo da Colecção de Desenhos*, BNL, 1977, pp. 95-96). Trata-se de um desenho de 1656 para o retábulo-

IMAGEM 2:
Igreja de Nossa Senhora do Bom Sucesso, Lisboa, entrada da igreja pública (fotografia PVG)

IMAGEM 3:
Porta lateral da igreja de Nossa Senhora do Loreto, Lisboa (fotografia PVG)

No portal principal do Loreto, a ordem (dórica) e alguma da decoração libertam-se da parede: a porta torna-se um motivo de carácter escultórico. O mesmo sucede no portal lateral com as mísulas-volutas e os pináculos. A nova compreensão das ordens e das molduras, por um lado, e os motivos geométricos de pedra colorida embutidos em paredes e arcos (ou os azulejos, os brutescos e os painéis de pintura), por outro, são as alternativas, respectivamente escultórica e pictórica, à concepção arquitectónica activa, característica de uma cultura tratadística da arquitectura. As paredes e molduras aparecem agora como elementos passivos porque os novos tipos de decoração rompem a tendência para tratar a parede como um elemento arquitectonicamente abstracto. A parede já não serve só para definir um volume, os seus ritmos, as suas proporções e o seu significado (através das ordens), e torna-se agora passiva, suporte de representações de azulejo e pintura ou de uma decoração mais próxima de escalas miúdas, da vista (pictórica) e do tacto.

Por outro lado, as portas-retábulo e os retábulos de pedra que começam a decorar capelas-mor como a do Bom Sucesso (ou os altares de talha, em inúmeras igrejas) dão origem a ambientes muito próximos do trabalho dos entalhadores e escultores.

Um último exemplo esclarecedor do sentido destas mudanças é a obra da igreja de S. Nicolau no Porto, iniciada em 1671, cuja nova fachada foi construída em 1675-1676 com risco do arquitecto e entalhador frei Pantaleão da Rocha de Magalhães (fal. 1703)[21]. O portal principal é característica obra de entalhador com uma dupla ordem (colunas e pilastras coríntias encostadas a uma ordem parietal dórica) e capitéis volumosos próprios de uma mão treinada no trabalho de madeira (**im. 4**). A porta é característica da época pelo volume das colunas e pelas mísulas-voluta que sustentam a parte central do frontão quebrado.

---

-mor da igreja dominicana de Abrantes. O desenho mostra que o autor não era um arquitecto treinado (vejam-se os grosseiros erros de perspectiva na representação da capela gótica) e deve ter copiado o desenho de um tratado ou de outro desenho. Em todo o caso, são notáveis as parecenças com, por exemplo, o altar da sacristia de S. Domingos de Lisboa, de Marcos de Magalhães, e o carácter fortemente escultórico de toda a composição.

[21] Sobre frei Pantaleão da Rocha Magalhães, ver Joaquim Jaime Ferreira Alves, "Algumas obras seiscentistas no Convento de Corpus Christi", *Gaya*, vol.II(1984), pp.243-258; "Construção da Igreja de S. Nicolau (1671-1676)", *Poligrafia* 1(1992), pp. 39-63; "Elementos para a história da construção da Casa e Igreja da Congregação do Oratório do Porto (1680-1703)", *Revista da Faculdade de Letras da Universidade do Porto*, II série, vol. X(1993), pp. 379-406.

IMAGEM 4:
Pormenor da porta frontal da igreja de S. Nicolau, Porto (fotografia PVG)

A investigação historiográfica recente[22] tem vindo a demonstrar que um dos traços mais importantes da mudança ocorrida na arquitectura portuguesa na segunda metade de Seiscentos é o protagonismo cada vez mais acentuado dos entalhadores como projectistas de arquitectura, aspecto que Ayres de Carvalho já tinha apontado[23].

Ora, o contrato da obra da fachada de S. Nicolau, parcialmente publicado por Jaime Ferreira Alves, explicita que as colunas da porta teriam as "sotasbazes e o embazamento em baixo e em cima das sotasbazes na forma que traz Jacomo de Vinhola".

Trata-se de uma raríssima referência contratual a um tratado de arquitectura que mostra que tanto o traçador como o pedreiro, Marcos Gonçalves, tinham em seu poder a obra de Vignolla. Mas é também importante assinalar que o essencial da referência a Vignolla talvez se explique pelo facto do autor do risco ser um entalhador-arquitecto.

De facto, Vignolla é um tratadista que se interessou quase exclusivamente pela codificação das ordens e muito pouco pela tipologia dos edifícios. Por isso, contrariamente a um Serlio ou um Cataneo, estava especialmente vocacionado para o uso dos entalhadores e pedreiros. É interessante verificar que os tratados mais referidos por estes artífices eram o de Vignolla, sim, mas também o de Diego de Sagredo (*Medidas del Romano*, 1526), outro tratadista das ordens que ainda era usado pelos pedreiros e carpinteiros lisboetas nos anos 40 do século XVIII, designadamente por Valério Martins de Oliveira autor do célebre *Advertências aos Modernos que aprendem os ofícios de Pedreiro e Carpinteiro* (1739 e 1748)[24].

Mas havia outro meio profissional e social que tinha da arquitectura um entendimento muito menos ligado a questões tipológicas e muito mais próximo de um gosto decorativo nobilitado pelo conhecimento literário das ordens de arquitectura: refiro-me à aristocracia frequentadora das Academias literárias do século XVII[25].

---

[22] Ver entre outros artigos, Jaime Ferreira Alves, "Aspectos da actividade arquitectónica no Porto na segunda metade do séc. XVII", *Revista da Faculdade de Letras da Universidade do Porto*, II série, Vol. II, (1985), pp. 251-272, e Natália Marinho Ferreira Alves, "De Arquitecto a Entalhador: itinerário de um artista nos séculos XVII e XVIII" in *Actas do I Congresso Internacional do Barroco*, Porto, 1991, vol. I, pp. 355-370.

[23] Ver Ayres de Carvalho, *D. João V e a Arte do seu Tempo*, ii vols., Lisboa, 1962, e "Novas revelações para a história do Barroco em Portugal", *Belas Artes*, 2ª série, nº 20(1964).

[24] Ver Rafael Moreira, entrada "Tratados de Arquitectura", in J. F. Pereira e P. Pereira (org.), op.cit., pp. 492-494 e Paulo Varela Gomes, *A Confissão de Cyrillo*, Lisboa, 1992, p.33

[25] Ver sobre as Academias e a arte, Ana Hatherly, *A Experiência do Prodígio*, Lisboa, 1983, mas especialmente, Paulo Varela Gomes, *A Confissão de Cyrillo*, op.cit., sobretudo pp. 41-64.

Sucede que o encomendador do projecto de frei Pantaleão da Rocha de Magalhães para a fachada de S. Nicolau do Porto foi um importante académico lisboeta: o bispo do Porto, D. Fernando Correia de Lacerda (fal. 1685), que foi partidário fervoroso do infante D. Pedro na luta pela Regência e a Coroa[26]. Foi também académico Generoso em Lisboa em 1673, animador da Academia dos Instantâneos em sua própria casa[27], autor do panegírico de um importante académico, o marquês de Marialva[28].

Em 1676, D. Fernando Correa de Lacerda fez publicar uma *Carta Pastoral* sobre as igrejas[29] que constitui uma defesa articulada tanto de uma concepção simbolista da arquitectura corno do luxo da decoração dos templos católicos. Escreve ele que a "casa de Deos deve ser bem ornada, o seu ornato, assim interior como exterior; serve de grandes utilidades, os lugares obscuros, e sordidos, mais se fogem que se frequentam, os elegantes, e conspicuos, não só agradam, mas elevam". Correia de Lacerda avança também argumentos em favor da decoração dos templos

---

Ana Hartherly e Luís de Moura Sobral, *Elogio da Pintura*, Lisboa 1991, Luís de Moura Sobral, *Pintura e Poesia na Época Barroca*, Lisboa, 1994. Cabe assinalar que a frequência das Academias por parte de gente ligada à arquitectura e à engenharia militar data, pelo menos, da Academia que realizava em Lisboa e Queluz D. Cristovão de Moura nos anos finais do século XVI. Ainda antes da Restauração, D. Francisco Manuel de Melo participava, com personagens ilustres como João Pinto Ribeiro, nas sessões da Academia Augusta, onde se debatia, entre outros assuntos, doutrina politica (ver D. Francisco Manuel de Melo, *Tácito Português*, ed. Lisboa, 1995, pp. 75-76).

[26] D. Fernando Correia de Lacerda é o nome que se esconde por debaixo do pseudónimo de Leandro Dória e Faria, autor da *Catastrophe de Portugal na deposição de El-rei D. Affonso VI*, publicada em Lisboa em 1676.

[27] Ver João Palma Ferreira, *Academias literárias dos séculos XVII e XVIII*, Lisboa, 1982, pp. 39-40

[28] Ver Diogo Barbosa de Machado, *Biblioteca Lusitana*, Lisboa, 1747, vol. II, pp. 22-24. Correia de Lacerda presidio por ordem de D. Pedro II ao grande cerimonial cortesão e religioso da transferência das relíquias da Raínha Santa Isabel de Santa Clara-a-Velha de Coimbra para Santa Clara-a-Nova em 1677 e foi também autor de um poema heróico sobre D. Afonso Henriques (que existe em manuscrito na BNL, ver João Palma Ferreira, op. cit.,p.39), o que o torna referência indispensável da conjuntura "historicista" de celebração das glórias de Portugal que teve início no princípio do século XVII e inúmeros efeitos arquitectónicos e artísticos ainda só parcialmente estudados. Ver sobre isto Luís de Moura sobral, op cit., 1994; ver sobretudo para o caso da arquitectura, Paulo Varela Gomes, "Ovídio Malabar" [neste volume].

[29] D. Fernando Correia de Lacerda, *Carta Pastoral sobre a fabrica, dedicaçam, e consagraçam do Templo*, Lisboa officina de Joam da Costa, 1676. [Não referi na nota original uma comunicação então – 1998 – ainda não publicada de Luís de Mouro Sobral que escutara em Braga em 1996. Foi publicada em 1999: *"Un bel composto"*: a obra de arte total do primeiro barroco português", in Actas do Simpósio *Struggle for Synthesis, a obra de arte total nos séculos XVII e XVIII*, Lisboa, IPPAR, Vol. I, pp. 303-315. Neste texto, Mouro Sobral refere e discute a *Carta Pastoral* de Correia de Lacerda].

com pinturas que "são as csculpturas por onde lêm os leigo: Os que não sabem ler, lêm o pintado, os que sabem ler lêm o escrito" (p. 250).

A doutrina não tem nada de novo. É a reiteração de argumentos que vários sectores da hierarquia católica vinham avançando desde o século XVI em favor da imagem e do luxo na arquitectura religiosa, rebatendo assim a condenação protestante desse luxo[30]. Mas o bispo do Porto adianta também uma leitura da igreja como conjunto de símbolos: os alicerces são os fundamentos da fé, as quatro paredes são os quatro evangelistas, as colunas são os bispos e doutores da igreja, as janelas são os cinco sentidos ("porque por dentro se hão de abrir, e por fora se hão de estreitar; hão de se estreitar por fora porque não entrem as temporais vaidades, hão de se abrir por dentro para receberem os dons espirituais") (p. 38)[31].

Defendendo uma doutrina velha em circunstâncias novas, Correia de Lacerda aparece como um homem da corte lisboeta, muito próximo de uma geração de aristocratas que, sucedendo à dos seus pais, os Restauradores de 1640, protagonizaram a construção de novos palácios, o patrocínio de novas igrejas e a protecção a novos autores de projectos, os entalhadores-arquitectos.

Nas Academias literárias da capital também assumiram papel de relevo desde a Restauração os engenheiros militares. De facto, a arquitectura militar era um importante sinal de nobreza e realeza na corte dos primeiros Braganças. Um cronista da facção de Castelo Melhor, que detestava o infante D. Pedro, diz deste nos anos de 1660 que, "para se formar hum Principe Perfeito", estudava fortificação, história e livros políticos (por esta ordem)[32]. D. Francisco Manuel de Melo (fal. 1666), várias vezes Presidente dos Generosos, chegou a fazer-se eco de todos os discursos dos

---

[30] Ver sobre estas questões para o século XVI português, a dissertação de mestrado de Joaquim Oliveira Caetano pela UNL, *O que Janus via, rumos e cenários da pintura portuguesa, 1535-1570*, 1996; internacionalmente o tema está tratado em muita bibliografia; ver o recente (e excelente) Giuseppe Scavizzi, *The controversy on images from Calvin to Baronius*, Nova Iorque, 1992.

[31] A leitura simbólica dos vários elementos do edifício da Igreja feita por Correia de Lacerda é um tópico da literatura sacra que provém de um texto muito divulgado e respeitado, o *Rationale Divinorum Officiorum* escrito no século XIII por Gugliemo Durando e editado várias vezes nos séculos XV e XVI. Ver Sobre Durando, Giuseppe Scavizzi, *Arte e architectura Sacra*, Reggio Calabria e Roma, 1981, especialmente pp. 224 e sgs. Ver ainda excertos do texto de Durando sobre o simbolismo das igrejas em S. Carlos Borromeo, *Instrucciones de la Fabrica y del Ajuar Eclesiásticos*, ed. e notas de Bulmaro Reyes e Coria, México, 1985, notas 18 a 22.

[32] Ver *A Anti-Catastrophe, historia d'el Rei D. Afonso 6º de Portugal*, publicada por Camilo Aureliano da Silva e Sousa, Porto 1845, p. 337. O cronista anónimo acrescenta a seguir deste programa de estudos que D. Pedro não estudava nada e tinha gosto em envolver-se em cenas de pancadaria com os mulatos nos páteos da Corte...

engenheiros militares em favor da nobreza da sua arte, pronunciados por escrito ou nas Academias literárias aristocráticas que frequentavam, dizendo que *Deus* "fora arquitecto da castramenção do seu povo e engenheiro da Arca de Noé"[33]. O próprio D. Francisco escreveu um tratado "Da Fortificação das Praças"[34].

Numa sessão da Academia dos Generosos realizada em 1661, o engenheiro-mor Luís Serrão Pimentel (fal. 1679) pronunciou um discurso sob o título *Qual he mais dannosa, a propriedade confiada, ou a adversidade desprevenida*, tema académico quanto baste e academicamente tratado com citações da Eneida, mas entendível afinal pelos presentes à luz da profissão do orador. Dois ou três anos depois, o engenheiro-mor aparece como Mestre "de navegação, fortificação e quazi todas as materias Mathematicas", na mesma sessão em que o nosso já conhecido D. Fernando Correia de Lacerda discursa sobre... arquitectura militar[35].

A convivência estreita entre aristocratas e engenheiros militares, a prática e a teoria das fortificações consideradas como um sinal por excelência de nobreza, aproximavam o universo da construção do universo literário[36]. Não por acaso, a primeira instituição dedicada ao ensino da arquitectura militar existente em Portugal foi a *Aula da Esfera* do colégio jesuíta de Santo Antão, lugar também do ensino e da prática da Retórica. A Aula de Santo Antão funcionava desde muito antes da Restauração e saíram dela os primeiros fortificadores portugueses da nova dinastia[37].

A igreja do colégio jesuíta de Santo Antão (danificada depois de 1755 e demolida no início do século XX), cujas obras duraram praticamente todo o século XVII, foi dos edifícios mais importantes de Lisboa pela influência cultural exercida pelo colégio e pelas características da arqui-

---

[33] Ver *Tácito Português*, op.cit., p.127.
[34] Ver Barbosa Machado, *Biblioteca Lusitânia*, II, op.cit., p. 188.
[35] Ver BGUC, ms. 114, fols. 68-69 e fols. 415 e sgs.
[36] Em 26 de Outubro de 1661, o engenheiro militar francês Pierre (ou Pedro) de Santa Colomba dirigiu ao Conselho de Guerra uma papel em defesa da sua planta da cidade de Évora no qual acusa Luís Ferrão Pimentel de ser "hum homem meramente theorico e (...) alheo da pratica". Segundo ele, Serrão Pimentel estaria "sempre contra os desenhos obrados neste Reyno por engenheiros de fama" (ver Biblioteca da Ajuda, 51-VI-1, nº32, fols. 87-90). É natural que os engenheiros portugueses estivessem contra a presença, julgada excessiva, de técnicos estrangeiros. Mas também é possível que a posição de Santa Colomba tivesse que ver com o convívio estreito entre engenharia e poesia, ou discursos académicos, característico da nossa cultura da época.
[37] Ver Rafael Moreira, "Do rigor teórico à urgência prática: a arquitectura militar", in *História da Arte em Portugal*, vol. 8, Lisboa 1986. Ver ainda Miguel Soromenho, *Manuel Pinto de Vilalobos, da engenharia militar à arquitectura*, dissertação de mestrado em História de Arte, Universidade Nova de Lisboa, 1991 (dact.), pp. 5 e sgs.

tectura e do processo de construção da igreja. A história desta obra é hoje conhecida com pormenor[38]. Um dos seus episódios revela uma outra faceta da mudança em curso nos meados do século XVII: o gosto cada vez mais escultórico dos arquitectos da corte lisboeta.

A igreja de Santo Antão foi iniciada em 1613 com projecto de Diogo Marques Lucas (fal. 1627) e só abriu ao culto em 1658 mas ainda longe de estar completa. Cerca de 1670 começaram a construir-se não só as torres da fachada fronteira mas provavelmente todo o remate, que é do tipo do projecto inicial da igreja coimbrã dos padres da Companhia (c. 1587-c.1639)[39]: duas torres encostadas às aletas que ligam os lados da fachada a um corpo central mais alto (**im. 5**). Em Julho de 1672, o mestre da obra, pedreiro António Fernandes, resolveu desmanchar "a cornija com sua cachorrada e ressalteada em os pillares" de modo a fazê-la "correr direita". Esta decisão é difícil de interpretar. A fachada de Santo Antão está representada num desenho de Haupt que mostra uma ordem gigante de pilastras dóricas com capitéis de óvulos e entablamento de tríglifos; no lugar das métopas há ressaltos quadrados de pedra, talvez métopas por esculpir. Mas não mostra qualquer cachorrada (embora a cornija responda de facto aos ressaltos das pilastras). Todavia, há de facto uma cachorrada sustentando a cornija da única torre que sobreviveu parcialmente ao terramoto. Trata-se com toda a certeza de uma fiada de mísulas do género das que aparecem em muitas obras do classicismo monumental filipino e que têm origem na obra de Miguel Ângelo em Itália e de Herrera em Espanha. É portanto possível que António Fernandes quisesse desmanchar as ditas obras propondo uma cornija mais balançada (mas direita) na ordem inferior e a eliminação das mísulas na ordem das torres[40].

---

[38] Ver Fausto Sanches Martins, A *Arquitectura dos primeiros Colégios Jesuítas em Portugal, 1542-1759, cronologia, artistas, espaços*, dissertação de Doutoramento pela Faculdade de Letras da Universidade do Porto, 1992, 2 vols. (dact.).

[39] Ver Sanches Martins, op.cit., vol.I, pp. 82-106.

[40] A composição da parte superior das ordens de arquitectura (relação capitel-entablamento-cornija) já tinha sido assunto polémico nos meios arquitectónicos de Lisboa. No tratado de arquitectura de Mateus do Couto, Tio (fal.1664), datado de 1631, este revela que a ordem jónica de S. Vicente de Fora (cuja fachada atribuiu, como se sabe, a Baltazar Álvares), fora condenada por o arquitecto ter substituído o capitel jónico por mísulas-volutas, decisão de facto heterodoxa e polémica, cujo sentido ainda não foi determinado e que não cabe discutir nesta ocasião [ver, nesta colectânea, artigo "Ordem abrevidada..."]. Mas a verdade é que cerca de quarenta anos depois da polémica contra Baltazar Álvares, o caso de Santo Antão mostra que o assunto não ficara encerrado e ainda havia quem julgasse imprópria a cachorrada e os ressaltos da cornija. Sobre o tratado de Mateus do Couto, ver Rafael Moreira, "Tratados de Arquitectura", e Miguel Soromenho, op.cit, 1994.

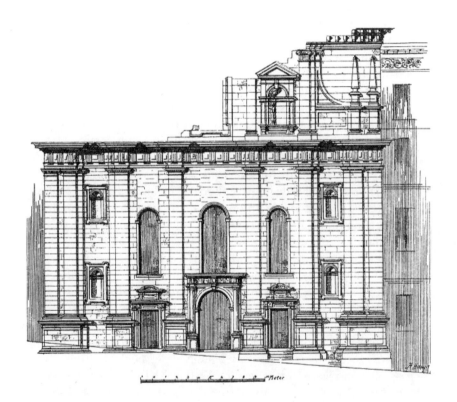

Imagem 5:
Fachada da igreja de Santo Antão da Companhia de Jesus de Lisboa (desaparecida), desenho de Albrecht Haupt, 1890

A notícia de que o pedreiro queria desmanchar esta parte da obra mobilizou o protesto colectivo dos principais arquitectos e engenheiros da corte lisboeta. Em 8 e 9 de Julho de 1672 reuniu em Santo Antão uma verdadeira «junta» de projectistas em que se destacavam os nomes do padre Diogo Tinoco da Silva, o animador da reunião, João Nunes Tinoco, Mateus do Couto Sobrinho, Francisco da Silva Tinoco, o mestre pedreiro da cidade João Luís, entre outros. Acordaram em conjunto que a obra estava bem assim, como Diogo Marques Lucas a tinha projectado, e "conforme a obra de Architectura", quer dizer, conforme as ordens escolhidas. O engenheiro-mor Luís Serrão Pimentel também foi consultado e terá sido ele a emitir a opinião sobre o assunto que mais é conforme ao que na altura sucedia na arquitectura lisboeta: disse o engenheiro que a obra assim "he mais fermosa (...), mais crespa, e relevante"[41], extraordinária frase que mostra que o relevo e o volume eram valores considerados muito positivos pelos mais importantes projectistas de Lisboa na altura que tomavam como modelo para esse género de obra os edifícios e projectos dos seus antecessores de meio século atrás.

A "junta" afirmou também que o pedreiro "nunca obrou sem papel de Architecto e pareceres dos Mestres mais antigos e experimentados". O aspecto mais significativo de todo o episódio é, de facto, a defesa colectiva dos arquitectos do rei contra a intromissão de não-arquitectos no projecto de arquitectura numa época em que isso começava a suceder quase que por sistema.

É sintomático, porém, que os portais da igreja do colégio jesuíta, representados também por Haupt, tenham influenciado os entalhadores: o portal principal é quase do mesmo tipo do Loreto, riscado por Marcos de Magalhães.

A melhor descrição da obra de Santo Antão é um texto anónimo escrito provavelmente por um jesuíta cerca de 1704, a famosa *História dos Mosteiros, Conventos e Casas religiosas de Lisboa*[42], um dos vários escritos da transição entre os séculos XVII e XVIII que mostra que a arquitectura se tinha tornado um assunto digno de menção sistemática o que é um dos mais seguros indícios de uma nova conjuntura cultural[43].

---

[41] Para todas estas citações e factos, ver Sanches Martins, op.cit., vol. I, pp 405-411.

[42] Editada por Durval Pires de Lima, Lisboa, 1950. Sobre Santo Antão ver, vol.I, pp. 441 e sgs.

[43] Ver também entre muitos outros exemplos, frei Nicolau de Santa Maria, *Chronica da Ordem dos Cónegos Regrantes do Patriarca Santo Agostinho*, Lisboa, 1660-1668, obra recheada de apreciativas descrições da arquitectura de Santa Cruz de Coimbra e outros edifícios agostinhos; Frei Agostinho de Santa Maria, *Santuário Mariano e história das Imagens Milagrosas de*

Um passo da *História dos Mosteiros* sobre Santo Antão permite-nos seguir a cronologia da mudança do gosto:

> "Quando no anno de 1650 se tratou de continuar a abobada que estava começada, pareceo aos Padres ficaria muyto mais fermozo o tecto da igreja se fosse variado e ornado com marmores de diversas cores, o que se veyo a executar compondo-o de marmores brancos, pretos e vermelhos, que se ajustaram com muyto boa ordem em nove grandes payneys" (p. 420).

Em 1650, portanto, o embutido largo estava decididamente na moda.

Quando, em 1701, se fez um dos lados da igreja, os encomendadores decidiram que, para ter correspondência com a abóbada, fosse dotado de idêntica decoração com mármores pretos e vermelhos (p. 428). Mas estes novos embutidos eram mais finos e de menor dimensão do que aqueles que foram usados cinquenta anos antes, a seguir à Restauração.

É que, entretanto, se impusera um novo estilo de decoração de mármore, o estilo de João Antunes (1643-1712).

A primeira obra de João Antunes com embutidos finos terá sido o retábulo da capela da quinta dos Sousas em Calhariz, Sesimbra (1681). O contrato, que João Antunes assinou como traçador e executante, ou seja, como pedreiro (não era, ainda, um arquitecto) diz que "a banqueta a de Ser de pedra Vermelha (...) embutida com pedras brancas e vermelhas de Italia e as colunas han de ser de pedra azul rayada de montes claros. E todas as mays pedrarias han de ser da mesma Italia exceto os claros dos nichos da banda de dentro q são de pedra deste Reyno e os claros por cima dos Remates e entre elles han de ser de pedra azul de Sintra"[44].

Este género de decoração foi um absoluto sucesso em Lisboa. Correspondia a uma acentuação drástica do tratamento "táctil" de paredes, molduras e ordens que temos vindo a acompanhar desde antes de 1640. Os embutidos e embrechados (termos que a literatura da época por vezes confunde) tornaram-se a imagem de marca dos artistas-arquitectos da corte e até assunto de sátiras dirigidas simultaneamente, como era hábito na época por toda a Europa, contra a arquitectura e a moda. É o caso de

---

*Nossa Senhora*, Lisboa, 1712, livro em que o autor dedica quase tanta atenção à arquitectura como ao seu assunto, as imagens da Virgem.

[44] IAN-TT, Cartório Notarial de Lisboa, 9-A, Livro 246, fol. 60-63. A cota exacta deste contrato, referido e usado por Ayres de Carvalho, foi-me facultada por Victor Serrão a quem agradeço.

um poema de Frei Lucas de Santa Catarina (1660-1740) em que o autor se dirige assim às Faceiras (as escravas da moda):

> "...nos vestidos, voltas e embrexados com habilidade dais mostras de ser hum grande architecto, pois com elle nos concursos desinquietais o populozo, e nas conversasoes confundis o inquieto com a vossa arquitetura..."[45].

Há um passo inédito da carreira de João Antunes que ajuda a compreender a estreita relação que existia, para a aristocracia lisboeta do final do século XVII, entre aquilo a que chamamos arquitectura e aquilo a que chamamos decoração: na Costa do Castelo de Lisboa impõe-se sobre a cidade o mais conspícuo edifício não religioso da capital que sobreviveu ao terramoto, um enorme casarão de planta rectangular atirado da encosta sobre o vale da Baixa: o palácio dito do marquês de Tancos, cuja expressão arquitectónica exterior parece remeter para meados do século XVII. Todavia, foi projectado (na forma que ainda mantém) por João Antunes em 1697[46]. Da leitura do contrato da obra deduz-se que João Antunes fez um projecto de alteração de um edifício anterior mas só uma investigação arquitectónica e arqueológica cuidada permitiria conhecer os contornos da nova intervenção. Suponho que se tratou da construção de um novo andar nobre (aquele que hoje existe) acompanhada necessariamente pela regularização da fachada sul. O andar nobre é constituído por um enfiamento de grandes salões e uma enorme sala de distribuição encostada ao pátio de entrada.

A obra é de absoluta sobriedade, um conjunto de caixas articuladas dentro da caixa maior, sem janelas ou portais escultóricos. Mas esta arquitectura é dotada de um discurso aristocrático e elegante pelos fabulosos alizares de azulejo azul e branco que decoram os salões nobres. Desenha-

---

[45] Cit. em Graça Almeida Rodrigues, *Literatura e sociedade na obra de Frei Lucas de Santa Catarina*, Lisboa, 1983, p. 123.

[46] O contrato da obra foi assinado em 20 de Março de 1697 com os pedreiros Domingos da Silva, Manuel Antunes, José Carvalho, Manuel Francisco e João Antunes "arquitecto de Sua Magestade" que deu os "rascunhos e as traças para a obra do Asento de Cazas que Elle Conde ten na Costa do Castello de São Jorge desta dita Cidade". Ver IAN-TT, Cart° Not. de Lisboa, 9-A, L° 307, fols.60-62 (a cota deste contrato foi-me amavelmente cedida por Victor Serrão). O encomendador da obra não foi o quinto conde de Atalaia, D. Pedro Manuel de Ataíde (fal. 1722), nem o sexto conde e o primeiro marquês de Tancos, D. João Manoel de Noronha (fal. 1761), mas sim D. Luís Manoel de Noronha, um meio irmão deste último e "Conde d'aTaLaya do Conselho de sua Magestade Comendador da ordem de Cristo", como reza o contrato. D. Luís Manoel era filho do primeiro casamento do quinto conde de Atalaia com Dona Margarida Coutinho.

dos essencialmente por Gabriel dei Barco (fal. c. 1703) e o seu discípulo Raimundo do Couto, estes azulejos (cujo programa, que eu saiba, ainda não foi estudado) figuram cenas de caça e também um extraordinário conjunto de cenas mitológicas com quadros das *Metamorfoses* de Ovídio. É fácil imaginar a reunião, aqui, de Academias literárias. E lógico deduzir que este género de decoração deriva dessa cultura. É necessário compreender que os meios através dos quais se dotava de nobreza e graça um edifício eram meios pictóricos. Tal corno os embutidos finos, afinal.

A via através da qual João Antunes adoptou os embutidos finos foi recentemente determinada por um notável estudo de Miguel Soromenho, infelizmente não publicado[47]. Esse estudo, e um conjunto de dados que se têm vindo a acumular sobre João Antunes[48], permitem compreender que a fonte do novo gosto foi, mais uma vez, Roma[49].

De facto, o retábulo do Calhariz foi riscado e construído para celebrar o triunfo da embaixada romana do primeiro patrono de João Antunes, o arcebispo de Braga, D. Luís de Sousa (fal. 1690), enviado à corte papal entre 1676 e 1682 para obter o reinicio da perseguição inquisitorial contra os cristãos novos.

De Roma, D. Luis de Sousa enviou para Lisboa muitas obras de arte romanas e algumas instruções. Por exemplo, numa carta de 14 de Maio de 1678[50], incluiu uma "receita p° se fazerem obras de massa ou betumes

---

[47] O artigo de Miguel Soromenho ocupa-se da actividade de patrocínio artístico do Arcebispo de Braga, D. Luís de Sousa . [Publicado em 2001: "D. Luís de Sousa (1637-1690). O gosto de um mecenas", in catálogo *Uma família de coleccionadores, poder e cultura. Antiga colecção Palmela*, IPM, 2001, pp. 15-42. Teresa Vale ocupasse várias vezes desta temática, além da sua tese defendida em 1999 e publicada em 2004: "Diario da iornada que fes o Illustrissimo Senhor Bispo de Lamego Dom Luis de Souza... Diário de um embaixador de Portugal e encomendador de obras de arte na Roma barroca", *Lusíada. Arqueologia, História da Arte e Património*, N° 2/4(2004), pp. 85-104; "Palácio Poli: Residência de um Embaixador de Portugal na Roma Barroca", in *Património. Revista do Departamento de Ciências e Técnicas do Património*, Série I, N° IV, (2005), pp. 155-168].

[48] Ver Essencialmente Ayres de Carvalho, *As obras de Santa Engrácia e os seus Artistas*, Lisboa 1971, e o catálogo *João Antunes, arquitecto*, Lisboa, 1988.

[49] E não Florença como por hábito se diz. As principais obras florentinas do género que podiam ter influenciado a arquitectura portuguesa são muito anteriores a essa presumida influência: por exemplo o coro e o baldaquino de S. Spirito, 1599-1606 (com embutidos finos). A famosa Capela dos Príncipes, construída no essencial na transição entre Quinhentos e Seiscentos, tem uma decoração completamente diferente de tudo o que existe em Portugal incluindo a capela de Baltazar Álvares em S. Roque. Os mármores finos só apareceram em Portugal na década de 1680 e vieram de Roma. Mais plausível é a influência de obras com uma decoração marmórea larga: a capela Colloredo em SS. Annunziata, por exemplo, iniciada em 1642, com elementos que recordam a decoração das nossas igrejas entre 1650 e 1670. Ver o recente Carlo Cresti, *L'Architettura del Seicento a Firenze*, Roma 1990.

[50] Biblioteca da Ajuda, 51-V-26, fols. 20v-23, 25v-26.

que imitem ou pareção pedra", ou seja, uma receita para fazer escaiola; mais tarde mandou outra receita, desta vez para "se dar cor vermelha ao marmore, ou qualquer outra pedra solida em forma q a cor a penetre e não fique só superficial".

Num artigo recente, Joaquim Caetano e Nuno Vassalo e Silva[51] publicaram uma carta de João Antunes ao bispo do Porto, D. João de Sousa (no Porto, 1684-1696), em que o arquitecto defende que o retábulo da capela-mor da igreja portuense da Vitória não deve ser de pedra material que seria dispendioso e difícil de transportar para o Porto – mas de madeira "e em obra liza sem entalhados e pintandoos, a imitação dos mármores de diversas cores que se, fazem nas pedrarias, em que se metem muitas flores que parecem admiravelmente". É difícil não recordar as "receitas" enviadas por D. Luís de Sousa de Roma...

O gosto pelos efeitos da cor e do artifício era, na época, um componente essencial da apreciação arquitectónica. O padre Francisco de Santa Maria disse acerca da igreja de Santo Éloi (reconstruída após 1694, desaparecida depois de 1755), um templo cujo projecto é de João Antunes com planta em polígono alongado do tipo exacto do Menino de Deus (este iniciado em 1711): "Toda esta maquina se ha de cobrir, & vai cobrindo de marmores, & Jaspes de varias cores, embutidos, & poreados com toda aquella galhardia, & primor; que hoje vemos nas obras modernas". A igreja é descrita como "hua das melhores de Lisboa [...], oitavada, metida em hum paraléllogramo"[52].

De facto, João Antunes pode ter sido responsável pela introdução na arquitectura portuguesa de um tipo novo de planta, que é costume descrever como «em rectângulo com os ângulos cortados» mas que era compreendido na época como um octógono alongado. Tratou-se de um verdadeiro ciclo, de importância que não é possível exagerar: igreja dos Teatinos de Lisboa, Santo Elói, primeiro projecto da igreja das clarissas no Louriçal, Menino-Deus.

Aqueles que na época apreciavam arquitectura não privilegiavam, porém, as considerações planimétricas: a planta era compreendida em conjunção necessária com o ornamento e o tratamento polícromo de

---

[51] J. Caetano e N. Vassalo e Silva, "Breves notas para o estudo do arquitecto João Antunes", *Poligrafia*, 2 (1993), pp. 151-171.

[52] Excerto publicado por J. Caetano e N. Vassalo e Silva, op.cit.. Ver p. Francisco de Santa Maria, *Ceo Aberto na Terra*, Lisboa, 1697. Ver outra descrição de Santo Elói no *Santuário Mariano*, vol. I, pp.193-194. O projecto foi de facto de João Antunes como confirma o contrato notarial de 23 de Outubro de 1694 entre os padres da Congregação de S. João Evangelista e João Antunes "mestre pedreiro" para fazer a igreja nova "na forma e plantas q elle (João Antunes) eleger" (IAN-TT, Cartório 12-A, L.º 303, fols. 91v-93).

paredes, molduras e ordens. O aspecto cerimonioso, cortesão, e até teatral, das naves em polígono alongado, verdadeiras salas de espectáculo, era precisado para a vista – e os aspectos tácteis da vista (ou hápticos, para usar o termo de Riegl) – pelos embutidos de mármore.

Através da conjugação desta decoração com o novo tipo de planta atingia o seu desfecho possível a evolução iniciada pelas decorações de pedra e o engordamento dos motivos arquitectónicos iniciada por volta de 1640.

Resta concluir a história desta espécie de regresso a Roma da cultura de alguns encomendadores e arquitectos lisboetas com um episódio que tem uma simetria irresistível com o convite de D. Manuel de Moura Corte Real a Borromini em 1637, examinado no inicio deste texto:

Em data incerta do ano de 1677 (quarenta anos depois portanto), o arcebispo D. Luís de Sousa contactou em Roma com Gianlorenzo Bernini encomendando-lhe uma obra.

Trata-se da famosa fonte de Neptuno que adornava antes do terramoto o jardim do palácio dos condes da Ericeira à Anunciada e que hoje está no palácio de Queluz. D. Luís de Sousa foi o procurador de Ericeira em Roma para a encomenda desta obra, cuja feitura e pagamento supervisionou. A fonte, foi executada pelo escultor Ercole Ferrata (1610-1686) sob modelo e direcção do velho Bernini[53].

Numa carta que enviou de Roma ao seu irmão D. Francisco de Sousa, capitão da Guarda Alemã, D. Luís alude a hesitações por parte de Ericeira. O conde, ao que parece, não estava muito satisfeito com o preço que ia pagar a Berinni, nem com o tempo que a fonte levava a fazer. D. Luís responde assim:

"Por m$^{to}$ menos q isso se faria esta mesma fonte em Genova e poderá ser que por a metade do d$^{ro}$. Mas seria a mesma q$^{to}$ ao numero das figuras e diversíssima q$^{to}$ a perfeição destas. Seria como todas as esculturas de Génova em q aquy se não falla senão por zombaria, e ficaria obra p$^a$ o povo e má para q$^{em}$ entendesse de esculptura. E esta diferença faz toda a que ha no lustro. Porq só porq hua figura tenha esta ou aquella forma, porque tenha hu brasso melhor lansado, hu requebro mais próprio, dão aqui hu peso de oiro".

---

[53] Sobre este episódio escrevi com Miguel Soromenho um artigo ainda não publicado para uma revista de língua inglesa [o artigo é Angela Delaforce, Jennifer Montagu, Paulo Varela Gomes e Miguel Soromenho, "A fountain by Gianlorenzo Bernini and Ercole Ferrata in Portugal", *Burlington Magazine*, Dez. 1998, pp. 804-811]. O documento mais importante é: Biblioteca da Ajuda, 51-V-25, fols. 84v e sgs. É interessante assinalar que na época em que o conde da Vidigueira encomendou a Alessandro Algardi o conjunto de bustos que referi no início deste artigo, Ferrata trabalhava no estúdio de Algardi... Ver Jennifer Montagu, *Roman Baroque Sculpture, the industry of art*, New Haven e Londres, 1989.

De Génova tinham vindo durante quarenta anos para Portugal mármores, figuras de pedra, colunas. Génova e Livorno eram os portos de mar pelos quais os portugueses e os navios comerciais de e para Portugal entravam e saíam de Itália. Com pedras e artífices de Génova se fizera a influente igreja dos italianos em Lisboa, o Loreto, na década de 1650.

Mas, passando de Génova a Roma, o marquês de Castelo Rodrigo fora ter com Borromini. Desprezando Génova por Roma. D. Luís de Sousa preferiu Bernini.

Um primeiro aspecto que interessa referir em jeito de conclusão é que a história da arquitectura portuguesa do século XVII apresenta um conjunto de traços cuja cronologia é quase rigorosamente paralela à espanhola. Também em Espanha, nos anos de 1630, alguma aristocracia da capital, no caso presidida pelo próprio rei e Olivares, optou por uma importação directa de arte decorativa romana ao arrepio das tendências, do gosto (e dos protagonistas) da arquitectura espanhola: refiro-me ao projecto e execução da decoração do Panteão Real do Escorial. O autor, imposto por Olivares e o Rei, foi o aristocrata e artista romano Giovanni Battista Crescenzi (fal. 1635). A execução esteve a cargo de artífices italianos e só terminou no final dos anos de 1650. Foi preciso, para impor o projecto romano, vencer a tenaz resistência de arquitectos e artistas espanhóis liderados pelo arquitecto do rei, Juan Gomez de Mora (fal. 1648)[54]. Foi também a partir da década de 1630 que Olivares iniciou a construção do palácio real do Buen Retiro, mas neste caso só a decoração pictórica manteve a influência romana. De facto, a arquitectura espanhola corno que voltou a si própria após a década de 1650 com um domínio quase exclusivo de projectistas espanhóis que assimilavam influências estrangeiras à sua maneira.

Mas houve excepções. Uma das mais importantes foi constituída pela igreja do hospital dos portugueses de Madrid (Santo António) onde um conjunto de artistas espanhóis e italianos compôs a partir do final dos anos de 1650 (primeiros projectos) um interior pintado praticamente único na Europa, transformando paredes e abóbada em suportes de pinturas e arquitecturas ilusórias, ou seja, anulando por completo o valor puramente arquitectónico da caixa murária. Nesta decoração desempe-

---

[54] A bibliografia sobre o Panteão do Escorial é considerável. Para uma boa síntese recente ver Augustin Bustamante Garcia, "El Pantéon del Escorial. Papeletas para su história", *Anuário del Departamento de Historia y Teoria del Arte*, Universidade Autónoma de Madrid, vol. IV (1992), pp. 161-215.

nharam papel importante os marqueses de Castelo Rodrigo[55], portugueses de uma pátria impossível[56].

Da década de 1670 em diante, desenrolou-se nos meios profissionais da arquitectura madrilena um vigoroso debate entre arquitectos e artistas-arquitectos que é rigorosamente paralelo (embora muito melhor conhecido pela historiografia) ao que teve lugar em Portugal. Também em Espanha a encomenda de nobres e ordens religiosas passara a preferir pintores e entalhadores aos arquitectos de profissão.

Finalmente, cabe assinalar que a virtual liquidação da Aula do Paço portuguesa por D. João V, através desse verdadeiro "presidente de comissão liquidatária" que foi Custódio Vieira (fal. 1744), e a subsequente entrega dos mais importantes projectos régios a arquitectos estrangeiros, são factos que tiveram os seus equivalentes em Espanha através da acção do arquitecto Teodoro Ardemans (fal. 1726) que operou a transição entre a arquitectura real dos Áustrias, entregue a autores espanhóis, e a arquitectura dos Bourbons (depois de 1702), cada vez mais confiada a arquitectos romanos e franceses[57].

A arquitectura portuguesa do século XVII, contrariamente ao que sucede com a espanhola, é muito mal conhecida. E por isso fácil discuti-la sinteticamente através da referência a continuidades e rupturas: do lado das rupturas, 1580, 1640, a paz de 1668, o início do reinado de D. João V, seriam os marcos sucessivos da introdução da influência

---

[55] Um dos pintores que interveio em Santo António foi Dionísio Mantuano que se designava a si próprio "pintor de Castel Rodrigo", como se vê num desenho não identificado do Prado que creio ser para a abobada de Santo António ( desenhos F.D.959 e 966); Agradeço esta sugestão a Fernando Bouza. Ocupo-me da igreja de Santo António dos Portugueses na minha dissertação de Doutoramento. Luís de Moura Sobral prepara um artigo sobre o sentido da decoração pictórica desta igreja em comparação com a da Capela Real do Paço da Ribeira em Lisboa [pub. "Da mentira da pintura. A Restauração, Lisboa, Madrid e alguns Santos", in *Cursos da Arrábida. A História: entre memória e invenção*, Lisboa, 1998, pp. 183-205].

[56] Ver sobre isto o notável artigo de Fernando Bouza, "Entre dos Reinos, una Pátria rebelde. Fidalgos portugueses en la Monarquia Hispânica después de 1640". *Estudis*, 20(1994), pp. 83-103.

[57] Sobre o debate de arquitectos e artistas-arquitectos e sobre a transição da arquitectura espanhola para a época Bourbónica ver sobretudo os escritos de Beatriz Blasco Esquivias, "El Maestro Mayor de Obras Reales en el siglo XVIII, sus Aparajedores y su Ayuda de Trazas" in catálogo *El Real Sitio de Aranjuez y el Arte Cortesano del siglo XVIII*, Aranjuez, 1987, pp. 271--286; "Sobre el debate entre arquitetos profissionales y arquitetos artistas en el barroco madrileño. Las posturas de Herrera, Olmo, Donoso y Ardemans", *Espacio, Tempo y Forma*, série VII, 4 (1991), pp. 159-193; "El Madrid de Filippo Juvarra y las alternativas locales a su proyecto para el Palácio Real", in *Catálogo Filippo Juvarra 1678-1736, de Mesina al Palácio Real de Madrid*, Madrid, 1994, pp. 45-111. Ver Ainda Afonso R. De Ceballos, "L'Achitecture Baroque Espagnole vue à travers le débat entre peintres et architectes", *Revue de l'Art*, 70(1985), pp. 41-52.

herreriana, do início de um período pobre e guerreiro, do começo da prosperidade e da exuberância artística, da chegada da influência de Roma. Por debaixo disto tudo haveria, multi-secular e imperturbável, a continuidade de uma cultura arquitectónica nacional.

Todavia, é necessária uma investigação mais fina da realidade histórica que dê conta, afinal, do carácter concreto dos vários momentos e sítios, ou seja, do cruzamento em cada lugar e tempo de linhas de continuidade e de ruptura.

Este ensaio procurou examinar alguns aspectos da real complexidade dos sessenta anos que medearam entre a Restauração e o final do século (a época da vida do pintor Bento Coelho).

Os factos discutidos indiciam que é em grande medida um mito a ideia do isolamento em relação ao resto da Europa das culturas arquitectónicas (no plural) vigentes em Portugal no século XVII. Até os anos de maior "dureza" – os da guerra da Restauração – são anos de actividade projectual e teórica muito variada, com acentuada influência do que se passava fora de fronteiras. Dá que pensar o paralelismo com o que sucedeu em Espanha (ou melhor, em Madrid).

Entre a Restauração e D. João V, os interiores da arquitectura de corte em Portugal evoluíram segundo direcções ainda muito mal conhecidas, mas para as quais é possível propor alguns traços definitórios.

Passou-se de uma concepção da arquitectura enquanto pratica projectual e construtiva assente num saber de escola profissional (e configurável em edifícios ou partes de edifício definidos no essencial por meios puramente arquitectónicos) para uma concepção tendencialmente literária, pictórica e teatral da arquitectura... mas os arquitectos da Aula do Paço continuaram activos até D. João V e depois dele, noutras instituições (a Casa do Risco, por exemplo). Surgiram assim projectistas cuja cultura operou uma síntese do conhecimento profissional da tradição com a teatralidade da cultura arquitectónica «moderna».

Os arquitectos profissionais defrontaram-se com a crescente encomenda feita a entalhadores e alguns pedreiros... mas continuaram a projectar e a construir, adoptando linguagens e recursos característicos da escultura, da pintura e da talha. Pedreiros houve que se transformaram em arquitectos de corte (João Antunes é o mais conhecido).

Assistiu-se a um progressivo engordamento e complexificação da decoração depedra vinda do século XVI final (mudança que foi acompanhada, como se sabe, por novos tipos e desenhos de azulejo e talha)... cujo género só mudou radicalmente, porém, com as obras de Mafra e a decoração arquitectónica romana.

Finalmente, de uma decoração de embutidos largos vinda do final do século XVI e característica dos anos 40-70 do século XVII, passou-se a partir dos anos de 1680 embutido fino... destinado ele próprio a desaparecer trinta anos depois.

# DAMNATIO MEMORIÆ
A ARQUITECTURA DOS MARQUESES DE CASTELO RODRIGO

2001

No dia 22 de Março de 1939, os trabalhadores que reparavam o sistema de esgotos do edifício do parlamento português em Lisboa, situado no antigo convento de S. Bento da Saúde, encontraram por acaso, debaixo do jardim, uma galeria abobadada a pedra. Chamaram o arquitecto e o engenheiro responsáveis pela obra, desobstruíram a galeria e percorreram-na até ao fim. Foram ter a uma sala subterrânea com 80 m$^2$ de área, coberta com uma abóbada abatida de pedra, levantada a cerca de 6 metros de altura. Na cobertura existiam pedras de armas e, nas paredes, lápides funerárias. O jornal lisboeta *O Século* noticiou na primeira página da sua edição de 24 de Março: "Sob o palácio da Assembleia Nacional descobriu-se um enorme jazigo capela que foi a cripta dos marqueses de Castelo Rodrigo". No desenvolvimento da notícia, *O Século* descrevia os Castelo Rodrigo como "políticos famigerados do tempo dos Felipes". Sobre D. Cristóvão de Moura, o jornal dizia ser "titulado de traidor pelos nossos historiadores".

Os marqueses de Castelo Rodrigo, D. Cristóvão de Moura Corte Real (†1613) (**im. 6**), o seu filho D. Manuel (†1652) (**im. 7**) e o filho deste D. Francisco (†1675), foram – como se sabe – uma das mais poderosas famílias aristocráticas ibéricas do século XVII e uma linhagem de políticos e diplomatas. D. Cristóvão, valido de Filipe II, foi instrumental no acesso deste ao trono português em 1580. O filho e o neto permaneceram fiéis aos Áustria depois do golpe de estado independentista de 1640, perdendo todos os bens e o título em Portugal.

Cinco meses depois da sua descoberta, a cripta de S. Bento foi visitada pela *Comissão Corte Real*, um conjunto de pessoas que se empenhava em celebrar a memória de Gaspar e Miguel Corte Real, capitães donatários da ilha Terceira nos Açores e descobridores da Terra Nova no início do século XVI, cuja descendente, Dona Margarida Corte

IMAGEM 6:
Retrato provável de D. Cristovão de Moura, 1º marquês de Castelo-Rodrigo e vice-rei de Portugal, geralmente identificado (erradamente) com o seu filho D. Manuel e atribuído a Velazquez
(col. particular espanhola)

IMAGEM 7:
Retrato de D. Manuel de Moura, 2º marquês de Castelo Rodrigo, Pieter de Jode e A. Dols, 1651

Real, casou com Cristovão de Moura. De acordo com o *Diário de Lisboa* de 23 de Julho, que noticiava a visita, D. Cristovão era um "português renegado, traidor à pátria" contrariamente à sua mulher, essa "de boa estirpe portuguesa de lei". O *Diário de Notícias* de 29 do mesmo mês chamava a D. Cristovão "mau português", embora concedesse que fora "excelente fidalgo".

A julgar pela notícia de *O Século*, a cripta fora descoberta e visitada anteriormente, depois da proclamação da República em Portugal em 1910. Logo a seguir teria sido entaipada de novo, perdendo-se a sua memória. Em 1939 voltou a suceder o mesmo. Apesar das notícias de primeira página nos jornais portugueses, a galeria de acesso à cripta foi soterrada e aos textos jornalísticos sucedeu o que desde sempre costuma suceder: algum tempo depois já ninguém se lembrava deles.

Partindo destes factos singulares, proponho-me discutir no presente artigo o modo como foi tratada em Portugal a memória dos marqueses de Castelo Rodrigo, acrescentando alguns dados novos ou mal esclarecidos àquilo que se tem escrito nos últimos anos sobre as suas actividades de patrocínio artístico e arquitectónico – às quais os Moura Corte Real devem a sua sobrevivência na história.

*Più da figlio che da servo.*
**Os Castelo Rodrigo e a historiografia da arte**

Em 1967, a *Academia de San Lucca* de Roma organizou um convénio internacional sobre o famoso arquitecto Francesco Borromini. Um dos participantes mais activos dessa reunião foi o historiador da arte e da arquitectura Rudolf Wittkower que, nas actas, publicou um estudo intitulado "The Marchese de Castel Rodrigo and Borromini".

O texto de Wittkower trazia à luz o nome de D. Manuel de Moura Corte Real como primeiro importante patrono da carreira de Borromini ao pagar parte das despesas da construção do convento de San Carlino às Quatro Fontes, em Roma, obra na qual Borromini se estreou como projectista de um edifício completo. Wittkower recordou que Borromini dedicou a D. Manuel o seu único tratado, *Opus Architectonicum*, publicado postumamente em Roma em 1725, escrevendo aí que o marquês o amou "più da figlio che da servo", não só pelo apoio dado à obra de San Carlino mas também pela encomenda da decoração arquitectónica da capela-mor e da cripta-panteão dos Castelo Rodrigo em S. Bento de Lisboa (a tal que foi descoberta – e encoberta – em 1910 e em 1939).

A conferência de Wittkower passou praticamente despercebida em Espanha e Portugal. Só dez anos depois, em 1977, Alfonso Pérez Sánchez voltou a referir o nome de D. Manuel, num artigo com outro fim e a propósito do seu papel como encomendador de pintura[1]. O historiador baseou-se numa referência respigada numa biografia de Claude Lorrain, na qual D. Manuel de Moura aparecia mencionado várias vezes como protector do grande pintor. Mas Pérez Sánchez acrescentou dados novos a partir de documentos publicados em Itália em 1866 que davam conta do papel desempenhado por D. Manuel na tentativa de levar a Espanha Pietro da Cortona.

De uma assentada, D. Manuel aparecia ligado a Borromini, Cortona e Lorrain, três dos mais importantes artistas europeus do século XVII. Mesmo assim, só em 1980 um historiador peninsular se ocupou dele decentemente, trazendo à luz muitos dados novos: Alfonso Rodríguez de Ceballos na introdução à edição espanhola da biografia de Borromini por G. C. Argan.

No mesmo ano, Jonathan Brown e John H. Elliott documentaram o papel desempenhado por D. Manuel na aquisição da espectacular colecção de pintura italiana que existia no palácio real do Buen Retiro em Madrid[2].

A isto seguiram-se onze anos de silêncio... Nem em Espanha, nem em Portugal, nem em Itália alguém se voltou a ocupar do marquês de Castelo Rodrigo, apesar de Ceballos e Brown terem deixado muitas pistas em aberto. As novidades tiverem de ser "importadas" de fora da Península. Vieram da historiografia norte-americana da arquitectura através de um notável artigo do especialista em Borromini, Joseph Connors, publicado em 1991 no *Burlington Magazine*[3].

Por essa altura, começava Fernando Bouza a publicar uma série de artigos nos quais, a propósito do Portugal dos Filipes, divulgou e discutiu muitíssimos dados novos sobre o papel desempenhado pelos marqueses

---

[1] Alfonso Pérez Sánchez, "Las colecciones de pintura del Conde de Montérey", 1977. Para todos os títulos deste ensaio, ver bibliografia no final.

[2] Jonathan Brown e John Huxtable Elliott, *Un palacio para el Rey*, 1985. Brown e Elliott encontraram em Simancas um recibo, datado de 23 de Setembro de 1641, a um tal Enrique de la Fluete, que recebeu 560 ducados pelo transporte de dezassete caixas de pinturas enviadas de Roma pelo Marquês de Castelo Rodrigo (p. 128). Posso acrescentar que estas pinturas foram mandadas em duas ocasiões e importaram num total de 64.800 *reales*. Da primeira vez, em 1639, foram enviados "Veinte y quatro Paises con sus molduras doradas". Esta informação consta de uma relação de despesas que pertencia ao filho de D. Manuel, D. Francisco de Moura, datada de 14 de Setembro de 1662 (AHN, Estado L° 91, fls. n. n.).

[3] Joseph Connors, "Borromini and the Marchese of Castel Rodrigo", 1991. Ver também "Francesco Borromini: la vita (1599-1667)", 1999.

de Castelo Rodrigo na política ibérica e também no patrocínio das artes e arquitectura, designadamente em Espanha[4].

Deste modo, os Moura Corte Real devem a sua "ressurreição" à renovação do interesse pela abordagem biográfica tanto no campo da história da arte como da história política.

Em 1654, catorze anos depois do golpe de estado que deu a coroa portuguesa aos Bragança, os bens dos Moura Corte Real começaram a ser incorporados na Casa do Infantado (a casa do príncipe herdeiro de Portugal), a começar pela quinta de Queluz, nos arredores de Lisboa[5].

Em 1661, o infante tomou conta do palácio dos Moura Corte Real em Lisboa, a maior casa nobiliárquica da cidade, situada ao lado do palácio real e presença evidente em todas as vistas de Lisboa até ao grande terramoto de 1755[6]. O palácio era conhecido como "casa do Corte Real". Ao passar a servir o infante, o nome sofreu uma curiosa translação semântica e passou a ser "casa DA Corte Real" e depois, sem mais, "Corte Real", perdendo-se pouco a pouco a memória dos seus fundadores – até que, em 1755, o grande terramoto de Lisboa fez desaparecer definitivamente a casa.

Foi também uma questão de nome que fez desaparecer da memória colectiva – desta vez a memória madrilena – uma obra arquitectónica de grande qualidade ligada ao marquês D. Manuel de Moura: a igreja hospitalar madrilena de *San António de los Portugueses,* cuja obra teve início em 1623. De facto, em 1689, a igreja passou para uma Irmandade hospitalar alemã, tornando-se conhecida como *San António de los Alemanes...*[7].

---

[4] Edição conjunta dos mais importantes textos de Bouza contendo referências ao Portugal dos Áustria: *Portugal no tempo dos Filipes,* 2000.

[5] Uma história recente da Casa do Infantado, ver Maria P.Marçal Lourenço, *A Casa e o Estado do Infantado, 1654-1706),* 1995, não consegue esclarecer em definitivo como foi feita a incorporação nesta Casa dos bens dos Castelo Rodrigo (pp. 31 e sgs): em 1654, data da criação da Casa, estes bens não faziam parte do património incorporado apesar de já estarem em posse da coroa desde 1642. Aparentemente só um desses bens, a quinta suburbana de Queluz, foi doada ao Infante "enquanto durar a ausência" do marquês de Castelo Rodrigo (p. 47), frase de difícil interpretação: D. João IV tentou apaziguar D. Manuel na esperança que voltasse – contrariamente ao que fez com os Aveiros, cujos bens serviram de imediato a Casa do Infantado?
Sobre a incorporação final dos bens dos Castelo Rodrigo na Casa do Infantado, ver IAN-TT, Desembargo do Paço, Corte, Extremadura e Ilhas, Mº 2075, nº 125, de 1758.

[6] Sobre a casa Corte Real ver Ana Cristina Lourenço, Miguel Soromenho, Fernando Sequeira Mendes, "Felipe II en Lisboa: moldear la ciudad a la imagen del Rey", 1997.

[7] Sobre Santo António de los Portugueses começa a haver já uma bibliografia considerável. Ver, entretanto, Bouza, *Portugal no tempo dos Felipes,* op. cit. pp. 207 e sgs.; Varela Gomes, *Arquitectura, Religião e Política em Portugal no século XVII,* 2001, pp. 173 e sgs. Também parece ter desaparecido da memória madrilena a primeira casa que os marqueses de Castelo Rodrigo

O título de Castelo Rodrigo, esse, dissolveu-se no início do século XVIII: em 1706, a filha mais velha de D. Francisco de Moura, Dona Leonor, ditou em Madrid o seu testamento doando o título e tudo o que herdara à sua irmã Dona Joana – que era casada com o príncipe piemontês de Pio de Sabóia, família que absorveu de então em diante o nome da poderosa linhagem lusitana[8].

---

tiveram em Madrid, talvez construída ou remodelada por D. Cristovão de Moura. Uma relação coeva do casamento da filha de D. Cristovão, Dona Brites de Távora, com o duque de Alcalá D. Fernando de Ribera, realizado em Madrid em Abril de 1598, só fornece a indicação – muito vaga – de que a casa do nobre português se situava cerca do Alcazar, provavelmente entre a Encarnación e S. Domingos (IAN-TT, Ms. da Livraria, n° 1113, fls. 164-166). De facto, o relato refere que o cortejo do duque entrou em Madrid pela "Porta de Segovia da parte do rio Manzanares", ou seja, a sul do velho Alcazar e no limite dos terrenos da Casa de Campo: "Tocando por huma parte o parque de Sua Magestade cheio de muita difirença de caças na eminencia do qual estão fundados os Regios pasos e da outra a orla do campo onde el Rey tem huma muyto deleytosa recreasao com muitas estancias de extraordinarias formas casas e tanques muy chea de caça e nivios Sisnes com cuja companhia ficão muy fermosas" (164v).

Da casa de D. Cristovão, o relato só refere que tinha pelo menos dois pisos, sendo o piso nobre em cima acessível por uma escada monumental que dava para uma "grande sala" com oratorio anexo. Havia também uma galeria "ornada de muy boa pintura" onde se realizou o banquete de casamento.

A casa situava-se numa rua que estava intransitável e que a as autoridades madrilenas mandaram entulhar com "muy grande despesa ay fasendo no prencipio della hum poso para recolhimento das agoas".

Ora, em carta a D. Pedro de Castilho de 26 de Novembro de 1613, pouco antes de falecer, D. Cristovão informa que o rei o forçou a vender a sua casa madrilena ao duque de Uceda, tendo tido que alugar outra (BA, 51-VIII-14, f. 62). Segundo Cabrera de Córdova, D. Cristovão já não tinha casa própria em Madrid nessa época, estando aposentando desde Fevereiro/Março de 1610 nas casas de D. Pedro de Porras frente a Santa Maria (a antiga Catedral), casas essas que também Uceda comprou em 1613 (pp. 465, 527).

Foi talvez nestas casas, nas quais D. Cristovão viveu os últimos três anos da sua vida, que o duque de Uceda fez depois construir o seu famoso palácio madrileno.

Tovar Martín afirma que a casa de Uceda foi construída pelo seu novo proprietário, a partir de 1613 justamente, com projecto do capitão Alonso Turrillo que trabalhara em Lerma. Ver Virginia Tovar Martin, "El palacio del Duque de Uceda en Madrid", *Reales Sitios*, 1980. O capitão Trujillo foi ajudante do engenheiro-mor de Portugal Leonardo Turriano em Lisboa até 1600 ou 1604 (Cámara Muñoz, "El papel de la arquitectura militar y de los Ingenieros"), altura em que certamente conheceu D. Cristovão e com ele trabalhou.

O assunto merece investigação porque não é crível que D. Cristovão de Moura tivesse em Madrid uma casa qualquer.

[8] D. Francisco de Moura tinha duas filhas do seu casamento com D. Ana Maria de Moncada y Aragón, filha dos duques de Mombello, realizado em Roma em 1639: D. Leonor, casada duas vezes, a primeira com D. Añelo de Guzmán y Carrafa que faleceu como vice-rei da Sicília, e de quem não teve descendentes e, mais uma vez infrutiferamente, com D. Carlos Samodei y Pacheco. Testamento em AHP, Prot. 11.566, fols. 806-830.

## Non voleva si metessero Arme sue.
## D. Manuel de Moura em Roma

O destino da obra que Borromini traçou para o panteão lisboeta dos Moura é um episódio bastante interessante destes acasos e necessidades da memória.

Dez anos depois da segunda descoberta da cripta de S. Bento de Lisboa, reuniu em Portugal em 1949, o *XVIème Congrès International d'Histoire de l'Art*, cujas actas foram publicadas em Lisboa em 1953. No segundo volume – nem de propósito, o menos conhecido e consultado... – foi publicado um artigo de Afonso Corte Real, descendente do ramo Corte Real da família dos Castelo Rodrigo, e um dos membros da *Comissão Corte Real* que visitara a cripta de S. Bento dez anos antes. O objectivo do artigo era divulgar um frontal de altar de mármores coloridos italianos, pertencente ao Museu Nacional de Arte Antiga de Lisboa, que Corte Real identificou (correctamente) como o frontal maior da antiga igreja de S. Bento a partir das armas dos marqueses de Castelo Rodrigo nele presentes[9].

Corte Real não revela no artigo como encontrou o frontal de altar. No inventário do MNAA, a peça de mármore tem o n° 893 e está assinalada – ainda hoje – como sendo de proveniência e data de incorporação desconhecidas. Em 1882, porém, esteve na *Exposição Retrospectiva de Arte Ornamental Portugueza e Hespanhola*, realizada em Lisboa. Foi dotada do número de catálogo 62. Os organizadores da exposição informam que o frontal provinha da sacristia de S. Bento onde, como agora sabemos[10], ficaram guardadas algumas peças vindas de Roma para a capela-mor e o panteão dos Castelo Rodrigo. Mas não identificaram as armas dos Castelo Rodrigo e é difícil perceber porque é que isso sucedeu. De facto, a ficha do catálogo diz que o frontal esteve na igreja lisboeta de S. José da Anunciada de onde passou para as colecções da então Academia de Belas Artes, hoje Museu Nacional de Arte Antiga. Ora, a presença temporária da peça em S. José e a sua ligação aos Castelo Rodrigo fora publicada pouco antes, em 1874, pelo erudito e historiador Pinho Leal numa obra de imensa divulgação, *Portugal Antigo e Moderno*[11], cujo desconhecimento pelos organizadores da exposição – a mais importante realizada em Portugal nos últimos 20 anos do século XIX – é altamente

---

[9] Afonso Corte Real, "Identificação de um frontal de altar do século XVII", 1949.
[10] Ver Connors, "Borromini and the Marchese of Castel Rodrigo", op. cit.; e Varela Gomes, "Oeuvres de Francesco Borromini et Guarino Guarini au Portugal", 2001.
[11] A. S. B de Pinho Leal, *Portugal Antigo e Moderno*, 1873-1883, IV, pp. 223, 224.

improvável. Ponho a hipótese de que esses organizadores não quisessem divulgar o nome dos Moura Corte Real numa exposição patrocinada pela coroa portuguesa.

Afonso Corte Real publicou o frontal de altar com uma pequena biografia dos marqueses de Castelo Rodrigo mas desconhecia a encomenda a Borromini (pensou que o frontal de altar era florentino) e a história do patrocínio artístico de D. Manuel em Roma ficou por esclarecer em 1949.

Todavia, é preciso que se diga que é uma história atravessada de azares e becos sem saída.

Quando D. Manuel de Moura chegou a Roma em Maio de 1632 enquanto embaixador extraordinário de Filipe IV de Espanha (III de Portugal), Francesco Borromini era um projectista secundário, completamente desconhecido fora de círculos muito limitados. Nunca tinha riscado um edifício. Quem assumiu o orgulho de o ter "descoberto" foi um frade espanhol, da ordem dos Trinitários Descalços, o padre Juan de la Anunciación que era procurador do convento de San Carlino *alle Quatro Fontane* fundado em 1612. As obras de modernização do convento dirigidas por Borromini tiveram início em Julho de 1634 com a colocação da primeira pedra do dormitório dos frades construido sobre a abóbada do refeitório. Foi nessa altura, algures entre Julho de 1634 e Agosto de 1635, que o marquês de Castelo Rodrigo se ofereceu para pagar as obras.

É provável que o contacto incial entre D. Manuel e os Trinitários tivesse ocorrido logo que o embaixador chegou a Roma em 1632 porque D. Manuel se correspondia com o *V*enerável frei Tomás de la Virgen – que residia então em San Carlino e era confidente do rei Filipe IV, da raínha D. Isabel e de Olivares, como já o fora do duque e da duquesa de Lerma[12]. D. Manuel e a sua mulher, a marquesa D. Leonor de Melo, escreviam frequentemente a frei Tomás.

Foi para encontrar pessoalmente frei Tomás de la Virgen que D. Manuel foi bater à porta de S. Carlino *alle Quatro Fontane*. Foi por devoção a frei Tomás que conheceu Borromini e decidiu pagar a obra do convento.

No entanto, como conta a *Relatione del Convento di S. Carlo*, D. Manuel pediu que, da sua intervenção, ficasse na obra apenas um registo: uma inscrição com os dizeres *Ora pro Benefactore* numa das celas

---

[12] Jose Maria Martinez Val e Margarida Peñalosa Infantes, *Un epistolario inédito del reynado de Felipe IV* 1960. Devo a Fernando Bouza a preciosa indicação da existência deste livro bem como inúmeras outras sugestões de investigação do presente tema.

do convento "...perché le limosine e altre fabriche, che in loghi pii fece a Roma talmente le faceva nascoste, che non voleva si metessero Arme sue, ne altro segno dechiarativo di che le faceva"[13].

Além disso, como se sabe, D. Manuel ofereceu-se para pagar a fachada da igreja conventual mas, com a sua saída de Roma em 1641, essa intenção ficou frustrada e, do marquês de Castelo Rodrigo, não ficou em S. Carlino nenhuma memória perene.

Sucedeu o mesmo noutra obra por si patrocinada em Roma. S. Carlino não foi, de facto, o único convento romano a merecer o interesse de D. Manuel. Não foi sequer o primeiro. Essa distinção pertence ao convento de Santo Isidro no Pincio, cenóbio de Franciscanos Menoritas Irlandeses[14].

Manuel de Faria e Sousa († 1649), escritor português que foi secretário de D. Manuel de Moura mas odiava o seu patrono, conta que este estava ainda em Génova, onde estadiou longamente a caminho de Roma em 1631-32, quando fez voto de fabricar um mosteiro (de facto, interveio de modo que não conheço na obra do convento de Carmelitas Descalços desta cidade). Tendo saído de Génova, diz Faria e Sousa, "satisfiziose [...] con labor de un quarto de dormitorio y claustro en el de san Isidro de Roma, que, los que sabián la causa, tenián por grandeza unos, otros por vanidad, errando todos. Habia alli un religioso estranjero que habia estado en Portugal, y decia que el haber hablado al marqués en su lengua le habia obligado a hacer a aquella obra"[15].

A crónica dos Frades Menores, escrita por F. Haroldo O.F.M. e publicada pela primeira vez em 1662, conta que D. Manuel construiu não pequena parte do convento, e só não foi mais longe porque os frades invocaram a a sua "pobreza e humildade" para conter o orgulhoso diplomata.

O convento de Santo Isidro do Pincio fora iniciado em 1621 para frades espanhóis, com obra do arquitecto Antonio Casoni († 1634). Santo Isidro, o Santo de Madrid, foi canonizado no ano seguinte juntamente com S. Inácio de Loyolla, S. Francisco Xavier, Santa Teresa de Ávila e S. Filipe Neri[16]. O convento passou aos irlandeses em 1624 por ordem de Filipe IV ao seu embaixador em Roma. No ano seguinte tornou-se res-

---

[13] Publicada Pollack, *Die Kunstätigkeit unter Urban VII*, II, pp. 36 e sgs. Sobre a vontade de D. Manuel, ver II, p. 44.

[14] Sobre Santo Isidro, ver Cleary, 1925; Tormo, 1942, 2, pp. 23 sgs.; Daly, 1971; Conlan, 1982.

[15] Glaser, *The Fortuna of Manuel de Faria e Sousa*, p. 254. Varela Gomes, *Arquitectura, Religião e Política*, op. cit., pp. 391-393.

[16] Ver sobre isto Colomer, "Luoghi e attori della "pietas hispanica".

ponsável pela ordem em Roma um personagem muito conhecido na história da igreja: o padre irlandês Lucas Wadding (†1657), promotor do escotismo na Europa moderna ao publicar – justamente em Santo Isidro – a obra completa de Duns Scott em 16 volumes.

Wadding é o tal "religioso estranjero que habia estado en Portugal" e que havia falado a D. Manuel em português, segundo a versão de Faria e Sousa. De facto, o frade chegou a Portugal fugido da Irlanda em 1603, com 15 anos apenas, professou em Matosinhos, estudou em Coimbra, esteve em S. Francisco de Leiria, partiu para Salamanca em 1615 e para Roma em 1618. Faria e Sousa informa que D. Manuel o conheceu em Lisboa e que, logo aí, se comprometeu a vir a editar a crónica dos Franciscanos irlandeses – de que de facto pagou um dos tomos[17].

Tal como vimos suceder com a obra de S. Carlino, D. Manuel protegeu em Roma religiosos a quem ganhara devoção em Portugal ou em Castela.

Wadding tornou-se guardião de Santo Isidro em 1627 e iniciou quase de imediato novas obras no convento. A crónica de F. Haroldo descreve com muito pormenor a intervenção de Castelo Rodrigo nessas obras: um novo claustro com refeitório, cozinha e capítulo em baixo e um dormitório de 21 celas no piso de cima. Duas escadas arrancando do claustro. E início da obra de uma biblioteca que não se chegou a concluir[18].

A obra patrocinada por D. Manuel em Santo Isidro não tem nada de monumental, nem corresponde ao género de arquitectura luxuosa que é habitual encontrar em Roma. O claustro *waddingiano*, como é conhecido em Santo Isidro, poderia pertencer a qualquer dos inúmeros e muito pobres cenóbios franciscanos de Espanha e Portugal. Foi o segundo claustro do convento. O primeiro, conhecido como "claustro espanhol", fora concluido em 1626 com doações de outro fidalgo ibérico, descendente de portugueses, Rui Gomes da Silva, príncipe de Eboli e duque de Pastrana.

O crescimento do convento com cada vez mais frades vindos da Irlanda, obrigou Wadding à construção de um novo corpo conventual mais para poente. O claustro pequeno e as suas dependências, encostadas à igreja, já não servia. Parte substancial da obra nova, ou seja, a ala poente

---

[17] Já D. Manuel tinha saído de Roma, quando um dos procuradores do conde da Vidigueira, embaixador de D. João IV em Paris – que veremos adiante no texto ter seguido atentamente as actividades de D. Manuel – lhe escreveu de Roma em 4 de Setembro de 1645 àcerca da possibilidade de editar os *Annales Minorum*. O procurador fora falar com Wadding mas este recusara secamente a oferta porque era dos "mais obstinados contra Portugal q aqui ha e muyto castelhano" (IAN-TT, Misc. Ms. da Graça, IV B, 209-212).

[18] Fr. Haroldo, "P. Fr. Lucæ Waddingi, Vita", XLVI, LXXII-LXXIV.

do claustro novo com o refeitório e a cozinha em baixo, estava concluida em 1633[19] um ano depois de D. Manuel ter chegado a Roma. O claustro é desornamentado e austero como obra exclusivamente utilitária.

Mais ornado é o refeitório com a sua abóbada abatida decorada com incisões abstractas de estuque. Sobre a entrada, D. Manuel consentiu na colocação de uma inscrição cujo conteúdo é tão elíptico que só sabemos referir-se a ele por informação da crónica: "Huius Cænaculi Authori / Perpetuæ Orationis / Monumentum Fratres / P P /Anno Domini MDCXXXIII". Como sucederia depois em San Carlino, nenhuma outra assinatura do poderoso marquês aparece na obra.

A austeridade do claustro serviu de pretexto à ironia depreciativa de Faria e Sousa (autor que, sobre San Carlino, nada disse...). E foi também a razão do facto dos escritores contemporâneos passarem todos sobre a contribuição de Castelo Rodrigo como gato pelas brasas. De facto, porque é que destacariam um claustro deste tipo em Roma, cidade de pátios e claustros esplendorosos? E porque deveriam dar-lhe importância quando ali ao lado, na igreja, há esculturas de Bernini e pinturas de Sachi, Maratta, Van Loo?

O que Faria e Sousa escondeu e os autores que se ocuparam de Santo Isidro não perceberam é que para se construír o austero claustro *waddingiano* foi necessária uma considerável obra de engenharia que o cronista Haroldo destacou devidamente e qualquer observação do lugar confirma. A igreja e o pequeno claustro originais com as suas celas num só piso foram construidos no festo da encosta do Pincio pronunciadamente virada a sul-nascente. Ainda hoje a fachada da igreja é antecedida de grande escadaria. Para a esquerda e para cima do conventinho inicial, o terreno cai. Esta extensão de terra foi adquirida por Wadding em 1628 ao duque de Sangemini. A construção dos três pisos do novo claustro e do jardim novo a poente do convento implicou uma considerável obra de nivelamento de terras ainda aparente nas infraestruturas do corpo conventual. Mais do que patrocinar um claustro, D. Manuel criou condições para a expansão do convento.

Durante a construção do claustro, D. Manuel enfrentou as contínuas objecções de frei Lucas que insistiu sempre na modéstia da obra e do convento... e o marquês acabou por se voltar para S. Carlino onde a sua magnificência podia estar mais à vontade. Foi aí que encontrou Borromini e lhe encomendou a obra de S. Bento de Lisboa. Voltemos portanto a esta.

---

[19] Documento em ACSI, W/4, n.30.

Os fragmentos da obra resultante do projecto borrominiano foram sendo enviados de Roma para Lisboa, provavelmente de 1635 em diante. A igreja estava em construção e não tinha ainda cabeceira definitiva, embora a cripta já existisse[20]. As pedras romanas foram colocadas na sacristia provisória e tornaram-se imensamente populares nos meios aristocráticos lisboetas. Entretanto, outras pedras se acumulavam, embaladas em caixotes, no porto italiano de Livorno – onde acabaram por ficar quando se deu o golpe de estado de Dezembro de 1640, perdendo-se depois[21].

Tratava-se de pedras decorativas, provavelmente um revestimento de mármore ou um retábulo de pedra, porque, quando D. Manuel encontrou Borromini em Roma, os espaços da cripta-panteão e da capela mor de S. Bento já estavam conformados. De facto, a obra fora iniciada pelo pai, D. Cristovão de Moura.

Quando D. Cristovão perdeu o favor da coroa com a ascensão ao trono de Filipe III (II de Portugal), e foi nomeado marquês de Castelo Rodrigo e vice-rei de Portugal em 1600, Cabrera de Córdova escreveu que entrou em Lisboa "sin haberle salido á recebir ninguno de los principales de la tierra que allá llaman hidalgos [...] y sienten mucho que les haya ido á mandar, paresciéndoles que no habia de ser menos que persona de la sangre real, y asi terná alguna dificuldad con ellos"[22].

D. Cristovão patrocinou em Lisboa duas grandes obras destinadas a afirmar o seu prestígio na capital portuguesa. Uma foi o palácio Corte Real, a casa da família. A outra foi o convento e igreja de S. Bento.

Os edifícios de S. Bento desapareceram quase por completo com a instalação de vários serviços públicos após a extinção das ordens religiosas em Portugal na década de 1830 e a posterior remodelação completa do convento e igreja na transição do século XIX para o século XX de modo a dar lugar ao parlamento português.

Iniciado em 1598 e inaugurado em 1615, o convento foi construído com projecto do arquitecto Baltasar Álvares († 1624), o mais importante projectista de Lisboa na altura. D. Cristovão de Moura mandou reservar a capela-mor da igreja para a sua família[23] e é evidente que havia nisso

---

[20] Sobre a obra de S. Bento, ver Varela Gomes, *Igrejas de planta centralizada*, 1999, I, pp. 156 sgs. e pp. 184 sgs.

[21] Algumas peças de mármore terão seguido para Espanha depois de 1640, ficando na posse de D. Francisco de Moura. Ver Bouza, *Imagen y Propaganda*, op. cit. p.210.

[22] Cabrera de Córdoba, *Relacionesde las Cosas Sucedidas en la Corte de España*, p. 71.

[23] Fora já em S. Bento que Cristovão de Moura professara na ordem de Alcântara em 31 de Dezembro de 1581 (Danvila y Burguero, *Don Cristobal de Moura*, p. 693) e, em 1620, o rei

uma ideia inspirada no panteão dos Áustria sob a capela-mor da basílica de São Lourenço do Escorial – até porque S. Bento era um convento de protótipo escorialense, um enorme edifício com a igreja situada a eixo entre claustros, um partido arquitectónico que é muito raro em Portugal.

A igreja conventual estava por concluír à data da inauguração, continuava em obras quando Baltasar Álvares faleceu... e nunca foi concluida na forma prevista pelo autor do risco inicial. Conhecemos esse risco pela fotografia de um quadro que até recentemente pertencia aos Pio de Sabóia e ao qual volto adiante no texto (**im. 8**). O quadro não é uma representação convencional, uma vista ou perspectiva, mas um corte longitudinal da igreja e dependências por detrás da capela-mor, visivelmente executado a partir de um desenho de projecto – o que significa que o conjunto da igreja, e não apenas a capela-mor ou a cripta, foi projectado sob a supervisão directa e próxima dos marqueses a cujos descendentes o quadro pertencia.

Na flâmula que identifica o motivo do quadro, a igreja é designada por "S. Bento de los Negros", o que remete para a designação "S. Benito de los Negros de la ciudad de Lisboa" que surge no testamento de Dona Leonor de Moura ditado em 1706 (estes nomes referem-se ao hábito negro dos beneditinos).

Pelo desenho se verifica que a igreja de S. Bento foi projectada para ser maior que S. Vicente de Fora, a grande igreja de Lisboa mandada construir por Filipe II (I de Portugal) no início da década de 1580 como sinal de renovação da cidade[24]. S. Bento deveria ter uma nave flanqueada de cinco capelas de cada lado até ao cruzeiro, enquanto que S. Vicente conta apenas com três. O corte figurado na pintura não parece ter escala assinalada, mas basta o exame das dimensões dos membros arquitectónicos e uma simples visita ao grande átrio do actual edifício do parlamento, que ocupa o lugar da antiga nave da igreja, para se perceber a dimensão monumental do templo.

---

obrigou o seu filho D. Manuel a cumprir o contrato firmado pelo pai com os monges beneditinos (IAN-TT, Chancelaria de Filipe III, Alvará de 12 de Novembro de 1620).

Quatro anos depois de assinado o contrato da obra da cripta-panteão (1627), os padres de S. Bento firmaram um outro em 30 de Julho de 1631. D. Manuel saíra de Lisboa no final do ano anterior e a obra devia estar adiantada. Neste segundo contrato (IAN-TT, Cartório 1 de Lisboa, L.º 173, fls. 46v-48) toma-se nota de uma renegociação dos termos da concessão da capela-mor aos marqueses de Castelo Rodrigo, naturalmente sugerida por D. Manuel: a congregação beneditina mostra-se disposta a abdicar dos 200.000 reis de juro pagos pelos marqueses se D. Manuel conseguisse na sua embaixada romana a união a S. Bento das igrejas de Pena Longa e S. Lourenço de Asmes ambas do bispado do Porto.

[24] Sobre S. Vicente de Fora, ver Soromenho, *Classicismo, italianismo e estilo chão*.

IMAGEM 8:
Pintura representando um corte longitudinal incompleto do projecto da igreja de S. Bento da Saúde, Lisboa (desaparecida). Cerca de 1630-1640 (col. particular)

Além disso, Baltasar Álvares projectou a construção, sobre o cruzeiro, de um grande zimbório de tambor circular, cúpula e lanternim, completamente diferente do zimbório de tambor e lanternim poligonais que foi construído em S. Vicente e que, nunca concluído, caiu em 1755. O zimbório de S. Bento teria sido o segundo zimbório de tipo italiano em Lisboa após o de S. Vicente.

Temos assim que D. Cristovão de Moura planeou fazer em Lisboa uma igreja-panteão maior e mais imponente que a igreja real e fez efectivamente uma casa, o palácio Corte Real, mais actualizada tipologicamente que o próprio palácio filipino da Ribeira, projectado pelo arquitecto régio Filipe Terzi[25] e muito ligado ainda ao protótipo do palácio anterior, iniciado pelo rei D. Manuel no início de Quinhentos.

A imponência e novidade tipológica das obras de D. Cristovão em Lisboa bastarão para podermos avaliar a medida das ambições do marquês e do seu orgulho – e levantam a interessante questão, que infelizmente não pode ser discutida no presente artigo, do papel desempenhado pela arquitectura na acção de Castelo Rodrigo, enquanto vice-rei de Portugal, ao defender a autonomia portuguesa, consagrada no estatuto de Tomar, no quadro da União Ibérica.

*Hum milhão de traças.*
## Obras na quinta de Queluz

As obras de S. Bento e do palácio Corte Real estavam por concluir quando D. Cristovão morreu em 1612. Foram continuadas por D. Manuel de Moura.

No início do verão de 1628, D. Manuel chegou a Lisboa vindo de Madrid e incumbido de uma missão real. Disse Faria e Sousa, ressentido mas provavelmente certeiro:

> "El Rey le enviava a Lisboa, con pretexto de que convenia allá su asistencia, para el apresto de unos galeones que el año de 1629 se habrián [sic] de enviar a la India [...] era para afastarle [sic] de palacio, por haberse entendido que entre los continuos [empregados] de él no servia de otra cosa que de promover revueltas"[26].

---

[25] A atribuição a Filipe Terzi do projecto para o palácio real da Ribeira de Lisboa mandado construir por Filipe II (Filipe I de Portugal) consta do manuscrito de um tratado de arquitectura composto em 1631 pelo arquitecto Mateus do Couto *o Velho* (act. 1600-1659), discípulo de Terzi e Baltazar Álvares: BNL, Cod. 946, ver fol. 24.

[26] *The Fortuna of Manuel de Faria e Sousa*, op. cit. p. 194.

Dotado de amplos poderes pelo rei, D. Manuel não vinha todavia satisfeito. Como o pai, detestava ver-se longe da corte porque sabia muito bem que aqueles que o rei não via frequentemente era como se não existissem. Segundo Faria e Sousa, que não perdia uma oportunidade de intrigar, D. Manuel recusou-se ao princípio a partir e depois houve "grandes tristezas en casa, grandes murmuraciónes del valido y gran resolución de que antes se havia de dejar ir a alguna aspera prisión"[27].

Em meados de Junho não estava numa prisão mas em Lisboa. Era uma espécie de "vice-rei volante"[28] encarregado de fazer saír, custasse o que custasse, as armadas da India e do Brasil. Com ele vinha o mais tarde tão poderoso secretário do Conselho de Portugal, Diogo Soares[29].

Em 1629, saíram a barra do Tejo a armada que conduzia o vice-rei conde de Linhares à India, e a do Brasil comandada por Matias de Albuquerque[30]. Até Faria e Sousa foi forçado a admitir que D. Manuel desempenhou a sua missão "con extremada vigilancia y diligencia"[31].

Do que D. Manuel fazia em Portugal pela sua própria casa, Faria e Sousa não adiantou grande coisa: ocupou-se da caça e "algumas fábricas" na quinta de Queluz, disse ele, secamente[32].

Fez muito mais do que isso: iniciou grandes obras em Queluz, tentou acabar o palácio Corte Real e as obras de S. Bento.

Uma relação de despesas do tesoureiro de D. Manuel, Jerónimo de Paiva, assinada por um dos seus secretários, Luis Padilha de Miranda, em Julho de 1631, sete meses depois de D. Manuel já ter saido de Lisboa rumo a Itália, conta a seca mas reveledora história das despesas efectuadas pelo marquês até essa altura[33]: há pagamentos a vidraceiros, ferreiros, serralheiros. Ao pedreiro Miguel Francisco devem-se mais de 80.000 reis, ao carpinteiro Mateus Dias mais de 200.000. Com a "obra da quinta" (Queluz) gastaram-se quase 100.000. O pedreiro Domingos Ferreira foi encarregado de trazer mármores de Estremoz. Comprou-se "pao de

---

[27] Idem, p. 195.
[28] Luxán Meléndez, *La revolución de 1640 en Portugal*, 1988, p. 357.
[29] John Elliott, *El Conde Duque de Olivares*, 1990, p. 513.
[30] É evidente que a missão de D. Manuel em Lisboa estava também relacionada com a reforma naval promovida por Filipe III de Espanha e recentemente discutida por Marcos, "La pretendida reforma naval de Felipe III". Nesta reforma teve papel de relevo o cosmógrafo, matemático e arquitecto naval João Baptista Lavanha († 1624), protegido de D. Manuel de Moura.
[31] Ver *The Fortuna of Manuel de Faria e Sousa*, op. cit, p. 201.
[32] Idem, p. 203.
[33] IAN-TT, Misc. Ms. da Graça, Cª 5, Tº 2. O maço onde estão estas cartas não tem fólios numerados. As relações de despesas encontram-se no fim.

pinho, tábuas e madeira de bordo" para a "casa nova" (o palácio Corte Real). Como é característico da aristocracia da época, as despesas essenciais são de outro carácter: com "mestres de fazer coches", com os ourives de ouro Tomé da Costa e Luís Alvares (respectivamente 200.000 reis e cerca de 30.000), com o ourives de prata António Coelho (cerca de 400.000 reis!).

Antes de saír para Roma, D. Manuel mandou escrever a Jerónimo de Paiva o *Livro de toda a fazenda e rendas do Marques de Castelo Rodrigo*[34]. Aí se descriminam as propriedades onde tinham lugar as obras de 1626-30 e, em primeiro lugar, as "cazas principais no terreiro do Corpo Santo [...] com seus Armazens e outras defronte", ou seja, o palácio Corte Real novo e o antigo, existente desde o início do século XVI sobre o arranque da colina. D. Manuel mandou alugar as cavalariças, o saguão de entrada do patio, as despensas, a "logia que está debaixo da escada" e a "casa do jardineiro", fechando-se para isso os "Arcos do jardim" e "dando-se serventia pelo Corredor", indicações que, tendo desaparecido a casa, são muito difíceis de interpretar.

Na quinta de Queluz, D. Manuel realizou grandes obras – cujo destino é outro exemplo eloquente da maleabilidade da memória histórica.

A transformação da quinta suburbana dos Moura começou nos anos entre 1603 e 1606, quando D. Cristovão esteve em Portugal sem ocupações oficiais. Fora vice-rei, voltaria a sê-lo, mas entretanto aguardava que os ventos da corte mudassem, que Lerma caísse e fosse então autorizado a regressar a Madrid. Enquanto esperava, o marquês passava muito tempo em Queluz, que herdara nos bens de D. Margarida, e começou a construir lá aquilo a que os documentos se referem como um pavilhão de caça, provavelmente logo nos anos de 1580. Em 1603 e 1604, já devia ser qualquer coisa porque D. Cristovão tinha o hábito de se retirar de vez em quando para lá na companhia de alguns amigos que formavam uma espécie de "pequena Corte"[35].

A família passava períodos importantes na quinta: em Agosto de 1614, D. Margarida Coutinho, filha de D. Cristovão casada com D. Diego de Silva conde de Portalegre, assinou lá o seu testamento[36]. O 1º Castelo Rodrigo gostava imenso da sua casa de campo: um ano antes antes de falecer, escreveu a 6 de Março de 1612 a D. Pedro de Castilho dizendo

---

[34] BNL, Cod. 3377.
[35] D. Afonso Danvila y Burguero, *Don Cristóbal de Moura, primer marques de Castel Rodrigo*, 1900, p. 811.
[36] Natália Correia Guedes, *O Palácio dos Senhores do Infantado em Queluz*, 1971, n. 10, p. 300.

estar cansado de tarefas públicas e não querer outra coisa senão "passear pelo laranjal de Cheluz cuja fruta começa por este tempo"[37].

D. Cristovão não voltou a ver os seus laranjais e Queluz sofreu uma verdadeira revolução com D. Manuel de Moura.

A história que costuma traçar-se de Queluz começa com as obras lá iniciadas em 1746 para a Casa do Infantado. Estas obras, porém, tiveram lugar mais de 100 anos depois dos Moura terem perdido a posse do sítio e quase 160 após os primeiros trabalhos lá feitos. Sobre esse longo período, tudo o que se sabe tem cabido em meia dúzia de linhas.

Felizmente, foi recentemente publicado um documento precioso sobre a quinta de Queluz como ela seria na época dos Castelo Rodrigo: uma pintura (**im. 9**). Para a poder discutir, preciso de fazer agora uma digressão historiográfica antes de regressar a Queluz.

No artigo de 1949 que referi já por várias vezes, Afonso Corte Real sugere que a fotografia do quadro representando o desenho de projecto para S. Bento lhe foi enviada pelos Pio de Sabóia, não tendo ele próprio visto o original em Itália.

Corte Real desconhecia que, em Espanha, na *Exposición del Antiguo Madrid* realizada em 1926, fora exposta uma cópia de outra pintura pertencente aos Moura e guardada pelos Pio de Sabóia, hoje no Museu de Madrid. Tratava-se de um quadro de autor desconhecido representando a grande quinta madrilena dos Moura, La Florida (outra obra amaldiçoada pela sorte porque foi demolida por completo durante o século XIX – volto ao assunto adiante).

Os quadros pertenciam ambos à colecção dos príncipes Pio e estavam nessa altura – como estiveram até há pouco tempo[38] – na parede da escada principal da Villa Mombello, casa dos Pio de Sabóia situada em Imbersago, cerca do lago de Como, onde recentemente foram fotografados *in situ*[39]. A fotografia mostra um conjunto de pinturas cujos assuntos e agrupamento levantam muitos problemas:

Ao centro, vê-se o escudo dos Castelo Rodrigo numa cartela *rocaille* característica da segunda metade do século XVIII (aliás, todo o conjunto de pinturas está enquadrado com motivos deste tipo). Sob as armas da

---

[37] BA, 51-VIII-14, f. 35.

[38] De facto, soube entretanto que pelo menos uma dessas pinturas está à venda no mercado antiquário, através do qual foi recentemente vendido para uma colecção portuguesa um esplêndido retrato de D. Francisco de Moura que também pertencia aos Pio de Sabóia [o retrato pertence ao Museu das Cruzes no Funchal].

[39] As fotografias foram publicadas por Maria Teresa Fernández Talaya, *El Real Sitio de La Florida y La Moncloa*, 1990, pp. 88-91.

IMAGEM 9:
Pintura representando o palácio dos Castelo Rodrigo em Queluz cerca de 1630-1640.
(col. particular)

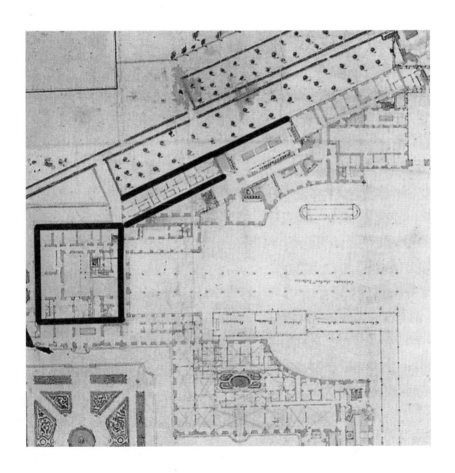

IMAGEM 9A:
Pormenor da planta do Palácio de Queluz da Biblioteca Nacional do Rio de Janeiro com marcação do quadrilátero inicial do palácio e do "corpo da Cozinha Velha"

família, lê-se a inscrição "Mayorazgo [morgadio] de Castel Rodrigo". Ladeando o escudo, vemos, à nossa direita, a pintura representando La Florida. À esquerda, o original de outra pintura também copiada na mesma altura e também no mesmo Museu: representa o *Paseo del Prado* e, ao fundo, o Retiro. Em baixo, da esquerda para a direita, estão representadas a quinta de Queluz, a igreja de S. Bento e a casa de *Torre de La Parada*.

Apesar do estilo tardo-setecentista de molduras e cartelas, e da informação de que estas pinturas, vindas de uma casa próxima dos Pio de Sabóia, o palácio Cusano, só foram colocadas em Mombello no final do século XIX[40], apesar disso tudo, sabemos que os originais de algumas das imagens foram executados ainda no século XVII sob supervisão dos Moura. De facto, quando estava em Viena de Áustria como embaixador plenipotenciário de Filipe IV, D. Francisco de Moura endereçou ao seu colaborador Tomé Lopes de Andrade em 26 de Maio de 1651, uma carta onde escreveu:

> "De todo lo que hubiere de quedar alla [na Florida] se hará un inventario como también de los papeles y libros la qual se enbiará para mi noticia y un libro en que están las trasas de las casas de Lisboa y la quinta pintada como también Sanbento"[41].

Ficamos a saber que as figurações de Mombello resultam da passagem a pintura de imagens que existiam talvez em desenho e que podem ter sido alteradas ou simplificadas. As "casas de Lisboa" referidas por D. Francisco – naturalmente o palácio Corte Real – não aparecem já no conjunto de Mombello. A "quinta" será certamente Queluz. A representação parece ter sido feita a partir de um tosco desenho, talvez de memória. A designação de "Quiluz" que se vê na flâmula erguida por um anjo trombeteiro nunca foi utilizada em Portugal e faz pensar que a pintura de Mombello é muito posterior ao eventual desenho e à memória dos Castelo Rodrigo que ainda conheceram a quinta e ainda falavam português.

As outras pinturas levantam questões a que não sei responder : porque surgem o *Paseo del Prado* e a *Torre de La Parada* neste conjunto de

---

[40] Juan Falcó y Trivulzio, *Documentos de my Archivo*. 1929, p. 190. O autor, príncipe Pio e 15º marquês de Castelo Rodrigo, refere que as pinturas representando Queluz (*la quinta de Equiluz*) e S. Bento teriam estado até ao final do século XIX numa casa dos príncipes Pio perto de Milão, o palácio Cusano, e teriam passado para a villa Mombello por mão dele próprio.

[41] Ibidem, p. 190.

pinturas? Que direitos de morgadio tinham os Moura sobre estes sítios? Como explicar o peculiar facto de que a inscrição da pintura representando o Prado refere o "Paseo de Carlos II" (o filho de Filipe IV falecido em 1700)?

Os direitos dos descendentes dos Castelo Rodrigo sobre Queluz caducaram após 1757, data da venda definitiva da quinta à Casa do Infantado. A composição de Mombello é, portanto, anterior a esse ano, isso podemos presumir com alguma certeza.

De facto, os nobres portugueses exilados em Espanha fizeram várias tentativas para reaverem os seus bens confiscados após 1640. Em Agosto de 1670, por exemplo, veio a Lisboa um procurador da irmã do duque de Aveiro, D. Raimundo de Lencastre, General do Mar de Castela, casada com o conde de Arcos em Espanha. Lisboa respondeu-lhe que os bens de confiscados e ausentes "senão haviam de dar, senão a quem os viesse comer ao Reino" e que os bens dos Aveiro seriam devolvidos quando Madrid devolvesse os seus aos Medina Sidónia, expropriados por um crime de rebelião como o dos Bragança[42].

Em 1747, porém, a quinta de Queluz voltou à posse dos Castelo Rodrigo representados pelos príncipes Pio de Sabóia, pagando-lhes o Infante 5.000 cruzados por ano de renda[43]. Em 1750, os Pio de Sabóia arrendaram-na (e ao palácio Corte Real) à Casa do Infantado. A venda teve lugar sete anos depois, uma vez destruída a casa lisboeta pelo terramoto[44].

Deste modo, o conjunto de pinturas de Mombello aparece como um inventário monumental de bens dos Castelo Rodrigo[45] e, ao mesmo

---

[42] *Monstruosidades do tempo e da fortuna*, op. cit., pp. 129 e 145.
[43] António Caldeira Pires, *História do Palácio Nacional de Queluz*, 1924, pp. 55-57.
[44] Ibidem, p. 59
[45] O destino dos bens dos Castelo Rodrigo em Portugal só teve completa resolução em 1865, mais de duzentos anos depois do golpe de 1640! O padroado da capela-mor de S. Bento, por exemplo, só foi dado por extinto em 1718 quando o príncipe D. Francisco Pio de Saboia pagou parte do que a família devia ao convento através do cônsul de Espanha em Lisboa (BNL, Cod. 4414. fol. 145, de onde foi arrancada a página respeitante à instituição desse padroado por Cristovão de Moura. Ver também IAN-TT, Conventos Diversos, S. Bento, Mº 2 e Lº 41 com inúmeros registos de receitas e despesas do final do século XVII até ao início do século XIX). Os papéis dos Moura herdados pelos condes de Fernán Nuñez contam com algum pormenor as trapalhadas legais ocorridas depois da paz com a Espanha de 1668 e, especialmente, depois de resolvidos os problemas do palácio Corte Real e de Queluz. Dizem os papéis que Queluz foi vendida ao infante D. Pedro, filho de D. João IV, por 310.000 cruzados e que outras propriedades passaram à Misericórdia (A.N., Leg. 450/17 – 36). Mas havia ainda propriedades dos Moura em litígio, designadamente um padroado mais antigo que o de S. Bento, o da capela funerária em S. Francisco da Cidade (de Lisboa). Em volta deste problema sucederam-se entre 1747 e 1781 *muchos embrollos y enredos* (idem), especialmente quando o procurador ou

tempo, um memorial organizado com uma lógica muito clara: grandes palácios suburbanos madrilenos, em cima. O panteão da família, S. Bento, ao centro[46]. Duas quintas ou pavilhões de caça, Queluz e La Parada, nos extremos.

Regressando agora a Queluz, creio ser possível afirmar que a pintura de Mombello e as referências inéditas que encontrei ou compilei provam duas coisas: a primeira é que D. Manuel quiz transformar Queluz numa quinta de veraneio à italiana na década de 1630. A segunda é que conseguiu fazê-lo a tempo, ou seja, até 1640.

A quinta é descrita assim na procuração passada pelos Pio de Sabóia ao seu representante que, em 1750, negociou o aluguer à Casa do Infantado:

> "...la Quinta de Queluz cercada de Muro que consta de pomares de frutas, de Espiño [sic], Viña y demas arboledas fuentes y otras Cassas pertenecientes a la Quinta, como también las casas grandes con sus oficinas, todo dentro de un pateo de la misma Quinta y asi mismo a tres Cassas fuera del Pateo adonde está la Bodega, Lagar, Caballerizas, y demas Cassas unidas a la misma Bodega..."[47].

A tosca pintura de Mombello representará provavelmente o estado em que Queluz ficou depois das obras de D. Manuel (**im. 9**). O conjunto de edifícios e pátios figurado no quadro é de localização muito difícil de determinar no sítio de Queluz que hoje existe, fruto das extensas obras do século XVIII que alteraram até a configuração do terreno.

Natália Correia Guedes, uma historiadora que se ocupou de Queluz, concluiu que os infantes portugueses não fizeram obras na quinta entre as décadas de 1650 e 1740, a não ser nas cocheiras, cerca de 1707, e supôs que o palácio antigo era virado a norte-poente com eixo maior no sentido nordeste-sudoeste, serviços e armazéns a norte, quartos e antecâmaras a

---

*testaferro* dos príncipes Pio em Lisboa foi preso pela Inquisição e sentenciado por judaísmo em 1752, apelando os Pio de Saboia para o marquês de Pombal (idem 17 e 27). Esse procurador estava em Portugal a tentar estabelecer as credenciais dos seus empregadores como verdadeiros descendentes dos Castelo Rodrigo, de modo a poder negociar o padroado em S. Francisco, ligado à herdade do Casal do Granjal de Fora no Cacém, perto de Lisboa, que era uma *capela* instituída por D. Cristovão em favor de S. Francisco da Cidade. A herdade foi vendida, por fim, em 1865 (idem, Leg. 2297/17).

[46] Repare-se que, ao ditar o seu testamento em 21 de Outubro de 1675, um mês e dois dias antes de falecer, D. Francisco de Moura insistia ainda em que o seu corpo deveria ser transferido para o "Conbento de S. Bento en Lysboa de que soy patron" no caso de Portugal "bolber a la Corona de Castilla": AHP, prot. 8180, fol. 621-622v.

[47] AHP, Prot. 14.961, fls. 720-721.

sul[48]. De facto, quem olha para uma qualquer das inúmeras plantas conhecidas ilustrando projectos para Queluz, a mais antiga das quais, de finais do século XVIII, já foi publicada[49], nota que, na cuidada simetria de todo o conjunto, destoa um corpo construido a norte, na direcção nordeste-sudoeste, disfarçado pelo lado curvo norte do pátio de honra (**im. 9a**). Este corpo, conhecido até hoje por "Cozinha Velha", situa-se sobre um desnivelamento acentuado do terreno em direcção à ribeira que passa a norte.

Parte deste sector parece estar representado na pintura de Mombello, a julgar pela ribeira figurada à direita de quem olha para o quadro, sobre a qual passa uma ponte (ainda hoje existe uma ponte norte-sul sobre a ribeira, embora muito modernizada e situada a uma cota bastante mais alta que as margens da ribeira). A casa principal da quinta aparece representada como um bloco rectangular com telhados tradicionais (ou seja, um por divisão) e uma dupla *loggia* constituída por arcarias sustentadas em pilares com colunas adossadas, cujo piso superior tem acesso desde o pátio fronteiro da casa por uma longa escadaria de patamar intermédio, decorada com pináculos de bola característicos da arquitectura portuguesa do tempo dos Filipes. A casa parece situar-se sobre o desnível do terreno porque a escada está encostada a um alto muro de pedra aparelhada que sustém o nível superior da quinta, onde surge representado um jardim formal. A *loggia* está virada a nascente, o que mostra que a orientação da casa não era aquela que Correia Guedes supôs: a frente estava voltada a nascente, à estrada vinda de Lisboa, e não a norte ou a sul.

Ainda de acordo com a pintura, o pátio fronteiro da quinta abre ao exterior por uma porta monumental com brasão de armas no tímpano do frontão e três pináculos de bola.

Em algumas das cartas enviadas por D. Manuel de Moura de Génova e Roma ao conde de Portalegre entre 1632 e 1634[50] surgem instruções para a obra que o marquês iniciara em Queluz antes de partir para Itália em 1631. D. Manuel não estivera em vão em Madrid na época das grandes quintas e do início do Buen Retiro, não viu em vão em Génova e Roma as casas de veraneio da aristocracia laica e eclesiástica. Decidiu fazer de Queluz uma quinta de aparato.

Enquanto enviava a Portalegre sementes de laranjeira e outras mais exóticas, analizava plantas de obras que aquele lhe remetia – e não gos-

---

[48] *O Palácio dos Senhores do Infantado*, op. cit. pp. 65 sgs.
[49] Simoneta Luz Afonso e Angela Delaforce, *Palácio de Queluz, jardins*, 1988.
[50] Varela Gomes, *Igrejas de planta centralizada em Portugal*... e "Oeuvres de Francesco Borromini et Guarino Guarini".

tava delas. Em carta de 28 de Janeiro de 1634 anunciou o envio da "trasa do jardim de quelus q. feita na forma q. de ca vai sinalado fica menos fea". Pode tratar-se de um novo desenho feito em Roma pelo próprio marquês, por Borromini (que nessa altura já trabalhava para ele), ou por outro artista, mas pode ser também uma referência a simples correcções da planta lisboeta. Em todo o caso, o marquês refere uma "rua debaixo" que devia ser endireitada: "O q se ouver de tomar do laranjal pera endireitar a rua pode ser sobre bobedas e arcos pera o jardim do paço e com isto se escusará tantas paredes e entulho".

Em Julho do mesmo ano, outra carta esclarece um pouco melhor de que é que se tratava (grafia e pontuação actualizadas):

"Quanto ao jardim de queluz, damião martins me escreve o muito que se corta de laranjas [laranjeiras] em que cá escrevemos pela planta [...] e que isto é forçoso para haver rua, e que a rua e o jardim dela é a meu gosto. O principal é que se a casa de queluz se acrescentar algo, há de ser pela terra da António Luís e por lá fica melhor a serventia com que, no que é pátio, ficará o jardim melhor, e para diante dos sotãos basta o pequeno que antes estava traçado. Eu tenho a rua com laranjas por o mais principal [e] me resolvo a que se derrube o feito no jardim novo"...

O jardim deveria ser construído com "rua," e sobre abóbadas (que evitavam uma terraplanagem completa). Havia outro jardim "ja trasado", o "pequeno", que ficava diante do "sotão" (palavra que quer dizer cave no português antigo ou no castelhano de sempre).

Segundo parece mostrar a pintura de Mombello, a casa de Queluz tinha só um piso (térreo) para sul (para a esquerda de quem olha o quadro), e dois ou três pisos, incluindo uma cave (ou "sotão"), para norte, cobrindo assim o desnível do terreno. Não é possível determinar qual das áreas ajardinadas que surgem na pintura a norte e nascente poderia ser o jardim "pequeno" que já estava feito antes de D. Manuel enviar a carta de Roma. Em contrapartida, pode presumir-se que o jardim formal à nossa esquerda (ou seja, para sul), é parte do "jardim novo".

Creio ainda que este "jardim novo" corresponde ao actual *Jardim Pênsil* ou *de Neptuno*, de facto sustentado parcialmente por abóbadas. Um inventário de 1763 refere-se a esse jardim como "Jardim defronte do Passo antigo", distinguindo-o do jardim dito de Malta, ou "Jardim novo defronte do quarto novo"[51].

---

[51] Luz Afonso e Delaforce *Palácio Queluz, jardins* , op. cit., p. 26.

Se assim for, a casa antiga estaria situada parcialmente onde hoje está o núcleo central ainda existente na vasta composição barroca de Queluz, ou seja, o corpo de planta quadrangular situado no eixo norte-sul de toda a composição em volta de um pequeno pátio ou claustro (im. 9a). Este núcleo parece de facto ter sido o ponto de partida de todas as obras setecentistas, ao articular muito claramente os corpos construídos no século XVIII virados ao jardim e o corpo, também setecentista, que surge aberto em meia-lua sobre o terreno fronteiro ao palácio actual e cujo braço norte disfarça a "Cozinha Velha". Esta seria, provavelmente, uma das casas de quinta situadas a norte-nascente do pátio fronteiro, encostadas ao muro que parece sustentar o desnível sobre o vale da ribeira.

O núcleo central de Queluz foi muito alterado em obras posteriores, como mostra a comparação entre a sua forma actual e aquela que vemos na planta do século XVIII: desde logo, foi-lhe encostada a correnteza de salas do paço setecentista viradas a sul; depois, foi dotado de uma escadaria de aparato a eixo no lado poente; finalmente, é possível que os estranhos motivos paladianos com arcos abatidos que vemos hoje no claustro correspondam a uma remodelação monumentalizante de um pátio anterior, mais simples.

Na carta de Janeiro, D. Manuel deu ordem de se fazerem menos paredes e uma "rua" (ou seja, uma álea arborizada). E acrescentou: "como cá se usa pera nem estar por o de cá nem por o de lá" – o que significa que não queria uma quinta e jardim à portuguesa, encerrados por paredes. E, já que era tarde demais para fazer um projecto puramente italiano, naturalmente com áleas abertas e focos de perspectiva, então que se fosse para um compromisso. Apesar disso, mandou "q se derube o feito no jardim novo".

Meses depois, numa carta datada de Frascati em 12 de Junho de 1634, escreveu:

> "Temos aqui feito hum milhão de trasas para queluz e V. S. [Portalgre] por la achara hum vilão ou hum par delles inclinados a jardineiros q. quiserem fazer os muros [as sebes] bem folgara mos enviar nalgum navio de Liorne pera os insinarmos".

Em Itália, acrescentou, "com poqíssima ajuda e espesa fazem belissimas fontes e invensoes e eu sempre estou em ansia de acrescentar quelus". Em 25 do mesmo mês, já em Roma, tomou conhecimento de que D. Diego de Silva fôra a Queluz inspecionar as obras que seguiam a bom ritmo ("V.S. com tudo o q. me toca faz milagres", escreveu ele em carta de 22 de Agosto) e anunciou para breve o envio de uma fonte.

Não sei de que fonte se trata e, da quinta antiga, não parecem restar hoje nos vastos jardins de Queluz quaisquer elementos arquitectónicos e escultóricos do tempo dos Moura.

## A quinta da Florida em Madrid

Como 1640 interrompeu as obras, os Castelo Rodrigo transferiram as suas ambições e a sua fortuna para uma outra quinta, nos arredores de Madrid: a quinta de La Florida (**im. 10**).

La Florida foi, para a casa madrilena dos Castelo Rodrigo, o que Queluz fora para o palácio Corte Real em Lisboa. Era a casa de campo que agora lhes faltava, uma Queluz-no-exílio que iria servir a sua vida de grandes senhores da corte enquanto esperavam poder voltar aos laranjais e ruas de Queluz, a que D. Cristóvão e D. Manuel se tinham dedicado tanto.

Como se sabe, a Florida foi comprada por D. Francisco de Moura em 1647, ainda em vida de seu pai D. Manuel que na altura era mordomo--mor na corte de Filipe IV[52]. Quando comprou a quinta, D. Francisco não podia saber que não voltaria a Portugal. Como tantos outros aristocratas portugueses que ficaram em Espanha após 1640, nunca acreditou que a separação do seu país em relação à monarquia ibérica fosse definitiva. Em Dezembro de 1651, referiu ao seu procurador a guerra da Catalunha e o "deseo grande que tengo de ver Catalunia reducida, lo qual seguiendose, podría el Tirano en Portugal echarse la barba en remojo"[53].

Talvez tenha sido por esperar ainda a recuperação de Portugal que escreveu a Tomé Lopes de Andrade em termos que denotam não estar em condições de investir na Florida:

> "Por lo que toca a la Florida si se pudiesse hallar quien se encargase della con obligación de mantenerla enquanto yo por acá estoy seria muy bueno y siempre lo mexor, pues dificilmente se podria hallar de presente lo que costó de contado"[54].

---

[52] D. Manuel de Moura foi nomeado mordomo-mor do rei em 1647, e foi autor do protocolo geral da corte, cuja carta assinou em 22 de Maio de 1647 (BP, Mss 580, fol. 283 r-v). No exercício do cargo, supervisionou muitas das festas da corte (idem, Mss 1606 bis-8, fol. 8v e 128-155v), colaborando estreitamente com o arquitecto Alonso Carbonnel em 1649 e 1650.

[53] Falcó y Trivulzio, *Documentos de mi Archivo*, op cit, p. 255.

[54] Carta de 26 de Maio de 1651, in Falcó y Trivulzio, *Documentos de mi Archivo*, op. cit p.180. Um Tomé Lopes de Andrade aparece já nas nomeações de D. Juan de Borja e

IMAGEM 10:
Pintura representando a quinta de La Florida em Madrid (desaparecida), cópia de um original do século XVII, Museu da Cidade de Madrid

D. Francisco estava então em Viena de Áustria porque se dedicava ao serviço do seu rei enquanto as barbas de D. João IV se mantinham teimosamente secas. Em 1648, um ano após a compra da Florida, partira para Viena como embaixador de Filipe IV, cargo já desempenhado por D. Manuel. Representou o rei no casamento com D. Mariana de Áustria que trouxe para Madrid. Foi depois vice-rei da Sardenha (1656), da Catalunha (1663) e governador da Flandres entre 1664 e 1668, cargos de cada vez maior responsabilidade que demonstram o alto favor real de que gozava.

A quinta da Florida aparece pela primeira vez figurada na vista de Madrid de Antonio Marcelli gravada em Antuérpia cerca de 1622 e publicada em 1657, que mostra que o núcleo essencial da parte construída da quinta já existia quando D. Francisco a comprou. Tanto a forma da casa como a da cerca demonstram que todas as ampliações posteriores da Florida partiram dos dados estabelecidos no terreno durante a primeira metade do século XVII.

A Florida aparece de novo figurada na célebre vista de Texeira de 1656, alguns anos depois dos Moura terem adquirido a propriedade. A acreditar em Texeira, essa meia dúzia de anos traduziu-se na transformação radical do núcleo central da Florida que deixou de ser uma casa de quinta mais ou menos nobilitada para passar a apresentar-se como uma *Villa* suburbana. Deste modo, o pátio de quinta aparece agora como um jardim formal encerrado entre arcadas (provável resultado da transformação dos antigos edifícios agrícolas). Em volta, ainda se vê o muro figurado na vista de Marcelli. Teixeira fez desaparecer a casa propriamente dita mas deve tratar-se de um erro porque o edifício aparece depois noutras figurações e não é lógico que D. Francisco o tivesse mandado demolir ficando sem casa no lugar. O jardim de quatro parterres e fonte central que aparece no lugar da casa, situava-se, antes, por detrás dela. Mas, novidade essencial, surge agora no enfiamento noroeste da casa um conjunto de espaços-jardim, alinhados, que termina num ninfeu.

Este eixo corresponde a uma clara influência italiana. De facto, o jardim fronteiro da Florida encerrado entre muros era bastante tradicional recordando muito o jardinzinho que os Moura tinham, virado

---

D. Cristóvão nos anos da integração de Portugal na monarquia dos Áustrias e foi depois escrivão de Pedr'Alvares no Conselho de Portugal (Luxán Meléndez, *La revolución de 1640 en Portugal*, op. cit, p. 138). É improvável que se trate do mesmo Andrade que era procurador de D. Francisco em 1651, embora em 1662 já tivesse falecido – como sabemos por um documento legal do punho de D. Francisco, datado desse ano (AHN, Estado, L° 91, fol. n.n).

ao Tejo, entre as *Varandas* da casa Corte Real[55]; e talvez também o "jardim novo" de Queluz, cujas traças D. Manuel de Moura revira em Roma.

O alinhamento hierárquico e perspéctico de espaços fechados ou semi-abertos, culminando em fontes e ninfeus, representa, porém, uma espécie de mudança de paradigma: estamos agora perante o exemplo da *Villa* toscana e romana da segunda metade do século XVI e do século XVII.

Esta tendência é exuberantemente confirmada pela pintura existente em Mombello e pela sua cópia no Museu de Madrid. De acordo com o quadro, a casa aparece agora com duas alas mais ou menos iguais, uma de cada lado, recuadas em relação ao edifício central. A ala poente parece estar ainda em construção[56]. A nascente, a ala lateral tem por detrás de si um pátio fechado. Na traseira da ala principal vê-se um grande jardim de paterres, entre muros, que, por uma escada dupla construida sobre uma gruta, dá acesso a outro jardim fechado, a uma cota mais alta. Na zona fronteira da casa, o pátio de quinta aparece agora transformado num jardim formal rodeado de um simples muro. A entrada antiga da cerca lá está, com o seu pátiozinho, mas aparece agora outra entrada, de forma elíptica, a eixo de toda a composição, com uma tripla abertura paladiana de pedra clara, de ordem jónica (a ordem dos lugares de lazer) mas rusticada como convém a um sítio campestre. Sobre o vão central vê-se um frontão curvo.

Sobre o muro deste jardim, na parte virada à casa, e sobre os muros que se prolongam dos lados criando um espaço de cerimónia em frente da fachada, surgem dezenas de estátuas sobre altos pedestais. Estátuas semelhantes decoram os cantos entre a ala principal e as laterais da casa e aparecem também sobre o muro do último jardim fechado. Vêm-se por todo o lado fontes exentas ou encaixadas nas paredes. Ao fundo, por detrás do último jardim e marcando o eixo da encosta, está um ninfeu profusamente decorado.

Nas empenas central e da ala nascente, aparecem espadanas muito semelhantes às que decoram o eixo da fachada de várias igrejas e palácios espanhóis dos séculos XVII e XVIII. Mas, à parte isso, não há nem um

---

[55] A planta deste jardim na casa Corte Real, descoberto por escavações no século XIX e logo de seguida destruído (!), foi publicada por Augusto Vieira da Silva, "A Sala do Risco".

[56] Veja-se a representação da Florida num quadro de Michel-Ange Houasse pertencente ao Patrimonio Nacional e hoje no palácio da Granja: o edifício figurado em segundo plano é La Florida vista de poente com o corpo central e o pátio interior. O corpo ocidental figurado na pintura do Museu da Cidade de Madrid não aparece neste quadro.

sinal da tradição clássica espanhola: a casa não tem planta quadrada ou rectangular com torreões ou coruchéus, antes aparecendo como um amplo plano desdobrado e virado ao rio, de ala central avançada, como se fosse um palácio urbano do barroco romano.

Na segunda metade do século XVII, as casas de campo e palácios urbanos espanhois eram edifícios de planta quadrangular organizados em volta de pátios internos, ou edifícios rectangulares com uma única fachada nobre. Nos extremos ou nos cantos apresentavam torreões ou coruchéus. Com a obra de Gómez de Mora e seus sucessores, as entradas principais tinham começado a ser realçadas através de elaborados portais que se transformaram em secções centrais da fachada, assinaladas na empena por frontões, espadanas ou pináculos (veja-se, como exemplo mais significativo, o *Cárcel de Corte* de Madrid projectado por Gómez de Mora). Com excepção da Florida, o tipo de *Palazzo* do barroco romano só apareceu em Espanha com as obras de Juvarra e seus sucessores, nos anos de 1730 e seguintes. As fachadas nascente e poente do palácio real de Madrid, as alas novas do palácio de Aranjuez e do palácio da Granja, caracterizam-se, de facto, por apresentarem uma secção central proeminente, avançada em relação às alas laterais e com um tratamento diverso das ordens.

Pode por isso dizer-se que, embora desprovida de ordens e com alçados muito simples, a Florida foi uma obra extremamente precoce em terras peninsulares, antecedendo a composição dos futuros grandes palácios traçados por italianos[57].

Em 7 de Julho de 1792, os descendentes dos Castelo Rodrigo assinaram a sentença de morte da Florida, rubricando o contrato de venda da quinta ao rei[58]. Seguiram-se muitos projectos e planos para o sítio[59]. No "Plano de Madrid dividido en diez quarteles", de 1812, já a margem do Manzanares está em transformação e no Plano de 1848 passou a ser a *Montaña del Príncipe Pio*, enquanto toda a área começava a adquirir os contornos de hoje com a construção da estação do Principe Pio e do moderno bairro de Argüelles.

---

[57] A quinta foi descrita elogiativamente por vários viajantes ilustres que por lá passaram e essas descrições mostram que o quadro figurando a quinta terá sido executado por volta de 1674--75, pouco antes de D. Francisco falecer. Ver Maria Almiro do Vale, A *Florida,uma vila suburbana de portugueses em Madrid*, 2001.

[58] Ugo Fiorina, "Inventario dell'Archivio Falcò Pio de Savoia", 1980, p. 33.

[59] Virginia Tovar Martín, "Diseños de Felipe Fontana para una villa madrileña del barroco tardio", 1983; Talaya, *El Real Sitio de La Florida y La Moncloa*, op.cit, pp. 59 sgs.; Vale, A *Florida*, op. cit.

## Se os tempos se nam mudaram.
## A maldição da memória dos Castelo Rodrigo

A guerra entre Portugal e Espanha (1640-1668) não significou que a aristocracia que tomou o partido dos Bragança tivesse esquecido imediatamente o vanguardismo artístico do marquês de Castelo Rodrigo. Pelo contrário: a obra interrompida de S. Bento fascinou alguns personagens portugueses de peso.

Em 1645, o segundo conde da Vidigueira, depois marquês de Niza, D. Vasco Luis da Gama († 1676), embaixador de D. João IV em Paris e Roma, obteve dos seus procuradores nesta cidade um documento do estúdio de Borromini contendo uma certidão das despesas feitas por D. Manuel com as pedras que fizera enviar para Lisboa[60]. Este documento seguiu para Paris acompanhado por uma carta na qual os procuradores informavam Vidigueira sobre onde se podiam em Itália encontrar pedras de mármore colorido e referiam um tal "Mestre Francisco" que trabalhara para Castelo Rodrigo. Não era Borromini porque a carta o caracteriza como "aleijado das pernas", coisa que Borromini nunca foi (pelo contrário, era um homem de grande vigor físico, alto e atlético), mas provavelmente um dos vários Franciscos que trabalhavam com o célebre arquitecto (Francesco Righi ou Francesco Massari, por exemplo).

Num passo seguinte da carta, refere-se que D. Manuel convidara "Mestre Francisco" para ir para Portugal, e que o convite teria sido aceite se "os tempos se nam mudaram", ou seja, se 1640 não tivesse ocorrido. Ficamos assim a saber que D. Manuel de Moura queria ter um dos ajudantes de Borromini em Lisboa, naturalmente para presidir localmente à montagem das pedras da capela-mor e cripta de S. Bento.

A carta diz ainda que "Mestre Francisco" recusara outro convite subsequente para se deslocar a Portugal. Esse convite partira, nem mais nem menos que dos duques de Bragança:

> "... e já para lá [para Lisboa] o determinava mandar o Marquês, se os tempos se nam mudaram; e despois o quiz levar Joao Baptista de Leam, que Vossa Excelência viu nomeado na carta de Joao Baptista Lopes, o qual he grande architecto e criado da Casa de Bragança ha muitos annos; mas mestre Francisco não asseitou a partida, por nam dar esse desgosto ao Marquês; agora me disse elle que nam tem mulher nem filhos; que, se Vossa Excelência o quisesse, o iria a servir; e que tambem tinha noticia das boas pedras que havia em Portugal, de que o Marquês aqui mandara vir amostra..."

---

[60] IAN-TT, Ms. da Graça, IV B, fls. 253-258, parcialmente publicado por Ramos Coelho, *O primeiro marquês de Niza, notícias*, pp. 44-45.

É possível que este João Baptista de Leão, "grande architecto e criado da Casa de Bragança ha muitos annos", nunca referido em qualquer das publicações que conheço sobre esta Casa, fosse um pseudónimo usado pelo célebre infante D. Duarte de Bragança, irmão de D. João IV, aprisionado depois de 1640 às ordens de Filipe IV e falecido no castelo de Milão em 1649. O pseudónimo pode ter sido usado na correspondência de Vidigueira para enganar possíveis interceptores castelhanos no quadro das várias tentativas que a diplomacia portuguesa levou a cabo para, através de um golpe de mão, libertar D. Duarte[61]. Uma informação de Barbosa Machado[62] identifica de facto João Baptista de Leão como um nome falso usado pelo infante para publicar em Milão, quando estava preso, um livro de *Varias Poesias*. Barbosa Machado diz ter recolhido esta informação de uma das suas fontes, o padre Francisco da Cruz, o qual nunca teria ele próprio visto esse livro, tendo ouvido a informação a "pessoas graves" quando estava em Roma...[63].

O que é certo é que enviados dos Braganças visitaram Borromini no seu estúdio em Roma provando assim que a mais alta nobreza portuguesa invejava a capela-mor de S. Bento e o panteão dos Castelo Rodrigo.

O desaparecimento da memória dos Moura em Portugal não foi, de facto, imediato. No início do século XVIII, ocorreu um episódio significativo contado por um cronista que relatava a viagem a Itália do padre teatino Manuel Caetano de Sousa. Em 1713, estava este em Veneza, quando um criado lhe veio dizer que uma Senhora pedia que ele a visitasse. Tinha-se apresentado como marquesa de Castelo Rodrigo, ou princesa Pio. Diz a crónica:

> "Ao que o Padre Sousa respondeu que sentia muito não poder obedecer a Sua Excelência, indo logo ouvir o que Sua Excelência lhe ordenava: por quanto a discordia, que presentemente havia entre a nossa Corte e a de Madrid, a quem seu marido o Príncipe Pio servia, o embaraçava; e que maior era a perda que elle experimentava por causa da guerra, que o impedia em não chegar à presença de

---

[61] Ramos Coelho, *História do Infante D. Duarte, irmão de El-Rei D. João IV*, 1889-1890.

[62] Barbosa Machado, *Biblioteca Lusitana*, I, op. cit., p. 725.

[63] A correspondência de Vidigueira e outras fontes citadas por Ramos Coelho dão João Baptista de Leão como um irmão de Domingos da Torre, companheiro de armas do infante quando este serviu Filipe IV na Alemanha. Domingos da Torre existiu de facto com esse nome: voltou a Portugal após 1640, participou na guerra da Restauração, foi general de cavalaria em Trás-os-Montes, comendador de Cristo e fidalgo da Casa Real do irmão de D. Duarte, o rei D. João IV. Os nomes de Domingos da Torre e João Baptista de Leão aparecem associados numa missão a Itália em 1645 para se ocuparem da libertação de D. Duarte. Há geneologistas que afirmam que D. Duarte teve uma filha natural de nome Catarina de Leão. Ver *História do Infante D. Duarte*, volume III de aditamentos, Lisboa, 1920, pp. 15 e 27-29.

Sua Excelência, que a que o Príncipe Pio podia experimentar na falta dos lucros, e rendas, que o Palácio Corte Real, e a Quinta de Quéluz, em Portugal, que forão de seus avós, lhe poderião dar"[64].

Adivinhando ao que vinha a descendente italiana dos Castelo Rodrigo, e tomando como pretexto a guerra que, no quadro europeu da guerra da Sucessão, então grassava de novo entre Portugal e Espanha, Caetano de Sousa não resistiu à cortesã maldade de lhe recordar o que perdera.

A primeira vez que ouvi falar dos Moura foi na escola primária, como sucedeu a todos os portugueses da minha idade ou mais velhos. Era dos primeiros nomes da história de Portugal que aprendíamos. D. Cristovão de Moura partilhava com Miguel de Vasconcelos, o secretário de estado que foi morto em Lisboa no golpe de 1 de Dezembro de 1640, a dúbia distinção de ser o "traidor" mais notório da história portuguesa. De facto, Moura e Vasconcelos eram os vilãos de uma narrativa que tinha, como heróis, o rei da fundação da nacionalidade, D. Afonso Henriques, o rei da vitória em relação a Castela na grande crise dinástica do final do século XIV, D. João I, e os guerreiros, poetas e santos da "gesta" de Quatrocentos e Quinhentos.

Entre 1933 e 1937, a Portucalense Editora de Barcelos publicou a monumental *História de Portugal* em 8 volumes, dirigida por Damião Peres. A obra, editada imediatamente antes do ciclo comemorativo salazarista dos "Centenários" (da fundação de Portugal (1143) e da "Restauração" (1640), foi o-livro-de-história-por-excelência produzido em Portugal no período mais fascizante da ditadura, ainda que escrito por historiadores conceituados formados no final da monarquia e na I[a] república de 1910-1926.

Os capítulos que se ocupam do período filipino, da autoria de Queiroz Veloso, surgem no volume 5° e neles se afirma a visão de D. Cristovão de Moura como "o grande corruptor"[65], e do acesso de Filipe II ao trono português como a época "mais vergonhosa" da história de Portugal[66]. Seguindo pistas deixadas pelo primeiro grande historiador romântico português, Alexandre Herculano († 1877), Queiroz Veloso comparou a crise dinástica de 1640 com a de 1383-85 para opôr o "patriotismo" dos portugueses da Idade Média à "corrupção" daqueles que acolheram e aclamaram Filipe II.

---

[64] Frei Tomás Caetano do Bem, *Memórias Historicas Chronologicas* II, 427.
[65] José M. Queiroz Veloso, "A acção corruptora de Cistovão de Moura e o ódio do Cardeal--rei ao Prior do Crato", *História de Portugal*, vol. 5°, 1934 p. 198.
[66] Ibidem, p. 213.

Esta ideia das coisas não provinha de qualquer ideologia "oficial" do salazarismo, embora os manuais da história que se ensinava no ensino primário e secundário do *Estado Novo* a tenham consagrado. Dentro dos meios de oposição à ditadura, pensava-se exactamente o mesmo, embora por vezes com uns toques de sociologismo vulgar – com os quais se construía um enredo no qual Filipe II teria sido o candidato ao trono das classes dominantes (e D. Cristovão o "traidor" seu agente), tendo o "povo" salvado a honra da nação. A minha edição da *História de Barcelos*, nome porque ficou conhecida a obra monumental, foi-me oferecida pelo meu pai que a comprou durante a década de 1950 e a leu cuidadosamente quando esteve seis anos nas cadeias de Salazar entre 1961 e 1967. O volume 5º ainda tem muitas anotações suas a lápis. Os nomes de Cristovão de Moura e de muitos outros nobres e clérigos que apoiaram Filipe II estão anotados com a palavra "traidor".

Quando escreveu o seu texto, Queiroz Veloso recorreu à biografia de Cristovão de Moura escrita por Danvila y Burguero em 1900 (a única até hoje publicada, aliás) utilizando documentos aí publicados. Mas a sua verdadeira fonte historiográfica foi outra: a *História de Portugal dos séculos XVII e XVIII*, escrita por Luiz Augusto Rebello da Silva († 1871) e publicada entre 1850 e 1881. Parece-me que a origem contemporânea da ideia de Cristovão de Moura como o anti-herói por excelência provém deste livro e da conjuntura política e cultural em que foi escrito.

A renovação da historiografia portuguesa iniciada por Alexandre Herculano na primeira metade do século XIX dizia sobretudo respeito à Idade Média e ao período da expansão ultramarina. Da grande crise dinástica de 1580 e do período filipino não existia em 1850 qualquer síntese historiográfica.

Em 1858, o rei D. Pedro V, através do governo presidido pelo marquês de Loulé, decidiu subsidiar a publicação de uma história de Portugal "desde o anno de 1640, epocha da accessão ao Throno da dynastia actual [os Bragança], até ao fim do reinado da Senhora D. Maria I..."[67]. Desta iniciativa estatal resultou a obra de Rebello da Silva, jornalista e homem político que se interessava pelas coisas históricas e cuja orientação partidária nos conflitos inter-liberais das décadas de 1840 e 1850 impelia na direcção da condenação da monarquia absoluta (de facto, a sua *História de Portugal* é, antes de mais, uma tentativa de demonstrar que

---

[67] Para tudo o que se segue, ver "Introdução" de Jorge Borges de Macedo a Luis Augusto Rebello da Silva, *História de Portugal nos séculos XVII e XVIII*, edição de Lisboa, 1971, I, pp. 9-130. Citação I, p. 21.(1ª edição 1850-1881)

foram os malefícios do absolutismo que entregaram Portugal aos Áustria
– malefícios esses que o domínio filipino teria agravado).

Cristovão de Moura surge, neste enredo historiográfico, como um protagonista de primeiro plano, uma espécie de *alter ego* de Filipe II, "o monarca mais dissimulado e cauteloso do seu tempo" como o classifica Rebello da Silva[68] de acordo como um *topos* de grande fortuna histórica[69].

A pesquisa do historiador assentou nas *Relaciones* de Cabrera de Córdoba e na documentação da famosa *Colección de Documentos Inéditos para la Historia de España*. As cartas de e para D. Cristovão publicadas na CODOIN impressionaram fortemente Rebello da Silva – que concluiu ser D. Cristovão "portuguez de nascimento, porém castelhano por affeições e interesses"[70] e um homem que "nunca hesitara em antepor ao amor da patria e aos vinculos de familia a fidelidade jurada aos principes estrangeiros"[71].

O teor e as teses da *História* de Rebello da Silva explicam-se em boa medida pela conjuntura política em que o livro foi iniciado. Nos anos de 1850, decorria em Espanha, e era apaixonadamente seguida em Portugal, a luta da oposição progressista contra a raínha Isabel II. Os progressistas sugeriam a abdicação da raínha e o casamento da princesa das Astúrias com o rei de Portugal D. Pedro V. Neste ambiente, ganharam corpo as vozes iberistas de muitos intelectuais portugueses que se movimentaram em favor da hipótese de união das duas coroas. A vitória progressista em Espanha depois da revolução de Abril de 1854 tornou essa hipótese mais verosímil – embora por muito pouco tempo, porque em 1856 O'Donnell subiu ao poder em Espanha e, em 1857, D. Pedro V de Portugal casou.

Na oposição ao iberismo desempenhou papel de relevo o jornalista Rebello da Silva e o seu jornal *A Imprensa*. O apoio de D. Pedro V à edição da *História de Portugal nos séculos XVII e XVIII* apareceu, neste quadro, como uma clara demarcação do monarca em relação à campanha iberista. Aliás, a portaria governamental que determinou esse apoio prescrevia que a história de 1640 em diante deveria ser "precedida de

---

[68] Rebello da Silva, *História de Portugal*, op. cit I, XIV.

[69] Sobre a imagem de Filipe II ver, entre muitos outros títulos, Bouza, *Imagen y propaganda*, op. cit. Ver, em particular, pp. 12-25, 121-135. [Sobre a imagem de Filipe II e do período dos Áustrias no Portugal do século XIX, tomei conhecimento entretanto de um artigo interessante de Augusto Monteiro e Maria da Glória Rodrigues, de 1997].

[70] Rebello da Silva. *História de Portugal*, op. cit. I, pp. 283, 287, etc.

[71] Ibidem, III, 253. Entretanto, será justo assinalar que Rebello da Silva se apercebeu do papel desempenhado por D. Cristovão enquanto vice-rei de Portugal na defesa do estatuto de Tomar: ver III, 250-251, por exemplo.

uma introducção na qual se refiram os successos que prepararam a intrusão dos Monarchas hespanhoes...".

Nascida em ambiente anti-espanhol e anti-iberista, a fortuna historiográfica contemporânea dos Castelo Rodrigo não podia senão ser limitada. Já não existia o palácio Corte Real. A quinta de Queluz fora completamente remodelada há um século. Em S. Bento de Lisboa, obras sucessivas desmontavam os restos da igreja que os Castelo Rodrigo haviam patrocinado e as peças de pedra vindas de Roma para essa igreja dispersavam-se e perdiam a identidade. Durante o século e meio seguintes, só restaria em Portugal uma imagem dos Castelo Rodrigo: a "traição" de D. Cristovão de Moura Corte Real.

Perto da fronteira entre Portugal e a Espanha, a vila de Castelo Rodrigo, semi-deserta e pacata, raramente é visitada por turistas ou curiosos. Dentro das muralhas do castelo, vêm-se as paredes arruinadas de uma grande casa.

D. Cristovão de Moura chamava-lhe a sua "casa de a raya", ou seja, da fronteira[72].

Era uma enorme casa de sobrado com cerca de 1000m$^2$ de área. A notícia do golpe de 1 de Dezembro de 1640 chegou à vila no dia 10. Um grupo de populares atacou a fortaleza, pilhou e lançou fogo ao palácio. A casa, em ruínas, foi ainda mais danificada na guerra contra os franceses em 1810 quando as tropas inglesas lá instalaram um hospital militar. Durante séculos, as paredes da casa foram-se cobrindo progressivamente de silvas e foram sendo desmontadas pouco a pouco pelos populares que usavam as pedras para a construção das suas próprias casas.

Recentemente, património *oblige*, as ruínas foram consolidadas para servirem de pano de fundo a um jardim municipal. Duas pedras de armas dos Castelo Rodrigo permanecem no local, uma delas no fecho da antiga porta principal do palácio que é uma bela composição arquitectónica serliana de características militares e de tipo muito raro em Portugal.

Há uma década foi publicada por um erudito local uma monografia da vila de Castelo Rodrigo[73]. D. Cristovão é aí descrito como "um homem coberto de honrarias e riquezas, mas que nem por isso é recordado com simples saudade pelos seus compatriotas [...]. A actividade contra a nação que lhe serviu de berço, tinha que provocar em seu desfavor sentimentos de desprezo e até de ódio no povo fiel à Pátria".

---

[72] BA, 51-VIII-14, fol. 94
[73] José J. Silva, *Monografia do Concelho de Figueira de Castelo Rodrigo*, 1992. Ver pp. 231 sgs.

Apesar desta condenação da memória dos Moura, o livro dedica muitas páginas às biografias de D. Cristovão e D. Manuel extraídas de um nobiliário, e publica várias fotografias das ruínas da casa. Os Castelo Rodrigo devem à tenacidade da arquitectura a preservação do seu nome.

### SIGLAS

    ACSI – Archivio della Congregazione di Santo Isidro (Roma)
    AHP – Archivo Histórico de Protocolos (Madrid)
    AHN – Archivo Histórico Nacional (Madrid)
    AN – Archivo de la Nobleza (Toledo)
    BA – Biblioteca da Ajuda (Lisboa)
    BNL – Biblioteca Nacional de Lisboa
    BP – Biblioteca de Palacio (Madrid)
    IAN-TT – Instituto dos Arquivos Nacionais – Torre do Tombo (Lisboa)
    MNAA – Museu Nacional de Arte Antiga (Lisboa)

### BIBLIOGRAFIA

ALMIRO do VALE, Maria, *A Florida, uma vila suburbana de portugueses em Madrid*, prova de licenciatura em arquitectura pela Universidade de Coimbra, dact., Coimbra 2001.

BARBOSA MACHADO, Diogo, *Biblioteca Lusitana*, 4 vols., Coimbra, 1741-1759.

BOUZA, Fernando, *Imagen y propaganda. Capítulos de la historia cultural del Reinado de Felipe II*, Madrid, 1998.

BOUZA, Fernando, *Portugal no tempo dos Filipes, política, cultura, representações (1580-1668)*, Lisboa, 2000.

BROWN, Jonathan e ELLIOTT, John Huxtable, *Un palacio para el Rey. El Buen Retiro y la Corte de Felipe IV*, Madrid, 1985 (1ª edição, Yale, 1980).

CAETANO do BEM, Frei Tomás, *Memórias Historicas Chronologicas da Sagrada Religião dos Cónegos Regulares em Portugal e sua Conquistas na India oriental*, 2 vols., Lisboa, 1792-94.

CABRERA DE CÓRDOBA, Luís, *Relaciones de las Cosas Sucedidas en la Corte de España desde 1599 hasta 1614*, ed. Madrid, 1857.

CALDEIRA PIRES, António, *História do Palácio Nacional de Queluz*, Coimbra, 1924.

CÁMARA MUÑOZ, Alicia, "El papel de la arquitectura militar y de los Ingenieros", in *Felipe II y el Arte de su Tiempo*, Madrid, 1998, pp. 383-400.

CLEARY, George., OFM, *Father Luke Wadding and Saint Isidore's College, Rome*, Roma, 1925.

COLOMER, José Luis "Luoghi e attori della "pietas hispanica" a Roma all'epoca di Borromini", in *Francesco Borromini, Atti del convegno internazionale, Roma, 13-15 gennaio 2000*, Electa, pp. 346-357.

CONLAN, Patrick OFM, *St. Isidore's College, Rome*, Roma, 1982.

CONNORS, Joseph "Francesco Borromini: la vita (1599-1667)", in Richard Bosel e Christoph Luitpold Frommel (org.), *Borromini e l'universo barocco*, Milão, 1999, pp. 7-21.

CONNORS, Joseph, "Borromini and the Marchese of Castel Rodrigo", *Burlington Magazine*, Julho de 1991, pp. 434-440.

CORREIA GUEDES, Natália, *O Palácio dos Senhores do Infantado em Queluz*, Lisboa, 1971.

CORTE REAL, Afonso, "Identificação de um frontal de altar do século XVII", Actas do *XVIIème Congrès Internacional de l'Histoire de l'Art*, Lisboa/Porto, 1949, 2 vols., ed. Lisboa, 1953, II, pp. 319-327.

DALY, Aedan OFM, *S. Isidoro*, Roma, 1971.

DANVILA Y BURGUERO, D. Afonso, *Don Cristóbal de Moura, primer marqués de Castel Rodrigo*, Madrid, 1900.

ELLIOTT, John Huxtable, *El Conde Duque de Olivares*, Madrid, 1990 (1ª edição, Yale, 1986).

FALCÓ y TRIVULZIO, Juán, *Documentos de mi Archivo. La elección de Fernando IV Rey de Roma, correspondencia del III Marqués de Castel Rodrigo Don Francisco de Moura durante el tiempo de su embajada en Alemania (1648-1656)*, Madrid, 1929.

FERNÁNDEZ TALAYA, María Teresa, *El Real Sitio de La Florida y La Moncloa, evolución historica y artística de un lugar madrileño*, Madrid, 1999.

FIORINA, Ugo, "Inventario dell'Archivio Falcò Pio de Savoia", *Fontes Ambrosianae*, Vicenza, 1980.

GLASER, Edward (org.), *The 'Fortuna' of Manuel de Faria e Sousa, an autobiography*, Münster Westfallen, 1975.

HAROLDO, P. Fr. Francisco, "P. Fr. Lucæ Waddingi, Vita", in Luca Waddingo, *Annales Minorum, Tomo Primum*, Roma, 1731.

LOURENÇO, Ana Cristina, SOROMENHO, Miguel, SEQUEIRA MENDES, Fernando, "Felipe II en Lisboa: moldear la ciudad a la imagen del Rey", in catálogo *Juan de Herrera, arquitecto real*, Madrid, 1997, pp. 125-155.

LUXÁN MELÉNDEZ, Santiago de, *La revolución de 1640 en Portugal, sus fundamentos sociales y sus caracteres nacionales: el Consejo de Portugal, 1580-1640*, dissertação, Universidad Complutense, Madrid, 1988.

LUZ AFONSO, Simonetta e DELAFORCE, Angela, *Palácio de Queluz, jardins*, Lisboa, 1988.

MARÇAL LOURENÇO, Maria P., *A Casa e o Estado do Infantado, 1654-1706*, Lisboa, 1995.

MARTINEZ VAL, José Maria., e INFANTES, Margarita Peñalosa:, *Un epistolario inédito del reynado de Felipe IV (correspondencia del venerable Fray Tomas de la Virgen)*, Ciudad Real, 1960.

MONSTRUOSIDADES *do tempo e da fortuna, diário de acontecimentos de 1662 a 1680*, pub. J. A. da Graça Barreto, Lisboa, 1888.

MONTEIRO, Augusto e RODRIGUES, Maria da Glória, "A imagem de Filipe II na historiografia escolar portuguesa nos séculos XIX e XX", *O Estudo da História*, 2 (1997), pp. 119-138.

PÉREZ SÁNCHEZ, Alfonso, "Las colecciones de pintura del Conde de Monterey", *Boletin de la Real Academia de Historia*, Madrid, 174 (1977), pp. 417-459.

PINHO LEAL, A. S. B. de, *Portugal Antigo e Moderno*, 13 volumes, Lisboa, 1873-1883.

POLLACK Oskar, *Die Kunstätigkeit unter Urban VII*, 2 vols,, Viena, Augsburg, Colónia, 1924.

QUEIROZ VELOSO, José M., "A acção corruptora de Cristovão de Moura e o ódio do Cardial-rei ao Prior do Crato" e "O interregno", in *História de Portugal*, vol. 5º, Barcelos, 1934, pp. 182-240.

RAMOS COELHO, José, *História do Infante D. Duarte, irmão de El-Rei D. João IV*, 2 vols., Lisboa, 1889-1890.

RAMOS COELHO, José, *O primeiro marquês de Niza, notícias*, Lisboa, 1903.

REBELLO DA SILVA Luís Augusto, *História de Portugal nos séculos XVII e XVIII*, 6 volumes, Lisboa, 1850-1881.

RODRIGUEZ G. DE CEBALLOS, Alfonso, "Francisco Borromini y España", in Giulio Carlo Argan, *Borromini*, Madrid, 1980, pp. 7-58.

SILVA, José J., *Monografia do Concelho de Figueira de Castelo Rodrigo*, Gouveia 1992.

SOROMENHO, Miguel, "Classicismo, italianismo e 'estilo chão'. O ciclo filipino", in *História da Arte Portuguesa*, 3 vols., Lisboa, 1995, II, pp. 377-403.

TORMO, Elías, *Monumentos de Españoles en Roma, y de Portugueses y Hispano-Americanos*, 2 vols., Madrid, 1942.

TOVAR MARTÍN, Virginia, "Diseños de Felipe Fontana para una villa madrileña del barroco tardio", *Villa de Madrid*, 78 (1983), pp. 27-43.

TOVAR MARTÍN, Virginia, "El palacio del Duque de Uceda en Madrid", *Reales Sitios*, 64 (1980), pp. 37-44).

VARELA GOMES, Paulo, "Oeuvres de Francesco Borromini et Guarino Guarini au Portugal", *Revue de l'Art*, nº 133/2001-3, pp. 81-92.

VARELA GOMES, Paulo, *Arquitectura, Religião e Política em Portugal no século XVII. A planta centralizada*, Porto, 2001.

VARELA GOMES, Paulo, *Igrejas de planta centralizada em Portugal no século XVII*, dissertação de doutoramento, 2 vols., Universidade de Coimbra, 1998.

VARELA MARCOS, Jesús, "La pretendida reforma naval de Felipe III: la politica de protección de bosques, saca y elaboración de maderas para la construcción naval", *Revista da Universidade de Coimbra*, 34(1988), pp. 121-136.

VIEIRA DA SILVA, Augusto, "A Sala do Risco", *Revista Municipal*, Lisboa, 1949, pub. in *Dispersos*, 3 vols., Lisboa, 1954, I, pp. 385-412.

WITTKOWER, Rudolf, "The Marchese of Castel Rodrigo and Borromini" in *Studi sul Borromini. Atti del Convegno promosso dall'Academia Nazionale di San Luca*, 2 vols., Roma, 1967, I, pp. 19-48.

# ORDEM ABREVIADA E MOLDURAS DE FAIXAS: CONTRIBUIÇÃO PARA A DISCUSSÃO DO CONCEITO DE "ESTILO CHÃO"

2001

Em 1631, o arquitecto português Mateus do Couto o Velho (act. 1600--1659) foi nomeado mestre da aula de arquitectura do Paço de Lisboa. Para exercer as suas funções, escreveu uma espécie de "sebenta": o *Tractado de Architectura que leo o mestre e Architecto Matheus do Couto o velho no anno de 1631*[1].

No fólio 24 do manuscrito, a propósito de considerações gerais sobre ordens arquitectónicas, Couto escreveu o seguinte:

> "Muitas vezes, ou por poupar despeza, ou por proporcionar os Pilares encostados de hua fachada, he necessario não haver nelles Capitel posto que haja baza. Cuja tive disputa sobre este ponto, porque houve hum Architecto que o quiz reprovar na fachada de S. Vicente desta Cidade de Lx$^a$ a que foi necessario acodir eu pela autoridade de tam grande Mestre meu, como foy Baltezar Álvares que Deus tem, inventor della, tam sciente e de tanta experiência nesta arte que sem fazer agravo aos mais do seu tempo elle era tido por melhor. E eu digo que não he contra os textos de Vitruvio ordenar nos Pilares de encosto bazas sem capitéis porque já Serlio o uzou e dá lugar ao que digo no seu Lib° 5° no templo de forma octogona; Filipe Tércio tam nomeado também o uzou em outro Edifício principal nesta cidade que he no Forte..."

Podem deduzir-se várias coisas deste interessante exórdio teórico e corporativo. A primeira é que, na sua prática pedagógica e projectual, os arquitectos da aula do Paço da Ribeira sentiam-se integrados numa escola que tinha mestres nacionais reputados e não se referenciava apenas a tratadistas internacionais. A segunda é que Baltazar Álvares (act. 1575-fal. 1624) foi de facto mestre de Mateus do Couto o Velho e gozava de grande reputação (era "grande Mestre"). A terceira é que foi de sua "invenção" o projecto da fachada da igreja de S. Vicente de Fora de Lisboa, uma das

---

[1] BNL, Cod. 946.

mais brilhantemente complexas da história da arquitectura europeia. A quarta é que o projectista do palácio real filipino da Ribeira (o "Forte") foi Filipe Terzi e não Juan de Herrera como por vezes se sugere.

Mas o aspecto do texto de Mateus do Couto que me interessa mais directamente aqui é aquele que levou o próprio arquitecto a escrevê-lo: os "pilares encostados" ou "de encosto" (quer dizer, as pilastras) sem capitel mas com base, usados por Baltazar Álvares na fachada de S. Vicente de Fora (**im. 11**).

Esta fachada é muito pouco canónica no que respeita à utilização das ordens de arquitectura mas é sem dúvida a ordem apilastrada do segundo andar que mais chama a atenção pela maneira original com que o projectista lhe resolveu a área do capitel e do entablamento – a ponto de, como vimos, Couto ter interpretado a forma como ausência de capitel.

Mateus do Couto procurou desmentir a heterodoxia vitruviana da qual Baltazar Álvares teria sido acusado, dizendo que já Serlio teria feito pilastras com base mas sem capitel no templo octógono do seu Livro V (**im. 12**).

Este livro do tratado de Serlio, publicado pela primeira vez em 1547, é o primeiro impresso do Renascimento que divulga aquilo que Frommel[2] designa por "ordens abreviadas", ou seja, ordens de arquitectura que fazem economia de alguns dos seus elementos constituintes.

Proponho-me no presente texto discutir a utilização deste tipo de ordens por Baltazar Álvares. Proponho-me ainda abordar também um outro tipo de abreviação que o arquitecto usou, as "molduras de faixas" (expressão cujo significado esclareço adiante), comparando a obra de Álvares nestes aspectos com a de Herrera no Escorial e em Valladolid. Ao procurar a origem e a evolução italianas destas ordens e molduras simplificadas, tentarei compreender que papel semântico desempenharam nos diversos períodos em que foram utilizadas, tanto na Itália como na Península Ibérica. O objectivo último do meu texto é questionar a facilidade muitas vezes impensada com que utilizamos designações estilísticas gerais (maneirismo, estilo chão, barroco), fazendo desaparecer debaixo da sua generalidade toda a riqueza do caso concreto e da conjuntura.

A ordem de que Mateus do Couto refere a utilização no templo octogonal de Serlio, e que surge também no hexagonal, é uma ordem apilastrada dórica na qual parte do capitel aparece em ressalto sobre o entabla-

---

[2] Christoff Luitpold Frommel, "Le opere romane di Giulio", in Catálogo *Giulio Romano*, Milão, 1989, pp. 97-133.

IMAGEM 11:
Igreja de S. Vicente de Fora, Lisboa, desenho de Albrecht Haupt, 1890

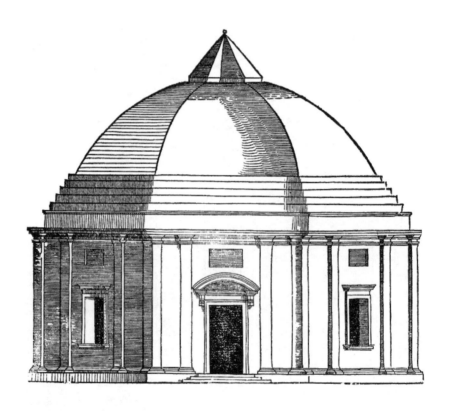

Imagem 12:
Templo octogonal, S. Serlio, Livro V, 1547

mento. A cimalha e o ábaco do capitel desaparecem sob a cornija e o friso do entablamento. Estão ressaltadas sobre o entablamento as outras partes: équino, aneletos, friso, astragalo e colarino (para utilizar os termos Serlianos).

Esta ordem é referida da seguinte maneira por Serlio no texto respeitante ao templo hexagonal: ... "como resultado de haver uma cornija que corre à volta do templo e ressalta sobre as pilastras, servirá esta [cornija] de capitel, desde que o ábaco e a cimalha corram sem ressaltar, como se vê na figura" [do exterior do templo hexagonal].

A cornija servirá de capitel, diz Serlio, parecendo contradizer em palavras aquilo que mostra nos desenhos: de facto, nestes, o capitel é "salvo" pelas suas partes constituintes que não estão ressaltadas: ou seja, parece haver um capitel reduzido e um entablamento também reduzido que corre sobre ele.

Mas, ao dizer que a cornija servirá de capitel, Serlio parece assumir que este pura e simplesmente desapareceu.

Um curioso incidente de impressão (ou antecedente de significado) ocorrido páginas antes no tratado de Serlio, ajuda a perceber o que se terá passado:

Na imagem relativa ao templo circular, o primeiro dos templos do livro V, pode ver-se uma ordem dórica apilastrada sem base, na qual o capitel como que desaparece, inteiramente ressaltado sobre o entablamento (e não apenas parcialmente como nos templos hexagonal e octogonal). No texto sobre o templo circular, Serlio afirma que se enganou a fazer o desenho e que nem a cimalha nem o ábaco deveriam ressaltar ("fi-lo inadvertidamente", escreve ele).

Parece portanto ter sucedido que, ao fazer desaparecer por completo o capitel, Serlio arrependeu-se e corrigiu a mão nos templos hexagonal e octogonal.

Mas o "mal" estava feito. Estava dado o exemplo de um entablamento que nos seus ressaltos "absorve" completamente o capitel da ordem.

Deste modo, Pietro Cataneo, no 3º Livro do seu tratado publicado em 1554, entende as ordens abreviadas Serlianas como implicando a ausência pura e simples de capitel. A propósito do templo em cruz latina de interior coríntio e fachada dórica, refere-se aos troncos de pilastra que assentam sobre os capitéis das pilastras da nave com a frase: "sob a sua cornija correrá livremente a arquitrave". Ou seja, não há capitel nas pilastras nem friso no entablamento.

É uma ordem deste tipo que surge no segundo andar da fachada frontal de S. Vicente, com o astragalo a correr sobre parede e pilastras ao modo das ordens inferior e superior da fachada do templo em cruz latina de Cataneo: as pilastras da segunda ordem de S. Vicente aparentam não ter de facto capitel.

Todavia, foram dotadas de mísulas-voluta colocadas acima do astragalo contínuo que corre sobre pilastras e parede e que, no ressalto de cada pilastra, marca a área que seria do respectivo capitel. Entre pilastras, a faixa entre o astragalo e o entablamento comporta-se como um friso com pequenas almofadas de pedra.

Isto significa que Baltazar Álvares como que operou um compromisso entre a ordem que Serlio desenhou para o templo circular e a ordem dos templos octogonal e hexagonal. O "capitel" da ordem é "salvo" enquanto capitel pela mísula-voluta e por um motivo flamengo que aparece em baixo.

Em S. Vicente de Fora, Baltazar Álvares foi de facto heterodoxo em relação a Serlio, apesar da piedosa boa vontade do seu discípulo, Mateus do Couto, em apresentá-lo como um disciplinado Serliano.

É provável que Mateus do Couto não se tenha enganado ao referir o templo octogonal de Serlio: pode ter-se sentido um pouco desconfortável por ver o seu mestre contradizer tão flagrantemente a letra do texto Serliano, preferindo portanto mencionar a ordem abreviada mais ortodoxa de Serlio.

Acresce que a segunda ordem de S. Vicente é jónica, contrariamente a todas as ordens abreviadas dos tratadistas italianos que são sempre dóricas (repare-se que Baltazar Álvares riscou pilastras canonicamente jónicas para as três janelas centrais do segundo andar; e troncos de pilastra jónica sobre mísulas-voluta para os nichos laterais; tão pouco a ordem inferior (dórica) é ortodoxa: existem capiteis e um friso propriamente dito mas este é decorado com cartelas e tem, acima dos capitéis, pequenos motivos decorativos de carácter flamenguizante.

Não conheço precedentes para a ordem jónica de S. Vicente, embora certamente existam e devam ser procurados, a meu ver, na obra de Miguel Ângelo e seus discípulos em Florença ou Roma (repare-se na quase sistemática utilização da mísula-voluta por Miguel Ângelo, muitas vezes fazendo função de capitel: janelas do palácio Medici em Florença, janelas inferiores de S. Pedro ou da Porta Pia, etc.).

Também no interior da desaparecida igreja de S. Bento-o-Novo de Lisboa (iniciada em 1598), conhecido apenas por uma pintura, Álvares "inventou" uma ordem própria, desta vez um dórico não abreviado: a nave, a cabeceira e o transepto eram ritmados por pilastras de fuste requadrado cujos capitéis se distinguiam por ostentar tríglifos dóricos no ábaco e uma cimalha de óvulos. O friso do entablamento (completo) era liso.

Esta ordem, com pequenas variantes, foi utilizada pelo arquitecto noutra obra sua: a capela do Hospital da Luz de Carnide (terminada em 1614), e numa que lhe andou atribuída: a capela do Menino Jesus em S. Roque de Lisboa (1619).

O interior da (desaparecida) igreja de S. Bento de Coimbra (concl. 1636), conhecido por um desenho de Haupt, confirma a informação antiga que atribui a igreja a Baltazar Álvares, ao ser articulado por um dórico luxuoso e abreviado, muito parecido com as ordens da igreja beneditina de Lisboa e das duas capelas referidas no parágrafo anterior.

No exterior – outro precioso desenho de Haupt – (**im. 13**), via-se uma ordem baixa dórica cujas pilastras são do tipo da segunda ordem da fachada de S. Vicente, ou seja, são ressaltadas sobre o entablamento, mas com um espaço entre a cornija (em cima), e o astragalo (em baixo), que pode ser lido como capitel. O astragalo corre entre as pilastras definindo uma espécie de falso entablamento. Neste caso Baltazar Álvares, optou pela ambiguidade de leitura que os exemplos Serlianos também permitiam: a ordem pode ser interpretada como desprovida ora de entablamento, ora de capitel.

O exterior de S. Bento de Coimbra é, portanto, uma das obras de Álvares em que o arquitecto utilizou as ordens de arquitectura num sentido completamente diverso do de S. Vicente ou da capela hospitalar da Luz: não o da "invenção", mas o da simplificação e abreviação, aproximando-se assim, de novo, de modelos Serlianos.

É também o caso da fachada exterior frontal do antigo hospital da Luz de Carnide (hoje Colégio Militar), onde Álvares projectou ordens sobrepostas ao modo canónico, toscano em baixo, seguido de um dórico de friso sem decoração (**im. 14**), e jónico no topo (este no corpo central da fachada, o único em três ordens). O toscano é exactamente do mesmo tipo da ordem inferior de S. Bento de Coimbra – e também da segunda ordem do corpo central da fachada (desaparecida) de S. Bento-o-Novo de Lisboa, conhecida por fotografias antigas.

Conheço dois casos de utilização de ordens abreviadas na arquitectura portuguesa anteriores à obra de Baltazar Álvares: trata-se da ordem gigante da galilé de S. Mamede de Évora, de data incerta anterior a 1566, e do dórico exterior e interior da igreja jesuíta do Espírito Santo, também de Évora, iniciada em 1564. Não sei como interpretar este facto nem

IMAGEM 13:
Fachada da igreja de S. Bento, Coimbra (desaparecida),
desenho de Albrecht Haupt, 1895

IMAGEM 14:
Pormenor da fachada exterior principal do antigo hospital de Nossa Senhora da Luz, Carnide, Lisboa, hoje Colégio Militar (fotografia PVG)

estabelecer relações entre o que se passou em Évora e a obra de Baltazar Álvares, embora a igreja jesuíta eborense seja atribuída sem grande fundamento ao pai do nosso arquitecto, o mestre Afonso Álvares (act. 1551--1575).

É também uma ordem à maneira de Baltazar Álvares a segunda do claustro do convento da Graça em Lisboa, cujas datas precisas e autor se desconhecem, um dos mais bonitos da arquitectura portuguesa do final do século XVI.

Estes exemplos de ordem abreviada apresentam a característica comum de terem os capitéis completamente ressaltados por cima do entablamento. Ou seja, são ordens do tipo da do templo circular de Serlio (a tal que foi desenhada "inadvertidamente").

Ora, em Espanha, a obra de Juan de Herrera (1530-1597), que abunda em exemplos de utilização de ordens abreviadas, distingue-se claramente dos exemplos portugueses que citei por só muito raramente recorrer a capitéis completamente ressaltados.

De facto, Herrera é muito mais Serliano e canonicamente italiano neste aspecto que Baltazar Álvares. Creio poder encontrar nos edifícios que projectou três tipos de ordem abreviada: os dois primeiros partilham com a ordem do templo octogonal de Serlio o facto dos elementos cimeiros do capitel não aparecerem ressaltados, resultando daí alguma distinção entre o que é entablamento e o que seria capitel.

Deste modo, Herrera usou uma ordem em que só estão ressaltados sobre o entablamento o astragalo, o friso, os anuletos e o équino do capitel, confundindo-se com a cornija o ábaco e a cimalha. Sucede isto, como se vê nos desenhos do próprio Herrera, nos dois pisos inferiores das torres projectadas para a colegiada (depois Catedral) de Valladolid e, no Escorial, nas torres, na fachada da basílica, na ordem inferior do hospital, no terceiro piso do *Patio de los Reyes*. E ainda na ordem inferior das fachadas da *Lonja* de Sevilla e do palácio de Aranjuez.

O segundo tipo de ordem abreviada Serliana usado por Herrera caracteriza-se por ter o fuste da pilastra a suportar directamente duas molduras corridas que parecem uma cornija mas onde há também um astragalo corrido sobre as paredes que parece definir uma área de capitel sobre as pilastras. Mais simples que o primeiro, este tipo surge no segundo andar do corpo central da fachada principal exterior do Escorial e no último piso das torres projectadas para Valladolid. Visivelmente é um tipo de ordem que Herrera considerava menos nobre que o primeiro dado que só o utilizou em lugares secundários.

Finalmente, Herrera utilizou uma ordem abreviada de capitel completamente ressaltado sobre o entablamento. Veja-se a ordem inferior da fachada do *Patio de los Reyes* do Escorial e a ordem superior das fachadas laterais praticamente cegas e lisas de Valladolid. A escolha destas localizações, parece indicar que Herrera colocava este tipo de ordem em último lugar na sua hierarquia de três tipos.

A utilização das ordens abreviadas é dos traços da arquitectura de Herrera que mais se difundiu na obra dos seus seguidores a partir de Francisco de Mora (1552-1610), Diego de Praves (1556-ca.1617) e outros projectistas do "foco de Valladolid", bem como nas igrejas do arquitecto carmelita descalço frei Alberto de la Madre de Diós (1575-1635). Um conhecido desenho no qual Praves copia várias molduras da obra Herreriana de Valladolid esclarece que a ordem abreviada era compreendida como uma ordem sem capitel: de facto Praves só se refere a cornijas nas legendas que traçou no desenho.

Mas não foi só pela utilização intensa e extensiva das ordens abreviadas que a arquitectura de Juan de Herrera e dos seus seguidores em Espanha ganhou o aspecto liso, austero e seco que a caracteriza. Tal efeito estético-ideológico deve-se também ao facto de toda essa escola arquitectónica ter adoptado as molduras e requadros de faixas.

Como escreveu Catherine Zerner a propósito de Herrera, a semelhança entre painéis quadrados, molduras-faixa e capiteis lisos de pilastras é mais forte que a identidade autónoma da ordem[3].

As molduras, a que Sandro Benedetti[4], referindo casos italianos, chama, a meu ver incorrectamente, "ordem de faixas", são enquadramentos de paredes, abstractos, astilares e lisos.

Em Espanha, penso eu, terão aparecido, entre painéis de revestimento de tijolo e pilastras dóricas sem base, na extraordinária fachada principal do mosteiro das *Descalzas Reales* de Madrid, terminado antes de 1567.

Penso ser legítimo aproximar as faixas da frontaria deste mosteiro madrileno da requintada e "minimalista" decoração do interior do palácio de Carlos V na Alhambra de Granada – tão conspicuamente diferente da exuberante linguagem *à la palazzo del Té* das fachadas exteriores. Repare-se, especialmente, no átrio nobre, suas ordens, vãos e escadas.

---

[3] Catherine Wilkinson Zerner, *Juan de Herrera, Architect to Philip II of Spain*, New Haven e Londres, 1993, p. 36.

[4] Sandro Benedetti, "Sintetismo e magnificenza nella Roma post-tridentina", *L'Architettura a Roma e in Italia (1580-1621)*, Atti del XXIII Congresso di Storia dell'Architettura, Roma, 1988, ii vols., Roma, 1989, I pp. 27-56.

Conheço poucos casos da utilização de faixas na arquitectura portuguesa dos séculos XVI e XVII: veja-se o Hospital da Luz de Carnide, tanto nos fustes das pilastras dos cantos do corpo da capela hospitalar como nas faces dos pilares da ordem inferior, nos arcos e nas pilastras adossadas às paredes do respectivo claustro (**im. 15**).

Em Espanha, pelo contrário, as molduras de faixas surgem por todo o lado na obra de Herrera e marcam decisivamente toda a arquitectura de Valladolid no início do século XVII, chegando a ser construídas fachadas de igreja completamente desprovidas de ordens e enquadradas apenas por faixas – o que não sucede em nenhum edifício italiano ou português conhecido.

Embora o tema da origem e significado das ordens abreviadas e das molduras de faixas tenha interessado episodicamente os historiadores da arquitectura[5], não conheço que haja ainda, sobre estes temas, a investigação necessária.

Segundo Frommel ou Bruschi, as ordens abreviadas e as molduras de faixas teriam surgido na prática arquitectónica de Rafael e dos seus discípulos Giulio Romano e Baldassarre Peruzzi, em Roma, nas décadas de 1510 e 1520. O exemplo mais conspícuo é a fachada do palácio Stati (ou Stati-Maccarani) em Roma, projectado por Giulio Romano, que Frommel caracterizou como marcada pela "gradual abstração e desdinamização dos membros arquitectónicos"[6] (**im. 16**).

O "minimalismo" do interior do palácio de Carlos V em Granada, que referi há pouco, é mais um elemento que parece confirmar a origem italiana do projecto – e talvez até um acompanhamento italiano da fase inicial de construção[7].

A ordem abreviada e as faixas foram utilizadas também por Rafael: no interior e nas fachadas laterais de *Sant'Eligio degli Orefici* de Roma, igreja iniciada em 1515, ou no palácio Alberini também em Roma, de 1517-18. Tessari junta a estes casos a loggia da Villa Madama e uma série

---

[5] Arnaldo Bruschi, "Le Chiese di Serlio", *Sebastiano Serlio, Sesto Seminario Internazionale di Storia dell'Architettura, Vicenza, 1987*, Milão, 1989, pp. 169-186. C. L. Frommel, "Serlio e la scuola romana", *Sebastiano Serlio, Sesto Seminario Internazionale di Storia dell' Architettura, Vicenza, 1987*, Milão,1989, pp. 39-49. Cristiano Tessari, *Baldassare Peruzzi, il progetto dell'antico*, Milão, 1995.

[6] C. L. Frommel, "Serlio e la scuola romana", p. 46.

[7] Manfredo Tafuri, *Sobre el Renacimiento, principios, ciudades, arquitectos*, (1ª ed., Turim, 1992), Madrid, 1995. F. Marias, "El Palacio de Carlos V en Granada: formas romanas, usos castellanos", *Carlos V y las Artes, Promoción Artística y Familia Imperial*, Valladolid, 2000, pp. 107-128.

IMAGEM 15:
Pormenor do claustro do mesmo antigo hospital (fotografia PVG)

IMAGEM 16:
Pormenor da fachada principal do palácio Stati-Maccarani, Roma (fotografia PVG)

considerável de obras de Peruzzi, a começar pela loggia de Psiche na Farnesina[8]. Mas, mais importante do que isso, descobre um precedente quatrocentista para o uso das ordens abreviadas, constituído por vários desenhos de Francesco di Giorgio – aos quais acrescento por minha parte os pilares com base mas sem capitel da nave e transepto de *Santa Maria delle Gracie al Calcinaio,* de 1484-1490, obra desse arquitecto.

A igreja da Madona de S. Biagio em Montepulciano, de António da Sangallo o Novo, iniciada em 1518, exibe um exterior fortemente marcado pela utilização de ordens abreviadas de capitel completamente ressaltado e molduras de faixas.

Genga, aluno de Rafael, utilizou as faixas no pátio interior da *Villa Imperiale* de Pesaro, terminado cerca de 1532. O desenho desta casa que Francisco de Hollanda divulgou em Portugal não é, no entanto, suficientemente claro para ter exercido qualquer influência entre nós no que diz respeito às molduras de faixas.

Penso que é necessário olhar também para a obra romana de Bramante, tanto como para a de Rafael, Peruzzi, Giulio Romano ou Sangallo o Velho. Interessante e especialmente significativo é o novo coro Bramantesco de S. *Maria del Popolo,* datado de cerca de 1508, uma obra de sequíssima austeridade. Bramante não usou aqui uma ordem abreviada propriamente dita. Mas o seu entablamento, ressaltado sobre as pilastras do arco triunfal, corre a toda a volta sem distinção em relação aos capitéis. Sugestivos são, ainda, os caixotões da abóbada de berço, um motivo do Panteão que já aparecera de modo idêntico na abóbada do grande vestíbulo do *Pº Venezia,* de 1465. Está aqui, creio eu, a origem das molduras de faixas: os caixotões da arquitectura romana do período de Adriano.

Bramante aparece, assim, como o provável "inventor" deste género de decoração austera.

A palavra "austeridade" e as ideias de ordem abreviada ou decoração abstracta não costumam andar associadas ao Alto Renascimento romano, esse período de esplendor arquitectónico e artístico e de experiências optimistas, essa idade de ouro da arquitectura classicista moderna.

Pelo contrário, é para nós relativamente fácil perceber a utilização das ordens abreviadas e das molduras de faixas por um Herrera, um Serlio, um Baltazar Álvares, um Diego de Praves. Enquadramos estes nomes nas décadas combativas e difíceis da Reforma Católica, de 1540 até ao final

---

[8] Tessari, 1995, pp. 65 sgs.

do século, e, a esse propósito, a palavra "austeridade" como que se impõe espontaneamente. Ou a expressão "estilo chão".

Mas um "estilo chão" em Roma nas décadas de 1510 e 1520?

Aquilo que, de olhos formados pela Reforma Católica, interpretamos como austeridade arquitectónica, talvez não fosse interpretado assim pelo Papa Júlio II, por Bramante, por Rafael.

O tratado de Serlio pode esclarecer onde foram os arquitectos italianos, de Francesco di Giorgio a Giulio Romano, buscar as ordens abreviadas: às impostas e às ordens superiores dos Arcos de Triunfo romanos.

Deste modo, o Livro III do tratado de Serlio, sobre as Antiguidades de Roma, publicado em 1540, mostra capiteis completamente ressaltados sobre o entablamento no topo do Arco de Séptimo Severo (**im. 17**) (parte do Arco a que Serlio chama plinto), no Arco de Trajano em Benevento e no Arco de Constantino.

O Arco de Castelvechio em Ancona é representado por Serlio com um pedestal sobre a cornija articulado por pilastras com capiteis completamente ressaltados e astragalo contínuo sobre a parede.

Bramante e o círculo de Rafael devem ter utilizado a ordem abreviada por reconhecerem nela o precedente antigo. Daí que a ordem apareça na loggia da Villa Madama ou na loggia de Psyche da Farnesina, sítios muito luxuosos e dedicados ao grotesco a à referência antiquária.

Assinale-se que o Arco de Benevento é citado por Tessari – de modo não muito convincente, aliás – como inspiração directa da utilização por Peruzzi da ordem abreviada no túmulo de Adriano VI em *Santa Maria dell'Anima* (1524). Ora, a ordem abreviada aparecia já noutros projectos de túmulos renascentistas inspirados pelo motivo do Arco de Triunfo – designadamente no desenho para o sepulcro do infante português D. Afonso, executado por Andrea Sansovino em 1492[9]. É possível que a conotação sistemática da ordem abreviada com um motivo funerário e triunfal (de Triunfo sobre a morte) tenha estado na mente de Bramante quando projectou a ordem superior interior do *tempietto*, sepulcro alegórico do Apóstolo S. Pedro, onde vemos uma belíssima composição de faixas.

A ordem de faixas, por seu lado, aparece, como vimos, em palácios de Rafael e Giulio Romano provavelmente para conotar as fachadas com a frontaria das casas da Antiguidade. Tenha-se em mente as pinturas dos tectos do Pº Stati, de clara referência arqueológica romana.

---

[9] R. Moreira, "Andrea Sansovino au Portugal (1492-1501)", *Revue de l'Art*, nº 133/2001-3, pp. 33-38.

Imagem 17:
Arco de Séptimo Severo, S. Serlio, Livro III, 1540

O precedente antiquário que todos deviam reconhecer nas ordens abreviadas (e nas faixas) é uma boa explicação para o facto de Serlio só ter usado as primeiras em templos de planta centralizada, justamente aqueles que, de entre todos os templos, eram os menos "modernos" e os mais "antigos" porque não tinham – ou não se julgava que tivessem – precedentes cristãos, mas apenas romanos.

Entretanto, é muito provável que a utilização Serliana destes léxicos antiquizantes tivesse já pouco que ver com Bramante, Rafael ou Peruzzi, antes ganhando um significado ajustado aos novos tempos que se começaram a viver depois de 1540.

Arnaldo Bruschi discute a religiosidade de Serlio, muito próxima dos reformadores erasmianos, e explica através dela a austeridade dos templos circular e poligonais Serlianos, que seriam menos igrejas no sentido tradicional e católico que verdadeiros templos de uma religião mais "pura". A ideia de Bruschi deriva, ao menos em parte, de um brilhante ensaio de Manfredo Tafuri sobre a religiosidade de Serlio, publicado em 1985, onde o historiador discute as fundas relações mantidas pelos modelos Serlianos com a *devotio moderna*[10].

Creio que as ordens abreviadas surgiram em Serlio, neste contexto, conotando a planta centralizada com a ideia de monumentos de carácter antigo, sim, mas também austero e até cívico. Esta operação de catolicização da Antiguidade e sistematização dos léxicos arquitectónicos é, aliás, característica de Serlio, como se sabe.

É já com um significado católico e contra-reformista que as faixas e as ordens abreviadas aparecem tanto em Herrera – na obra do qual constribuem poderosamente para precisar significados geométricos, culturais e religiosos muito próprios do arquitecto espanhol – como, principalmente, em inúmeras igrejas e outros edifícios italianos da segunda metade do século XVI, especialmente na órbita projectual de um Vignolla, de um Vasari, de um Della Porta, de um Martino Longhi o Velho, de um Alessi.

Vejam-se, deste último, as fachadas laterais da igreja de *Santa Maria degli Angeli* de Assis com molduras de faixas, um elemento que torna este

---

[10] Manfredo Tafuri, *Venice and the Renaissance*, Cambridge Mass., 1995 (ed. original, 1985), pp. 64-70. [Depois do presente ensaio ter sido publicado, esta tese sobre a religiosidade de Serlio, que tinha sido reforçada por Mario Carpo em 1993 com *La maschera e il modello. Teoria architettonica ed evangelismo nell'Extraordinario Libro di Sebastiano Serlio (1551)*, Milão, Jaca Books, foi desmontada pelos textos de Marie Madelaine Fontaine e outras investigadoras na colectânea editada por Sylvie Deswarte-Rosa *Sebastiano Serlio à Lyon, architecture et imprimerie, volume 1. Le Traité d'Architecture de Sebastiano Serlio, une grande entreprise éditoriale au XVIe siècle*, Lyon, Mémoire Active, 2004. Ver recensão (e reservas...) de minha autoria em *Murphy* 1(2006), pp. 214-218].

edifício, da década de 1570, ainda mais parecido do que aquilo que é normalmente assinalado com a colegiada Herreriana de Valladolid construída na década seguinte.

Em Roma, como assinalou Sandro Benedetti, as faixas modulam as paredes exteriores secundárias de inúmeras igrejas, desde o *Gesú* a *Sant'Andrea della Valle*, desde a *Trinitá dei Monti* a *Sant'Atanasio dei Greci*, desde *San Giovanni dei Fiorentini* a *S. Girolamo degli Schiavoni*. Benedetti esclarece que o contraste entre estes exteriores e o luxo das fachadas ou dos interiores de mármores e estuques não constitui qualquer paradoxo, antes se juntando ambas as declinações do ornamento arquitectónico na formulação de um único significado religioso: o contraste, postulado tanto por Cataneo em 1554 como por São Carlos Borromeu nas suas *Instructiones* de 1577, entre a fachada principal e as secundárias e entre interior e exterior como equivalente à diferença entre o rosto e a alma, por um lado, e o corpo material de Cristo, por outro.

A ordem abreviada teve um extraordinário sucesso na arquitectura portuguesa do século XVII e no período pombalino (praticamente todas as igrejas da Baixa de Lisboa mostram esse tipo de ordem – característica também, aliás, de muita arquitectura internacional neoclássica como a de Ledoux, ou nacional, como no palácio da Ajuda de Costa e Silva). Já não parece ter sucedido o mesmo com a ordem de faixas, de que só conheço exemplos na obra de Baltazar Álvares – o que, se mais não houvera bastaria para termos o cuidado de não generalizar imediatamente a toda a arquitectura portuguesa significados projectuais característicos apenas deste arquitecto.

Repare-se no Hospital da Luz, onde tanto as ordens abreviadas como as faixas parecem concentrar vários significados: as faixas, designadamente, adornam as pilastras toscanas e secas do claustro, lugar austero de um hospital, mas, dotadas de riquíssimos capitéis, adornam também a ordem do interior da capela.

Em S. Vicente de Fora, por seu lado, o arquitecto resolveu compôr uma segunda ordem claramente pessoal, sendo-lhe provavelmente indiferente a operação Serliana e pós-Serliana de identificar as ordens abreviadas com um propósito religioso. É impossível, de facto, conotar a ordem vicentina com qualquer ideia de austeridade se tivermos em conta o luxo da fachada como um todo, as mísulas-volutas, os elementos flamenguizantes, as pilastras jónicas de janelas e nichos, etc.

Pelo contrário, o peculiar jónico de S. Vicente de Fora, que tanto incomodou Mateus do Couto o Velho, tem, na minha opinião, um significado puramente arquitectónico e característico da inventividade de Baltazar Álvares.

De facto, sabendo que a ordem é jónica, podemos ler no texto de Mateus do Couto a razão da sua escolha por Baltazar Álvares – o que nos permite, em simultâneo, confirmar uma velha idea sobre a evolução projectual da fachada vicentina.

Mateus do Couto avança dois motivos possíveis para a utilização de uma ordem de pilastras sem capitel: o menor custo e a proporção. Interessa-nos esta segunda razão.

Em 1615, a pedido dos frades agostinhos de S. Vicente de Fora, Filipe II de Portugal (III de Espanha) autorizou uma modificação importante do projecto da igreja: a construção de um coro alto sobre a porta axial[11]. Valerá a pena chamar a atenção, entre parêntesis, para o definitivo aportuguesamento da igreja que um tal pedido dos frades e uma tal autorização régia significam: percebe-se que o projecto original previa apenas a existência do retro-coro baixo que foi construído na igreja. Não era essa, porém, nem a tradição nem a prática mais comuns da arquitectura religiosa portuguesa dos séculos XVI e XVII.

Autorizado o coro-alto, deve ter sido necessário rever o projecto inicial da fachada de modo a substituir-se o terraço ou "eirado" (palavra usada pelo documento citado por Ayres de Carvalho) que existia entre torres pelo coro-alto. Deste modo, Chueca Goitia pode ter alguma razão num aspecto da sua reconstituição do projecto original para a fachada (**im. 18**): a segunda ordem recuada entre as torres[12].

Neste contexto, não estaria prevista uma segunda ordem na fachada, mas apenas nas torres. Quando foi necessário fazê-la, não era possível usar a dimensão correcta do jónico, mais alto que o dórico, porque todo o piso ficaria alto de mais. Como Mateus do Couto sugeriu, Baltazar Álvares usou a ordem abreviada para proporcionar as pilastras – e foi afinal heterodoxo para poder ser ortodoxo...

Esta hipótese interpretativa do texto de Mateus do Couto e da forma da fachada de S. Vicente só poderá ser confirmada (ou infirmada) depois de um estudo atento da igreja – onde continua a causar estranheza o modo como foi resolvido o interior da segunda ordem da fachada, com uma enorme janela termal sem correspondência com os três vãos exteriores.

---

[11] Ayres de Carvalho, D. *João V e a Arte do seu Tempo*, ii vols., Lisboa, 1961-62. Ver II, pp. 34-35.

[12] Fernando Chueca Goitia, "Herrera y la composición de las fachadas de los templos", in AAVV, *Juan de Herrera y su influencia, Actas del Simposio – Camargo, 14/17 Julio 1992*, Universidad de Cantabria, 1993, pp. 183-196.

IMAGEM 18:
Aspecto original de S. Vicente de Fora de Lisboa segundo Fernando Chueca Goitia, 1993

Em todo o caso, o alteamento de um piso e uma ordem nova, permitiram a Baltazar Álvares criar uma das mais originais fachadas da arquitectura europeia, bem diferente do modelo italiano (o do Escorial) que teria talvez sido previsto para S. Vicente. No Escorial, Herrera fez uma fachada à italiana, com torres afastadas do corpo central. Em S. Vicente, pelo contrário, Álvares integrou-as no pano geral da fachada – e daí o aspecto "palacial" que se costuma referir, semelhante a fachadas romanas de Martino Longhi o Velho ou Della Porta, da década de 1580, como *Sant'Atanasio dei Greci* ou a *Trinitá dei Monti*. Estas igrejas romanas, porém, apresentam uma secção central avançada em relação aos panos laterais correspondentes às torres. Não assim S. Vicente, cuja fachada é muito mais "laica", tanto por correr direita englobando os tramos correspondentes às torres, como pela sua teoria, muito palaciana, de portas, janelas e nichos.

A fachada de S. Vicente de Fora só deve ter sido construída nos últimos anos da vida de Baltazar Álvares, se acaso não se concluiu somente após a sua morte em 1624. De outra maneira, teria sido o próprio Álvares a polemicar em defesa da sua "invenção" contra o anónimo que a criticou e não Mateus do Couto. Esse episódio estava, aliás, ainda suficientemente perto de 1631 para Couto achar que merecia menção no seu tratado. É até possível que, em 1631, a fachada de S. Vicente estivesse ainda em conclusão.

Muitos, senão a maioria, dos edifícios portugueses posteriores à década de 1580 habitualmente conotados com o chamado "estilo chão" apresentam ordens abreviadas seja nas pilastras e cunhais exteriores, seja no interior. Outros utilizam, pelo contrário, um toscano ou dórico de elementos constitutivos distintos. Não parece haver nestes edifícios uma qualquer intencionalidade geral, apenas uma austeridade neutra cuja interpretação variará tanto caso a caso como sucede na obra de Álvares.

Quando, em 1672, se desenrolou nos meios arquitectónicos de Lisboa uma polémica àcerca de conclusão das ordens da fachada da igreja jesuíta de Santo Antão[13], aquilo que mais controvérsia provocou foi o ressalto acima das pilastras da cornija da ordem maior. A unanimidade dos arquitectos em defesa dessa forma sugere que não estava esquecida por eles a polémica em volta da fachada de S. Vicente de Fora ocorrida

---

[13] Fausto Sanches Martins, *A Arquitectura dos primeiros Colégios Jesuitas de Portugal, 1542--1759, cronologia, artistas, espaços*, dissertação de Doutoramento, dact., ii vols., Faculdade de Letras da Universidade do Porto, 1994. Ver I, pp. 82-106. [Ver também, "Obra crespa e relevante" nesta colectânea].

quarenta anos antes, e que consideravam a inventividade na utilização das ordens um traço característico do seu mester.

Ao seguirmos a migração semântica das faixas e das ordens abreviadas desde os desenhos de Francesco di Giorgio aos projectos de Baltazar Álvares concluimos coisas que já sabíamos mas por vezes esquecemos: formas idênticas podem ter significados diversos conforme o sítio, a data, o projectista, o encomendador. As culturas arquitectónicas não vivem isoladas, antes comunicando umas com as outras e trocando significados. Soluções chãs ou planas de paredes e molduras, partidos arquitectónicos simples, podem ter sido resultado de circunstâncias muito variadas: desde logo a falta de recursos que interditava a contratação de escultores ou pedreiros muito qualificados, mas também a influência da arquitectura militar ou das ideias da Reforma Católica.

No entanto, espero ter sugerido que, além destas razões, a simplicidade de molduras ou partidos pode ter estado ligada, não a razões de confinamento e pobreza, mas à erudição mais cosmopolita e a leituras peculiares da literatura arquitectónica internacional.

Nem toda a simplicidade formal significa austeridade de significado – há simplicidades que são o cúmulo do requinte e não é preciso Mies Van der Rohe para o demonstrar. Basta a capela do hospital da Luz de Baltazar Álvares.

# ASPECTOS DO CLASSICISMO NA ARQUITECTURA PORTUGUESA DOS SÉCULOS XVI E XVII
OU A TRADIÇÃO CLÁSSICA NA ARQUITECTURA LUSO-BRASILEIRA

2003

I

A tradição clássica ou o classicismo em arquitectura resulta da articulação entre a eficiência da autoridade projectual e a aplicação ao projecto de uma normativa de inspiração vitruviana.

Por autoridade projectual entendo o controle unificado e continuado da obra arquitectónica ou urbanística desde a fase de concepção à de pormenorização, através da existência de projectos a várias escalas e de uma direcção eficiente da obra. O projectista é o portador da autoridade que lhe é delegada pelo dono da obra. Quanto mais elevada for a hierarquia e maior o poder do dono da obra, mais autoridade projectual existe.

Por normativa de inspiração vitruviana quero significar a influência exercida sobre projecto e obra pelas regras, preceitos e imagens das ordens arquitectónicas e dos motivos decorativos inspirados na arquitectura greco-romana.

Uma obra será tanto mais clássica quanto mais os dois factores – autoridade projectual e normativa vitruviana – nela tenham confluído harmoniosamente.

Isto quer dizer, antes de mais, que o classicismo não é uma condição mas um devir, um processo sempre em aberto. Um edifício pode ser mais ou menos classicista e pode deixar de o ser com obras posteriores. Um período histórico da arquitectura não pode ser classificado como clássico a não ser tendencialmente. A cultura arquitectónica classicista está permanentemente em construção e desconstrução, sujeita a "desvios" e "retornos" tanto por desinvestimento da autoridade projectual como por libertação do projecto e da execução em relação ao vitruvianismo.

O classicismo identifica-se com aspectos fundamentais do chamado "projecto moderno": a autoridade central do estado, por um lado, os meios de comunicação, por outro. Sem o Príncipe não há classicismo, como Burkhardt nos explicou em 1860 no seu "Die Kultur der Renaissance in Italien" ("Cultura do Renascimento Italiano")[1]. A autoridade central exerce-se através das obras da coroa ou do controle exercido pelos arquitectos e engenheiros da coroa ou das academias e escolas criadas pela coroa.

Por outro lado, a norma vitruviana, os regulamentos projectuais, o cánone e a própria formalidade do poder decorrem dos tratados de arquitectura e engenharia, e da circulação dos desenhos, das instruções escritas, das gravuras.

Fora dos centros, o cánone é acometido por outros imperativos ou necessidades: influências locais, urgências práticas, deficiências de aprendizagem. A arquitectura periferiza-se em relação ao classicismo da autoridade e da norma.

Deste modo, o classicismo pleno é a excepção e não a regra. Só se "condensa" plenamente em ocasiões muito especiais. A mais conhecida dessas ocasiões foi a da história da Academia francesa da segunda metade do século XVII e suas imitações um pouco por toda a Europa.

A visita de Bernini a Paris na Primavera e no Verão de 1655 para projectar o palácio do Louvre – que esteve na origem do academismo francês – é uma história particularmente esclarecedora de como surge o classicismo tanto em arquitectura como em arte[2].

Em primeiro lugar, Bernini foi, em Paris, o defensor da normativa vitruviana perante uma corte e um grupo de arquitectos que não a compreendiam completamente. Quando, por exemplo, Colbert lhe pediu para baixar o pé direito do *piano nobile* nascente do Louvre (o dos apartamentos reais) porque era demasiado alto para o frio do Inverno parisiense, Bernini respondeu que "c'est la sujétion que donne l'ordre lorsque l'on le fait régner entre tous les étages" (quer dizer, quando se

---

[1] Ver sobretudo I e II, "O Estado considerado enquanto obra de arte" e "Desenvolvimento do indivíduo", ed. em língua portuguesa, *O Renascimento Italiano*, Lisboa, Presença, Livraria Martins Fontes, trad. António Borges Coelho, 1973, 7-134.

[2] *Journal de Voyage du Cavalier Bernin en France*, ed. Ludovic Lalanne, *Gazette des Beaux-Arts*, Paris, 1885. Para uma discussão contemporânea, ver Sabine Frommel, "Les projets du Bernin pour le Louvre, tradition italienne contre tradition française", in *Le Bernin et l'Europe: du baroque triomphant à l'âge romantique*, C. Grell e M. Stanic eds., Paris, Presses Universitaires de Paris-Sorbonne, 2002, 43-76. A colectânea onde este ensaio se inclui tem uma bibliografia praticamente completa sobre o assunto.

emprega a ordem gigante) e que a altura que projectara era necessária para dar proporção aos intercolúnios que deviam ter pelo menos o dobro em altura do que têm em largura[3].

Todavia, Bernini tinha uma posição muito menos classicista no que respeita à autoridade projectual sobre a obra e foi sempre recusando as sugestões insistentes dos franceses de que se ocupasse de assuntos que hoje diríamos "funcionais", como a "comodidade" (ou seja, a relação entre programa e tipologia), ou o controle das várias etapas da construção. Bernini dizia "qu'il suffisait qu'il s'appliquât à l'invention, les autres choses n'étant pas de sa sphére"[4], não compreendendo o verdadeiro totalitarismo projectual que Colbert lhe exigia.

O academismo francês nasceu precisamente do preenchimento da distância que assim se verificou entre as posições de Bernini e Colbert, quando a coroa francesa finalmente criou um ensino e um *cursus honorum* arquitectónico rigidamente vitruvianos e uma arquitectura de estado absolutamente controlada pela autoridade projectual. Os arquitectos franceses passaram a aplicar a norma e a ocupar-se de todas as escalas do projecto e todos os aspectos das obras.

Um outro aspecto em relação ao qual Bernini não se entendeu com os franceses foi a importância atribuída ao conceito de simetria. Revelando uma cultura que costumamos classificar como medieval ou gótica, a corte francesa não percebeu porque é que o italiano estava disposto, por exemplo, a sacrificar os acessos à capela real do Louvre, e até a própria tribuna real, de modo a incluir esta capela no corpo do palácio, não comprometendo a igualdade das suas frentes sul e norte.

Quando Bernini aceitou traçar uma capela isenta na fachada norte, inventou para a fachada sul um corpo correspondente que ninguém lhe tinha pedido, de modo a garantir a simetria do conjunto.

Refiro este aspecto, porque a simetria costuma integrar um conjunto de características relacionadas com a proporção e a ordem que são consideradas essenciais á definição de classicismo em arquitectura e arte.

Livros como o pioneiro *Architectural Principles in the Age of Humanism* de Rudolf Wittkower (edições em 1949, 1952 e 1962), ou *The classical language of architecture* de John Summerson (1964), ou ainda *De Taal van de Klassicistiese Architektuur* ("O classicismo em arquitectura") de Tzonis / Lefaivre / Bilodeau (1983), entre muitos outros, teorizaram um classicismo artístico que teria aparecido no século XV ligado a

---

[3] *Journal de Voyage*, 108.
[4] Ibidem, 76.

correntes filosóficas como o neo-platonismo e baseado em conceitos de ordem, módulo, traçado regulador, e em figuras geométricas regulares como o círculo, o quadrado, o polígono. O classicismo seria, de acordo com estas teorias, não apenas a arquitectura das ordens clássicas e dos motivos vitruvianos mas a arquitectura da ordem (da *taxis*).

Todavia, esta interpretação do classicismo não resistiu bem à prova a que tem sido sujeita nas últimas duas ou três décadas com a renovação dos estudos de arquitectura e arqueologia medievais. A investigação metrológica vêm demonstrando a sistemática presença de traçados reguladores, módulos e *ratios* ditos neo-platónicos nas obras de construtores e urbanistas tanto da alta como da baixa Idade Média[5].

Por outro lado, começa a poder demonstrar-se que a utilização da planta centralizada, considerada o *nec plus ultra* da arquitectura classicista, não sofreu interrupção significativa na arquitectura ocidental entre Constantino e Lourenço o Magnífico[6].

De facto, a modulação projectual não é exclusiva do classicismo de um edifício ou pedaço de cidade. Todos os edifícios, quarteirões ou frentes de rua cuja obra teve um projecto, desenhado ou não, e foi acompanhada, patenteiam ordem, regra, módulo. As projecções *ad triangulum* e *ad quadratum*, a utilização da "proporção de ouro" e de outros *ratios*, é da Antiguidade, da Idade Média, do Renascimento, do Barroco, de hoje.

Características do classicismo e apenas do classicismo são a concepção tripartida de membros e corpos arquitectónicos (o todo tem princípio, meio e fim, pensava Aristóteles) e a noção que designamos por "simetria" desde o século XVI. A tratadística vitruviana é aquela que propõe para estes dois princípios compositivos a linguagem das ordens clássicas.

Vejamos agora como se caracterizou o classicismo de alguns aspectos da cultura arquitectónica portuguesa dos séculos XVI e XVII.

---

[5] Ver, por exemplo, Lorenzo Árias Páramo, "Fundamentos geométricos, metrológicos y sistemas de proporción en la arquitectura altomedieval asturiana (siglos VIII y X), *Archivo Español de Archeologia*, 74(2001), 233-280; Nancy, W. Wu(ed.) *Ad Quadratum, The practical application of geometry in medieval architecture*, AVISTA Studies in the History of Medieval technology, Science and Art, Aldershot, England, 2002.

[6] Ver, por exemplo, Carolyn Malone, "St Bénigne in Dijon as Exemplum of Rudolf Glaber's Metaphoric "White Mantle", in Nigel Hiscock (ed), *The White Mantle of Churches, Architecture, Liturgy, and Art around the Millenium*,Belgium, Brepols, Turhout, 2003, 161-180.

## II

Em 1587, o arquitecto italiano Filipe Terzi (1520-1597), ao serviço da coroa portuguesa desde 1578, escreveu a um seu correspondente em Itália uma carta cujo parágrafo mais importante diz o seguinte:

> "Ganhei algum crédito aqui por fazer tantas obras sem ter que mudar coisa alguma, pequena ou grande, em relação àquilo que ordenara no início; e como neste reino não era hábito acertar assim com o que estava previsto, maravilharam-se"[7].

Terzi orgulha-se assim de ter introduzido em Portugal a autoridade projectual. Acresce que, em 1587, ele era o mais altamente colocado arquitecto do rei Filipe II em Portugal, um monarca obsessivamente preocupado com essa autoridade[8].

A sua obra arquitectónica maior, a igreja conventual de S. Vicente de Fora de Lisboa, é uma obra simultaneamente vitruviana e cuidadosamente acompanhada do ponto de vista do projecto e da construção. No entanto, suscitou críticas de anti-vitruvianismo devido a um aspecto particular do projecto da fachada principal feito, já não por Terzi, mas pelo seu sucessor Baltazar Álvares (act. 1575-fal. 1624). Um discípulo deste último, Mateus do Couto "o Velho" (act. 1600-1659), foi obrigado a vir a público defender a segunda ordem da fachada, acusada de não respeitar as regras de Vitrúvio. Para contestar esta opinião, Couto citou o tratado de Serlio. Ou seja, todo o debate se desenrolou no quadro da aceitação sem discussão da normativa vitruviana[9].

Temos assim que no Portugal do final do século XVI, o classicismo aparecia, por um lado, como uma cultura firmemente estabelecida nos

---

[7] Ver Paulo Varela Gomes, A Confissão de Cyrillo, estudos de história da arte e da arquitectura, Lisboa, Hiena, 1992, 26, sgs. Carta publicada pela primeira vez por Guido Battelli e Henrique Trindade Coelho, Documentos para o estudo das relações culturais entre Portugal e Itália, tomo 3, Flipo Terzi (1577-79), Florença, 1935, p. 37. Pub. também por Maria da Conceição Pires Coelho, A igreja da Conceição e o claustro de D. João III do Convento de Cristo de Tomar, Assembleia Distrital de Santarém, 1987, p. 402.

[8] Ver Catherine Wilkinson Zerner, Juan de Herrera, architect to Philip II of Spain, New Haven e Londres, Yale University Press, 1993, esp. 135 sgs.

[9] Ver Paulo Varela Gomes, "Ordem abreviada e molduras de faixas na arquitectura italiana, espanhola e portuguesa do Renascimento", V Congresso Luso-Brasileiro de História da Arte, Faro, Outubro de 2001, Faro, Universidade do Algarve, Faculdade de Ciências Humanas e Sociais,, 2002, 181-206 e Tractado de Architectura que leo o Mestre e Architecto Matheus do Couto o velho no anno de 1631: BNL, Cod. 946.

meios arquitectónicos da corte mas esse era, por outro lado, um fenómeno relativamente recente.

De facto, creio que nos meios arquitectónicos oficiais portugueses o classicismo chegou apenas no final de Quinhentos vindo de Itália e da corte de Madrid[10].

Vejamos brevemente o caso de uma das primeiras obras de influência renascentista na arquitectura portuguesa, a construção do novo dormitório do convento de Santa Cruz de Coimbra nos anos de 1530[11].

A obra, em grande medida, já não existe. Estão disponíveis, porém, dois documentos da maior eloquência sobre a cultura arquitectónica de que foi parte constitutiva: os contratos das obras de pedraria, um de 1528, outro de 1530. Baseados nesses documentos, em plantas deduzidas a partir deles e em fotografias antigas, alguns colegas meus escreveram recentemente que o dormitório novo de Santa Cruz de Coimbra seria talvez a primeira peça classicista da arquitectura do renascimento em Portugal.

Os contratos, porém, mostram, em minha opinião, exactamente o contrário: uma cultura não classicista. Cito apenas duas frases entre dezenas possíveis do contrato de 1528 (ortografia actualizada):

"Neste dormitório haverá quatro janelas de pedraria grandes com suas sedas e peitoris e terão de lume dez palmos e de alto aquilo que demanda a sua largura..."[12].

Junto da "casa da cozinha" existirão outras janelas "assentadas na parte que bem parecer [...] e a serventia dela será pelas abóbadas da crasta com seu portal de pedraria da grandura que bem parecer segundo a oficina em que dela ouverem de servir..."[13].

---

[10] Discuti pela primeira vez esta questão em *A Confissão de Cyrillo*, op. cit. na nota 7, pp. 15-34, e também na m/ dissertação de doutoramento pela Universidade de Coimbra, *A planta centralizada em Portugal no século XVII, arquitectura, religião e política*, Faculdade de Ciências e Tecnologia da Universidade de Coimbra, 1999.

[11] Sobre Santa Cruz, entre muitos outros títulos, ver Pedro Dias, *A arquitectura de Coimbra na transição do gótico para a renascença, 1490-1540*, Coimbra, Epartur, 1982; Rui Pedro Lobo, *Santa Cruz de Coimbra e a Rua da Sofia. Arquitectura e urbanismo no século XVI, provas de aptidão pedagógica e capacidade científica*, Departamento de Arquitectura da Faculdade de Ciências e Tecnologia da Universidade de Coimbra, 1999; Walter Rossa, *Divercidade, urbanografia do espaço urbano de Coimbra até ao estabelecimento definitivo da Universidade*, dissertação de doutoramento pela Universidade de Coimbra, 2001; Lurdes Craveiro, *O renascimento em Coimbra, modelos e programas arquitectónicos*, dissertação de doutoramento pela Universidade de Coimbra, 2002.

[12] Lurdes Craveiro, op. cit. na nota anterior, vol I, p. 115.

[13] Ibidem, p. 121.

Como se terá percebido, o dono da obra e o mestre deixam aos pedreiros a liberdade de determinar as dimensões gerais e até a forma das peças e molduras, uma vez dada a largura. Os pedreiros, de acordo, naturalmente, com a tradição e o costume, sabiam perfeitamente como fazer. É até possível que, para muitos sectores da obra, não houvesse nem sequer uma planta, limitando-se os mestres a cordar a obra, ou seja, a marcá-la no solo com cordas.

Um outro caso interessante é um edifício que veio até nós como ficou por acabar em meados de Quinhentos: a igreja de Santa Maria do Castelo de Estremoz, que tem sido considerado, desde que George Kubler o "descobriu" em 1972, como um dos exemplos arquitectónicos mais puros da aplicação de um traçado regulador dito classicista (a "secção de ouro" ou "diagonal")[14]. Kubler referia-se apenas à planta porque não tinha outros desenhos disponíveis.

Santa Maria do Castelo é uma igreja de planta quadrada. Abatendo-se a diagonal desse quadrado, obtém-se a área onde se inscreve o rectângulo da cabeceira tripartida – e daí a referência à "secção de ouro".

A nave está coberta por uma abóbada à mesma altura, sustentada em quatro pilares jónicos isentos e oito em meia-cana embebidos nas paredes, desenhando uma cruz grega de tramo central quadrado.

Com um levantamento fiável[15], percebemos, porém, que parece não haver qualquer relação proporcional conhecida entre a dimensão da planta e o volume interno da igreja, tanto mais que esta, exteriormente, nunca foi completada da cimalha para cima.

Deste modo, um dos mais "perfeitos" edifícios descritos como classicistas na arquitectura portuguesa é afinal um edifício imperfeito em termos clássicos.

Outros edifícios da mesma família (as igrejas-salão portuguesas de meados do século XVI) levantam problemas semelhantes na relação entre planta, alçados e volume.

Os primeiros são as grandes catedrais, três no Portugal europeu (Leiria, Portalegre, Miranda do Douro), duas nos arquipélagos atlânticos (Angra nos Açores e Ribeira Grande em Cabo Verde), duas nas grandes cidades

---

[14] Ver George Kubler, A Arquitectura portuguesa chã entre as especiarias e os diamantes, 1521-1706, Lisboa, Vega, 1988, 43.

[15] Ver o levantamento de Santa Maria do Castelo de Estremoz em Ana Grácio; Margarida Relvão; Susete Pereira, trabalho para a cadeira de História da Arquitectura Portuguesa sob regência do professor Doutor Walter Rossa, Departamento de Arquitectura da Faculdade de Ciências e Tecnologia da Universidade de Coimbra, 2003.

coloniais de Salvador e Goa[16]. A catedral de Salvador constitui um caso completamente à parte das outras porque tinha uma planta de igreja jesuíta ou dominicana, nave única com capelas laterais inter-comunicantes, aliás bastante estranha na conjuntura das obras catedralícias. As restantes catedrais, com excepção de Portalegre, não parecem ter sido construídas a partir de um projecto coerente seguido desde o início. Não existem disponíveis levantamentos completos de nenhuma das catedrais nem uma reconstituição plausível das de Cabo Verde e Salvador.

A conclusão provisória que podemos retirar daquilo que sabemos da obra das sete grandes catedrais portuguesas, certamente as mais dispendiosas e volumosas obras de arquitectura religiosa portuguesa da segunda metade do século XVI, é que não se verificou nem a autoridade projectual nem a aplicação da normativa vitruviana características do classicismo.

Por outro lado, as igrejas-salão mais próximas de Santa Maria de Estremoz em dimensão e partido são um conjunto muito coerente existente no Alto Alentejo: Santo Antão de Évora, de 1557, São Salvador de Veiros, de 1559, Nossa Senhora de Monsaraz e as igrejas matrizes de Alcáçovas e de Campo Maior. A igreja da Misericórdia de Santarém, de 1559, fora da região, partilha com as outras o tipo.

Santo Antão e a Misericórdia de Santarém têm plantas e volumes duplex (duplo quadrado e duplo cubo). A matriz da Alcáçovas, da qual só conheço uma má planta, parece ser em duplo quadrado. A de Campo Maior tem uma planta quadrada cuja diagonal abatida dá lugar ao transepto ou à galilé entre torres.

Nenhuma destas igrejas, porém, é coerente no que respeita ao desenho de alçados, nomeadamente a fachada principal. Nenhuma delas parece, aliás, ter sido terminada exteriormente.

A autoridade projectual e a aplicação da normativa vitruviana aconteceram na arquitectura portuguesa do século XVI somente no caso de edifícios ou circunstâncias excepcionais: obras pequenas em dimensão, cuja construção decorreu rapidamente e pôde ser acompanhada do princípio ao fim ou obras directamente dirigidas pela coroa, como, por exemplo, o célebre claustro grande de Tomar construído a partir da década de 1550.

---

[16] Sobre as catedrais, ver G. Kubler, *A Arquitectura portuguesa chã*, pp. 29 e sgs; e ainda Paulo Pereira, "A traça como único princípio, reflexão acerca da permanência do gótico na cultura arquitectónica dos séculos XVI e XVII", in *Estudos de Arte e História, homenagem a Artur Nobre de Gusmão*, Lisboa, Vega, 1995, 190-199.

Deste modo, a arquitectura portuguesa do século XVI até ao período filipino constitui uma excelente demonstração de que a autoridade do dono da obra (seja a coroa, o bispo, o abade, o aristocrata), manifestada num acompanhamento constante do projecto e da construção, é indispensável ao seu formato classicista.

Mas também o é o entendimento pleno da tratadística.

## III

Como se sabe, a utilização das ordens de arquitectura como um dispositivo não apenas decorativo mas modulador do conjunto arquitectónico só se tornou possível depois da publicação do Livro IV do tratado de Serlio em 1537 porque só então as ordens foram disponibilizadas como um sistema de medidas. Até ao livro de Serlio, só dois outros tratados de arquitectura incluíam desenhos de ordens: o Vitrúvio de César Cesariano, publicado em 1521, e as *Medidas del Romano* de Diego de Sagredo, em 1526. Nenhum dos dois, porém, sustentava nas ordens uma verdadeira normativa vitruviana.

A influência de Sagredo na arquitectura da Península Ibérica foi muito profunda. O plateresco em Espanha ou a escultura monumental *ao Romano* em Portugal não são explicáveis sem ela[17].

Os mestres pedreiros e arquitectos que recorriam a Sagredo compreendiam as ordens como o aspecto determinante da obra *ao Romano* mas viam-nas como um motivo decorativo importante, nada mais. Daí a extraordinária variedade de proporções e formas com que as ordens foram utilizadas em Portugal nas décadas de 1540 e 1550, especialmente pelos construtores da órbita de Coimbra (João de Ruão, Nicolau Chanterenne, Diogo de Castilho) e por João de Castilho nas obras de Tomar.

O tratado de Cesariano, por seu lado, pode ter estado na base de um dos mais notáveis primeiros edifícios classicistas de Portugal, a capela de Nossa Senhora da Conceição em Tomar de João de Castilho[18].

---

[17] Sobre Diego de Sagredo, ver F. Marias. e G. Bustamente, "Las 'Medidas de Diego de Sagredo" in Diego de Sagredo, *Medidas del Romano*, edição fac-simile do exemplar da Biblioteca Nacional de Madrid, Dirección General de Bellas Artes Y Archivos, Madrid 1986, 5-139.

[18] Sobre as obras classicistas em Tomar e João de Castilho, ver Rafael Moreira, *A arquitectura do Renascimento no sul de Portugal, a Encomenda Régia entre o Moderno e o Romano*, dissertação de Doutoramento, Universidade Nova de Lisboa, 2 vols, Lisboa, 1991; idem, "Arquitectura: renascimento e classicismo", in Paulo Pereira (dir.), *História da Arte Portuguesa*, 3 vols., Lisboa Círculo de Leitores, 1995, 2, 303-365.

Todavia, foi a progressiva influência de Serlio – que chegou a ser quase absoluta – que dominou a arquitectura portuguesa posterior a meados do século XVI, a começar pela obra maior desta arquitectura, o claustro grande de Tomar.

Mas, que eu saiba, o primeiro conjunto de desenhos arquitectónicos feitos em Portugal em que o assunto principal são as cinco ordens clássicas foi o *taccuino* de Filipe Terzi, datado de 1578[19]. Este caderno contém o esquema de um tratado completo de arquitectura: começa pela Embandometria (ou seja, a medida das superfícies), passa à Estereotomia (*Misura de Corpi Solidi*) e entra nas páginas preenchidas com desenhos e medidas das cinco ordens (toscano, dórico, jónico, coríntio e compósito).

O *taccuino* é claramente devedor de Vignolla, um bolonhês como Terzi. Este só copia do seu mestre os desenhos dos capitéis coríntio e compósito mas as medidas das ordens são Vignolescas. Mais importante do que isso, é o facto de que Terzi legitima em Vignolla até mesmo a heterodoxia na utilização das ordens como é o caso da utilização da ordem dórica com modilhões (de que executa, aliás, um magnífico desenho) (**im. 19**).

De Terzio em diante, estabelecida pela coroa filipina uma escola de arquitectura (os "Lugares de aprender arquitectura" do Paço da Ribeira), uma hierarquia profissional e uma direcção centralizada das obras da coroa[20], os escritos teóricos – e desde logo o tratado de Mateus do Couto o "Velho" que referi há pouco – passaram a assentar no núcleo duro das cinco ordens.

O paradoxo é que as grandes obras construídas no mundo português na órbita dos arquitectos da coroa até aos vinte anos finais do século XVII não são especialmente notáveis pela utilização das ordens arquitectónicas ou de uma normativa vitruviana explícita. Pelo contrário: predomina em absoluto a parede e não o vão, a utilização da pilastra de ordem toscana ou dórica lisa e não da coluna, do entablamento liso, das molduras ultra-simplificadas.

Por outro lado, a este paradoxo já detectado há décadas começa a somar-se um outro: a existência de arquitecturas seiscentistas fortemente

---

[19] BNL Cod. 12.956. Existe disponível em suporte digital.
[20] Sobre o processo de controlo das obras reais em Portugal no século XVI antes e durante o período filipino, ver Miguel Soromenho, "A Administração da arquitectura: o Provedor das Obras Reais em Portugal no século XVI e na 1ª metade do século XVII", *Anuario del Departamento de Historia y Teoria del Arte, Universidad Autonoma de Madrid*, vols. IX-X, 1997-98, 197-209.

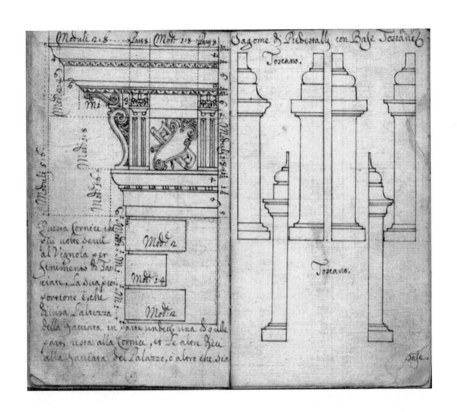

IMAGEM 19:
Livro de desenhos de Filipe Terzi, 1578 (BNL cod. 12.956), ordem dórica com modilhões

ornamentais – mas igualmente não-classicistas. De facto, a investigação mais recente vem trazendo à luz cada vez mais excepções ao panorama da sobriedade que os historiadores Kublerianos designaram por "estilo chão". Têm sido publicados[21] extraordinários casos tardo-quinhentistas e seiscentistas de igrejas, conventos, capelas, fontes e casas do noroeste duriense e minhoto pertencentes a uma arquitectura luso-galaica muito influenciada pela ornamentação flamenga e por aspectos importantes da obra de alguns arquitectos da corte de Lisboa como Jerónimo de Ruão (fal. 1601) – obras do panteão da infanta D. Maria na igreja da Luz de Carnide e no panteão real dos Jerónimos, 1577 e1591, respectivamente.

Por outro lado, na região de Coimbra, há obras das décadas de 1620 a 1640, designadamente a sacristia nova de Santa Cruz e a terminação da fachada da igreja do colégio dos Jesuítas que, com a fachada da igreja do colégio jesuíta de Santarém, das décadas de 1650-1660, e vários outros casos, arrastam para sul correntes arquitectónicas que nada têm que ver nem com o classicismo como o venho definindo nem com a arquitectura chã Kubleriana.

Neste enquadramento, pergunto-me que lugar teórico e institucional ocupavam textos teóricos como o *taccuino* de Terzi ou o tratado de Mateus do Couto "o Velho", que se apresentam como enunciações da norma vitruviana, afinal tão rara no panorama da edificação.

O tratado de Mateus do Couto é um texto notável. Não se trata de uma simples cópia ou colecção de citações mas de um texto absolutamente original no que respeita ao enfoque cultural. De facto, não é o simples aportuguesamento de um tratado italiano ou espanhol.

O tratado divide-se em 3 livros e existe um quarto sobre perspectiva, provavelmente do mesmo autor. O 3º livro, ou nunca foi ditado até ao fim

---

[21] Ver, José Ferrão Afonso, "Manuel Luís – contributo para o estudo de um mestre pedreiro quinhentista", *Museu*, Porto, Círculo Doutor José de Figueiredo, IV série, 6(1997), 7-45; Ana Goy, "Los intercambios artisticos entre Portugal y Galicia en el siglo XVIII: el arquitecto Francisco Dantas Franco", *Museu*, Porto, Círculo Doutor José de Figueiredo, IVª série, nº5(1996), 109-124; Ana Goy, "La influencia de la reforma benedictina en la renovación de las fábricas de los monasterios gallegos", in Actas do Colóquio *Struggle for Synthesis, a obra de arte total nos séculos XVII e XVIII*, Lisboa, IPPAR, 1999, vol. I, 153-176; Ana Goy, "La introducción del manierismo en Viana do Castelo: la capilla del Sacramento de la Iglesia Matriz", *Museu*, Porto, Círculo Doutor José de Figueiredo, IVª série, nº8(1999), 125-150; Carlos Ruão, *Arquitectura Maneirista no noroeste de Portugal, italianismo e flamenguismo*, dissertação de Mestrado, dact., 2 vols., Faculdade de Letras da Universidade de Coimbra, 1995; Carlos Ruão, "A actividade do arquitecto maneirista Gergório Lourenço: uma desconhecida família de mestres de pedraria. Diogo Gonçalves (pai), Gregório Lourenço, Francisco João, Salvador Nunes, António Lourenço, Belchior Lourenço (filhos) e Pantaleão Pereira (neto)", *Museu*, Porto, Círculo Doutor José de Figueiredo, IV série, 6(1997), 47-74.

ou ficou incompletamente transcrito pelo proprietário da cópia, o arquitecto João Nunes Tinoco (act. 1631-1690), discípulo de Couto.

O 1º e o 2º livros têm 15 capítulos cada. O tratado começa pela definição de arquitectura baseada em Vitrúvio, Alberti e Danielle Barbaro. Os capítulos 6 a 12 são sobre as ordens.

O resto do tratado é um livro Albertiano e isso é uma coisa suficientemente rara no século XVII para suscitar reparo e só explicável pela persistência de uma tradição cortesã lisboeta vinda do início do século anterior[22].

Mateus do Couto é Albertiano, em primeiro lugar, pela insistência nas citações e referências de Alberti – nomeadamente a curiosa tradução da famosa *conccinitas* por "galhardia" (fol. 43). Mais importante é a importância que o tratado dá à parede e às proporções dos edifícios, estas com explícita e Albertiana referência à música. Às paredes, às proporções e à construção dedica Mateus do Couto 15 dos 31 capítulos do tratado e isto quer dizer que o tratadista, mestre da aula da Ribeira de Lisboa, era um arquitecto do volume e das superfícies que o constituem, da construção e dos seus problemas, e não tanto um arquitecto da coluna e dos diafragmas de colunas, por mais que, como o próprio Alberti, aliás, jurasse pelas "colunas como principais ornatos dos edifícios" (título do capítulo 6 do Livro 1).

De facto, Alberti dizia que "a construção é composta de traçado e matéria [sendo] o propósito do traçado encontrar a maneira correcta e infalível de ligar e juntar as linhas e ângulos que definem e encerram as superfícies do edifício" (*De Re Aedificatoria*, I, I, tradução minha do castelhano). Na versão de Mateus do Couto "o Velho" (I, 4), o edifício "contém forma, distribuição e materiais ou achegas". A forma corresponde à "figura" (ou traçado), a distribuição à "composição dos membros" (linhas, ângulos e superfícies), os materiais à matéria.

São definições equivalentes e ambas mais interessadas no perímetro murário e na sua materialidade construtiva que nos eixos ordenadores e nas ordens vitruvianas.

---

[22] Sobre a tradição Albertiana e o renascimento em Portugal ver R. Moreira, "A escola de arquitectura do Paço da Ribeira e a Academia de Matemáticas de Madrid", in Pedro Dias (ed.), *As relações artísticas entre Portugal e Espanha na época dos Descobrimentos*, Coimbra, Minerva, 1987, 65-77; "Origens da arquitectura do Renascimento em Portugal", *Mundo da Arte*, Coimbra, Epartur, nº 1(1988), 3-24; *A arquitectura do Renascimento no sul de Portugal, a Encomenda Régia entre o Moderno e o Romano*, op. cit. na nota 18; "Arquitectura: renascimento e classicismo", op. cit. na nota 18; "Uma 'Cidade Ideal' em mármore; Vila Viçosa, a primeira Corte Ducal do Renascimento português", *Monumentos*, Lisboa DGEMN, 6(1997), 48-53.

Entre o carácter Vignolesco e fortemente ornamental do *taccuino* de Terzi, primeiro mestre da aula da Ribeira, e o Albertianismo mais seco e estrutural do tratado de Mateus do Couto "o Velho", herdeiro do seu herdeiro Baltazar Álvares na direcção da aula, passaram 50 anos e mudou-se de época – em particular, mudou-se de cultura: Terzi elaborara o *taccuino* ao chegar de Itália, ainda cheio de uma cultura do ornato vitruviano; Mateus do Couto dita as suas aulas em ambiente de austeridade.

Todavia, ambos os mestres se referiam a normativas vitruvianas e paradoxalmente, nas épocas de ambos, estas permaneceram em grande medida ausentes da arquitectura portuguesa construída em pedra.

Mas estiveram presentes, nomeadamente sob a forma das ordens canónicas de arquitectura, nos muitíssimos altares de madeira dourada que se faziam constantemente por todo o mundo português, acompanhadas, aliás, de muitas molduras vitruvianas de vário tipo, entre as quais aquelas com que Terzi preenchera algumas das mais belas páginas do seu *taccuino*, complexas cornijas, impostas, arquitraves, frisos, modilhões[23] (**im. 20a e 20b**).

Ou seja, as ordens e as molduras vitruvianas, de escultura delicada e dispendiosa, eram remetidas para o trabalho de carpinteiros e marceneiros sob modelo de arquitecto... quando o havia.

Talvez resida neste deslizamento quase involuntário do arquitecto para o entalhador, da pedra para a madeira, da norma vitruviana para a liberdade decorativa, um dos aspectos mais importantes e menos discutidos da periferização da cultura arquitectónica portuguesa em relação ao cánone clássico.

Creio que tanto a evolução da arquitectura de pedra como a de madeira ao longo do século XVII, bem como a produção teórica de arquitectos e artistas portugueses, ilustram o processo desse imperceptível deslizamento.

Vejamos alguns textos teóricos mais tardios cujo afastamento em relação à norma clássica e aos lugares institucionais do classicismo parece demonstrá-lo.

---

[23] Sobre a tipologia dos altares de madeira desta época, ver Francisco Lameira e Vítor Serrão, "O retábulo protobarroco em Portugal (1619-1668)", *Promontoria, revista do Departamento de História, Arqueologia e Património da Universidade do Algarve*, ano 1, nº 1 (2003), 63-96.

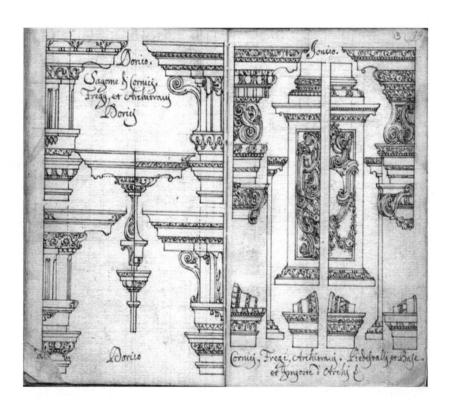

IMAGEM 20a:
Livro de desenhos de Filipe Terzi, 1578 (BNL cod. 12.956)

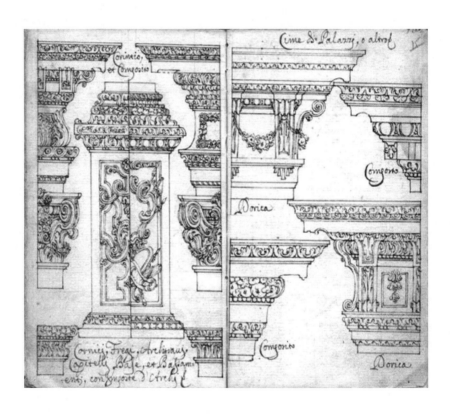

IMAGEM 20b:
Livro de desenhos de Filipe Terzi, 1578 (BNL cod. 12.956)

## IV

Conhecemos relativamente poucos. É possível que, no terramoto de 1755, tenham desaparecido no incêndio da casa das obras da Ribeira de Lisboa a maior parte daqueles que foram produzidos pelos arquitectos da coroa. Também é possível que outros tenham sido furtados do riquíssimo espólio da Academia Nacional de Belas Artes de Lisboa (que herdou boa parte da literatura artística e do material gráfico arquitectónico sobreviventes ao grande terramoto), ou continuem perdidos nos seus fundos indevidamente geridos e apropriados.

O facto é que têm sido encontrados nos últimos anos na Torre do Tombo, na Biblioteca Nacional de Lisboa e na Biblioteca Geral da Universidade de Coimbra alguns tratados de arquitectura, ou textos preparatórios de tratados, quase todos anónimos mas escritos por pessoas que não eram arquitectos treinados: engenheiros militares, entalhadores ou pintores, pedreiros, curiosos metidos a arquitectos.

Sem uma pesquisa mais alargada e profunda não é possível garantir que estes escritos sejam muito significativos no panorama cultural português.

Para já, e no estado actual da pesquisa, a conclusão que podemos tirar é que, em conjunto, a produção teórica arquitectónica em Portugal nos séculos XVII e XVIII aponta para uma clara periferização do classicismo que se exprime principalmente por um entendimento decorativo ou pictórico da normativa vitruviana.

É o caso do manuscrito de um tratado de arquitectura, composto entre 1661 e 1667 por alguém activo em Lisboa (mas não um arquitecto, ao contrário do que erradamente escrevi noutro lugar[24]). O tratado aparece incluído numa colectânea de originais e cópias de outros originais que, em conjunto, parecem constituir uma tentativa de "colar" referências tratadísticas várias num texto mais ou menos coerente.

Interessa-me particularmente o primeiro conjunto de fólios deste manuscrito, com aspecto de ser um texto pronto a seguir para impressão. O título é: "Compendio practico da Architectura politica [ou seja, civil] Em q. se explicam os cinco géneros, A saber, Toscano, Dórico, Jónico, Coríntio e Compósito". Este título aparece numa folha de rosto com motivos flamengos, adaptada de uma das edições de Serlio e já fora de moda na década de 1660.

A introdução do tratado cita Vitrúvio, Dürer e o *Da Pintura* de Alberti e a primeira parte surge sob o título "Tratado de Geometria pratica & de

---

[24] Paulo Varela Gomes, *Arquitectura, religião e política em Portugal no século XVII. A planta centralizada*, Porto, FAUP, 2001, 206 sgs. O tratado está no IAN-TT, Ms da Livraria, 528.

sus principios". Essencialmente, trata-se de uma adaptação do famoso tratado do ourives e prateiro Juan de Arfe y Villafane, *De Varia Commensuracion para la Esculptura y Architectura*, publicado em Sevilla em 1585, e dos seus desenhos de geometria, por sua vez baseados em Serlio[25].

Depois, vem um "Tratado das Sinco ordens de edificar dos Antiguos" cuja introdução é uma tradução literal de Juan de Arfe.

O primeiro capítulo sobre as ordens é uma adaptação das *Medidas del Romano* de Sagredo e dos seus desenhos, embora surjam dois desenhos novos (os *homo ad circulum* e *ad quadratum*) que parecem ter saído de uma mão de entalhador ou pintor.

A ilustração de Sagredo para a correspondência entre as várias partes de uma cornija e o rosto humano é ligeiramente alterada pelo tratadista anónimo de modo a substituir o motivo decorativo flamengo que Sagredo desenhara na corona por um outro, mais à moda, inspirado num friso dórico.

No que respeita à enumeração das ordens, o autor anónimo identifica a ordem Ática com Compósita, o que pode ser sinal de uma leitura distraída de Arfe ou até, quem sabe?, da consulta de uma cópia desse tratado sem as ilustrações referentes às ordens, porque Arfe distingue claramente o pilar quadrado (a ordem Ática) das outras.

Ao entrar na abordagem do Toscano, o tratado foi interrompido. Numa caligrafia e paginação diferentes, seguem-se muitos fólios sobre as ordens, baseados numa simplificação drástica dos desenhos de Juan de Arfe. As novas letra e paginação aparecem também, aliás, num capítulo anterior intercalado e alternativo, sobre geometria, baseado em Arfe e Serlio.

O novo texto sobre as ordens – não os desenhos – parece-me ser em boa medida original. Apesar de duas citações do "patriarca de Aquileia, Daniel Barbaro" que surgem a propósito da base da coluna dórica e do capitel coríntio, o tratadista não copia o texto do autor veneziano. Aqui e ali surgem indicações sobre medidas, à margem e numa caligrafia mais espontânea na qual foi registado um conjunto de quadras em castelhano onde o autor se confessa

> "Ja con prospero vento he llegado
> A porto con la nave bien segura
> Que todollo que tenho navegado
> A sido por alcansar l'arquitectura"...

---

[25] Para uma edição moderna, ver Juan de Arfe y Villafane, *De Varia Commensuracion para la Esculptura y Architectura*, Valência, Albatros Ediciones, 1979.

Estaremos perante um curioso da arquitectura daquelas que abundavam nas academias literárias da época – dos quais o mais bem sucedido foi o padre Inácio da Piedade Vasconcellos que conseguiu ver publicado o seu tratado *Artefactos Symmetricos e Geometricos* em Lisboa, em 1733?[26]

Ou tratar-se-á de um entalhador ou pintor a julgar pelos desenhos de figuras humanas, tanto os originais como os inspirados em Sagredo?

Em favor desta hipótese poder-se-iam também citar duas contribuições originais do texto. A primeira é um "Ynstrumento da perspitiva" que o autor diz ser "extreordinaria invenção mjnha e não tratada de ninhum autor". Trata-se de dois desenhos bastante toscos para a pintura de perspectiva de cenários com ordens arquitectónicas, o que apontaria para uma autoria de pintor cenográfico. Por outro lado, a ilustração referente ao friso jónico afasta-se completamente de Sagredo, Serlio e Arfe, optando o autor por uma cornija sustentada em mísulas-volutas (que equipara aos dentículos jónicos chamando-lhes "dentes") do tipo frequentemente utilizado em Portugal desde o início do século XVII e de renovado uso por arquitectos e entalhadores de "obra crespa" a partir de meados desse mesmo século[27]. Tratar-se-á então de um entalhador?

Para uma autoria de pedreiro apontam, pelo contrário, um desenho tosco com instruções para se estriarem as colunas e um conjunto de regras para desenhar um arco "escarção" (ou seja, sarapainel) onde, diz o autor, não for possível fazer um arco "em meyo sirculo".

Dando um curioso sinal de consciência de que as ordens com pedestal e as colunas cintadas de Juan de Arfe eram um modelo antiquado, aparece um desenho (tosco, como todos) para colunas sem pedestal em "porticos, fachadas de pallacios, ornato de templos q he o q oje mais se usa".

Um outro texto, também muito significativo, é o manuscrito de um tratado de arquitectura do início do século XVIII guardado pela Biblioteca Geral da Universidade de Coimbra[28]. Está dividido em quatro partes. A primeira, a terceira e a quarta dizem respeito às ordens de arquitectura, com referência ecléctica em Sagredo e Vignolla.

A segunda parte, de forma completamente inesperada, é um verdadeiro manual de pedreiro, constituindo-se como um conjunto de instru-

---

[26] Ver Paulo Varela Gomes, "O regresso à Ordem (e às ordens), aspectos da cultura arquitectônica em Portugal na época do Padre Inácio da Piedade Vasconcelos (1676-1747)", *Barroco*, Ouro Preto, MG,15(1990/92), 147-157 [pub. noutra versão em *A Confissão de Cyrillo*, pp. 41-64].

[27] Ver Paulo Varela Gomes, "'Obra crespa e relevante', [nesta colectânea].

[28] BGUC Ms. 3056. Sobre este tratado, ver o m/ *Arquitectura, religião e política...*, 206 sgs.

ções para a construção de várias peças: frontões (*frontespícios ou ensenas ou sobrejanelas de gualarias*); arcos *de volta abatida* de vários tipos (*sarapaineis*, ou seja de volta em segmento de círculo, *sarapainelados*, quer dizer, em asa de cesto), vergas de portas e janelas, arcos e janelas perspectivados (*de escorso que sam os q se formão fora da excoadria*), *janellas de engra* (ou seja, de esquina), escadas de quatro lances em volta de um quadrado, escadas em caracol, etc.

A última parte do texto contém regras de projecção *ad quadratum* considerada pelo autor como aplicáveis a quase todas as circunstâncias (*Porpossoins de paralelos gramos asim pª plainos de cazas como pª ermidas ou igrejas conforme seus sitios*). O quadrado é considerada *a mais perfeita figura* e com ele o tratadista anónimo compõe uma nave de igreja em planta de cruz latina – usando um quadrado para a capela mor e duplos quadrados para o transepto e a nave – ou inscreve uma porta numa fachada quadrangular.

Este texto não é excêntrico em relação à cultura portuguesa da construção, pelo contrário. Em 1660, o mesmo arquitecto João Nunes Tinoco que foi discípulo de Mateus do Couto "o Velho" e guardou a única cópia que conhecemos do tratado do seu mestre, escreveu umas "Taboadas Gerais para com facilidade se medir qualquer obra do officio de Pedreiro", texto que é um manual de medição de obras que não contém qualquer referência às ordens vitruvianas e cuja parte desenhada é toda sobre a construção de abóbadas: de *meya laranja*, de *aresta ou barrete*, de *volta redonda a modo de berço, rebatidas ou sarapayneis*[29].

Esta obra de Tinoco, longe de ter um significado meramente local ou circunstancial, insere-se numa vasta tendência comum a várias regiões da Europa e bem viva em Espanha no século XVII: de facto, a historiografia da arquitectura espanhola e francesa tem vindo a interessar-se com sucesso pelos aspectos dessas arquitecturas que são menos classicistas. Tem-se vindo a divulgar uma extensa produção teórica de autores dessas duas regiões da Europa (tratados e manuais) cujo objectivo principal é situar a arquitectura no campo da proeza técnica muito mais do que no da normativa vitruviana. Trata-se de uma cultura de pedreiro, profundamente ligada a tradições profissionais e culturais – e a modelos formais e técnicos – vindos da Idade Média[30].

---

[29] BNL., Cod. 5166, fls. 28v-32.
[30] Ver António Bonet Correia, *Figuras, modelos e imágenes en los tratadistas españoles*, Alianza Forma, Madrid, 1993; Rosário Camacho, *El manuscrito 'Sobre la gravitación de los arcos contra sus estribos' del arquitecto Antonio Ramos*, Colégio Oficial de Arquitectos de Andalúcia Oriental, Málaga, 1991; José Carlos Gonzalo Palacios, *Trazas y cortes de canteria en el*

A referência dos tratados de 1661-67 e do manuscrito da BGUC à teoria das ordens tem um significado cultural possivelmente mais provinciano: o seu suporte em Juan d'Arfe e Sagredo são significativos – porque mais característicos de um entendimento de artífice ou artista, cenógrafo, entalhador, prateiro. De facto, estes textos e o do padre Inácio da Piedade, mais tardio mas também devedor de Juan d'Arfe, parecem ignorar a linhagem mais "escolar" e mais actualizada da tratadística clássica: Serlio, desde logo, para já não falar de Vignola ou Scamozzi.

## V

Terzi e Mateus do Couto, pelo contrário, eram arquitectos vitruvianos de uma instituição sustentada pela autoridade real, a Aula da Ribeira de Lisboa. O texto do primeiro é um simples caderninho de desenhos contendo o esboço de um tratado – mas é muito significativo de um entendimento italiano e "festivo" da normativa vitruviana que, em Portugal, quase só se exprimiu no trabalho da talha. O tratado de Mateus do Couto (cuja discussão fica um pouco prejudicada por não lhe conhecermos os desenhos) é igualmente vitruviano.

Pelo contrário, são contraditórios no que respeita ao classicismo os sinais que o restante conjunto de textos e imagens que discuti no presente ensaio introduzem no campo de produção cultural[31] da arquitectura portuguesa cortesã do século XVII.

Por um lado, a normatividade clássica aparece representada e recordada pela geometria, primeiro, e pelas ordens, depois. A geometria, surgindo a abrir textos tratadísticos, ou a encerrá-los, progredindo do ponto à linha, desta ao plano, do plano ao sólido, e chegando aos sistemas de proporção, sempre os mesmos, dá o sinal da ordem ao discurso, antes mesmo de dar medidas ao espaço. As ordens, por seu lado, por mais mal entendidas que fossem, aparecem nos textos para dar sinal de conformidade com a norma.

---

*Renacimiento Español*, Madrid, Alianza Forma,1994; Jean-Marie Pérouse de Montclos, *Histoire de l'Architecture Française, de la Renaissance à la Révolution*, Paris, Mengés / CNMHS, 1989.

[31] "Campo de produção cultural" é uma expressão do sociólogo Pierre Bourdieu. Ver P. Bourdieu *The Field of Cultural Production: Essays on Art and Literature*, Nova Iorque, Columbia University Press, 1993. Sobre o conceito e a sua aplicabilidade à arquitectura, ver Eve Blau, "Plenary Address, Society of Architectural Historians Annual Meeting, Richmond Virginia, 18 April 2002", *Journal of the Society of Architectural Historians*, vol. 62, n. 1(2003), 125-129.

Mas a deriva artística – a mísula de pintor de perspectivas, o capitel de entalhador, o fuste de prateiro – ou a deriva de mestre pedreiro – o arco de corda baixa, a escada de lances com grande balanço – tornam tanto os discursos como as obras excêntricos em relação à norma vitruviana.

É possível que tal excentricidade se tenha devido em parte ao afastamento dos centros de produção arquitectónica portugueses em relação a centros de autoridade projectual mais marcados pelo vitruvianismo, como a corte de Madrid. É possível, mas não é provável. Em primeiro lugar porque, logo após 1640, Portugal contou como pelo menos duas escolas de projecto muito capazes, a academia de matemáticas do colégio jesuíta de Santo Antão de Lisboa e a Academia de Fortificações da Ribeira, além de continuarem a funcionar os "Lugares de Aprender Arquitectura" criados antes de 1580. Em segundo lugar, porque também em Espanha e, desde logo, nos próprios círculos madrilenos, se assistiu no século XVII a uma deriva da cultura projectual para longe da norma vitruviana[32].

Os autores dos textos que referi podem, ou não, ter passado por algumas destas escolas. Mas contactaram certamente os ensinamentos que lá se ministravam. Disso, porém, sabemos quase nada. Não podemos, portanto, avaliar até que ponto a formação de arquitectos, engenheiros militares e artistas sustentava ou, pelo contrário, punha em causa o vitruvianismo[33].

Numa cultura como a portuguesa que foi decididamente regional entre meados do século XVII e meados do século XVIII (ou até mesmo o final do século longe das regiões directamente sob domínio cultural directo da coroa), é pena que saibamos tão pouco acerca de como funcionava a produção cultural arquitectónica – porque só sabendo muito mais poderíamos aspirar a compreender plenamente porque é que eram tão diversos em matéria de classicismo, na arquitectura portuguesa desta época, os sinais culturais transmitidos por aquilo que se fazia em pedra, em madeira e em cerâmica.

---

[32] Ver A. Rodriguez de Ceballos, "L'architecture baroque espagnole vue à travers le débat entre peintres et architectes", *Revue de l'Art*, Paris, nº 70(1985), 41-52; e Beatriz Blasco Esquivias, "Sobre el debate entre arquitectos profesionales y arquitectos artistas en el barroco madrileño. Las posturas de Herrera, Olmo, Donoso y Ardemans", *Espacio, Tiempo y Forma*, VII, 4(1991), 159-193.

[33] Para alguns comentários sobre o assunto e bibliografia, ver o m/ *Arquitectura, religião e política*, esp. pp. 201 sgs.

# GUARINI AND PORTUGAL

2006

The first documented date of the encounter between Guarino Guarini and Portugal is 1665, the year in which his treaty *Placita Philosophica* was published in Paris dedicated to the Portuguese ambassador to the French and British courts Francisco de Mello Torres, Marquis de Sande (1620--1667).

The second date is, of course, 1686 when Guarini's architectural drawings were published for the first time and the plan and section for Lisbon's Theatine church of Santa Maria della Divina Providenza stood out among them as one of the more elaborate.

For a long time, in the wake of what we may call the "black legend" of Lisbon's 1755 earthquake[1], scholarly milieus in Europe believed Guarini's design had been executed but the church would have collapsed after the earthquake. We now know that Guarini's design was never carried out. But we also know that it was not just a design for a church but for a complete Theatine *Casa*. And that there was a serious attempt at building it[2].

---

[1] For a recent appraisal of Lisbon's 1755 earthquake and its real effects upon the city's urbanistic and architectural landscape, see the issue n° 21 of the journal *Monumentos*, September, 2004, especially Walter Rossa, "Do plano de 1755-1758 para a Baixa-Chiado", in *Monumentos*, 21, September 2004, pp. 22-43; and Miguel Soromenho / M. H. Ribeiro dos Santos, "O convento do Corpus Christi: um caso de estudo", in *Monumentos*, 21, September 2004, pp. 116-131.

[2] About Guarini and Portugal see Rafael Moreira, "Guarini", in *Dicionário da Arte Barroca em Portugal* (ed. J.F. Pereira), Lisboa, 1989, pp. 215-217; Paulo Varela Gomes, *A confissão de Cyrillo, Estudos de História da Arte e de Arquitectura*, Lisboa, 1992, pp. 67-85; Susan Klaiber, *Guarino Guarini's Theatine Architecture*, PhD dissertation, 2 vols., Columbia University, 1993; Andrew Morrogh, "Guarini and the Pursuit of Originality – The Church for Lisbon and Related Projects", in *Journal of the Society of Architectural Historians*, 57:1, 1998, pp. 6-29; Paulo Varela Gomes, *Arquitectura, religião e política em Portugal no século XVII. A planta centralizada* Porto, 2001, pp. 299-356; Paulo Varela Gomes, "Les projets de Francesco Borromini et Guarino Guarini pour le Portugal: état de la question", *Revue de l'Art*, 133, 2003, pp. 81-92.

More surprisingly, we begin to suspect that the first date and place of the encounter between Guarini and the Portuguese (1665 in Paris), and that Guarini's intervention in the Theatine's Parisian church (after 1662), had more consequences for Portuguese architecture than the design for Lisbon.

I

The story of Guarini's ideas for Santa Maria della Divina Providenza is far from being completely clarified. But a handful of facts seem to be reasonably well established.

Susan Klaiber has convincingly argued that Guarini's design was executed between 1678 and 1680 in the cadre of the projected marriage between the young Duke of Savoy Vitorio Amedeo II and his cousin, the Infanta Isabel Luísa Josefa, daughter of the Portuguese King Pedro II (r.1667-1706) and Queen Maria Francesca of Savoy. Guarino Guarini was the royal engineer and mathematician of the court of Turin and it would have been as such that the Lisbon's Theatines commissioned him the design hoping to reinforce their position – and Savoy's – in the court of Lisbon.

Two drawings made before the final stage of the design represented by the 1686 engraved plan (**im. 21**) and section were published to date: a plan of the church by Guarini's hand, now in the Uffizi, was published and discussed by Andrew Morrogh in 1998. In this drawing two successive stages are recognisable. And a plan for the Theatine's *Casa* in Lisbon that includes the chevet of Guarini's church (**im. 21a**). This drawing, with inscriptions in Italian, was attributed to Guarini or to someone in Guarini's studio by Rafael Moreira in 1989 and it was published later[3].

The church that the Theatines built in Lisbon after their arrival at the Portuguese court in 1648 (from Portuguese India, incidentally, not from anywhere in Europe) survived until the early 20th century when it was demolished to give place to Lisbon's Conservatory. The plans of the church are already published[4] and we can see that it was small and awkwardly located in the midst of already existing buildings and a cloister begun in the early 18th century. In fact, the Theatines were never happy

---

[3] BNL (Biblioteca Nacional de Lisboa) D.123 A (pub. Varela Gomes, 1992, il. 5).
[4] Drawings at the National Portuguese Archives IAN-TT: AHMF, Min.º do Reino, Caixa 5270, IV/C/114 (26), pub. Varela Gomes, 2001, p. 320.

IMAGEM 21:
Planta da igreja da Divina Providência de Lisboa, Guarino Guarini, pub. 1686

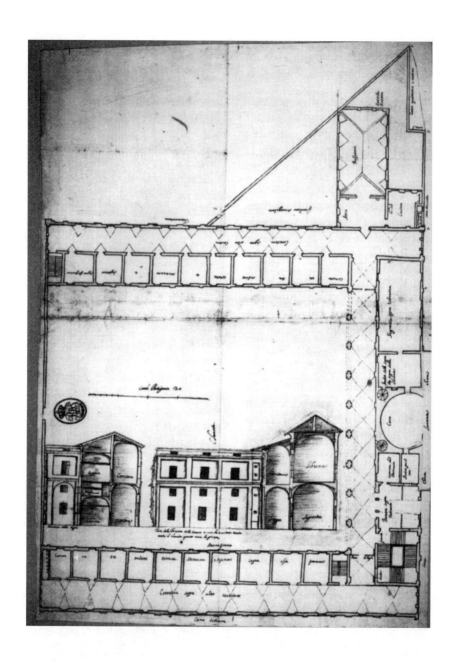

IMAGEM 21 A:
Planta da Casa teatina em Lisboa, estúdio de Guarino Guarini, cerca de 1680, BNL, D.123 A

either with the church nor with the conventual installations and Guarini's intervention seems to have been the first of some consecutive transformation attempts all of which counted on a much larger plot of ground than the one originally owned by them.

Three drawings have been published regarding projects by Portuguese architects made after Guarini's scheme was abandoned. The one of a later date is a survey carried out in 1748 by a military engineer[5]: a rectangular single nave church with cut corners and a deep chancel for the choir, would have been located to the south of the conventual block, with the main cloister to its northern side and the Novitiate located further north around a triangular courtyard. The survey's code of colours indicates that in 1748 the old church, seen in the area between the cloister and the triangular courtyard, had not been demolished yet although the new church was already begun. The 1755 earthquake paradoxically saved the old convent because the damage caused to the new structures was judged too expensive to repair[6].

Then we have two project drawings, one for the façade and one for the interior church elevation, both uncertainly dated from circa 1700[7]. The correspondence between the form and the measurements of the façade's drawing and the 1748 survey shows that this church would have been located exactly where the one in the survey is.

This was probably the site first given to Guarino Guarini to locate the church he designed.

Indeed, the two consecutive options detected by Morogh in the Uffizi drawing (**im. 21b**) reveal that Guarini began by imagining a church with straight and blind outer walls, and this probably means that it was included in the conventual block. The drawing at the Uffizi shows a large church, quite longer and wider than the one in the 1748 survey. If built, it would have pushed the whole complex further west and north in order to accommodate all the programme's functions, especially the Novitiate.

The Theatine's Lisbon plot of ground is not common. It is located at the western edge of a regular grid-planned early 16th century expansion of Lisbon, now densely built but then covered with thinner built perimeters and wider inner courtyards. Also, the plot's western side is perched on a

---

[5] Drawing at BNL: D.12 R, pub. Varela Gomes, 1992, il. 4. Ver imagem 27 neste ensaio.

[6] See Fernando Portugal /Alfredo de Matos, *Lisboa em 1758, Memórias Paroquiais de Lisboa*, Lisboa, 1974, p. 361.

[7] Drawings at the BNL: façade, D.121 A (pub. for the first time, A. Ayres de Carvalho, *Catálogo da Colecção de desenhos da Biblioteca Nacional de Lisboa*, Lisboa, 1977) and interior, D.122 A, (pub. for the first time Varela Gomes, 2001, p. 323).

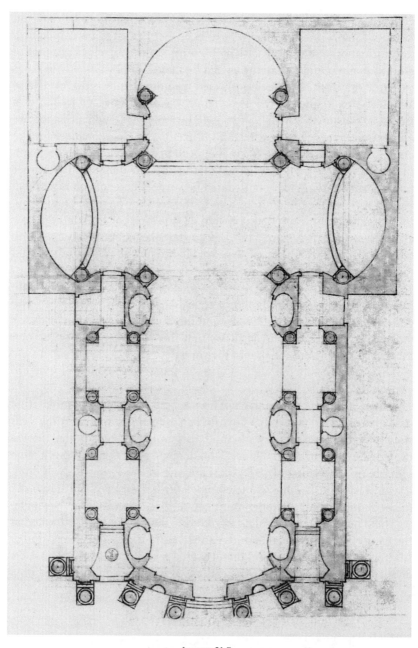

IMAGEM 21 B:
Projecto para a igreja da Divina Providência de Lisboa, Guarino Guarini,
cerca de 1680, Uffizi, Florença, pub. A. Morrogh, 1998

rocky cliff. Guarini's first church, if built where the 1748 survey locates the church, would have had to dig the foundations of the main chapel at the top of the cliff. Not a very safe location, to say the least.

This is the most likely reason, I believe, why a second stage of the design immediately followed in which Guarini took a bold, totally unexpected decision, a stroke of genius that solved both the problems of the site and the problems of the distribution of the programme in the available area (or so he and the Theatines thought). This second stage also had two sub-stages: the one detected by Morrogh at the Uffizi drawing and the final design, engraved in 1686.

Guarini decided to free the church from the conventual embrace (and to free the Theatine *Casa* from the church's volume) by placing it to the east of the *Casa*, probably advancing isolated from all sides except the main chapel and the two sacristies at its sides, and thus supposing either a large *piazza* or a conventual courtyard all around the church (**im. 21c**).

The drawing kept at the Biblioteca Nacional in Lisbon develops the proposition to articulate the *Casa*'s programme around a large courtyard by placing the *camera* of both convent and Novitiate in three levels instead of two.

The inscription designates the spaces around the complex as *piazze* while the courtyard itself is named *claustro* (in Portuguese). This cloister would have extended west until the very edge of the cliff and this is why Guarini placed no buildings there but a simple wall with an axial gate. Even today the location is occupied by the Conservatory's *Varanda*, not by large or heavy buildings.

Andrew Morrogh did not miss the resemblance between this *parti* and the Theatine's Roman *Casa* of Sant'Andrea della Valle, with the church "in relative isolation from adjacent buildings"[8]. In Lisbon, Guarini even placed the *Porteria* to the left of the church, just like in the Roman house.

The first church designed by Guarini which was not included within the conventual complex nevertheless had straight outer lateral walls and only the façade traced a slight convex curve between the peculiar bi-columnar corners undoubtedly destined to highlight side views of the building.

Also it was much longer, simpler in plan and with thicker walls than the engraved solution. The latter, on the other hand, is somewhat wider than the one whose main chapel and sacristies appear in the drawing in Biblioteca Nacional.

---

[8] Morrogh, 1998, p. 13.

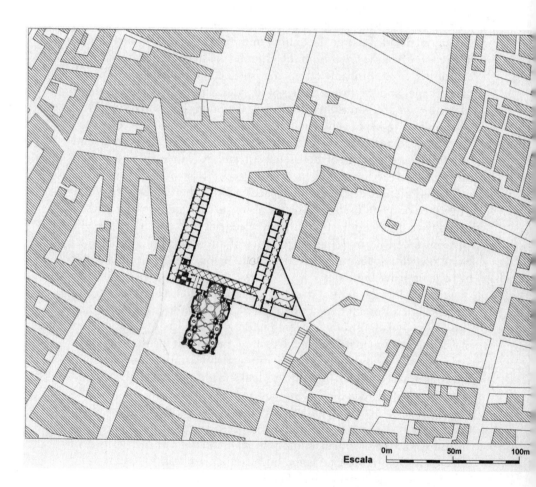

IMAGEM 21 C:
Projecto final de Guarino Guarini para a igreja da Divina Providência de Lisboa (pub. 1686)
e projecto do estúdio de Guarino Guarini para as instalações dos teatinos no Bairro Alto (ca. 1680),
desenhados sobre uma planta antiga do local por Joaquim Rodrigues dos Santos

What seems to have happened, then, judging only by these drawings and their probable but still uncertain succession, is that Guarini and the Theatines began by considering a much bigger church included in a *Casa* complex, then a large but simple church advancing isolated and finally a smaller but much more complex (and certainly more expensive church) also isolated from the *Casa*.

In order to build Guarini's church the Theatines would have had to acquire a lot of houses to the east of their plot[9]. Late 18th and early 19th century Lisbon's plans show that the area was much less densely built than today. The thing was feasible. But it was not done and this is one of the reasons the project was not built.

Other reasons for this had to do with the failure of the Savoy marriage arrangement in 1682 and the continuous problems between the Theatines and the Portuguese court around the religious policy in India[10].

## II

The fact that the Guarinian design was planned around 1680 does not entirely belie the scholars who believed there had been contacts between the architect and Lisbon's Theatines long before that decade.

The engraved design for Santa Maria della Divina Providenza has an inscription by Guarini dedicating it to *P. D. Antonio Ardisone*, i.e. the Theatine Antonio Ardizzone Spinola (1609-1679), a man of Genovese origins who was *Preposito* of the Lisbon's Theatines twice, in the 1650s, when the first convent was being built, and between 1673 and 1674 or 1675. After 1682 he went to Naples where he died. But for three full decades, between the year of his arrival to Lisbon from Goa in 1648, and 1682, he was always, one way or another, at the head of Lisbon's

---

[9] The triangular area to the north also diminished significantly between what we can see in the 17th and 18th century plans and in the convent's plans of the early 20th century. This happened because, after the earthquake of 1755 that area was profoundly remodeled and new streets opened. See Varela Gomes, 2001, pp. 328-329.

[10] The Theatines main objective as far as the Portuguese crown's affairs were concerned seems to have been the Indian sub-continent. They arrived to Goa in 1640 and immediately sent a mission to the interior of the Deccan. The conflict with the Portuguese authorities around both the policy of conversions and the issue of the *Padroado* vs *Propaganda Fide* would drag on for many years and constitute one of the more important reasons for the trouble the Theatines faced in Lisbon. For an introduction to the subject – still largely unresearched into – see Varela Gomes, 2001, pp. 305 ff.

*Caetanos*, as the Theatines were known in Portugal, and a very influential member of Lisbon's court circles.

The drawing's mention of Ardizzone, and Guarini's *Placita Philosophica* dedication to the Portuguese ambassador in Paris, the Marquis de Sande, led to the idea that Guarini would have been in Lisbon around 1666, the year of another Portuguese royal marriage, this time of Pedro II's brother and predecessor Afonso VI (r.1662-1667) to a French bride of royal blood Marie Françoise de Nemours[11]. Other suggestions were made later[12] but we still cannot be certain whether Guarini came to Lisbon or not. What we know is that he was closely acquainted not only with Sande and Ardizzone but also with a few Theatine priests who were in Paris and later came to reside in Lisbon.

Francisco de Mello Torres, Marquis of Sande, was an amateur mathematician and astronomer. He was "a soldier who hath a little of the scholar in him" in the words of the British consul in Lisbon[13]. In the early 1660s, while he resided in London, he made frequent visits to Paris. He was charged with the negotiations of the French marriage of the Portuguese king and he tried to break Mazarino's duplicity in the conflict between Portugal and Spain (who were at war between 1640 and 1668). One of his more powerful agents near the French court was the Theatine Parisian *Preposito* Camillo Sanseverino (d. 1673)[14] who had a special relationship with Cardinal Mazarino. He was Neapolitan and maintained correspondence with his native land where French and Portuguese conspired actively to raise trouble for the Spanish monarchy[15].

Camillo Sanseverino was the *sopraintendente* in the building of the Theatine church in Paris, Sainte-Anne-la-Royalle, designed by Guarini (**im. 22**). Sande, who inhabited a house near the church[16], undoubtedly met Guarini via Camillo Sanseverino and exchanged views with him on mathematics and astronomy. He even offered the church two very fine

---

[11] D.R. Coffin, "Padre Guarino Guarini in Paris", *Journal of the Society of Architectural Historians*, XV, n° 2, 1956, pp. 3-11, p. 11, n. 28.

[12] A. Tersaghi, "Origini e sviluppo della cupola ad arconi intrecciati nell'architettura barocca del Piemonte", in *Atti del X Congresso di Storia dell'architettura*, Roma, 1959, pp. 369-379.

[13] Teresa M. S. de Castelo Branco, *Vida de Francisco de Mello Torres, 1° Conde da Ponte-Marquês de Sande*, Lisboa, 1971, p. 201.

[14] The correspondence that concerns the services rendered by Camillo Sanseverino to the Portuguese crown are at the IAN-TT, ML, Livro 166, fol. 194; Livro 164, fol 38, fols. 74v, 84, 88v, 138v, letters from 1661, 1662, 1664.

[15] A. Darricau *Les Clercs Réguliers Théatins à Paris, Sainte-Anne-la-Royalle (1644-1793)*, Roma, 1961, pp. 48 ff, 248 ff.

[16] E. Picard, "Les Théatins de Sainte-Anne-la-Royalle: une acculturation manquée?", in *Regnum Dei*, 36, 1980, pp. 97-374, p. 200.

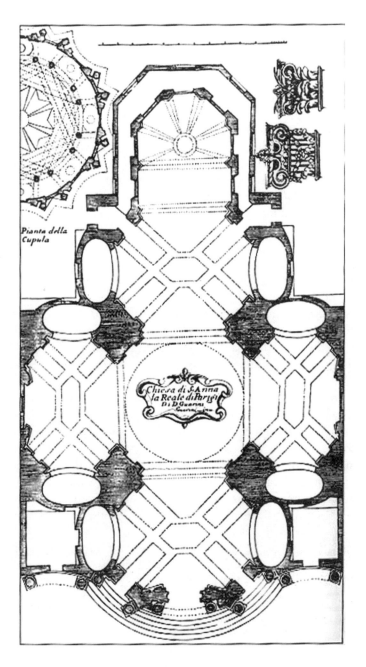

IMAGEM 22:
Planta da igreja de Sainte Anne-la-Royalle, Paris, Guarino Guarini, pub. 1686

chandeliers made of Indian wood that the Theatines sold in 1668 to help pay for the expenses of construction[17].

Camillo Sanseverino's brother Luigi came to Lisbon in the retinue of Queen Marie Françoise in 1666[18] and he died in the Theatine convent in the Portuguese capital in 1669. His painted portrait could still be seen there in the late 18th century[19]. Olimpio Masotti, another Sainte-Anne Theatine also came to Lisbon with the Queen[20]. But the more important and better known of these Theatines from between Paris and Lisbon was Rafael Bluteau (1638-1734). Born in Britain of French ascent, protected by Lord Bluteau of whom he inherited the name, the young Rafael studied in the *Collége de la Flèche* in Paris and professed in Florence in 1661. He was at Sainte-Anne-la-Royalle in 1665 as a mathematics student of Guarino Guarini right when the Parisian church was being built and the Marquis de Sande frequented Guarini. Bluteau was posted to Lisbon in 1668 where he became an extremely influential academic and the author of the first published dictionary of the Portuguese language (published in Lisbon, 1716)[21].

Rafael Bluteau was in Turin in 1680 as the aide of Diogo de Carvalho Cerqueira, the Portuguese ambassador to the court of Savoy who was in charge of the royal marriage negotiations. Bluteau would have been, according to Susan Klaiber, the go-between for the Theatine's Lisbon project[22].

His close friend Manoel Caetano de Sousa (1658-1734), also an highly placed Theatine and academic in the Portuguese court, was the *sopraintendente* of the Theatine church started after Guarini's project was abandoned.

Also, and more importantly, it is very likely that the dedication by Guarino Guarini of the drawing of the Santa Maria della Divina Providenza church to Ardizzone probably resulted from the fact that the two have met in Paris in the first half of the 1660s. Susan Klaiber has

---

[17] Augusta Lange, "Disegni e documenti di Guarino Guarini, in Guarino Guarini e l'internazionalità del Barocco, Acti del Convegno internazionale promosso dall'Accademia delle Scienze di Torino", 1968, 2 vols., Turin, Accademia delle Scienze, 1970, I, pp. 91-182, p. 114.

[18] Darricau, 1961 p. 507.

[19] F. Caetano do Bem *Tomás, Memorias Historicas Chronologicas da Sagrada Religião dos Conegos Regulares em Portugal e suas Conquistas na India Oriental*, Lisboa, 1792-1794, I, pp. 182 ff.

[20] Lange, 1970, p. 114.

[21] About Bluteau, see manuscript papers at Biblioteca da Ajuda, Lisbon, BA: 54-XI-18, nº 128; Caetano do Bem, 1792, I, pp. 283 ff; Kaiber, 1993, pp. 321 ff.

[22] Klaiber, 1993, pp. 321 ff.

shown that Ardizzone came to Paris as he was selected (albeit unsuccessfully) to replace Sanseverino as Sainte-Anne's *Preposito*[23]. The archive of the Parisian Theatines informs that the chapter of the order convened in November 1664 condemned to harsh punishment two priests. One of them was *Antonio Spinola*[24]. If this is not an extraordinary coincidence, Ardizzone was indeed in Paris in that year. He was notorious for being undisciplined and uncontrollable. One should note that Guarini was also threatened with punishment when, two years later, he left France for Turin without authorization of the Parisian chapter[25].

## III

The early 1680s, the years during which Guarini's design was being discussed by Lisbon's Theatines, were also those of the decisive phase of the design process of Lisbon's larger church of the 17th century – and certainly its more significant building of the time: Santa Engrácia.

The church, dedicated to the Holy Sacrament, was founded in the 16th century and it belonged to a very powerful confraternity of court aristocrats[26]. It was under profound reconstruction since the 1630s but on February 1681 the new main-chapel designed in the 1660s collapsed and the confraternity decided to dismantle the whole church and initiate what some scholars believe was a summary design competition for an entirely new building.

This belief is based on the discovery and the publication in 1953 by the Portuguese art historian Reinaldo dos Santos[27] of two church plans signed by an architect named Tinoco. Reinaldo dos Santos believed these plans had been made for Santa Engrácia because of the dimensions and type: centrally planed churches with four towers or with a main façade between two towers.

The drawings – which have subsequently disappeared from the public archive where they were kept – are the only evidence of that design

---

[23] Klaiber, 1993, p. 348, n. 11.
[24] Lange, 1970, p. 111.
[25] Lange, 1970, p. 112.
[26] About Santa Engrácia, see, A. Ayres de Carvalho, *As obras de Santa Engrácia e os seus artistas*, Lisboa, 1971; João Antunes, *arquitecto, 1643-1712*, Catalogue, Lisboa, 1988; Varela Gomes, 2001, pp. 233 ff. and 270 ff; Vítor Serrão, *História da Arte em Portugal: o Barroco*, Lisboa, 2003, pp. 155 ff.
[27] Reinaldo Dos Santos, *História da Arte em Portugal*, Volume III, Porto, 1953, pp. 41-42.

competition. To have taken place, it was a very summary competition indeed: in September of the same year of 1681, seven months after the collapse of the main chapel, the design of the new church was given to the architect João Antunes (1642-1712), a protégé of some powerful aristocrats, and the works began in 1682.

The interesting fact for our purpose here is that some important features of Antunes's *parti* were obviously inspired by Guarini's ideas for Santa Maria della Divina Providenza: Santa Engrácia is a large square fortress-like block with façades about 60m long articulated by superimposed doric and jonic pilasters (**im. 23**). The building has four square towers at its corners that seem to compress the wall into tracing convex curves with deep concave recesses. This is the first sizeable Portuguese building in which one can see undulating exterior walls. The convex section of the western façade's lower order is articulated by four exempt columns, again uncommon in Portuguese contemporary architecture but very similar to Guarini's designs for Santa Maria della Divina Providenza.

Evidently Antunes's understanding of the relation between wall, openings and architectural members is much more tectonic and compact than Guarini's extremely complex treatment of volumes and surfaces.

One of the two plans signed Tinoco also has a Guarini connection (**im. 24**). This particular Tinoco was, as one scholar sustained in 1971[28], father Francisco Tinoco da Silva (d. 1730), a member of a lineage of Portuguese architects active throughout the 17th and the first half of the 18th century. Father Tinoco was appointed court architect in 1683 and kept the post until he died.

The plan in question presents some interesting similarities not with Guarini's Santa Maria della Divina Providenza in Lisbon but with his Sainte-Anne-la-Royalle in Paris (**im. 22**).

Guarini's Parisian plan is a greek cross with a deep polygonal chancel. The cross is divided into separate compartments: at the centre, a square with cut corners; the arms of the cross are rectangles also with cut corners.

Tinoco's *parti* is definitely more centralized and "square" rather than longitudinal but the composition is based on a greek cross the arms of which are four rectangles with cut corners. A straight façade between towers and a diagonal cross in the central space were introduced. The fours chapels that shape this cross and result in partially curved exterior

---

[28] Carvalho, 1971, pp. 34, 73-74.

IMAGEM 23:
Planta da igreja de Santa Engrácia de Lisboa, Honorato José Correia de Macedo, início do século XIX, ANBA de Lisboa (?)

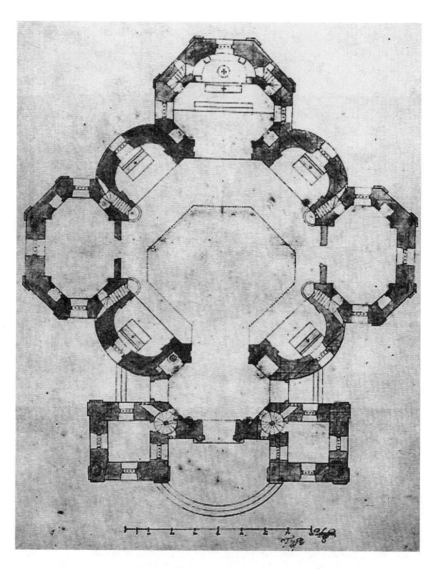

IMAGEM 24:
Planta de um projecto provavelmente para a igreja de Santa Engrácia de Lisboa, ca. 1680, atribuído ao padre Francisco Tinoco da Silva, desaparecido das colecções da ANBA de Lisboa

walls could have been suggested to Tinoco by Guarini's oval spaces at the shorter ends of his rectangles[29].

If Tinoco's plan was indeed dated from the very early 1680s, the time of Santa Engrácia's design process, Guarini's treaty was not published then and this means that Lisbon's architects were familiar with the Parisian *parti* – and we have already seen that they very likely were.

We know that the building of the Theatines Parisian project was interrupted when Guarini left Paris in 1666. However a part of the church was more or less finished, the altar and the chairs of the choir having been installed in 1669[30]. The central part of the greek cross was used as the church's body, the left chapel served as sanctuary, there was a side entrance through the right side chapel. Anyone visiting the Theatine convent in Paris after 1662 would have seen a church whose constituent parts were a square and rectangles with cut corners articulated by pilasters. Jacques-François Blondel included in his *Cours d'Architecture* (1771-77) a plan of this church that would remain forever provisional (**im. 25**).

Guarini's interest for quadrangular or rectangular spaces with cut corners is obvious in the designs for Sainte-Anne, S. Filippo Neri in Turin, Santa Maria Altoetting in Prague, the latter two dated from the 1670s.

The theme of the rectangle with cut corners, described by a 1690s Portuguese source as an "octagon inserted in a rectangle" or an elongated polygon, appeared in Guarini's architecture inspired by the work of Borromini at San Carlino's *cortile*, the church of the Collegio della Propaganda Fide, the retro-façade of S. Giovanni Laterano, the drawings for the Palazzo Carpegna, the sacristy of St. Agnese in Agone, etc.

Borromini himself inherited the theme from the Milanese early Seicento tradition present in the work of architects like Lorenzo Binago (1554-1629), G. A. Magenta (ca. 1565-1635), Fabio Mangone (1587-1629) and particularly Francesco Maria Ricchino (1584-1658)[31] (**im. 26**).

---

[29] The two wall segments that separate the lateral arms of the cross from the central compartment seem to be either later additions or by a different hand, although it is difficult to judge from not very well printed black and white photographs.

[30] Klaiber, 1993, p. 147. Also, the Theatine's Parisian library kept a model of Guarini's design (Coffin, 1956, p. 7)

[31] See "Lo sperimentalismo di Francesco Maria Ricchino", in *Il Giovani Borromini, dagli esordi a San Carlo alle Quattro Fontane*, Catalogue, Lugano-Milan, 1999, pp. 147-165. Also see "L'eredità lombarda" in *Borromini e L'universo Barocco*, Catalogue, Milan, 1999, pp. 59-69.

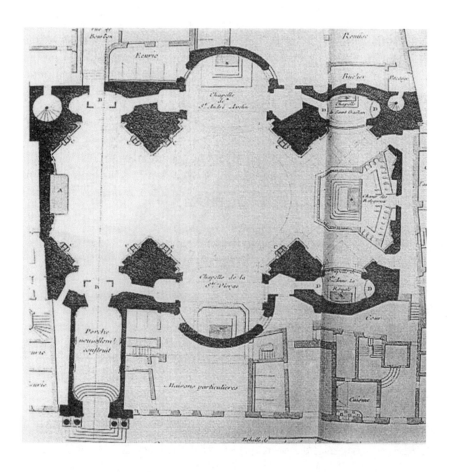

IMAGEM 25:
Planta da igreja de Sainte Anne-la-Royalle como foi construída, pub. Jacques-François Blondel, 1771-77

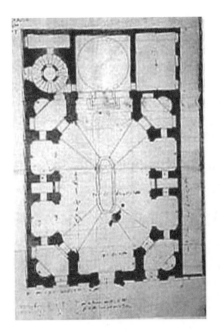 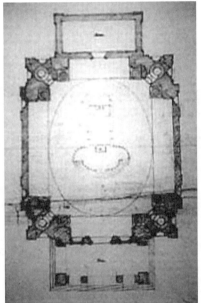

IMAGEM 26:
Plantas de Lorenzo Binago ou Ambrogio Magenta e de Francesco Maria Richino para igrejas milanesas, datadas de entre 1605 e 1616 (pub. no cat. "Borromini e l'Universo Barocco", 2000)

Between the 1650s and the 1680s Portuguese architects experimented with regular polygons and even – although rarely and only at the scale of very small chapels – with squares with cut corners. An important example is the church of Our Lady of Piedade in Santarém begun in 1664 under a design by another Tinoco, João Nunes (act.1631 – d.1690), a greek cross plan around a square nave with cut corners. The drawing by Tinoco supposedly for Santa Engrácia is the first that we know of in Portuguese architecture to systematically use the rectangle with cut corners.

The first church of the type to be actually built was designed by João Antunes a little before 1694, i.e., a decade and a half after Santa Engrácia. It was the church of the convent of Santo Elói in Lisbon and it no longer exists because it was demolished it the 19th century after having been seriously affected by the 1755 earthquake. Contemporary descriptions praise the novelty of its plan and the facing of the whole church with inlaid color marble of the Italian type. They also give the dimensions of the church and describe how it had four chapels at each side separated by pilasters with a pulpit in the middle and tribunes running above them in the upper order[32].

These descriptions match almost exactly a later Lisbon church which survived the earthquake and exists in a perfect state of preservation: the church of Menino-Deus (1711-1737), located not very far from Lóios and also designed by João Antunes who was obviously the man of the moment.

The type that the Theatines chose to replace Guarini's church in their *Casa* also was a rectangle with cut corners as we can see in the 1748 survey. This church was begun sometime at the end of the 17th or the beginning of the 18th century and its interior was also faced with colorful marble.

In 1701, João Antunes was given the project of the church of the Carmelites Third Order in Salvador da Bahia, Brazil, the construction of which began in 1709. The nave was, again, a rectangle with cut corners[33]. The church has disappeared in a fire in 1786 and the new building (1788--1800) kept the cut corners only at the eastern end of the nave[34].

---

[32] About these churches see Paulo Varela Gomes, "Se eu cá tivera vindo antes'... Mármores italianos e barroco português", *ARTIS, revista do Instituto de História da Arte da Faculdade de Letras de Lisboa*, 2, 2003, pp. 181-196. Paulo Varela Gomes, "A arquitectura: um tipo único de igreja. A importância da planta centralizada na igreja do Menino-Deus", *Reabilitação Urbana*, 1, 2005, pp. 95-104.

[33] Carlos Ott, *O Carmo e a Ordem Terceira do Carmo*, Salvador da Bahia, 1989, p. 14.

[34] *Inventário de Proteção do Acervo Cultural da Bahia*, 5 vols., Salvador da Bahia, 1984-1988: I, pp. 65-66.

The series continued into the 18$^{th}$ century (**im. 27**): Santo Ildefonso at Oporto, and Mártires at Fronteira, circa 1724, Santo Estevão de Alfama, Lisbon, 1734, not a rectangle but a square with cut corners, S. João Baptista in Campo Maior, also 1734, Nossa Senhora da Conceição da Praia, in Salvador, Brazil, 1739, the larger and the more elaborate of them all due to its rotated towers façade, etc.

In fact, between the late 1690s and the 1730s an extraordinary quantity of churches was built in Portugal with a single nave shaped as a rectangle with cut corners. They had no precedents. We know of no church of the type prior to Father Tinoco's drawing in the early 1680s or to the beginning of Lóios's construction in 1694.

This peculiar "fashion" – because it was indeed one, taking patron's fancies by storm with its "novelty" (a word frequently used), and abandoned with equal promptitude when king João V (r. 1706-1750) "imported" Roman taste in the 1720s and 1730s – began in Lisbon, in the circle of aristocratic patrons that surrounded João Antunes and other court architects.

The coincidence of Guarini's design for the Theatine's church with the commission of Santa Engrácia to João Antunes and the appearance in Lisbon's architectural milieu of the theme of the rectangle with cut corners seems to testify to the deep impression caused in the Portuguese capital by Guarini's yet unpublished designs both for Lisbon and for Paris. The events of the early 1680s would have reactivated near the Theatines and some Portuguese court personalities the memory of the encounter with Guarini and his work occurred in the mid 1660s in Paris.

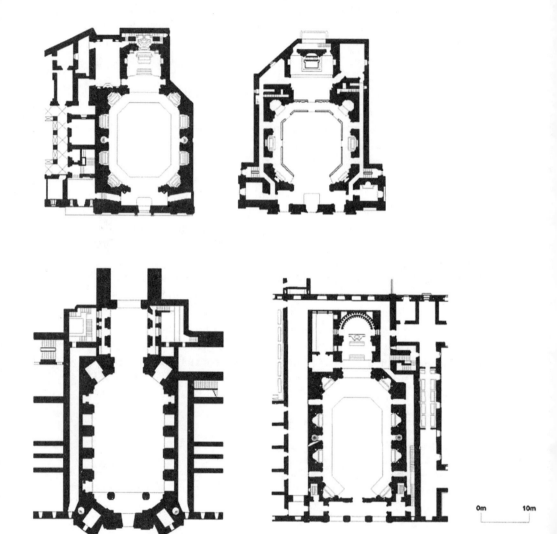

IMAGEM 27:
Plantas (à mesma escala) das igrejas do Menino-Deus de Lisboa, Santo Estevão de Alfama de Lisboa, Nossa Senhora da Conceição da Praia em Salvador da Baía, projecto não acabado para a igreja dos teatinos de Lisboa. Desenho de Joaquim Rodrigues dos Santos

# II
# NA ÁSIA

# OVÍDIO MALABAR
MANUEL DE FARIA E SOUSA, A ÍNDIA E A ARQUITECTURA PORTUGUESA

1996

Entre 1666 e 1675 foram publicados em Lisboa os quatro tomos da *Ásia Portuguesa*, uma crónica dos feitos dos portugueses no Oriente. O autor, Manuel de Faria e Sousa, nascera no Minho em 1590 e tinha já falecido em Madrid em 1649. A obra foi escrita em castelhano na década de 1630, quando Faria e Sousa vivia na capital espanhola, e foi publicada em Portugal por diligências do seu filho, Pedro de Faria e Sousa. No segundo tomo (1674), Faria e Sousa ocupou-se durante algumas páginas dos rituais e lendas da religião hindu e descreveu brevemente alguns templos situados por toda a Índia, dos quais elogiou a "extraordinária arquitectura" e escultura. Depois, acrescentou o seguinte:

> «Descobre-se nessas esculturas não menos conhecimento do divino que do profano. Se ha brutezas, ha civilização. Se ha fabulas de gigantes e Parsifais ha verdades do paraiso e primeiros pais castigados. Se ha deuses gentilicos, ha anjos verdadeiros. Que estas fabricas pudessem ser de culto santo, não mo contradiz o que nelas ha de figuras não santas e monstruosas, ou de homens, ou de feras. Disto estão cheias as antiquissimas igrejas da Europa, onde ha trabalhos de formas semelhantes, não apenas nas colunas e arquitraves das paredes, senão nos mesmos retabulos, ali se vêem cabeças de touros, de carneiros, de cavalos, de outros animais, e ainda eles inteiros; satiros, sereias, centauros, serpentes, rostos humanos em corpos ferinos e o contrario, aves, vermes, e mil variedades disformes, que dizem respeito à arte e não à crença, nem a nossa se estraga ou é menos pura por isso. Nem por isso se lavram hoje lisas as igrejas, porque também assim se faz nas casas, olhando à economia ou ao tempo, que na verdade não ha hoje moeda para lavrar-se o que se vê no Mosteiro da Batalha ou no de Belém, em Portugal. Que digo eu para isto? Não a ha para um tecto, nem ainda para uma janela dos antigos palacios. Acredite pois a inclinação no pior, quando ao encontrar uma remota gruta ou uma solitaria torre, diz logo que eram habitações de mouros e mouras encantadas, que eram, aquela de um ermitão, e esta de um escudeiro, que em

séculos de torre por palacio, era um grande de hoje sem palacio nem torre. Assim, pois, destes templos na Asia, não houve poucos que fossem primeiro de Deus que do demónio» (II, IV, IV).

Vou discutir este extraordinário texto segundo três pontos de vista. Em primeiro lugar, procurarei esclarecer muito rapidamente o seu contexto imediato. Depois, vou compará-lo com opiniões de outros autores portugueses dos séculos XVI e XVII acerca da arte oriental de modo a poder pensar o significado dessas opiniões em conjunto, coisa que, segundo creio, nunca foi feita. Em terceiro lugar, discutirei brevemente as opiniões de Manuel de Faria e Sousa, citando outros textos seus, de modo a procurar esclarecer o significado dessas opiniões no contexto da cultura arquitectónica da época.

## I

A *Ásia Portuguesa* é um texto mal querido da historiografia portuguesa. Há três razões para isso, como se sabe. Em primeiro lugar, o livro teve contra ele o facto dos seus dois primeiros volumes não serem muito mais que uma adaptação da obra homónima de João de Barros e Diogo do Couto. Preferindo-se ler o "original", passaram-se em claro muitas partes originais da "cópia". Seguidamente, Faria e Sousa foi um escritor do *siglo de oro* espanhol, amigo pessoal de Lopes de Vega. A sua vasta obra de poeta e prosador foi escrita à maneira da época, ou seja, de um modo excessivamente "barroco" para o gosto positivista dos nossos historiadores da primeira metade do século XX. Em terceiro lugar, Faria e Sousa é suspeito de "traição". Ficou em Espanha após 1640, embora o filho tivesse garantido que a contragosto e jurando secreta fidelidade aos Braganças[1].

---

[1] Introdução do capitão Pedro de Faria e Sousa, edição em português, Livraria Civilização, Porto, 1946 (apresentação de Lopes de Almeida), vol. I, pp. 15 a 33. Num "Juízo Histórico" acrescentado a uma obra de D. Francisco Moreno Porcel referida abaixo, o Conde da Ericeira afiançou que Faria e Sousa ficara em Madrid após 1640 como espião de D. João IV, afirmação de que não existe qualquer prova. Faria e Sousa sugeriu muitas vezes na sua autobiografia – que ficou manuscrita e inédita até há pouco tempo – que gostaria de ter voltado a Portugal após 1640, sendo impedido de o fazer pelos espanhois (ver *The «Fortuna» of Manuel de Faria e Sousa, an autobiography*, edição, introdução e notas de Edward Glaser, Munster Westfallen, Aschendorf, 1975; o manuscrito estava terminado no ano de 1645). O panegirista de Faria e

A *Ásia Portuguesa* é um livro recheado de referências politicas e culturais à conjuntura contemporânea do autor. Príncipes indianos ou africanos dizem o que Faria e Sousa não pode, procedimento que tem tradições antigas na literatura europeia, como se sabe. É deste modo que o escritor passa muitas vezes da politica e da religião para os costumes, a literatura e a arte utilizando a descrição de costumes e lendas exóticas para criticar os hábitos e as artes do seu tempo. É neste contexto que deve ser entendido o excerto que citei.

Nas páginas sobre a mitologia hindu, Faria e Sousa entreteve-se frequentemente a brincar com costumes matrimoniais europeus. Mas os seus alvos mais sérios eram outros: a poesia e a arquitectura. A propósito da poesia e dos avatares de Vishnu, escreveu:

> «O deus Vishnu (podem os Ovídios malabares não invejar aos latinos) se transformou pela terceira vez no seu irmão mais novo, que era Siri Crishna» (II, IV, IV).

Ovídio foi referido outra vez na lista de fontes usadas para a redacção da *Ásia Portuguesa* publicada no início do livro; uma dessas fontes foi identificada como um "livro que os malabares da India consideram como nós Bíblia sagrada. Trata de seus deuses e ritos. É livro muito parecido com as metamorfoses de Ovídio e digno de admiração". Esta fonte já foi identificada: trata-se do manuscrito do *Livro da Seita dos Índios Orientais* escrito pelo jesuíta italiano Jácome Fenício (1558-1632) e só publicado no século XX[2]. O autor deste manuscrito referiu também Ovídio dizendo que as lendas hindus "são umas Quimeras e umas Metáforas maiores de que Ovídio escreveu"[3].

Suponho que a primeira menção de Ovídio a propósito da mitologia hindu – de onde depois teriam derivado todas as outras – foi da responsa-

---

Sousa afiança, pelo contrário, que o escritor reconheceu sempre Filipe IV como rei legítimo de Portugal. Mas era espanhol, compreende-se: ver D. Francisco Moreno Porcel, *Retrato de Manuel de Faria y Sousa, cavallero del Orden Militar de Cristo y de la Casa Real*, Lisboa, 1733. Este panegírico circulou em Espanha impresso pelo autor e num numero restrito de exemplares (ver E. Glaser, op. cit., p. 7).

[2] Jacome Fenício, *Livro da Seita dos Indios Orientais*, edição, introdução e notas de E. Charpentier, Uppsala, 1933.

[3] Deve ter sido por influência do *Livro* de Fenício ou da obra do próprio Faria e Sousa que Ovídio apareceu ainda lembrado pelo jesuíta Francisco de Sousa (fal. 1713) na sua obra *Oriente conquistado a Jesus Cristo pelos padres da Companhia de Jesus da província de Goa*, publicada em 1710 mas escrita no essencial em Goa entre 1692 e 1698. Escrevendo sobre os avatares de Vishnu, Francisco de Sousa disse que "não faltaram no Industão Ovídios que souberam fingir mil transformações".

bilidade de Garcia da Orta nos seus *Colóquios* publicados em 1563. O naturalista comentou a sua descrição do mito da "árvore triste" que fecha as suas flores durante o dia, dizendo que "parece ser que Ovídio seria destas partes, pois compunha as fábulas assim desta maneira"[4].

## II

A comparação entre arquitecturas exóticas e europeias vem desde o início da nossa literatura dos descobrimentos. Sylvie Deswarte sugeriu recentemente num texto notável que tais comparações teriam servido no século XVI o propósito de apresentar as culturas da Índia como tendo tido a mesma origem que as do Ocidente cristão, num mundo que em tempos primitivos teria sido, todo ele, evangelizado[5].

Esta tese foi excelentemente demonstrada por Sylvie Deswarte no que concerne a religião. A literatura artística que a historiadora escolheu como pertinente foram os escritos de D. João de Castro, João de Barros e do anónimo que escreveu sobre a cidade hindu de Vijaianagar talvez nos anos de 1530, identificado normalmente com um tal Domingos Paes[6].

João de Barros só se ocupou seriamente das arquitecturas distantes a propósito das ruínas existentes na África oriental (Monomotapa, Etiópia).

---

[4] Sobre Garcia da Orta e a arte hindu, ver Conde de Ficalho, *Garcia da Orta e o seu Tempo*, Lisboa, 1886, ed. IN-CM, Lisboa, 1983. A referência às lendas hindus como poesia, e a desconfiança perante a sua sedução, surgira já em Diogo do Couto: "Todos estes livros [da mitologia hindu] são escritos em versos mui heróicos, e pomposos em palavra; invenção que o demónio urdiu, para que a modulação e suavidade deles os obrigassem a ouvi-los para se lhes afeiçoarem" (*Décadas da Ásia*, V, VI, III).

A desconfiança cautelosa de Couto e do jesuíta foi partilhada pelo franciscano frei Paulo da Trindade (ca. 1570-1651), outra das fontes de Faria e Sousa: "Quando me ponho a considerar a grande veneração em que nestas partes orientais estava a supersticiosa idolatria – a grandeza das suas riquezas, a multidão dos seus templos, o aparato das suas festas, o custoso preço dos seus sacrifícios e finalmente a nobreza dos seus servidores – se me representa ser ela figurada naquela mulher meretriz que o Apóstolo São João viu, no seu Apocalipse, assentada sobre uma besta vermelha de sete cabeças e dez pontas, e ela adomada toda de púrpura e grã, e ataviada de preciosas jóias de ouro, pérolas e pedras preciosas [...], não sei eu que melhor estampa ou hieroglifo se poderia fazer que esta, da idolatria do Oriente, maiormente sendo linguagem muito ordinária da Sagrada Escritura chamar fornicações a abominações à idolatria". (Frei Paulo da Trindade, *Conquista Espiritual do Oriente*, Lisboa, 1962, I, 16).

[5] Sylvie Deswarte, "Antiguidade e Novos Mundos", em *Ideias e Imagens em Portugal na época dos Descobrimentos*, Lisboa, Quetzal, 1992, pp. 9-54.

[6] O texto sobre Vijaianagar foi publicado em Lisboa, 1897, por David Lopes, com o título *Crónica dos Reis de Bisnaga*.

O objectivo do cronista era a defesa de uma tese que teria desenvolvido na sua obra (perdida) *Sphera da instructura das cousas*: a anterioridade da arte antiga oriental sobre a arte greco-romana[7]. Todavia, talvez não seja legítimo aplicar a arquitectura indiana a referência elogiosa de João de Barros ao "modo de edificar [...] destas partes orientais" (II, I, III) porque o autor não fez quaisquer comentários acerca da arquitectura hindu, designadamente aos famosos "pagodes" de Elefanta e Kaneri ou à cidade de Vijaianagar, descritos e apreciados por outros autores que lhe serviram de fontes.

Tais comentários só apareceram muitos anos mais tarde na obra do continuador de João de Barros, Diogo do Couto, já no início do século XVII nas nove *Décadas da Asia* publicadas entre 1602 e 1645 e escritas entre os anos de 1580 e a morte do autor em 1616. Couto foi a fonte inspiradora de outros escritos seus contemporâneos ou posteriores sobre os templos hindus ao descrever admirativamente esses monumentos e ao detectar neles tragos da iconografia sagrada e profana como palavras depois retomadas e ampliadas por Faria e Sousa no texto que citei.

D. João de Castro e Domingos Paes, por seu lado, partilharam de uma maneira precisa um mesmo vocabulário de analise da escultura arquitectónica hindu e Paes era um entendido em arquitectura. Na descrição da escultura monumental de Vijaianagar, Paes usou a expressão "maneira de romanisco" para se lhe referir, falou de "casarias" feitas ao modo dos "tratados" hindus, comparou as sandálias usadas pelos nobres da cidade como as que "soiam usar os romanos, os quais achareis em alguns papeis ou antigualhas que vem da Italia em figuras", usou termos como "meias canas" para se referir a colunas embebidas na parede e comparou alguns pilares como as colunas do pórtico do Panteão que ele próprio teria visto em Roma. D. João de Castro, por seu lado, ao descrever os templos de Elefanta e de Kaneri, usou constantemente expressões como "istorias de romano", "lavrado de romano" ou "obra de romano".

Sylvie Deswarte baseia-se nestes termos para ler nos textos de Castro e Paes uma equiparação entre arte oriental e ante romana. Palavras como "romano" serviam na época e neste contexto também outro propósito: Castro e Paes, enquanto homens de educação classicista e humanista, não tinham outro termo disponível para a descrição de frisos escultóricos

---

[7] Sobre João de Barros e a arquitectura, ver Rafael Moreira, "Arquitectura" in Catálogo *Os Descobrimentos Portugueses e a Europa dos Descobrimentos*, Lisboa, Conselho da Europa, Lisboa, 1983, vol. *Arte Antiga I*, pp. 307-352; ver ainda, T. F. Earle, "Nosso Edeficio de Escritura": a linguagem da arquitectura na Asia de Joao de Barros" nas Actas do *Congresso Internacional Humanismo Português na Época dos Descobrimentos*, Coimbra, 1993, pp. 281-290.

em alto relevo como os que constituem um dos traços mais admiráveis dos templos de Vittala, em Vijaianagar, descritos por Paes – os templos estavam, aliás, em construção quando este por lá passou. Com "romano" ou "romaniscos", Castro e Paes queriam significar não só este género de escultura mas também o facto de haver nela um conteúdo mitológico--narrativo, como sucedia como os "grotescos" renascentistas.

D. João de Castro referiu que algumas das figuras de Elefanta tinham a "proporção e a simetria" que as tornavam "dignas de Apeles". Mas não foi ele que disso concluiu que essas figuras – ou a arquitectura hindu em geral – "querem tirar à disciplina antiga". A frase – e a conclusão – foram de Francisco de Holanda, que se baseou nos dados de Castro para fundamentar a sua teoria neoplatónica[8].

Ora, do ponto de vista artístico, Faria e Sousa explicitou com todas as letras o que João de Barros ou D. João de Castro, um século antes, apenas tinham deixado implícito, e Holanda tinha apontado.

Eis uma constatação cujas consequências devem ser medidas: por que é que opiniões portuguesas ligando explicitamente a decoração arquitectónica hindu a arte europeia só surgiram, primeiro em Holanda, e depois só no século XVII?

Para responder a esta questão e necessário discutir o modo como alguns cronistas e escritores portugueses de Quinhentos olharam artística e arquitectonicamente para o Oriente:

Primeiro houve o espanto e o equívoco: quiseram-se ver como cristãos templos que o não eram. O exemplo paradigmático é o *Roteiro da Primeira Viagem de Vasco da Gama* de Álvaro Velho[9]. Depois, a atitude mudou completamente. O *Livro do que viu e ouviu no Oriente* de Duarte Barbosa estava escrito em 1516. Os apontamentos do autor acerca de arte, arquitectura e urbanismo são sempre do mesmo género: aquilo que mais atraiu a sua atenção foram as cidades muçulmanas do Indico. Os termos que usou para descrever Melinde são paradigmáticos: "...o lugar é de muito formosas casas de pedra e cal, de muitos sobrados, com muitas janelas a nossa maneira. O lugar esta muito bem arruado". Casas de pedra de vários pisos, disposição das ruas, praças e muralhas, eis o que

---

[8] Citado em S. Deswarte, op. cit., p. 47. Recentemente, já este artigo estava escrito, Rafael Moreira publicou um texto em que se ocupa da linguagem romanista de D. João de Castro a propósito da arquitectura indiana sustentando que Castro viu a arquitectura e as cidades indianas à luz de Vitruvio: Rafael Moreira, "D. João de Castro e Vitruvio", in Catálogo *Tapeçarias de D. João de Castro*, Lisboa, MNAA, 1995, pp. 51-56 (tradução de um artigo publicado em alemão em 1993).

[9] Ver Flávio Gonçalves, "Os Portugueses e a Iconografia Religiosa da Arte Indiana", separata do V *Colóquio Internacional de Estudos*, Coimbra, 1966.

interessou Duarte Barbosa. Adem é "cidade muito formosa, de muitas altas casas de pedra e cal, de terrados de muitas janelas. Esta muito bem arruada e muito bem cercada de muros, torres e cubelos a nossa maneira". Ormuz é cidade "muito bem assentada e muito bem arruada de muito boas praças". E por aí fora, como se se tratasse de uma litania.

Curiosamente, porém, o discurso mudou quando Duarte Barbosa quis descrever Vijaianagar ou as cidades hindus da costa do Malabar. Sobre a capital hindu, que mereceu a Domingos Paes o complexo discurso artístico mencionado acima, Duarte Barbosa só referiu os paços do rei e da nobreza elogiando as suas "casas bem lavradas" e os seus tanques e jardins. Disse também que havia lá grandes praças e ruas "compridas" mas os termos "arruadas" e "assentada" já não aparecem. Bem entendido, as cidades hindus eram constituídas essencialmente por casas de adobe ou colmo e do ponto de vista da disposição urbana pareciam a um ocidental bastante irregulares. Duarte Barbosa (e, como veremos já a seguir, muitos outros) só reconheceu e apreciou no Oriente aquilo de que aprendeu a gostar no Ocidente. É verdade, por outro lado, que Barbosa não conheceu directamente Vijaianagar.

O anónimo autor da *Crónica do Descobrimento e primeiras conquistas da Índia pelos portugueses*, escrita ainda durante o reinado de D. Manuel, também só se interessou pelas cidades muçulmanas, sempre com referências a muralhas e casas altas. A descrição de Vijaianagar – onde nunca deve ter ido – não contém qualquer menção arquitectónica ou artística[10].

As *Lendas da Índia* de Gaspar Correia foram escritas nos anos 30 e 40 do século XVI. Gaspar Correia era um homem com inclinações artísticas e uma apreciação informada da arquitectura. Eis como descreveu a cidade de Mandu, capital do sultanato de Malwa conquistada pelo Badur, a qual foram embaixadores portugueses. Segundo Gaspar Correia, esta embaixada teve lugar em 1513, mas deve haver confusão de datas; de facto, Mandu só foi conquistada pelo Badur no inicio da década de 1530:

> «Diogo Fernandes, que era gentil-homem, e Gomes Teixeira, se vestiram corno os seus ricos vestidos e todos os seus homens a cavalo [...] e foram a cidade onde a entrada os recebeu o Capitão da guarda d'El-Rei [o Badur, rei de Cambaia] com muita gente com que foi ate a porta dos paços entrando num grande pátio onde o regedor os veio receber e os levou onde El-Rei estava, numa grande varanda que estava sobre um formoso jardim. Estava a varanda toda alcatifada, paramentada de brocadilhos, onde às paredes estavam acostados os principais fidalgos da corte,

---

[10] *Crónica do Descobrimento e Primeiras Conquistas da India pelos Portugueses*, ed. Luís de Albuquerque, Lisboa, IN-CM, 1986; sobre Vijaianagar, pp. 262-263; ver por contraste sobre Gassi, cidade de Cambaia, p. 345.

ricos de vestidos; onde no cabo da varanda estava El-Rei recostado num catele coberto de um pano de ouro rico; El-Rei vestido de branco como uma touquinha branca na cabeça, uma adaga de ouro na cinta, um arco troquisco dourado na mão como uma frecha em que estava folgando» (II, XLIV).

Se este episódio decorreu de facto em Mandu, é ainda hoje fácil identificar na cidade o grande pátio e a "varanda" a que Gaspar Correia se refere: trata-se certamente do claustro com loggia anexa sobre um jardim do edifício conhecido em Mandu como "o palacio de Bahadur Shah". O jardim já desapareceu mas os arqueólogos indianos descobriram vários vestígios da sua existência. O palácio foi construído pelo Badur logo após a conquista da cidade, no extremo sul do planalto, uma área distante de 4 ou 5 km do núcleo urbano e monumental dos sultões de Malwa (informação colhida no local).

Dir-se-à que a arte e a arquitectura não aparecem no passo de Gaspar Correia que citei, a não ser na referência à varanda e ao jardim. Pode dizer-se também que este excerto é mais sobre moda que sobre arquitectura. É verdade, e precisamente por isso que as palavras do autor têm interesse. Especialmente se tivermos em conta que não há apreciações artísticas de outro género na obra de Gaspar Correia (excepto quando se ocupa das fortificações portuguesas ou de algumas igrejas cristãs). Nada sobre os templos hindus do norte ou de Goa (que conheceu pessoalmente), nada sobre Vijaianagar (onde nunca deve ter ido). Só lhe interessaram construções muçulmanas e no quadro festivo que testemunha o excerto citado. Quando, por exemplo, se referiu a Champaner, outra das capitais do Badur, foi para descrever uma cena parecida com a anterior, também desenrolada numa "grande varanda" do paço real (III, XLVI). Trava-se aí um diálogo pitoresco entre portugueses e indianos que Gaspar Correia localizou precisamente no espaço de um pátio e da varanda, como se se tratasse de um Auto representado num cenário arquitectónico cortesão.

João de Barros também escreveu sobre Champaner, mas de um modo completamente diverso. Disse o seguinte:

"Na ultima destas seis cercas [de muralhas] ha uma grande povoação e numa parte os paços dos reis, que ocupam um pedaço de terra tao grande como o de uma cidade, os quais sao riquissimamente lavrados de obras antigas de mosaico e relevo, como muito ouro e prata, e ladrilhadas muitas casas de azulejos de estranhas pinturas e cores. Nestes paços ha muitos banhos e jardins, como toda a diversidade de arvores e plantas, ervas cheirosas e flores que no Mundo ha e todo o modo de delicias e passatempos (IV, VI, IX)".

Os temas fortes são aqui as artes decorativas da Índia (de entre as quais os relevos, classificados de obra "antiga") e mais uma vez os jardins e arquitecturas da água. Recordo que João de Barros nunca se referiu directamente à arte ou à arquitectura hindus...

D. João de Castro, no *Roteiro de Goa a Diu*, também escreveu sobre urbanismo – embora lhe tenham interessado mais, como já vimos, os templos hindus. Escolheu a povoação de Taná, na baía de Bombaim[11]:

> "Dentro desta cidade havia sessenta mesquitas muito nobres e sessenta tanques dos quais alguns deles eram tamanhos como dois terços do Rossio de Lisboa, todos lavrados à maravilha de cantaria, com muitos assentos e degraus por derredor como um teatro, e em algumas partes eirados e casas de passatempo. A obra de que as casas e assim todos os edifícios da cidade eram lavrados certamente que é coisa muito para notar, porque em nenhuma parte se acha rasto nem sinal de cal, mas somente se ve cantaria lavrada ou tijolo com tamanho primor e arte que se esta esmerilhando não podemos enxergar junta nem esparço que pareça entre uma pedra e outra; e ainda esta perfeição e maior na obra de tijolo".

Garcia de Orta aproximou-se de D. João de Castro na descrição dos templos de Elefanta e Kaneri que terá sido o primeiro português culto a visitar, em 1534, e que descreveu nos *Colóquios dos Simples e das Drogas da India*, publicados em 1563:

> "Tem em uma parte uma ilha chamada Salsete onde estão dois pagodes ou casas de idolatria debaixo de terra, um deles esta debaixo de uma serra muito alta de pedra [Kaneri], e sera maior quantidade que a fortaleza de Diu, a qual se pode comparar em Portugal como uma vila de quatrocentos vizinhos cercados; tem esta serra uma subida grande, e chegando a serra está uma casa grande de pagode feita e talhada dentro da pedra: onde depois edificaram os frades de São Francisco uma igreja chamada de Sao Miguel; ha muitos pagodes de pedra subindo para a serra, e subindo mais acima tem outras casas feitas de pedra, e dentro como suas cama-

---

[11] *Roteiro de Goa a Diu*, ed. Lisboa, Arquivo Geral das Colónias, 1940, pp. 55 e segs. Sobre Taná e os portugueses ver J. Gerson da Cunha, *Notes on the history and antiquities of Chaul and Bassein*, 1ª edição, Bombaim, 1876, reed. Nova Deli e Madrasta, 1993, pp. 165 e segs. A referência a casas não caiadas e à inexistência de argamassa de cal quer dizer que, apesar de D. João de Castro falar de "mesquitas", a cidade de Taná era arquitectonicamente de características hindus; de facto, os pedreiros hindus não usavam a cal. É conhecido um episódio relatado por Domingos Paes a propósito de Vijaianagar no qual se conta que o rei desejava fazer um grande tanque mas não havia em Vijaianagar nenhum "engenho para se fazer cal". Deste modo, o rei hindu pediu para Goa que lhe enviassem um pedreiro e o Vice-Rei mandou João della Ponte, "grande oficial de pedraria" *(Crónica dos Reis De Bisnaga*, ed. cit., pp. 55-56); são notáveis nas ruínas de Vijaianagar as condutas de agua e os tanques construídos em pedra com argamassa. [De facto, a referência de Castro a "mesquitas" é inequívoco, como vim a perceber depois de escrito e publicado este texto. Taná era uma cidade de muitos templos com os seus tanques sagrados].

ras, e subindo mais acima tem outra ordem de casas feitas dentro na pedra, e nessa casa tem um tanque ou cisterna de agua, e tem canos por onde lhe vem agua da chuva [...]; serão por todas ate trezentas casas, todas tem idolos esculpidos nas pedras, como tudo isso sao muito carregadas e mal assombradas como coisas que foram feitas para o diabo ser venerado..."

"Outro pagode melhor que todos ha em uma ilha chamada Pori, e nós chamamos a ilha do elefante, e está nela uma serra, e no mais alto desta serra tem uma casa debaixo da terra, lavrada em uma pedra viva, e a casa e tão grande como um mosteiro, e dentro tem patios e cisternas de muita agua muito boa, e pelas paredes em redor ha grandes imagens esculpidas de elefantes, e leoes, e tigres, e outras muitas imagens assim como amazonas e de outras muitas feições bem figuradas, e certo que e coisa muito de ver, e parece que o diabo pôs ai todas suas forças e saber para enganar a gentilidade com a sua adoração" (*Colóquio* 54).

Fernão Lopes de Castanheda na *Historia do Descobrimento e Conquista da Índia pelos portugueses*, cujo primeiro volume foi publicado em 1551 mas escrito provavelmente na Índia nos anos de 1530, ocupou-se de uma série de cidades muçulmanas: Adem, Cambaia, Champaner, Dabul.

Vejamos o que disse de Champaner[12]:

"Esta no sertao trinta leguas do mar situada em um grande campo em que se levanta uma serra pequena em redondeza mas muito grande em altura [...]. Nesta terra está situada a cidade cercada de muros e torres: a primeira cerca não tem mais que uma só entrada por uma porta muito alta feita ao picão e entram por baixo do chão trinta ou quarenta braças [...]. Nesta cidade estão uns paços dos reis de Cambaia que ocupam tanto espaço como Evora e são cercados de muros e se serve por tres portas de ferro [...] e todo o mais são jardins que dão frutas como as nossas com fontes de jaspes e estão todos ao derredor de muitas casas de prazer e que as mais são de um sobrado e as outras terreas e quase todas abertas por duas partes e umas tem as paredes lavradas de ouro e azul e outras branqueadas com betume de gesso e claras de ovo e outras confeições com que ficam tão alvas e resplandecentes que fazem perder a vista; e o chão e ladrilhado de azulejos" (III, CXXXII).

Outra cidade descrita admirativamente por Castanheda foi Cantão, na China. O autor elogiou nela as muralhas, as portas, as casas como as suas pinturas e ornatos[13].

---

[12] O interesse dos cronistas portugueses por Champaner, hoje um conjunto de interessantes monumentos semi abandonados perto de Vadodara (Maharashtra), deriva das várias embaixadas ao Badur que por lá passaram e das memórias de Diogo de Mesquita Pimentel que esteve lá preso muitos anos; estas memórias serviram de fonte a Gaspar Correia (III, XLII).

[13] Ver IV, XXX. Sobre a utilização da China pelos portugueses como "utopia" ou paradigma político-social, ver João Manuel Nunes Torrão, "A China na obra de D. Jerónimo Osório", Actas do Congresso Internacional *Humanismo Português na Época dos Descobrimentos*, Coimbra, 1993, pp. 461-485. Ver Diogo do Couto sobre Cambaia, III, CXXX; sobre Adem, III, CIIII; sobre Dabul, II, XCVI.

Mas acerca de Vijaianagar foi bastante mais seco: a cidade "é toda cercada de muro forte e tera uma boa legua de cerco, e bem arruada e tem muitas praças e muito boas casas de pedra e outras palhaças e muito grandes e muito formosos pagodes" (II, XVI). Adivinhamo-lo a escrever isto com o livro de Barbosa à mão e um olhar muito distraído (ou desinteressado) para o relato de Domingos Paes...

Pelo contrario, os padres missionários – sem duvida por obrigação "profissional" – interessaram-se pela arquitectura hindu[14]. Algumas vezes fizeram-no, porém, pelo recurso a estereótipos ou a citações de autores laicos. Foi o caso, por exemplo, do Padre Gonçalves Rodrigues SJ, que escreveu em 1558 acerca do templo hindu de Baçaim referindo-se a sua "elaborada obra romana" e à adoração da "falsa trindade dos gentios", citações de D. João de Castro[15].

---

[14] Em 28 de Novembro de 1552, o padre Manuel de Morais, SJ, escreveu de Colombo, em Ceilão, para o Colégio de Coimbra. Disse a certa altura: "Os pagodes são mais ricos que a mais rica igreja que há em Lisboa, senão que não são casas tão grandes, mas são todas cozidas em ouro de todos os quilates. E entrei em uma, que me fez espantar mais que quantos edificios tenho vistos, porque me pareceu muito mais rica e mais real que a capela do Arcediago de Salamanca [...]. E o altar desta capela andava-se por arredor como o do altar da Conceição de Lisboa [...]. Os castiçais que estavam aos quantos no altar eram maiores que os que estavam em Belem na capela-mor e como os maiores que vem da Flandres e de bem feitos levam até vantagem aos de lá". Esta apreciação inclui-se num conjunto de opiniões de padres da Companhia de Jesus que se caracterizou por uma grande ambivalência. Manuel de Morais acrescentou logo a seguir às frases que citei que a riqueza do templo se devia certamente a obra do demónio. Divididos entre a desconfiança pela sedução da arte e da matéria e o interesse pelos cultos rivais, os jesuítas foram no entanto dos poucos portugueses que, já no século XVI, procuraram descrever a arquitectura hindu. O texto de Manuel de Morais pode ler-se em *Notícias da Missionação e Martírio na Índia e Insulindia*, Lisboa, 1989, p. 103. O autor refere-se comparativamente à antiga igreja da Conceição de Lisboa da Ordem de Cristo que era de planta centrada e tinha talvez um altar central como sucedia em Tomar (agradeço esta sugestão a Joaquim Caetano). Manuel de Morais compara a disposição desta igreja com os corredores para a execução da *pradakshina*, ou ritual de deambulação, em volta do santuário dos templos hindus (*garbagrigha*).

Para outros testemunhos sobre a arte "exótica" ver, Pedro Dias, *A Arquitectura Manuelina*, Porto, 1988, pp. 75-84 e a bibliografia aí citada.

Uma descrição autónoma de Elefanta e Kaneri, anterior a Couto e a frei Paulo da Trindade, foi a do dominicano frei João dos Santos que viveu longo tempo em Chaul e que publicou uma espécie de memória pessoal das suas andanças pelo Oriente e a África Oriental em 1609: *Varia Historia de Cousas Notaveis do Oriente ou Ethiopia Oriental*. O frade afirmou que o complexo de Kaneri (a que chama Canarim) estava deserto: "Mas já agora ninguém mora nestas casas, nem estas pagodes são tratados dos gentios, nem vão a eles fazer as suas romarias, e oração, como dantes faziam, por estarem nas terras, que agora são de cristãos, e povoadas de portugueses..." (p. 308); também foi descrita por ele a organização planimétrica típica dos templos hindus a propósito de um que visitou na terra firme de Goa (pp. 300-302).

[15] Citado por Rui Manuel Loureiro, "O Descobrimento da Civilização Indiana nas cartas dos Jesuítas", Actas do Encontro *Portugal e a Índia -referências e vivencias culturais*, Lisboa, Casa de Fronteira e Alorna, 1993 (dactilografadas), p. 10.

O franciscano Frei Paulo da Trindade, autor da *Conquista Espiritual do Oriente* escrita entre 1630 e 1636, foi o português que mais longamente descreveu o complexo de templos "chamados do Elefante", na baía de Bombaim, certamente por conhecimento directo, visto que os Franciscanos foram responsáveis pela evangelização de parte importante da península de Bombaim e territórios adjacentes. É provável que o autor conhecesse já o texto das *Décadas* de Couto ou o *Livro das Plantas* do seu sucessor António Bocarro (1634), que também se refere a Elefanta, mas a sua descrição foi muito diferente da destes cronistas, admirativa mas ingénua (sem as referências cultas que Couto foi buscar a D. João de Castro). É uma descrição muito precisa que corresponde ao que existe de facto em Elefanta, inclusive no que respeita às dimensões[16].

---

[16] Frei Paulo da Trindade, *Conquista Espiritual do Oriente* (Capitulo 40): [informações minhas entre parêntesis rectos] "Há nela tres pagodes, dois pequenos e o outro de estranha grandeza e artificio, onde dizem que se despenderam mui grandes tesouros e que andaram na fibrica dele muitos milhares de obreiros e que gastaram muitos anos, o que tudo se deixa bem ver na grande maquina e estranha subtileza que nele se ve. Seu sitio se estende do norte ao sul e quase aberto por todas as partes, principalmente da parte do norte, nascente e poente. Será o corpo dele de oitenta passos de comprido, e de setenta de largo. E todo talhado em viva rocha e tecto de cima que e o cume da serra, se sustenta sobre cinquenta colunas [são apenas 30] lavradas do mesmo monte, que estão por tal ordem e compasso que fazem o corpo deste templo de sete naves [de facto cinco]. Cada uma destas colunas ate o meio é quadrada de vinte e dois palmos de quadro, e do meio para cima são redondas e de dezoito palmos em roda. A pedra deste monte em que se entalhou este pagode e de cor parda; mas todo o corpo de dentro, colunas, vultos de pagodes e tudo o mais, era antigamente coberto de uma fina teia de cal com certo betume e confeições que fazia o pagode todo tão claro que era coisa formosa de ver. Porque não só fazia as figuras muito formosas, mas fazia divisar mui distintamente as feições dos vultos e subtileza da obra, de tal madeira que nem em prata ou em cera se podiam fazer nem esculpir com mais primor e perfeição.
Na quarta e ultima capela deste lanço oriental tem um formoso portal de obra mosaica, de vinte e quatro pes de largo e vinte e seis de alto. No meio dela esta um idolo de dezasseis palmos de alto, com quatro braços e duas pernas, travado pela mão com outro idolo de figura de mulher. E por toda esta capela, em roda, estão outros muitos idolos. Desta capela ao poente está uma cisterna de agua excelentíssima, a que se não acha fundo, segundo dizem.
Em o largo que fica da parte do poente, estão três capelas, a primeira das quaes, que está mui briosamente lavrada, tem catorze pez de largo e dezoito de comprido. No meio dela está um ídolo agigantado, com as pernas cruzadas, com uma tiara na cabeça subtilissimamente lavrada; e de ambas as partes tem muitos pagodes de homens e de mulheres e de alguns a cavalo. A segunda capela, que é como as mais, tem idolo da cinta para cima, agigantado, com cinco rostos proporcionados ao corpo, com suas tiaras nas cabeças e com doze braços, e com as mãos sustenta outro ídolo gigante de um só rosto com seis braços e duas pemas. E a cada lado deste ídolo tem outros quase do seu tamanho, assentados no mesmo assento. E pelo mais corpo da capela ha outros cem idolos, uns homens e outros mulheres. A terceira capela tem em o meio, assentado, outro gigante com sua tiara na cabeca, com quatro braços, e a cada ilharga tem um idolo tambem agigantado, um de mulher e outro de homem [representação da *Trimurti* ao fundo da caverna principal]. E ao lado da mulher esta outro ídolo gigante, afora outros muitos idolos que ha por toda a capela".

Os Jesuítas estacionados em Ceilão ou que escreveram sobre a ilha no século XVII partilharam de um ponto de vista absolutamente paradigmático no contexto deste ensaio. A opinião mais significativa foi a do padre Fernão Queiroz (1617-1688), autor da *Conquista Espiritual e Temporal de Ceilão*, escrita em Goa entre 1671 e 1686. Queiroz referiu-se assim às cidades orientais em geral, por comparação com as de Ceilão e da Índia: "Não existem na Índia ou além dela excepto na China quaisquer edifícios sobrados dignos de nota ou outras casas de habitação. Mas há os pagodes, na maior parte dos casos escavados na rocha a um custo tirânico, escuros e de arquitectura quase sempre irregular e sem princípio. Alguns palácios são de pedra ou de tijolo seco ao sol mas com pouca arte e de um só andar embora grandes [...]. Os príncipes mouros do Mogol e da Pérsia tem melhores edifícios e algumas grandes Mesquitas. A cidade de Aspao, capital da Pérsia, tem muita sumptuosidade e nas ruas principais todos os edifícios estão construídos sobre arcos, botaréus ou colunas, mas só tem um piso e as ruas são estreitas. Pode ver-se o mesmo em Agra, a Corte do Rei do Mogol, embora o actual tenha transferido a sua corte para Vdeli [Deli]".

Não admira que Queiroz se tenha feito eco da lenda segundo a qual haveria letras gregas nas paredes de templos budistas cingaleses escavados na rocha ou que tenha condenado como "assustadoras e selvagens" as figuras pintadas num dos templos da cidade cingalesa de Cândia, ao mesmo tempo que se apoiou em Faria e Sousa para atribuir a "magos e feiticeiros" as espantosas arquitecturas da antiguidade em Ceilão (Faria e Sousa, II, IV, II; Queiroz: I, 11).

Mas foi ainda mais longe: citando as descrições de antigos monumentos da ilha feitas por um confrade seu, o franciscano italiano Francisco Negrão que esteve em Ceilão por duas vezes (cerca de 1610 e 1629) e foi o primeiro europeu a medir e descrever pessoalmente as ruínas da antiga capital budista de Anuradhapura, sugeriu que talvez tivessem sido originados por

> "...edifícios de trabalho Romano de que se encontram vestígios em Anu-Rajapure e noutros lugares desta Ilha, muito diferentes das antigas construções desta Asia, algumas das quais, especialmente os pagodes, são dignas de Reis bárbaros e tirânicos, obras dispendiosas mas sem arte".

O contexto destas observações de Queiroz é também muito significativo: surgiram após um longo debate sobre as datações presentes nos textos cingaleses e chineses que o autor conclui "não se ajustarem à nossa

Vulgata", sendo até anteriores à construção da Torre de Babel... Posto assim brutalmente perante a diferença, Queiroz recorreu aos gregos e romanos para reconduzir tudo a esquemas assimiláveis pela cultura cristã na sua vertente neoplatónica holandiana[17].

O holandês Linschoten (1563-1611) pronunciara-se em 1593 acerca de templos hindus de Goa que conheceu directamente e dos templos de Kaneri e Elefanta, que não viu. A propósito destes últimos copiou Garcia de Orta, não dando mostras de qualquer sensibilidade artística. Ao naturalista português foi buscar a ideia de que a escultura monumental era boa de mais para ter sido feita por indianos, sendo atribuível antes aos chineses[18]. Linschoten partilhou com o italiano Pietro della Valle (1586--1652) a crença na descendência pitagórica da religião Jaina, mas foi mais longe e afirmou que as crenças hindus derivavam dos ensinamentos do filósofo grego[19].

---

[17] Vol. I, 84 da ed. utilizada: Fernão Queiroz, *The temporal and spiritual Conquest of Ceylon*, Nova Deli e Madrasta, 1992 (fac-simile de uma edição de Colombo, 1930), com uma excelente introdução de S. G. Perera SJ. Vem a propósito citar um inglês, Robert Knox (1606-1720), que esteve prisioneiro no Reino de Cândia em Ceilão durante quase vinte anos e escreveu uma *Historical Relation of Ceylon* publicada em 1681. Fugindo de Cândia, Knox passou por Anuradhapura e escreveu o seguinte (tradução minha do inglês): "Muitos dos pagodes são de obra rara e preciosa, construída com pedra aparelhada, gravada com imagens e figuras; mas feitos por quem e quando não pude saber porque os próprios habitantes o ignoram. Mas estou certo de que foram construídos por artífices muito mais hábeis que os cingaleses que agora vivem na terra". (Robert Knox, *An historical relation of Ceylon*, Colombo, 1981, 3ª edição, pp. 212-213).

[18] Ver J. H. Linschoten, I, 223 da ed. utilizada *The voyage of John Huyghen Van Linschoten to the East Indies*, Nova Deli e Madrasta, 1988. Ver Conde de Ficalho, op. cit., pp. 254 e segs., para a questão da hipotética origem chinesa dos templos hindus. Parece poder concluir-se que a China, além de servir de paradigma político-social, serviu também de paradigma artístico. Ver ainda o Conde de Ficalho para a referência ao franciscano frei Odorico de Pordenone que esteve em Taná em 1322 e escreveu que essa cidade era a do rei Porus que combateu Alexandre Magno. O Conde de Ficalho menciona também o escrito de Gasparo Balbi que, em 1580, atribuía explicitamente a Alexandre o templo de Elefanta. Resta averiguar até que ponto o texto franciscano medieval não pesou sobre toda a questão da teoria da existência de uma pintura ou arte originária, anterior a todas as civilizações. Ver ainda referências à questão em J. Gerson da Cunha, *The origin of Bombay*, Bombaim, 1900, reed. Nova Deli e Madrasta, 1993, pp. 20 e segs., etc. Esta obra é também fundamental para a discussão da acção missionária dos franciscanos na área de Bombaim. [Todo o conhecimento e bibliografia sobre a presença portuguesa e das ordens religiosas católicas na área de Bombaim está a ser profundamente renovada desde 2002--2003 pela investigação conduzida por uma equipa de arquitectos e historiadores das Universidades de Coimbra e Nova de Lisboa, da qual faço parte, dirigida pelo meu colega Walter Rossa].

[19] Ver Pietro Della Valle, ed. utilizada *The Travels of Pietro della Valle in India*, Nova Deli e Madrasta, 1991, I, 77; ver também Linschoten, ed. cit., I, 223.

Della Valle conheceu pessoalmente o padre Francisco Negrão, que considerava um especialista nos ritos indianos (1, 109, 111), e mostrou grande interesse pelos templos hindus do Malabar chegando a desenhar a planta de um deles (11, 241). Mas nunca disse nada de simpático acerca da arquitectura, da escultura e do urbanismo de qualquer dos povos do oriente. Com um ponto de vista fortemente europocêntrico (e até italiano), Della Valle apreciou negativamente tanto a cidade de Cambaia como a própria Goa (1, 66-77, 1, 155). Só elogiou a arquitectura jesuita de São Paulo de Goa, o projecto – que viu – da catedral de Goa, que então estava em obras (1623), e a malha urbana de Damão (1,164; 1,156; 1,133, respectivamente). Neste quadro, não espanta que Della Valle tenha subscrito explicitamente a teoria da *prisca pictura* (pintura originária) baseado em afirmações atribuídas a Diodoro e Apolónio segundo os quais se praticava na Índia o culto de Isis e Osíris, e até de Apolo, Baco e Minerva (11,217).

Regressemos a autores portugueses, começando por Diogo do Couto que escreveu abundantemente sobre arte, arquitectura e urbanismo. Em geral, ocupou-se especialmente da arquitectura hindu (da Índia e de Ceilão). Quando, porém, apreciou uma cidade muçulmana como Baroche, em Cambaia, o tom recorda os escritores da primeira metade do século XVI:

«Esta cidade fundada num alto que quer imitar o Castelo de Lisboa; será do tamanho de Santarem, cercada toda a roda de muro de ladrilho [...]. Toda ela é formosas e altas casarias de dois ou três sobrados tão custosas e ricas que havia muitas janelas de sacadas para fora com gelosias que afirmaram custarem dois e três mil cruzados, de formosas obras de marcenaria com grades e tornos de marfim e pau-preto muito polido tudo" (VI, IV, VII).

Foi puramente arquitectónica, sem referências a ornamentos, a apreciação da capital do reino budista de Citavaca, em Ceilão (destruída pelos portugueses e desaparecida):

"É esta cidade muito grande e esta situada entre quatro serras e o rio de Matual a partia pelo meio (que por outro nome se chama Calane), que vem dos confins do Reino de Cândia. Da banda do sul estão os paços d'El-Rei sobre um teso, que são feitos a modo de uma formosa fortaleza com os seus muros muito grossos e fortes e sobe-se a eles por vinte degraus muito largos e grandes. E a fortaleza quadrada e em cada lado tem tres portas onde se serve" (VI, VIII, VII).

Mas Diogo do Couto foi também sensível à arquitectura e decoração dos templos hindus. Descreveu assim o de Dondra/Tanavar, em Ceilão, destruído pelos portugueses (que "desprezaram toda aquela maquina infernal de Pagodes"):

> "O corpo deste pagode era muito grande, todo em cima de abóbada, muito lavrado, e à roda muitas capelas formosissimas, e sobre a porta principal tinha uma torre muito alta e forte com o telhado todo de cobre dourado em muitas partes a qual ficava no meio de um crasto quadrado muito formoso e bem obrado com as suas varandas e eirados e em cada lado uma formosa porta para sua serventia e todo era à roda cheio de alegretes, de boninas e ervas cheirosas para o seu Pagode se alegrar quando por ali o tiram em procissão" (X, XV).

Os textos mais conhecidos de Couto são, porém, acerca dos templos de Kaneri e Elefanta, que já referi a propósito do excerto de Faria e Sousa:

> Sobre Kaneri: "Andando nós nesta ilha de Salsete, vendo aquele raro e admirável pagode (que chamam de Canará), fabricado em uma serra e talhadas em uma só pedra muitas salas e uma delas tamanha como a grande dos Paços da Ribeira de Lisboa, e mais de trezentas camaras pela serra acima, quase em caracol, cada uma com a sua cisterna à porta [...]; e nas portas da sala grande formosissimas figuras de vulto tamanhas como gigantes, de obra tão subtil e prima, que nem em prata se podiam esculpir melhor" (V, VI, II).
> Sobre Elefanta: Aos deuses Brama, Vishnu e Shiva "chamam por um só nome Maha Murte, que quer dizer os Três Supremos, e afirmam serem derivados do mesmo Deus e assim os pintam juntos um corpo com três rostos, como vimos no pagode de Elefanta onde esta aquela figura na Capela Maior, que é de vulto, tamanha como um grande tonel, da cinta para cima somente lavrada naquela pedra como mármore, de lavores tão primos e subtis que é espanto [...]; e tal que se pode contar entre as Maravilhas do Mundo todo aquele pagode, em que notámos muitas coisas admiráveis [...]. Num esteio [pilar] do corpo do templo, que será tamanho como São Roque de Lisboa, vimos o Gigante Briareu com cem braços, como os Poetas o pintam. E esta casa de três naves, e se mal nos não lembra, tem cinco ou seis esteios cada nave e cada um deles é da altura da mesma casa, tão grossos como mastros das naus do Reino, e em cada ha figuras tamanhas, como os mesmos esteios" (V, VI, IV).

O "Gigante Briareu" é de facto uma imagem de Shiva a dançar o *Tandava*, o grande bailado cósmico de criação e destruição do Universo, que está esculpida num dos lados da entrada norte do templo principal de Elefanta. A referência vem de Camões e surge nos *Lusíadas* quando o poeta versifica acerca do templo visto por Vasco da Gama em Calicute (*Os Lusíadas*, Canto VII, 47-48). Outras referências são o Anjo a expulsar Adão e Eva do Paraíso, a Raínha Pacifal deitada com o touro, a Quimera, Júpiter Amon, Juno, o deus egípcio Anubis.

Na transição do século XVI para o século XVII, e no ambiente goês, Couto retomou deste modo alguma da linguagem humanista de D. João de Castro – mas só Faria e Sousa, e apenas ele, foi capaz de o seguir neste campo.

Chegou portanto a altura de fechar este círculo de citações de autores que se ocuparam artisticamente das civilizações orientais. Escolho para isso o livro do jesuíta Francisco de Sousa. O autor, inteiramente "alérgico" aqueles que ele próprio chamou "Ovídios do Industão", e à arte hindu que não o interessou, só teve palavras elogiosas para as cidades muçulmanas da Índia a propósito da embaixada jesuíta ao imperador mogol Akbar, dirigida pelo Superior de Goa, o padre Rodolfo Aquaviva, em 1579-1580. Os temas escolhidos, em parte copiados de Diogo do Couto, remetem-nos de novo para o início do século XVI:

> "Não faltam em Cambaia edifícios grandes com os seus pátios, varandas e câmaras, tudo dourado de marcenaria e raxado de ouro, azul e outras cores, com jardins e tanques de muita agua".

Ou ainda: a cidade de Mandu (por onde Aquaviva deve ter passado a caminho de Deli) era "uma das mais notáveis do mundo, como mostram as suas ruínas e o que ainda esta de pé, porque o muro rodeia 16 léguas. Jacte-se agora a Europa da grandeza das suas cidades"[20].

Que conclusões podemos extrair deste conjunto de opiniões?

Uma primeira é a seguinte: os portugueses cultos dos séculos XVI e XVII olharam a arquitectura e a arte orientais *de dois modos bem distintos*: um primeiro grupo de autores interessou-se exclusivamente pelas cidades e a arquitectura muçulmanas do Oriente; outros ocuparam-se no essencial da arquitectura e escultura hindus.

No primeiro grupo incluíram-se Duarte Barbosa, Gaspar Correia, e o anónimo autor da *Crónica do Descobrimento e primeiras conquistas da India pelos portugueses*. Todos escreveram entre a primeira e a quarta décadas do século XVI. No segundo, D. João de Castro e Domingos Paes (ambos nos anos de 1530); e Manuel de Faria e Sousa um século depois.

João de Barros, Garcia de Orta e Diogo do Couto, os dois primeiros nos anos de 1540 e o ultimo nos anos 90 do século XVI, constituem um grupo intermédio.

Uma segunda conclusão é a seguinte: podem ser designadas como modernas ou manuelinas as opiniões do primeiro grupo de autores.

---

[20] Ver ed. utilizada, Porto, Lello & Irmãos, 1978, pp. 941-950.

Como se terá reparado, os temas artísticos que interessaram homens como Duarte Barbosa ou Castanheda foram, por um lado, o desenho urbano (arruamentos, praças e muralhas), por outro, as obras de pedra, o uso da cal, o desenho e vivência de jardins, tanques e lagos com as respectivas casas de prazer, a arquitectura palacial; finalmente, a azulejaria e a marcenaria mouriscas da Índia. Gaspar Correia forneceu para estes interesses o indispensável e significativo quadro cortesão: as festas, as roupagens, o luxo.

Como estes observações em mente, poder-se-ia iniciar toda uma investigação sobre a influência muçulmana (de Marrocos e da Índia) sobre o urbanismo e a arquitectura civil e militar portuguesas no Oriente e sobre os jardins portugueses. Deve acrescentar-se que o próprio Faria e Sousa foi sensível a estes temas e terminologia na sua *África Portuguesa*, publicada em Lisboa em 1681; de facto, ao descrever a cidade de Fez em Marrocos referiu-se às ruas "largas, direitas, bem ordenadas", aos jardins, fontes e pomares, aos alabastros e tijoleiras (1, 5).

A terceira conclusão é, portanto, que a sociedade que descobriu com encantamento a arte mourisca de Marrocos já no século XV e se deixou conquistar com prazer pela moda mudéjar dos azulejos e da marcenaria no início do século XVI, é a mesma que foi para a Índia e descobriu lá o que já conhecia daqui. Ao descrever Diu, João de Barros elogiou especialmente os "muros, torres e a policia dos seus edifícios ao modo de Espanha", que ninguém até aí tinha visto na costa do Malabar e que aos portugueses encheu de "saudade da pátria" (II, III, V).

Investigações recentes sobre o manuelino têm persistentemente chamado a atenção para a influência mourisca. Os dados aqui incluídos não fazem mais que confirmar essas investigações. Já Joaquim de Vasconcelos tinha sugerido que o verdadeiro exotismo da arte do período de D. Manuel foi o mourisco, nunca o oriental[21].

Mas, mais: Paulo Pereira demonstrou que a decoração arquitectónica manuelina foi fortemente influenciada pelos rituais e festas da brilhante vida cortesã de D. Manuel. Demonstrou também que existia uma evidente "contaminação" entre arquitectura, escultura e teatro na obra de Gil Vicente[22]. Neste quadro, o festivo Gaspar Correia surge como o nosso cronista oriental mais legitimamente manuelino.

---

[21] Ver Paulo Pereira, *A Obra Silvestre e a Esfera do Rei, iconologia da arquitectura manuelina na Grande Estremadura*, Coimbra, Epartur, 1990, p. 74.
[22] Ver op. cit. na nota anterior e "Gil Vicente e a contaminação das Artes", in *Temas Vicentinos. Actas do Colóquio em torno da obra de Gil Vicente*, Lisboa, 1992, pp. 101-123.

Por outro lado, as observações urbanísticas de um Duarte Barbosa, com a frequência recorrente do termo "arruar", são um precioso indício de algo de que a nossa historiografia apenas começa a suspeitar: o facto de que estaria a decorrer em Portugal entre os reinados de D. João II e D. Manuel um vasto movimento de reforma urbana e inauguração de novas povoações. Casos um pouco mais conhecidos, como o de Caldas da Rainha, o Bairro Alto de Lisboa, Elvas, Viana do Castelo, Setúbal, Aveiro, Angra, esconderão ainda o essencial. A palavra cabe aos especialistas do período e do tema, mas parece razoável supor-se que nas cidades muçulmanas do Oriente, os portugueses reconheceram as ruas direitas, as praças, os sobrados, as muralhas que estariam a surgir por todo o lado em Portugal, em Marrocos, nas ilhas Atlânticas.

Merece também menção o desprezo destes autores "modernos" pela arquitectura e a escultura monumental hindus – nas quais, paradoxalmente, se teria inspirado o manuelino. O paradoxo pode esclarecer-se a si próprio, se acaso tenho razão na quarta conclusão que tiro aqui:

A arte hindu não interessou aos observadores com um ponto de vista "moderno" porque só viram nela aquilo que era um gosto já em desaparecimento. A homens habituados às obras de Belém ou de Tomar, a escultura hindu não podia parecer suficientemente inovadora ou diferente. Podia, pelo contrario, aparecer como uma versão "demoníaca" (ou em todo o caso incompreensível) da escultura arquitectónica gótica e manuelina.

Esta hipótese abre para as conclusões seguintes – relativas agora as opiniões dos autores com um ponto de vista "Antigo", ou seja, renascentista-humanista.

D. João de Castro ou Domingos Paes viram na arte hindu um espelho da ornamentação e da cultura artística romanistas que, nos anos 30 e 40 do século XVI, penetrava em Portugal. Decoração culta (mitológica, contadora de histórias) foi o que detectaram nos "romaniscos" de Kaneri ou Vijaianagar.

Ou seja: por paradoxal que isso possa parecer, a exuberante decoração indiana serviu a defesa do Renascimento contra o "moderno". Elogiando o "romano" da Índia, tinha-se em mente a defesa do "romano" em Portugal.

Faria e Sousa olhou a decoração hindu do mesmo modo que D. João de Castro. Mas já não estava tão pressionado pelo combate contra o "moderno" e vivia numa época em que a arte não-clássica já tinha direito de cidade. Mais uma conclusão, portanto:

Só no final do século XVI e durante o século XVII a teoria humanista da *prisca pictura* teve junto dos nossos escritores (ou de estrangeiros como

Linschoten, Della Valle ou Knox) o sucesso que apenas pode advir de uma consequente cultura clássica como aquela de que dá mostras Faria e Sousa. Foi a poética barroca que permitiu a Faria e Sousa apreciar a mitologia hindu com o exemplo de Ovídio e foi uma concepção menos renascentista da história da arte, e menos amarrada a imposições contra--reformistas em relação ao ornamento, que lhe possibilitou invocar o estilo "moderno" da Batalha e dos Jerónimos como paradigmas aceitáveis.

Daqui deriva a minha última conclusão: as opiniões artísticas emitidas pelos escritores portugueses tinham um contexto e razões eminentemente nacionais e conjunturais. Longe de olharem para a arte oriental a partir de posições muito abertas à diferença, apreciavam-na porque esta lhes trazia à memória os factos artistico-arquitectónicos (e urbanísticos) da situação portuguesa coeva. Os portugueses que se ocuparam da arte e da arquitectura do Oriente fizeram-no sempre, como era inevitável que o fizessem, baseados nos interesses e na cultura da arte e da arquitectura portuguesas do seu tempo, cujas conjunturas reflectem muito precisamente. As suas apreciações são infinitamente mais interessantes para o estudo da história artística de Portugal do que para a do Oriente ou para o esclarecimento da cultura dos próprios autores.

## III

Manuel de Faria e Sousa sabia do que estava a falar quando falava de arquitectura. Há muitas provas disso[23]. A propósito da questão da arquitectura oriental – que é a que me interessa aqui – vou citar agora um outro texto seu, este na "Europa Portuguesa", livro escrito provavelmente antes de 1640 (antes da "Asia Portuguesa", portanto) e publicado pela primeira vez em Lisboa em 1678[24]. O autor vinha-se referindo ao reinado de D. Manuel (são meus os parêntesis rectos explicativos de

---

[23] O problema da cultura arquitectónica de Manuel Faria e Sousa – no contexto europeu e no da sua vida – constitui um dos assuntos da tese de doutoramento que tenho em preparação. For isso não o abordo aqui [a questão aparece referida num texto desta colectânea, *Damnatio Memeriae*, a partir de material presente na minha dissertação de doutoramento de 1999 e pesquisas posteriores].

[24] A minha atenção foi atraída para este texto por uma nota de Sylvie Deswarte, "Francisco de Hollanda ou o Diabo vestido a Italiana", in *Temas Vicentinos. Actas do Colóquio em torno da obra de Gil Vicente*, Lisboa, 1992, pp. 43-72, nota 18, p. 54 (texto publicado em francês em 1988).

frases mais obscuras, e a tradução do castelhano em que a obra foi escrita):

"Ainda o Rei não obtinha da Índia outra coisa senão o descobrimento dela pelo clarissimo Herói Vasco da Gama, uma das glórias entre os mortais, quando (admire-se a fé notável deste Principe) como se tivesse já conseguido alguns tesouros daquele Imperio de que depois obteve copiosissimos, deu princípio à estupenda maquina do Mosteiro de Belém na margem do Tejo pouco distante de Lisboa, por troféu Sagrado, e perduravel daquela Sagrada empresa. Nesta fabrica viu-se competir a arte, e o poder. Hoje vê-se no pouco que deixou executado do desenho vencido o poder da Arte: e daquele pouco, os muitos das Rotundas Romanas; dos Escoriais espanhóis; das Piras Egipcíacas, e dos Pagodes Asiáticos. Seja seu abono o entendido, e Real arquitecto Filipe o Prudente, que apenas elevou os olhos à abóbada no meio deste Templo, quando parecendo-lhe impossível o sustentar-se no ar uma massa amplissima e laboriosa, achando-se glorioso com razão do de São Lourenço [o Escorial], voltado aos seus disse. "Digo-vos na verdade que no Escorial não fizemos nada". Baste isto; porque Filipe não soube dizer lisonjas, nem se o soubesse tinha agora diante de si a quem as dizer. Quisera eu que caisse esta maquina no tinteiro de Vitruvio, que com a sua pena a [maquina dos Jerónimos] procurara sacar dele [do tinteiro] para passear [n]o Mundo, como fez da [maquina] do teatro de Marcelo, o teatro de Marcelo não fora de mais opinião no seu conceito [o de Vitruvio] que no de Filipe a sua [opinião de Vitruvio]. Quisera também que a ligeireza deste meu estilo me licenciasse para alguma prolixa descrição porque embora mal lograda esta, fizera guardar silencio a fama dos mais solenizados Edifícios. Vi os admiraveis de Espanha, vi os admiraveis de Italia; li os admiraveis do Mundo; tenho bastante conhecimento da Arte, e falo com todo o respeito ao estranho [ao requintado, ao belo]. Nenhuma das semelhantes ao lido ou ao visto deixa de fazer maiores algumas Portuguesas. O Mosteiro de Alcobaça, maravilha primogenita deste Reino e do seu primeiro Rei; o da Batalha onde se manusearam as pedras como se fossem cera levando-as para onde quis a Arte mais subtil de lavores; a do Convento de Tomar onde se recolhe um Rei com toda a sua Corte sem achar-se em apertos; esta de Belem que naquela parte admirada por Filipe ultrapassa todas as do Mundo; uma nave da Índia fabricada em Lisboa; e em Lisboa o triunfo da entrada de Filipe II no ano de 1629 [sic; erro por 1619]» (II, IV, I, 37)[25].

---

[25] Pensei ao princípio que a expressão de Faria e Sousa "uma nave da India fabricada em Lisboa" se referisse aos Jerónimos. Mas Rafael Moreira chamou-me a atenção para o facto de o escritor ter provavelmente querido falar dos próprios navios portugueses da carreira das Índias, recordando-me a admiração que essas arquitecturas navais suscitavam e o facto de Filipe II ter expressado o desejo de ser sepultado num caixão feito com a madeira da famosa nau *Cinco Chagas* (o ataúde foi projectado por Francisco de Mora). Foi também com madeiros desse barco que se fez a cruz principal do altar-mor da igreja do Escorial. Deve recordar-se neste contexto o facto de João Baptista Lavanha ter anotado no seu relato da *Joyeuse Entrée* de Filipe III em Lisboa a admiração com que a corte observou uma nau da Índia ancorada no Tejo.

No passo seguinte, Faria e Sousa elogiou a Torre de Belém e no passo 61 lamentou não se terem acabado as Capelas Imperfeitas da Batalha porque essa obra

"imitava a Rotunda Romana [o Panteão]; em capacidade não lhe seria desigual; em trabalho excedia-a largamente: porque o que ali se ve de delicadezas executadas em pedras ultrapassa o que mais finamente se ve lavrado em ouro; porque é mais domavel, e se deixa levar para onde quer o Artifice, mas levando ordinariamente as pedras o Artifice para onde querem, aqui aparecem elas obedientissimas com admiração".

Estes espantosos textos esclarecem definitivamente o sentido mais profundo do primeiro que citei. Aí, o principal alvo da critica artística de Faria e Sousa era a arquitectura que alguns historiadores chamam desornamentada (em Espanha) e outros chã (em Portugal), ou seja, a arquitectura classicista desprovida do luxuoso ornamento do primeiro Renascimento.

Os textos sobre os Jerónimos ou a Batalha levam mais longe e mais fundo essa critica, ou melhor, dão-lhe um sentido diferente. De facto, Manuel de Faria e Sousa parece considerar as obras mais importantes da arquitectura da época de D. Manuel mais dignas de louvor que o paradigma por excelência do classicismo (o Panteão).

Faria e Sousa enunciou uma ideia de história da arquitectura que é muito mais nossa contemporânea que classicista: para ele, o mundo da arquitectura não era o circulo fechado que da Antiguidade vem até ao Renascimento, mas um mundo mais vasto que não só incluía o gótico como a arquitectura egípcia e os "pagodes" da Índia.

Uma opinião tão radicalmente herética em relação ao classicismo arquitectónico tinha algumas tradições entre nós. Recorde-se o texto (perdido) de D. João de Castro, *Sphera da Instructura das Coisas* e a opinião deste escritor acerca de uma origem oriental para a arte greco--romana[26]. Ora, D. João de Castro foi a principal fonte inspiradora do estudo de Faria e Sousa sobre o mundo oriental.

Cabe acrescentar que os Jerónimos haviam já sido comparados favoravelmente com a arquitectura romana, com a egípcia e ate com o Templo de Salomão, logo em 1504 (estavam as obras em início), por D. Pedro de Meneses, bem de acordo com o orgulho característico do período manuelino – que Faria e Sousa retomou[27].

---

[26] Ver a este propósito Rafael Moreira, "Arquitectura", e S. Deswarte, "Antiguidade e Novos Mundos".
[27] Ver, Rafael Moreira, *Jerónimos*, Lisboa, Verbo, 1987, p. 6.

O elogio da arquitectura gótica e manuelina serviu também a Faria e Sousa para legitimar o uso do ornamento laico de modo a permitir a liberdade artística face à crença dogmática. Tinha razões culturais mas também pessoais para isso: o seu livro *Comentario a la Lusiada*, publicado em Madrid em 1639, fora condenado e recolhido pela Inquisição de Lisboa, ainda e sempre avessa à mitologia greco-romana. Deve acrescentar-se, aliás, que noutros passos de descrição das lendas hindus, o escritor exprimiu a ideia de que estas teriam servido de inspiração a Camões[28], justificando assim duplamente o interesse e admiração que lhes dedicou e à ornamentação arquitectónica que pensava derivar delas.

Sylvie Deswarte[29] sugeriu uma possível ligação entre o passo de Faria e Sousa sobre os Jerónimos na *Europa Portuguesa* e o *Auto da Ave Maria* de António Prestes (uma obra escrita talvez cerca de 1550). Nesse Auto, um Diabo vestido à italiana – personificação de Vitruvio e Francisco de Holanda – preferia a "obra limpia, pura e severa" do classicismo ao gosto "grosseiro e silvestre" (manuelino) de um "Cavaleiro" português.

A "obra limpa" criticada por António Prestes é aproximável da obra "lisa" que Faria e Sousa ridicularizou um século mais tarde; Prestes suspeitava da arquitectura renascentista dos anos de 1550 e 60 (que via como um estilo "severo"), Faria e Sousa alargou essa suspeita à arquitectura desornamentada de Filipe II.

O sentido da crítica arquitectónica do nosso autor é, deste modo, claríssimo: ele estava contra a arquitectura da Contra-Reforma e contra a arquitectura filipina – retomando assim, um século depois, com outros argumentos e outra cultura, as frases corrosivas do Auto de António Prestes. O contexto cultural da época em que escreveu é que era completamente diferente. Nada o pode esclarecer melhor que outra peça de teatro, esta contemporânea de Faria e Sousa e a cuja única representação é quase certo que assistiu.

Refiro-me à *Tragicomedia de D. Manuel ou da Conquista do Oriente*, escrita pelo professor de retórica do colégio lisboeta de Santo Antão da Companhia de Jesus, padre António de Sousa (fal. 1625), e levada à cena nos pátios deste colégio em 21 e 22 de Agosto de 1619 integrada nas fes-

---

[28] Ver, por exemplo, a referência à lenda da proposta de casamento do gigante Vanem a Pirandanal, avatar de Visnhu, que Faria e Sousa diz ter inspirado o episódio de Tetis e do Adamastor (*Ásia Portuguesa*, II, IV, IV).

[29] Ver S. Deswarte, "Francisco de Holanda", onde a autora suspeita – a meu ver com razão – que Faria e Sousa leu o Auto de António Prestes ao falar da pena e do tinteiro de Vitrdvio; a primeira referência ao Auto de António Prestes em matéria de arquitectura foi, segundo Deswarte, a de Joaquim de Vasconcelos em 1896 – ver S. Deswarte, idem, nota da p. 44. Ver ainda sobre este assunto, Paulo Pereira, *A Obra Silvestre*, p. 58.

tas da *Joyeuse Entrée* em Lisboa de Filipe III (Filipe II de Portugal). Faria e Sousa estava em Madrid desde o inicio desse ano ao serviço de D. Pedro Alvares Pereira, Secretario de Estado do Conselho de Estado de Portugal. Foi com ele que participou pessoalmente na *Joyeuse Entrée*, cujo relevante papel na história da arquitectura portuguesa foi discutido por George Kubler[30]. Faria e Sousa veio a Lisboa nessa ocasião e esteve na cidade entre Maio e Novembro de 1619[31].

Movimentando mais de trezentas personagens e elaboradas máquinas de cena, a peça, falada em latim, cantada em português e dançada por (fingidos) índios brasileiros e pretos de África na presença do Rei, da Raínha e da Infanta D. Maria, tratava de três heróis da conquista portuguesa da Índia, Vasco da Gama, Francisco de Almeida e Afonso de Albuquerque. O acontecimento teve a maior repercussão, a ponto de Lavanha ter incluído uma descrição pormenorizada do espectáculo na sua crónica da *Joyeuse Entree*. Acompanhando Pedro Alvares Pereira, integrado na multidão de cortesãos que se acotovelou para assistir à peça, estava certamente Faria e Sousa. A riqueza dos trajes exóticos, das arquitecturas efémeras, da erudição classicista e histórica, deve tê-lo impressionado tanto como impressionou toda a gente. Não lhe pode ter passado ao lado o propósito dos jesuítas: encenar face ao novo rei a glória do mais importante rei passado e reforçar o pedido dos lisboetas para que Filipe se instalasse na nossa capital[32].

---

[30] George Kubler, A *Arquitectura Portuguesa Chã, entre as especiarias e os diamantes*, Lisboa, 1988 (1ª ed. – americana –, 1972), pp. 110-133.

[31] Ver *Fortuna*, ed. cit., pp. 164-165.

[32] A *Tragicomedia* foi pormenorizadamente descrita e parcialmente transcrita pelo sacerdote de Setúbal João Sardinha Mimoso que, significativamente, dedicou essa obra ao duque de Bragança D. Teodósio: *Relación de la Real Tragicomedia con que los Padres de la Companhia de Jesus en su Colegio de San Anton de Lisboa recibieran la Majestad Catolica de Felipe II de Portugal...*, Lisboa, 1620. Ver tambem a descrição de João Baptista Lavanha em *Viagem da Catholica Real Magestade Del Rey D. Felipe II N. S. ao Reyno de Portugal*, Madrid, 1622, pp. 67 e segs. Para uma boa discussão da peça e do seu contexto, ver Claude-Henri Fréches, "Le Theatre neo--Latin au Portugal, La Tragicomédie de D. Manuel", separata de *Le Théatre neo-Latin au Portugal, 1550-1745*, Paris-Lisboa, 1964, pp. 106-148 (a separata foi publicada in "Portugiesische Forschungen des Gorrengeselschaft", Münster Westfalen, 1965). Para alguns dados sobre o p. António de Souza, SJ, ver p. Francisco Rodrigues, *História da Companhia de Jesus na Assistência de Portugal*, 7 vols., Porto, 1931-50, vol. I, pp. 104-109. O *Memorial* de Pero Ruiz Soares (ed. Coimbra, 1953, p. 432) descreve o ambiente excitado em que decorreu a representação. Ver finalmente João Francisco Marques, A *Parenética Portuguesa e a Dominação Filipina*, Porto, 1986, pp. 138 e segs., para a integração do acontecimento na cultura da época. Para a questão da capitalidade de Lisboa na época dos Áustria ver Fernando Bouza, "Lisboa Sozinha, Quase Viúva, a cidade e a mudança da Corte no Portugal dos Filipes", *Penélope*, n.° 13 (Lisboa), 1994, pp. 71-93. [republicado em *Portugal no Tempo dos Filipes, política, cultura, representações (1580-1668)*, Lisboa, Cosmos, pp. 159-184]

Antes de fazer a sua entrada solene em Lisboa, Filipe III estivera instalado no mosteiro de Belém durante um mês inteiro. Aí deve ter recebido a Corte. Por aí deve ter passado Faria e Sousa. Depois de observar com lazer o monumento manuelino, o nosso escritor assistiu ao Auto sobre a glória de D. Manuel.

O elogio de Afonso Henriques, à glória de quem o padre António de Sousa escrevera e fizera representar em Santo Antão outro auto em 1617, e de D. Manuel, era vulgar na época entre pregadores e panegiristas portugueses atormentados com a decadência do Império. Recorde-se que a *Monarquia Lusitana* fora publicada entre 1597 e 1609 e que outras obras estavam já à disposição dos leitores com a sua insistência na origem divina da monarquia portuguesa (*Diálogos de Varia Historia* de Pedro de Mariz, 1594, *Crónica de Cister*, 1602, e *Elogio dos Reis de Portugal*, 1603, de Frei Bernardo de Brito). Faria e Sousa limitou-se a trazer este ambiente para o campo da arquitectura. Resulta instrutivo compararem-se as muitas páginas que dedicou ao comentário entusiástico das obras de D. Manuel na *Europa Portuguesa* com a secura com que se ocupou das de D. João III (II, IV, I e II, IV, II, respectivamente). O elogio do manuelino por Faria e Sousa parece demonstrar também que muitos começavam a perceber como excessivamente duro, tanto do ponto de vista formal como doutrinário, o carácter da arquitectura portuguesa posterior a 1550 e a sua continuidade nas obras rigoristas de Filipe II e Herrera.

João de Barros usara a arte hindu para defender a introdução em Portugal de um novo ornamento – o renascentista; Faria e Sousa recorreu a ela, um século depois, para justificar outra mudança estilística: do classicismo desornamentado para o barroco.

Mas as opiniões pioneiras de Faria e Sousa, e o seu nacionalismo arquitectónico, só são explicáveis se tivermos também em conta o ambiente em que o escritor pensou e escreveu, ou seja, o ambiente espanhol. Também na monarquia dos Áustria – especialmente a partir de Filipe II – se vinha a afirmar uma conjuntura cultural marcada pela história.

As glórias de Espanha redescobertas e publicadas serviam muitos paralelos espanhóis do nosso frei Bernardo de Brito. Era constantemente invocada como exemplo a arquitectura gótica das catedrais de Salamanca, Burgos, Toledo, e até a arquitectura moçárabe do Alhambra de Granada. Também em Espanha, e talvez por influência portuguesa, as arquitecturas exóticas serviam como termo de comparação para o elogio das obras europeias do século XVI. Num poema de 1606, as casas de Filipe III em Madrid são descritas como tão sumptuosas que ate os "índios" as admiram e o "humilde Manzanares não tem inveja do Ganges"[33] referência óbvia à cultura portuguesa, reforçada pelo facto de se mencionar a Índia oriental e não a América azteca ou inca.

A cultura artística espanhola da época estava também marcada por orgulhosas posições anti-italianas (ou pelo menos a-italianas) que, em volta do elogio da estereotomia, da invenção no desenho de abóbadas e escadas, e do elogio do próprio gótico, culminariam no tratado de Caramuel *Arquitectura Civil Recta y Obliqua* publicado em 1678[34].

A defesa apaixonada do mosteiro de Belém por Faria e Sousa correspondia também, evidentemente, a um desagravo pelo texto de Frei José de Siguenza, *Historia de la Orden de San Jeronimo*, publicado em Madrid em 1605, que continha um violento ataque à fabrica manuelina que o padre visitara em 1581-1583 com o rei e Herrera. O excerto que transcrevi no início deste artigo chega a parecer uma resposta directa ao frade espanhol quando este último, a propósito dos Jerónimos, ridiculariza a arquitectura "moderna... siempre adornada de follages, y de figuras, y molduras, y mil visages impertinentes", elogiando em contrapartida a capela-mor de D. Catarina construída numa epoca na qual, em Portugal, já haveria "alguna lumbre de la Arquitectura buena".

Faria e Sousa propôs-se operar uma completa inversão do sentido do livro de Siguenza. Para este ultimo, os Jerónimos eram uma obra dotada de uma tão grande força simbólica e construtiva como o Escorial. Tratava-se porém de uma força negativa, como se Santa Maria de Belém fosse o pólo oposto da fabrica filipina, o pólo "negro" (gótico) de uma cultura arquitectónica peninsular (e jerónima) em emulação directa com a cultura italiana, um pólo "negro" que era preciso eliminar para que o outro pudesse brilhar melhor. Muitos outros escritores espanhóis do século XVII e até do século XVIII apresentaram o Escorial como uma obra superior ao próprio Panteão de Roma.

Faria e Sousa não veio fazer mais que o oposto. Mas a sua recuperação dos Jerónimos teve que passar por um alargamento do terreno da batalha (arquitectónica e nacional) para fora dos limites do classicismo e da

---

[33] Sobre o ambiente artístico-cultural espanhol nesta época, ver Alicia Câmara Muñoz, *Arquitectura y Sociedad en el Siglo de Oro*, Madrid, El Arquero, 1990. O poema esta citado na p. 192.

[34] Sobre esta questão, em pleno desenvolvimento na historiografia espanhola, ver essencialmente José Carlos Palacios, *Trazas y cortes de canteria en el Renacimiento Espanhol*, Madrid, 1990; Rosário Camacho, *El manuscrito sobre la Gravitación de los Arcos contra sus Estribos del arquitecto António Ramos*, Málaga, 1991; António Bonet Correa, *Figuras, modelos e imagenes en los tratadistas espanholes*, Madrid, 1993.

própria Europa. E também pela invocação do testemunho de Filipe II, um "aliado" colhido no campo "inimigo". De facto, a frase elogiativa que Faria e Sousa atribuiu ao rei (e cuja fonte só seria possível determinar sabendo-se em que círculos se movia o escritor em Madrid) vinha dar mais força à defesa do monumento[35].

Há um ultimo aspecto que merece ser discutido: Faria e Sousa viveu a maior parte da sua vida de adulto rodeado de arquitecturas de vanguarda, eruditas, fortemente ornadas, protobarrocas e barrocas, em Espanha e em Itália, onde também esteve. É razoável supôr-se que a sua releitura do manuelino se fez à luz das poéticas e das arquitecturas barrocas.

Neste quadro, deve concluir-se que as suas opiniões sobre a arquitectura portuguesa eram não somente uma critica propriamente arquitectónica mas uma denúncia da miséria da pátria[36] em contraposição à glória de outros tempos, os da dinastia de Avis.

Acresce que as obras de Faria e Sousa começaram a circular em Portugal nos anos 70 do século XVII, três a quatro décadas depois de terem sido escritas. Decorria nessa altura entre nós uma conjuntura arquitectónica muito particular e ainda mal esclarecida: a chamada transição para o barroco. Nesta conjuntura, já noutro lugar assinalei a importância de um certo revivalismo das arquitecturas portuguesas do século XVI (manuelina e renascentista)[37]. Esse recordar das glórias pátrias em arquitectura ou decoração arquitectónica era paralelo à sua recordação nas letras, na historiografia e até na politica da Restauração.

---

[35] É de reparar que Faria e Sousa falou do rei como arquitecto e referiu a admiração real por Vitruvio. A sua frase serviu de inspiração tardia ao manuscrito do padre Manuel Baptista de Castro, escrito em 1746-1750, *Crónica do Máximo Doutor e Principe dos Patriarcas S. Jerónimo*. Um manuscrito anterior, de 1654-1657, escrito por frei Diogo de Jesus, pode ter ido buscar ao *Epitome de la Historia Portuguesa* de Faria e Sousa (1628), primeira versão da *Europa Portuguesa*, a ideia dos Jerónimos como "Maravilha do Mundo". Sobre estes manuscritos e o texto de Siguenza, ver Rafael Moreira, "Com Antigua e Moderna Arquitectura – Ordem Clássica e Ornato Flamengo no Mosteiro dos Jerónimos", Catálogo *Jerónimos, Quatro Séculos de Pintura*, Lisboa, 1993, vol. I, pp. 24-39.

[36] É interessante tomar nota de que a lamentação de Faria e Sousa acerca da pobreza das casas nobres do seu tempo em comparação com as antigas vem exactamente ao arrepio das denúncias espanholas acerca do excessivo luxo dos palácios espanhóis da época: "As casas que ha setenta anos se julgavam suficientes para um grande, julgam-nas curtas agora pessoas de muito inferior qualidade", escreveu Fernandez Navarrete em 1626 (cit. in A. Camara Muñoz, op. cit., p. 86).

[37] Ver Paulo Varela Gomes, "O regresso a Ordem (e às Ordens), aspectos da cultura arquitectónica em Portugal na época do Padre Inácio da Piedade Vasconcellos", in *A Confissão de Cyrillo*, Lisboa, Hiena, 1992, pp. 41-64.

O passo de Faria e Sousa acerca da arte dos seus Ovídios Malabares vinha a propósito: a comparação entre a arquitectura hindu e a dos portugueses dos séculos XV e XVI não pode ter deixado de ser escrita nos anos de 1630 e 40 (e lida nos anos 70 e 80) como um apelo a um destino artístico e nacional ligado ao Império ultramarino e não à Europa espanhola.

# PORTUGUESE SETTLEMENTS AND TRADING CENTRES

2004

By the end of the sixteenth century the Portuguese controlled a network of more than 100 trading posts and settlements along the coast of Asia. At the centre was Goa, on the Konkan coast of India, the largest European-ruled city in Asia. Goa was part of a territorial enclave some 96 kilometres long by 23 kilometres wide, which was substantially enlarged during the second half of the eighteenth century. The Portuguese also dominated two other territorial settlements: the so-called Northern Province of India, a strip 320 kilometres long between present day Revdanda (south of Bombay) and Daman; and the low lands of Ceylon (Sri Lanka), an area of about one third of the island.

However, at first the *Estado da Índia* ('State of India') as the Portuguese possessions in Asia and eastern Africa were known – was primarily a network of small towns and forts. From Cochin (Kochi; in Portuguese Cochim), Cananor (Konnur), Onor (Honawar) and other places along the Malabar coast of India the Portuguese collected spices, mainly pepper celebrated as 'the light of our eyes' by Gaspar Correa, a chronicler of the 1540s[1]. Most of the settlements, like Cochin, were fortresses ceded by local rulers with Portuguese towns built around them. Others, like Malacca on the western coast of the Malay Peninsula, were the result of outright conquest. There were also settlements governed by the Portuguese under the close surveillance of powerful Asian rulers: Macao on the south China coast was a 'republic of merchants' under its Portuguese town Senate and submitted to the 'realpolitik' of Chinese authorities[2].

This essay begins by looking at some of the ways in which Asian urban forms were perceived by the Europeans and how those perceptions

---

[1] Gaspar Correia, *Lendas da Índia*, 4 vols, Porto, Lello & Irmão Editores, 1975: I: 626.
[2] Luís Filipe Thomaz, *De Ceuta a Timor*, Lisboa, Difel, 1994, p. 231.

related to Portuguese town planning and building in Asia. Four Portuguese settlements are examined in this light: Diu, Cochin, Malacca and Macao. The issue of the progressive miscegenation of architectural forms in Portuguese Asian collective spaces is then examined to ascertain whether Asian streetscapes were really perceived as Asian.

In his second *Década da Ásia* (1553), the historian João de Barros (1496-1570) described the arrival at Diu in 1509 of the first Portuguese fleet to sail that far north along the coast of India. Diu is a small town located on an island off the coast of Gujarat at the entrance of the Gulf of Cambay. According to Barros, when the Portuguese first saw Diu they 'longed for the fatherland of which they were reminded by the towers and the beauty of the buildings in the Iberian manner such as they had never seen before in the Malabar Coast...'[3]. Later in his book, Barros wrote about Malacca, at the other end of the Portuguese Indian Ocean world. The impression he conveyed was totally different: 'Our people [...] did not encounter walls, towers, majestic whitewashed stone buildings, or any other fortification and beauty of the towns of Iberia [...]. The city was almost all made of timber and the houses were covered with palm leaves in the manner of those parts...'[4]. Barros was never in Asia but the stories he heard about the arrival of the Portuguese at Diu and Malacca would have made perfect sense to him; he knew very well the cities and buildings 'in the manner of Iberia' (*Hespanha*) and especially the Moorish or *Mudejar* architectural features admired by the Portuguese in North Africa or at Sintra, Seville and Cordoba. Diu was (and still is) a walled town of northern India type which is quite different from Malacca or the towns of Malabar. The terms of comparison, the features by which the Portuguese evaluated the monumentality or the beauty of towns, are quite clear in Barros' text. The existence of stone houses is the first thing the Portuguese remarked upon, and the first thing they missed, along the Indian coast where stone and tiled buildings were considered appropriate only for temples and royal households[5]. The Mediterranean types of urban plans and streetscapes were also a key distinguishing factor between what the Europeans liked in Asia and what they did not. The French traveller Pyrard de Laval (c.1570-1621), who visited Malabar between 1601 and 1610, was disappointed with the Hindu town of

---

[3] Barros, João de, *Décadas*, Lisboa, Livraria Sá da Costa, 4 vols, 1983: II: III: I
[4] Ibid: III: VI: II.
[5] Gaspar Correia: I: pp. 629-631. About Portuguese perceptions of Indian towns art and architecture, see Paulo Varela Gomes, 'Ovídio Malabar' [nesta colectânea].

Calicut (Khozikhod): 'The houses are not laid out in order, nor aligned along streets like in Europe, but dispersed here and there'[6]. By contrast, the streetscapes of Chinese towns were enthusiastically praised by sixteenth-century European chroniclers who perceived them as a consequence of the right kind of governance. The Dominican Gaspar da Cruz in his 'Treaty of the Things of China' (1569) wrote many pages about the beauty of Chinese cities, in which he especially liked stone construction and straight streets[7].

The regularity of the urban layout (which only very seldom meant orthogonality) was something the Portuguese sought to achieve in their newly built Asian settlements through state authority and the activity of military engineers and architects. When the state was not present, as in Macao, spontaneous towns were built. A simple factory was established in Macao in 1557 as a stop-over in the trade route between Malacca and Japan. The Chinese closely monitored this very rare concession of theirs and collected taxes on both factory and passing ships. In 1575 they built a wall in the isthmus separating the conceded territory from mainland China but they never allowed the Portuguese to build a complete wall of their own around the whole of the town perimeter.

Macao's urban layout was established by the private initiative of Portuguese merchants – who ruled the factory through the town Senate. Viceregal authority was limited to the brief sojourns in town of the Captain of the China and Japan route. This is probably why a source of 1623 described Macao as 'too spread out' because 'each person builds in his own way, without any respect for the common good'[8]. In 1623 the Viceroy of the *Estado da Índia* appointed a resident governor and only afterwards did the town acquire modern European urban features such as forts protecting some areas of the harbor against Dutch incursions from the sea, large churches and convents which, as the Jesuits' S. Paulo, dominated the townscape by its elevated location and large frontal staircase.

---

[6] Fancisco Pyrard de Laval, *Viagem de Francisco Pyrard de Laval*, 2 vols, Porto, Livraria Civilização, 1944: I: p. 299.

[7] In Rafaella D'Intino, *Informação das Cousas da China. Textos do século XVI*, Lisboa, Imprensa Nacional, 1989: pp. 148-254.

[8] Quoted by Rafael Moreira, 'As formas artísticas', *História dos Portugueses no Extremo Oriente*, Lisboa, Fundação Oriente, 1998: I, pp. 449-502. See also José Manuel Fernandes, 'Macau, da cidade antiga à arquitectura recente', *Arquitectura Portuguesa*, 12(1988), pp. 62-73; J. M. Fernandes, 'Macau', *Os Espaços de um Império*, catalogue, Lisboa, Comissão Nacional para as Comemorações dos Descobrimentos Portugueses, 1999, pp. 211-212; Carlos Baracho, 'Um percurso ao encontro do medievalismo em Macau', *Revista de Cultura*, 34(1998), pp. 147-180.

The first modern colonial town in Asia was lower Cochin on the Malabar Coast[9]. The Italian traveller Pietro della Valle (1586-1652) observed in the 1620s that 'in almost all territories of India near the seacoast there happen to be two places of the same name, one called the higher, or inland, belonging to the natives, the other the lower, near the sea, to the Portugals'[10]. This was the situation in Cochin, the key pepper trading centre, where in 1503 the Portuguese were authorised to build a fort by the local raja. A couple of decades later there was a town extending from the fort to upper or higher Cochin (modern-day Mattancherry), where the Hindu and Muslim communities lived. As in most Malabar Portuguese settlements the Christian town had a fort by the sea, protecting the harbour, where the governor lived. Outside the fort, there were the streets and houses of the *casados* (Portuguese settlers, mostly married to Asian women) and the Indian Christian community. This city had some broad and almost straight streets, more or less regular squares in front of churches, rectangular shaped blocks of houses each with its own small garden and orchard (*quintal*)[11].

This type of settlement never really existed in Diu in spite of the Portuguese efforts to implement it (**im. 28**). Diu is an island some 24 kilometres long, separated from the Gujarati mainland by a canal and a harbour. The Asian fortress which stood at the island's eastern tip was ceded to the Portuguese in 1535. It was subsequently enlarged and modified until it became the most spectacular European fortified site in South Asia. The Gujarati town extended from the fortress to a long 'sea-to-sea' wall, as the Portuguese sources put it, which separated urban Diu from the rest of the island. The Portuguese established a little town inside the fortress which eventually housed 600 men of arms, many with their families, and created a defensive *non aedificandi* area in the immediate vicinity of the bastions by demolishing all buildings there. The rest, the town close to the sea--to-sea wall, they hardly touched. Portuguese plans or surveys rarely tried to accurately represent its intricate pattern of streets, courtyards and alleys.

---

[9] Walter Rossa, *Cidades Indo-Portuguesas/Indo-Portuguese Cities*, Lisboa, Comissão Nacional para as Comemorações dos Descobrimentos Portugueses, 1997, pp. 35-39.

[10] Pietro Della Valle, *The travels of Pietro della Valle in India*, 2 vols., London, Hakluyt Society, 1892: II, p. 297.

[11] About Cochin see J. A. R. da Silva Tavim, "A cidade portuguesa de Santa Cruz de Cochim ou Cochim de Baixo" in Luís F. R. Thomaz (ed.), *Aquém e Além da Taprobana, estudos Luso-Orientais à memória de Jean Aubin e Denys Lombard*, Centro de História de Além-Mar, Universidade Nova de Lisboa, 2002, pp. 135-189; Helder Carita, "The dock warehouses in Cochim de Cima: continuity within Portuguese-influenced urbanism and architecture in the Cochin area", *Oriente*, 15(2003), pp. 48-66.

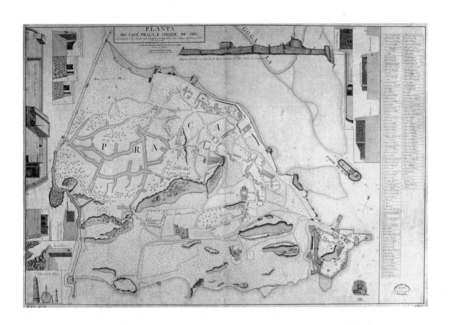

IMAGEM 28:
Planta do forte e cidade de Diu, José Aniceto da Silva, 1833

Most plans, even those designed by such precision experts as the military engineers, represent this area as an abstract maze. It is as if this part of Diu was not important for the Europeans.

As indeed it was not. From the sixteenth to the twentieth centuries there were several attempts to attract European and Asian Catholic families to Diu. The idea was to build a settlement for Catholics between the fortress and the Asian town. In the second half of the sixteenth century the religious orders – Jesuits, Franciscans and Dominicans – established their churches and convents between fort and town but away from the *non aedificandi* area. In the late eighteenth century a modern port and market square were built, and later a large straight street and a governor's palace[12]. Yet all attempts to develop the town failed. The growing importance of Surat and, later, Bombay, deprived Diu of its military and economical relevance as the gateway to the Gulf of Cambay. The island survived on its own agricultural and fishing resources and the local trade of Gujarati and Parsi merchants. In spite of the presence of the churches, the *ferenghi wadi* (the foreigner's quarter) as it is still known, inhabited by Gujarati Catholics, was never really anything other than what one sees today: silent monumental buildings partly in ruins, some quiet streets, and a handful of houses.

Malacca was much richer than Diu, much bigger and much more diversified in community terms. It was the centre of all trade from Ceylon to Japan, re-exporting Indonesian spices to China and the Bay of Bengal, sending cotton textiles from India to the Indonesian archipelagos, collecting and redistributing Chinese porcelain and copper, and paying for Chinese merchandise in South American, Japanese and Indian silver. The presence of the Portuguese in Malacca lasted from 1511 to the Dutch conquest in 1641. The city was represented in a series of plans dated 1613[13]. (**im. 29**) In Malacca, as in Diu, the Portuguese town was inside the fortress. The plans show that before 1613 a part of the Asian town to the north-east of the fortress underwent an urban planning operation consisting in the erection of a bastionated wall and the opening of straight streets connecting the *Kampongs* of two Asian communities: the

---

[12] About Diu, see W. Rossa, ibid: 69-75. R. Moreira, 'A fortaleza de Diu e a arquitectura militar no Índico', *Os Espaços de um Império – Estudos*, Catalogue, Lisboa, Comissão Nacional para as Comemorações dos Descobrimentos Portugueses, 1999, pp. 139-147; Luís F. D. Antunes, 'Diu, espaços e quotidianos', ibidem, pp. 149-159. [N. Grancho, "Diu: uma tentativa de cidade", *Oceanos*, 6 (2003), pp. 86-101].

[13] Viana de Lima, *Reviver Malaca*, Porto, Figueirinhas, 1988. R. Moreira, 'As formas artísticas', *História dos Portugueses no Extremo Oriente*.

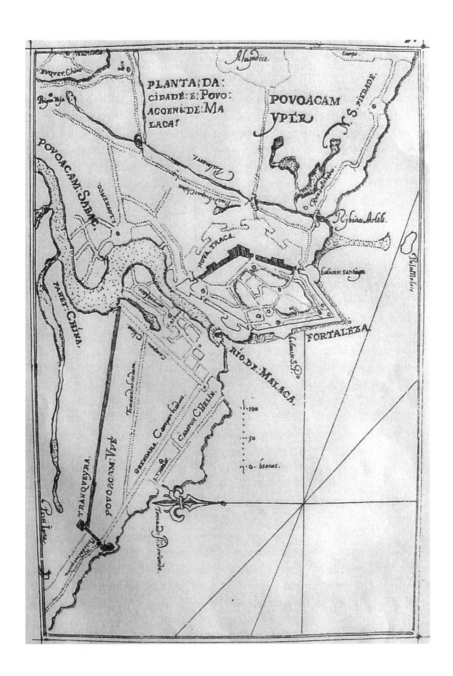

IMAGEM 29:
Carta de Malaca e sua região, Manuel Godinho de Erédia, ca. 1613

Chinese and the *Quelins* (Kelings, the Coromandel Tamil merchants), the latter under the authority of their community leader, the *Bendara* (or Bendahara) who acted as a political go-between with the Portuguese governor. This walled town, known as Upeh, and the Chinese quarter, undoubtedly had Catholic communities judging by the presence of churches. Other churches in the Malaysian towns of *Yrer* (Hilir) and Sabac also represent the conversion efforts of the religious orders. Malacca had circa 7500 Christians in a overall population of around 100000 people[14]. At the end of the sixteenth century, 600 *casados* lived in the Portuguese town which had its institutional urban landmarks: the governor's house, the fortified tower with the European's jail, several parish and religious orders' churches, and, in common with Portuguese practice in all parts of Asia, three hospitals: the Royal Hospital for the *soldados* (the European soldiers) the *Misericórdia* for the *casados* and the nobles and the poor people's Hospital (for European and Asian poor).

In his famous description of the Royal Hospital in Goa which he praised as the 'best in the world' because of the quality of its internal organisation, cleanliness and efficiency, Pyrard de Laval wrote that it was for 'white people' only, primarily soldiers. But not for all white people: the aristocrats went to the *Misericórdia* hospital, while the poor civilians – together with the *cristãos novos* (descendants of Jews) and the Christian natives – had a third hospital[15].

Apart from the Hospital in Goa, Pyrard de Laval showed real appreciation of only one other urban feature of Portuguese Asian settlements: streetscapes. The streetscape of Catholic quarters in Asian towns became such a trademark of Portuguese settlements that all European visitors praised their familiar tiled roofs and whitewashed facades. As recently as 1998 the historian K. Chaudhuri, writing about the Gujarati town of Cambay where there was a Portuguese settlement by the end of the sixteenth century, referred to houses as 'in the Iberian style' and mentioned the 'obsessive feeling of being in a true Portuguese town'[16]. Pyrard praised the houses of Goa because they were whitewashed and tiled, had a *quintal* behind them and beautiful window panes made of *carepas* – seashells polished to transparency[17]. In 1535 there were already specia-

---

[14] Susana M. Miranda, and Cristina S. Serafim, 'O potencial demográfico', *História dos Portugueses no Extremo Oriente*, ibid: I, pp. 183-215.

[15] Pyrard de Laval, ibid: II, pp. 11-19.

[16] F. Bethencourt, F. and K. Chaudhuri, (ed), *História da Expansão Portuguesa*, 2 vols, Lisboa, Círculo de Leitores, 1998, I, p. 491.

[17] Pyrard de Laval, ibid, II, p. 48.

lised workers in the fabrication and transport of tiles in Goa[18]. In the account of his experiences in Asia in 1583-88 the Dutch traveller Jan Huygen Van Linschoten (1563-1611) illustrated the houses of Goa's *Rua Direita* (main street) as two floored tiled buildings with balconies on the first floor windows. These houses were not of northern European type, which is probably why Linschoten represented them so conspicuously. The ethnic variety of people he paraded in front of the houses added to the 'Asian' flavour which made Linschoten's book such a success in Europe.

However, Goa's streets, and more generally the collective spaces of Indo-Portuguese towns, were the stage for constant acts of westernisation. Pietro della Valle took part in the feast of the canonisation of the Jesuits St Ignatius and St Francis Xavier in 1624 recording that the Goan streets were taken by a 'cavalcade of three squadrons of [Jesuit] collegians representing the Asiatic, Africans and Europeans'. However, the 'Asiatics' were not there as themselves, but as representations of themselves according to the European *topoi*: turbaned, with lavishly arrayed horses[19]. There was a chariot representing European mythology in the shape of Mount Parnassus with Apollo and the Muses and there were pyramids with Indian participants dressed as…well, as Indians. 'I believe there is no city in the world where there are more processions than in Goa' concluded Della Valle[20].

The desire of Portuguese lay and religious authorities to communicate with Asian populations took a while to materialise in the adoption of local architectural features and styles. The Euro-Asian characteristics of Christian and Hindu architecture in the *Estado da India* has been much debated[21]. Most writers agree that initially the Portuguese adopted an Asian pattern of life and Asian decorative styles within the home. Linschoten wrote many pages about the way in which the Portuguese and Catholic Indians inhabited their houses. He described the interiors as not

---

[18] Viriato A. C. B. Albuquerque, *O Senado de Goa, memória histórico-archeologica*, Nova Goa, Imprensa Nacional, 1909, p. 87.

[19] Pietro Della Valle, ibid, II, pp. 402 ff.

[20] Ibid, II, p. 415.

[21] Some recent titles: David M. Kowal, "The evolution of ecclesiastical architecture in Portuguese Goa", *India and Portugal. Cultural Interactions*, José Pereira and Pratapaditya Pal (ed), Mumbai, Marg Publications, 2001, pp. 70-87 (first published *Mitteilungen der Carl Justi-Vereinigung*, 5(1993): 1-22). R. Moreira, 'From Manueline to Renaissance in Portuguese India', *Mare Liberum* 9(1995), pp. 401-407. Pedro Dias, *História da Arte Portuguesa no Mundo*, 2 vols, Lisboa, Círculo de Leitores, 1999. José Pereira, 'The evolution of the Goan Hindu Temple', *India and Portugal. Cultural Interactions*, ibid, pp. 89-97.

furnished in the European way and he was very interested in the Portuguese women who lived in those houses and who, according to him, behaved like Asians: they 'chew *betele* [*pan*], have bath, use incense and sandalwood perfumes, habits that they have inherited from the gentile Indians [...] In their gardens they have many tanks built in fine carved stone where they have fun swimming'[22].

The remarks of Linschoten are interesting when compared with those of Muslim chroniclers writing about Portuguese settlements and Hindu towns. Their curiosity was not raised by the architecture or streetscapes as they did not perceive these as different. Instead, what primarily interested them was the absence of polygamy and the fact that women seemed to rule the affairs of the house. In the Hindu Malabar world they remarked disapprovingly of the existence of polyandry and the public presence of women[23].

Linschoten described Goan houses as being 'in the Portuguese manner' and contrasted them to Hindu houses: 'these are very small and low, covered with straw, without any windows, with narrow and low doors'[24]. Pietro della Valle expressed similar views about the Hindu quarters of Calicut: 'He that walks through the city may think that he is rather in the midst of uninhabited gardens than of an inhabited city'[25]. Hindu houses are introverted structures which function around an internal courtyard and a ritual eating room, the *vasary*. The Christian houses were at first built to a rectangular plan with wide windows and balconies and with a *quintal* to one of the sides or at the back. Gradually, both types of houses changed. The process has been studied in the case of Goa: the courtyard of Hindu houses became surrounded by columns or classical pillars, while the Catholic houses gained internal courtyards or U and L shaped plans, had altars placed in the *vasary* and had lobbies (*sadery*) built where visitors from other castes could be received[26].

---

[22] Jan Huygen van Linschoten, *Itinerário, Viagem ou Navegação para as Índias Orientais ou Portuguesas*, Lisboa, Comissão Nacional para as Comemorações dos Descobrimentos Portugueses, 1997, pp. 28-34.

[23] See Zinadím, *História dos Portugueses no Malabar*, David Lopes (ed.), Lisboa, Imprensa Nacional, 1898 / Lisboa, Antígona, 1998. The book contains excerpts of Dowson, John, *The history of India as told by its own historians, the Muhammadan period edited from the posthumous papers of the late Sir H. M. Elliot*, London, Trübner, 1867-77.

[24] Linschoten, ibid, pp. 30 ff.

[25] Pietro Della Valle, ibid, II, p. 363.

[26] H. Carita, *Palaces of Goa*, Lisboa, Quetzal, 1995. Ângelo C. Silveira, *A casa-pátio de Goa*, Porto, FAUP Publicações, 1999. H. Carita, 'Indo-portuguese civil architecture, origins and first models', *India and Portugal. Cultural Interactions*, ibid pp. 99-113. Shankwalker, Raya, 'The balcão: a Goan expression', *India and Portugal. Cultural Interactions*, ibid, pp. 115-123.

Elaborate porches were also built which separated the house socially from the street while accentuating its urban presence. In the eighteenth and nineteenth centuries the struggle for prominence between upper caste Goan Catholics led to the erection of the magnificent stately houses which have come to characterise a part of Goan architecture. These had whitewashed façades, high pitched tile roofs designed to allow hot air to ascend, verandahs of wood and polished seashells – inspired by Mediterranean balconies which closed with elaborate wood sashes. The Hindu houses acquired a streetscape consciousness by adopting European classical façades with pilasters and cornices, but continued to have only very small windows designed to circulate air rather than afford a view.

However, the first representative buildings in Portuguese Asia to become Euro-Asian along the street fronts were Jesuit churches. At first the Jesuits, like everyone else, built in Asia what they knew how to build in Europe. Such is the case with S. Paulo, their first church in Goa, of which only part of the classical façade remains, and Bassein's (Vasai; in Portuguese Baçaim) college church with its splendid barrel vaulted single nave and retable-façade. However, at the beginning of the seventeenth century Jesuit architecture in Asia began to change. Nowhere is this more apparent than in Diu's college church (**im. 30**), in the Goa's Professed House of the Bom Jesus and at Macao's college church façade (all that remains of the building). The façades of the Bom Jesus and Macao are four and five orders high respectively – against the canonical two or three of European tradition – and all three buildings are decorated with highly expressive ornamental motifs mixing Flemish decoration with, in the Bom Jesus, volutes that look like Indian decorative spinning wheels (*chakra*) and, in the case of Macao, inscriptions in Chinese[27]. The Jesuit church of Santana de Talaulim, near Old Goa, built at the end of the seventeenth century, is the most Oriental of them all, with an extraordinary white stuccoed interior, profusely ornamented in its compact treatment of the orders. Santana reminds us that in much Asian architecture monumentality is expressed not by size but by the multiplication of elements[28]. During the eighteenth century Christian architectural traits were adopted by Maratha temple builders in Goa who wanted their religious architecture to appear as elaborate as Jesuit churches. The

---

[27] R. Moreira, 'As formas artísticas', *História dos Portugueses no Extremo Oriente*, ibid, I, pp. 449-502. R. Moreira, 'Uma fachada retábulo em Macau', *El Museo de Pontevedra*, LIII (1999), pp. 159-168

[28] J. Pereira, *Baroque Goa*, New Delhi, Books& Books, 1995, p. 41.

IMAGEM 30:
Igreja do colégio de S. Paulo, Diu, início do século XVII (fotografia de Joaquim Rodrigues dos Santos)

temples appropriated classical European domes over their sanctuaries, pilaster articulated walls, classicizing columns and three-nave porches.

Thus it can be seen that during the sixteenth and early seventeenth centuries Europeans' perceptions of Asian streetscapes and architecture were constructed around the occasional similarity with what they knew in Europe. It was European architecture that they looked towards as a model for the settlements they were to build in Asia. There was no uniform European perception of Asian cities or architecture. For Linschoten, Goa was as alien as Calicut albeit for different reasons, while for Pietro della Valle, Christian churches in India and Hindu temples were equally despicable in Italian classical terms[29]. The Portuguese perceived Muslim-influenced towns in India as if they were his own, praised Chinese towns as better than the European and despised Hindu settlements. The political admiration they had for the Mughal and Chinese empires is indistinguishable from their liking of stone walls, tiled roofs, straight streets. This helped shape the physical aspect of the towns built anew by the Portuguese in Asia. In 1600, for instance, the Portuguese Viceroy specifically ordered that all stone houses of Cochin be covered with tiles in order to distinguish them from Hindu houses made of palm leaves or trunks[30].

Renaissance Europeans in Asia were not observers in the modern sense of the word. They had little interest in difference[31]. As Pietro della Valle, the most modern of them, remarked: 'Indeed the Portugals are not at all curious'[32]. They were more like spies, people who look to use things and information rather than speculate about them. They despised what they could not identify as similar to things European. They identified themselves with the cultural traits they perceived as already known from Europe. Towns were seen as either 'in the manner of Iberia' or as uninteresting. The transformation of houses, churches, streetscapes, and of the arts, to incorporate the 'difference' of Asian forms only took place late in the seventeenth century when a dichotomy was clearly established, that is, when Asian forms began to be perceived as different.

---

[29] Della Valle, ibid: I, pp. 104, 156.
[30] K. S. Mathew, and A. Ahmad, A., *Emergence of Cochin in the pre-industrial Era: a study of Portuguese Cochin, documents from the Biblioteca da Ajuda, Lisbon*, Pondicherry University, 1990: doc. 65.
[31] Concerning modern instruments and cultures of observation, see Jonathan Crary, *Techniques of the Observer, on vision and modernity in the nineteenth century*, Cambridge Mass. and London, The MIT Press, 1992.
[32] Della Valle, ibid, II, p. 259.

# DANS LES VILLES DE L'ASIE PORTUGAISE: FRONTIÈRES RELIGIEUSES*

2004

J'ai été invité à participer à ce colloque en tant qu'historien de l'art et de l'architecture par des collègues historiens qui connaissent le travail de l'historiographie portugaise récente autour da l'art, de l'architecture et de l'urbanisme de l'Asie portugaise du 16$^{\text{ème}}$ et du 17$^{\text{ème}}$ siècles. En fait, les historiens et les architectes ont accumulé ces dernières 10 années beaucoup de cas d'études d'œuvres d'art, églises, temples, maisons où l'on enregistre la confluence évidente du goût et des cultures de l'occident et de l'orient[1].

---

\* Je remercie vivement mon collègue Walter Rossa et, à l'Université Nouvelle de Lisbonne, Rafael Moreira, Ângela Barreto Xavier, André Teixeira et Zoltán Biedermann d'avoir lu la première version de ce texte et corrigé ses erreurs les plus frappants. Ils doivent néanmoins être excusés pour ceux que je n'ai su éviter par la suite.

[1] Voir par exemple Helder Carita, *Palácios de Goa, modelos e tipologias de arquitectura civil indo-portuguesa*, Lisbonne, Quetzal, 1995 et "Indo-portuguese civil architecture, origins and first models", *India and Portugal, Cultural Interactions*, ed. José Pereira et Pratapaditya Pal, Mumbai, Marg Publications, 2001, pp. 99-113. Catalogue *A Herança de Rauluchantim*, Museu de S. Roque, Lisbonne, 1996. Pedro Dias, *O Espaço do Índico, História da Arte Portuguesa no Mundo*, Lisboa, Círculo de Leitores, 1999; et *Arte Indo-Portuguesa, capítulos da história*, Coimbra, Almedina, 2004. David M. Kowal, "The evolution of ecclesiastical architecture in Portuguese Goa", *India and Portugal, Cultural Interactions*, pp. 70-87. José Pereira, *Baroque Goa*, New Delhi Books & Books, 1995 et "The evolution of the Goan Hindu Temple", *India and Portugal. Cultural Interactions*, pp.89-97. Raya Shankwalker, "The balcão: a Goan expression", *India and Portugal. Cultural Interactions*, pp. 115-123. Ângelo C. Silveira, *A casa-pátio de Goa*, Porto, FAUP Publicações, 1999. António Manuel Nunes Pereira, *Die Kirchenbauten in alt-Goa in der zweiten hälfte des 16. und den ersten Jahrzehnten des 17. Jahrhunderts*, dissertation de doctorat en architecture presentée a la Fakultät für Architektur der Rheinische-Wesfälischen Technischen Hochscule Aaachen, 2002 [Entretanto publicada em português pela Fundação Oriente com o título *A Arquitectura religiosa cristã de Velha Goa, segunda metade do século XVI – primeiras décadas do século XVII*, 2005.]

Les historiens portugais de la politique et de la culture, de leur côté, ont publié aussi, le long de ces dernières années, plusieurs biographies de gens entre mondes, entre religions[2].

D'une certaine façon, donc, on peut dire que l'historiographie portugaise récente n'a fait autre chose que recenser des cas de porosité, contrebande spirituelle, passages, dissimulation. Elle l'a fait pour contredire, pour déconstruire, le travail de l'historiographie du 19ème et de la première moitié du 20ème siècles que tendait à présenter un monde asiatique plus en noir et blanc, pour ainsi dire.

Cependant, ce louable et politiquement correct travail de l'historiographie contemporaine a eu une conséquence paradoxale : il a confirmé un des mythes de l'historiographie nationaliste, le mythe des territoires de l'Asie portugaise comme des territoires de fusion culturelle. Pour les historiens d'autrefois le métissage de gens, de communautés, de formes, était un fait partout dans l'Asie portugaise, bien que la religion en sortisse indemne sous le triomphe sans macule du catholicisme[3]. Les historiens

---

[2] Voir le numéro 5 (1993) de la revue *Mare Liberum* (Lisbonne, Comissão Nacional para as Comemorações dos Descobrimentos Portugueses) avec des textes de Jorge Alves "A cruz, os diamantes e os cavalos: frei Luís do Salvador, primeiro missionário e embaixador português em Vijayanagar (1500-1510)", pp. 9-20, Maria Augusta Lima Cruz, "As andanças de um degredado em terras perdidas – João Machado", pp. 39-48, Jorge Flores "*Hum homem que tem muito crédito naquelas partes*: Miguel Ferreira, os "Alevantados" do Coromandel e o Estado da Índia", pp. 21--38), Luís Filipe Tomaz "Diogo Pereira, *O Malabar*," pp. 49-64), parmi d'autres. Voir aussi Diogo Ramada Curto, "Representations of Goa: descriptions and travel accounts", catalogue *Stories of Goa*, Lisbonne, Museu Nacional de Etnologia, 1997, pp. 45-85. Voir encore le catalogue *Culturas do Índico*, Lisbonne, Comissão Nacional para as Comemorações dos Descobrimentos Portugueses, Museu Nacional de Arte Antiga, 1998. Et Keneth McPherson, "Uma história de duas conversões: Deus, a cobiça e o desenvolvimento de novas comunidades na região do Oceano Índico", *Oceanos*, Lisbonne, Comissão Nacional para as Comemorações dos Descobrimentos Portugueses, 34(1998), pp. 75-89. Et aussi Geneviéve Bouchon, "Pionniers oubliés. Les interpretes portugais en Asie dans les premieres années du XVIe siècle", *Inde découverte, Inde retrouvée, 1498-1630, études d'histoire indo-portugaise*, Lisbonne-Paris, Centre Culturel Calouste Gulbenkian, Comissão Nacional para as Comemorações dos Descobrimentos Portugueses, 1999, pp. 303-310. Et Maria Augusta Lima Cruz, "Mouro para os cristãos e cristão para os mouros – o caso Bentafufa", *Anais de História de Além-Mar*, Centro de História de Além Mar, Faculdade de Ciências Sociais e Humanas da Universidade Nova de Lisboa, III (2002), pp. 39-63.

[3] Cf par exemple la très vaste production historiographique de Jaime Cortesão (1884-1960), un auteur aux convictions libérales qui a publié pendant la période de la première République portugaise (1910-1926) et de l'*Estado Novo* (la dictature de Salazar) en tant que l'historien par excellence de l'expansion portugaise. Dans la plus importante Histoire du Portugal de la première moitié du 20ème siècle, *História de Portugal* dirigée par Damião Peres, Barcelos, Portucalense Editora, 8 vls, 1933-1937, voir V : pp. 336, 340, 356 passim) ou dans *Os Descobrimentos Portugueses*, Lisbonne, Arcádia, 2 vls 1960-62, voir II : pp. 358 ss, Cortesão fait l'éloge de l'action des ordres religieux en Inde, surtout les Jésuites, pour des raisons qu'on reconnaîtrait facilement

contemporains, eux, enregistrent les signes de la persécution et de l'intolérance religieuse mais, en même temps, ceux du métissage et de la porosité.

Et voici que l'invitation de Francisco Bethencourt et Denis Crouzet m'a placé dans une situation délicate, en tant que chercheur, devant le thème de ce colloque : il arrive que je me suis dédié ces derniers temps à étudier le problème de QUI habitait OÙ dans les villes de l'Asie portugaise aux 16$^{ème}$ et 17$^{ème}$ siècles et que je crois avoir conclu que, malgré toutes les histoires de passages et contrebandes, il y a avait de frontières très claires entre religions et communautés religieuses.

En effet je suggère ici que l'urbanisme et l'architecture ont été utilisés en Asie portugaise en tant que des instruments parmi d'autres de circonscription, construction et conservation de l'identité d'un groupe social et culturel asiatique de base religieuse : les «*casados* de la terre», c'est a dire, les asiatiques convertis au catholicisme, un groupe social et culturel nouveau sur les terres d'Asie[4]. Je m'occupe moins de passages que de rejets, en conclusion.

---

aujourd'hui (leur intérêt pour la culture indienne, par exemple) mais aussi, chose un peu plus surprenante, parce que ils auraient eu une « influence salutaire » sur les portugais de l'Inde qui se « gentilisaient jusqu'au dernier barbarisme » (*Os Descobrimentos*, II : p. 358). En partageant la « légende noire » de l'Inde portugaise, Cortesão condamne la confluence d'habitudes et modes de vie portugais et orientaux, en confirmant ainsi l'idée du métissage de cultures. (Sur la légende noire d'une Inde portugaise corrompue et décadente, voir George Winius, *The black legend of portuguese India: Diogo do Couto, his contemporaries and the soldado prático: a contribution to the study of political corruption in the empires of early modern Europe*, New Delhi, Concept Publishing Company, 1985).

La très importante et influente *História da Igreja em Portugal* de Damião Peres et Fortunato de Almeida, Porto-Lisbonne, Civilização, 1967-1971, contribua aussi a cette idée de métissage. Par exemple, les auteurs décrivent élogieusement le comportement des prêtres des diverses ordres religieux en Inde qui se dédiaient a leur travail d'assistance « sans distinction de [...] chrétiens et gentils » (II : p. 299).

Malgré son évident paternalisme et même racisme, l'historiographie de la première moitié du 20$^{ème}$ siècle renforce très clairement l'idée de l'existence d'une société luso-indienne harmonieuse. [Ver ainda um livro que eu lamentavelmente desconhecia quando escrevi este ensaio : Cláudia Castelo, 'O *modo português de estar no mundo*'. *O luso-tropicalismo e a ideologia colonial portuguesa (1933-1961)*, Lisboa, Afontamento, 1998]

[4] L'origine institutionnelle, politique et idéologique de ce groupe furent récemment l'objet d'un texte très stimulant de Ângela Barreto Xavier, "A evangelização dos indianos e a politica imperial joanina", *D. João III e o Império. Actas do Congresso internacional comemorativo do seu nascimento*, Lisbonne, ed. Roberto Carneiro, A. Teodoro de Matos, 2004, pp. 784-805. Barreto Xavier rappelle les procédures de la couronne dans les années 1540 qui définissaient tous les catholiques (asiatiques ou européens) comme égaux devant les lois et elle suggère que l'action de conversion massive d'indiens doit être comprise en tant qu'intégrée a la politique de rechristianisation et christianisation de l'empire portugais : la conversion des indiens apparaissait comme une sorte de continuation de la contre-réforme catholique en Europe.

L'italien Pietro della Valle (1586-1652), qui connaissait bien l'Inde portugaise puisqu'il y séjourna pendant les années 1620, écrivit que « dans presque tous les territoires de la côte de l'Inde il y a deux places du même nom, une appelée haute où intérieure, qui appartient aux indigènes, et l'autre, basse, prés de la mer, aux Portugals »[5].

C'était le cas de Chaul, une ville au sud de l'actuelle Bombay/ Mumbai, importante par la présence d'une communauté de marchands devenus très riches à cause de l'absence d'une douane royale (qui ne fut établie par le Vice-roi de Goa qu'en 1634)[6]. À cette époque Chaul d'en bas , la ville prés de la mer, entouré d'une ceinture de bastions, était habitée par environ deux cent *casados*, un mot qu'au début du 16ème siècle signifiait les européens mariés en Inde mais qu'évolua pour être appliqué à tous les européens propriétaires et citoyens qui n'étaient pas des *soldados* (gent d'armes payées par la couronne). La ville comptait aussi cinquante « casados pretos cristãos da terra » (*casados* noirs chrétiens indigènes)[7], ça veut dire des indiens de religion catholique, et quelques centaines d'esclaves et de serviteurs des *casados*. Chaul d'en haut, la ville du sultan d'Áhmednagar, se situait vers le naissant, en montant la rivière Kundolica. L 'embouchure était protégée par une ancienne forteresse deccanienne prise par les Portugais, le fort « do Morro » (de la colline) sur la rivière sud.

La population étant devenue trop nombreuse pour la ville fortifiée, une banlieue composée de deux paroisses catholiques (S. Sebastião e S. José) s'était développée sous la protection des canons des bastions de Chaul. Ici vivaient des catholiques indiens et des artisans hindous. En

---

[5] Pietro della Valle, *The travels of Pietro della Valle in India*, 2 vols., Londres, Hakluyt Society, 1892, II, pp. 297.

[6] Sur Chaul, voir, *O Tombo de Chaul, 1591-1592*, ed. Artur Teodoro de Matos, Lisbonne, Comissão Nacional para as Comemorações dos Descobrimentos Portugueses, 2000; Artur Teodoro de Matos, "Chaul, porto estratégico, "feira permanente" e terra de artífices", *Os Espaços de um Império – estudos*, Lisbonne, Comissão Nacional para as Comemorações dos Descobrimentos Portugueses, 1999, pp. 161-168. Walter Rossa, *Cidades Indo-Portuguesas/Indo-Portuguese Cities*, Lisbonne, Comissão Nacional para as Comemorações dos Descobrimentos Portugueses, 1997, pp. 55-59. Gritli von Mitterwallner, *Chaul, eine Unerforschte Stadt an der Westküste Indiens*, Berlin, Walter de Gruyter & Co. 1964. Fr. João dos Santos, *Etiópia Oriental e Vária História de Cousas Notáveis do Oriente* (1609), ed. Manuel Lobato e M. C. Guerreiro Vieira, Lisbonne, Comissão Nacional para as Comemorações dos Descobrimentos Portugueses 1999, pp. 627-632.

[7] La description de António Bocarro (1594 – ca. 1642) *Livro das plantas de todas as fortalezas, cidades e povoações do Estado da India oriental*, un très important relevé des villes et forteresses portugaises écrit et dessiné dans les années 1620-30, utilise les expressions "pretos cristãos da terra" et "casados pretos" : ed. A. Bragança Pereira, 3 volumes, Lisbonne, Imprensa Nacional-Casa da Moeda, 1992, II pp. 122 ss.

plus, les habitants les plus riches de Chaul d'en bas prenaient en rente quelques fermes et villages dans les terres de Chaul d'en haut que déjà en 1546 les autorités mogols leur avaient demandé de quitter[8].

Il y avait donc, à Chaul, la forteresse d'en bas et la forteresse do *Morro* habitées en exclusif par les soldats et le capitaine de Chaul, tous des européens, la ville fortifiée où vivaient les *casados* catholiques européens et indiens avec leurs serviteurs et esclaves, la banlieue où habitaient des catholiques indiens et des hindous de caste moyenne.

Chaul fut donc un des cas les plus caractéristiques de villes d'en bas dont parla Pietro della Valle.

La division du territoire urbain en quartiers différentiés par origine nationale et / ou religieuse était constante de par toute l'Asie où les européens sont arrivés au 16$^{ème}$ siècle.

Quand les marchands musulmans de la cour du Zamorim de Calicut (Kozhikode) voulurent discréditer prés de son suzerain hindou ces nouveaux arrivés au Malabar, les portugais, ils les ont décrits ainsi: « Ce sont des gens impurs qui ne se lavent pas quand ils font ses faits et se touchent avec tous les gens bas et mangent vache et porc et les saletés de la rue [...] et couchent avec les femmes sales et basses et mangent avec elles dans leurs maisons et leur donnent beaucoup d'argent [...][9] », un vrai catalogue des violations possibles des règles de l'intouchabilité autant plus curieux venant de la part de musulmans (bien que de musulmans indiens sous juridiction hindoue pour qui l'Islam n'était pas du tout l'Islam d'autres parties d'Asie[10]).

L'intouchabilité a étonné les Portugais. Mais pas les différences entre les castes et encore moins le fait qu'il y avait au Malabar un urbanisme

---

[8] A. Teodoro de Matos, introduction au *Tombo de Chaul* : pp. 15, 16.

[9] Mots du plus important chroniqueur de l'histoire des portugais en Inde dans la première moitié du 16$^{ème}$ siècle, Gaspar Correia (1495-1561), *Lendas da Índia*, Porto, ed. Lello & Irmão Editores, 1975, 4 volumes, VIII, 1, p. 193.

[10] Même les écrivains musulmans du Malabar où ceux des cours mogols reconnaissaient cette différence. D'après Zinadím, chroniqueur de la présence portugaise au Malabar et des guerres qui en furent la conséquence, les musulmans de cette région sont « des sujets des infidèles » (ça veut dire, des princes hindous) avec qui ils vivent en bonne harmonie. Le texte de Zinadím fut publié en portugais par David Lopes en 1898, *História dos Portugueses no Malabar*, Lisbonne, Imprensa Nacional, et republié plus récemment, Lisbonne, Antígona, 1998. Voir pp. 20, 26, passim. L'écrivain franciscain frei Paulo da Trindade (1570-1650) dans sa *Conquista Espiritual do Oriente* écrit que "les maures de la terre [du Malabar] se connaissent et se distinguent des autres maures et par la croyance, et par les habitudes et vêtements (ed. F. Félix Lopes OFM, Lisbonne, Centro de Estudos Históricos Ultramarinos, 3 volumes, 1962--1964 : II, 54, p. 244). Voir aussi Geneviève Bouchon, "Les musulmans du Kerala à l'époque de la découverte portugaise", *Inde découverte, Inde retrouvée, 1498-1630*, op.cit. pp. 23-76 (article de 1973).

marqué par des différences de caste et de religion. La raison de cette indifférence est bien simple. Duarte Barbosa, un portugais du Malabar, dans son célèbre « Livro do que viu e ouviu no Oriente » de 1516, a écrit que, dans les villes du Malabar, les *baneanes*, c'est a dire les marchants du Guzerat, « ont des maisons très grandes, dans des rues réservés pour eux mêmes comme c'était le cas chez nous avec les juifs »[11], (expulsés du Portugal en 1496). L'existence de quartiers séparés pour juifs et maures était normale dans les villes ibériques jusqu'à la fin du 15ème siècle, et c'est pourquoi les portugais ne furent pas surpris de rencontrer le même système en Orient[12].

Ils ont tout de suit pris note qu'au Malabar les rois, les bramines *nambuttiri*, la caste guerrière des *naïres*, les pêcheurs, habitaient hors des villes et villages ou dans des villages a eux[13]. Gaspar Correia remarqua que dans la ville de Calicut les maisons des marchands et des nobles étaient « dans le corps de la ville », tandis que les pêcheurs et « les gens bas qui travaillent dans les bateaux » habitaient « le long de la plage »[14]. En raisonnant comme un vrai « bramine européen », Gaspar Correia a décrit les pêcheurs comme « des gens bas qui ne peuvent pas vivre entre des gens honorables »[15]. Le franciscain *frei* Paulo da Trindade, très attentif aux chrétiens syriens du Malabar, a pris bonne note que ceux-ci « ne confondent pas leurs maisons avec celles des gentils mais les font séparés a la façon de villages autour de leur églises »[16].

Habitaient aussi des quartiers séparés les *chatins* (les commerçants hindous du Coromandel) et les juifs à Cochin d'en haut et à Calicut.

---

[11] *Livro do que viu e ouviu no Oriente Duarte Barbosa*, ed. Luís de Albuquerque, Lisbonne, Alfa, 1989, p. 96

[12] L'existence des quartiers juif et maure à Lisbonne a la fin du 15ème siècle était remarquée par beaucoup de voyageurs. Voir Fernando Castelo-Branco, "Lisboa vista pelos estrangeiros (até aos fins do século XVII)", *Presença de Portugal no Mundo*, Lisbonne, Academia Portuguesa de História, 1972, pp. 355-390.

[13] Voir par exemple *Livro do que viu e ouviu no Oriente Duarte Barbosa*, op.cit: pp. 106, 107, 111, passim. Pour le cas des pêcheurs et des pêcheurs de perles, voir Keneth McPherson, "Uma história de duas conversões: Deus, a cobiça e o desenvolvimento de novas comunidades na região do Oceano Índico", *Oceanos*, Comissão Nacional para as Comemorações dos Descobrimentos Portugueses, Lisbonne, 34(1998), pp. 75-89. En ce qui concerne la ville de Calicut au 16ème siècle, voir Geneviève Bouchon, "Calicut at the turn of the sixteenth century", *Inde découverte, Inde retrouvée, 1498-1630*, op.cit, pp. 227-236 (article de 1991); et "Quelques aspects de l'islamisation dês régions maritimes de l'Inde à l'époque médiévale (XIIe-XVie siècles)", *Inde découverte, Inde retrouvée*, pp. 215-225 (article de 1998).

[14] Gaspar Correia, *Lendas da Índia*, op.cit, 1, p.183.

[15] Gaspar Correia, *Lendas da Índia*, op.cit, I, p. 362.

[16] Frei Paulo da Trindade, *Conquista Espiritual do Oriente* op. cit, II, 71, p. 333.

À Diu, une île à l'embouchure du golfe de Cambay sur la côte du Guzerat, acquise par les portugais dans les années 1520, la ville existante était divisée en quartiers de caste et religion : les *baneanes*, les parsi, les hindous *batiá*, les sikh (*luona*), les musulmans, etc.[17]. Les *banenaes* avaient même un représentant de la communauté prés des autorités de la forteresse (un « capitaine des baneanes », dans les mots de l'important chroniqueur António Bocarro (1594-ca.1542)[18]).

Au début du 16ème siècle, Cochin d'en bas, située a la bouche d'un *esteiro* (un des bras de la complexe mer intérieure du Kerala), comptai une population de 600 portugais et environ 6000 chrétiens « de la terre » qui habitaient une maille urbaine plus où moins rectilinéaire organisée par rues de métiers (cordonniers, coffretiers, orfèvres)[19]. Un siècle après, dans les années 1620, en pleine décadence de Cochin comme ville commerçante, il n'y avait, dans les mots de Bocarro, que trois cents *casados brancos* et deux cents *casados pretos*[20].

Les commerçants hindous et musulmans de Cochin d'en haut payaient une rente pour avoir ses boutiques dans la ville portugaise que, pendant presque tout le 16ème siècle, fut le plus important pôle économique du Malabar attirant des gens de partout. Le commerce rendit poreuses les frontières entre Cochin d'en bas et Cochin d'en haut. Le témoin d'un procès à l'Inquisition de Goa confessa qu'« entraient sans arrêt des juifs » à Cochin « aussi bien que d'autres hommes maures et gentils ». Autres témoins de l'Inquisition concordent que beaucoup de marchants musulmans et hindous habitaient à Cochin d'en bas pour tirer profit du commerce en dissimulant leur condition religieuse[21].

L'opération politique et architecturale que consista dans la construction par le Vice-roi portugais d'un palais pour le Rajah de Cochin à Cochin d'en haut (aujourd'hui Mattancherry) en 1555, fut un essai de contrôler de plus prés un prince déjà très favorable aux portugais

---

[17] Voir Luís Frederico Dias Antunes, "Diu, espaços e quotidiano", *Os Espaços de um Império – estudos*, op. cit, pp. 149-159.

[18] António Bocarro, *Livro das plantas*, op.cit, II, p. 76.

[19] Sur Cochin, voir José Alberto R. S. Tavim, "A cidade portuguesa de Santa Cruz de Cochim ou Cochim de baixo", *Aquém e Além da Taprobana, Estudos luso-orientais à memoria de Jean Aubin e Denys Lombard*, Centro de História de Além Mar, Faculdade de Ciências Sociais e Humanas da Universidade Nova de Lisboa, 2002, pp. 135-189. Walter Rossa, *Cidades Indo-Portuguesas*, op. cit. , pp. 35-39 K.S. Mathew, K. S., Afzal Ahmad, *Emergence of Cochin in the pre-industrial Era: a study of Portuguese Cochin*, Pondicherry University, Pondicherry, 1990.

[20] Cit. Sanjay Subhramanian, *The Portuguese Empire in Asia, 1500-1700, a political and economic history*, Londres, New York, Longman, 1993, pp. 320-21.

[21] Voir Tavim "A cidade portuguesa de Santa Cruz de Cochim ou Cochim de baixo", article cité.

en essayant de le fixer prés de la ville portugaise de Cochin d'en bas[22]. Le langage architectural d'une fenêtre (où porte) de ce palais que se trouvait en 1995 démontée par terre aux environs de la maison qu'on appelle (erronément) *Dutch Palace* est très éloquente sur le sens de cette opération[23]. Exécutée sans doute par des maçons portugais, la fenêtre, dans le style gothique final dit « manuélin » au Portugal, exhibe en même temps les lions royaux du Rajah de Cochin et des motifs hindous.

Gaspar Correia décrit une situation d'apartheid journalier, pour ainsi dire : il fallait aux commerçants musulmans sortir de la ville de Cochin d'en bas au coucher du soleil[24]. La même chose arrivait dans la capitale de la « Province du Nord » du réseau portugais en Inde, la ville de Baçaim (Vasai/Bassein), située au nord de la présente zone métropolitaine de Bombay/Mumbai : les *fidalgos* portugais et les bramines chrétiens de Goa à qui avaient été distribuées les rentes des propriétés étaient forcés d'habiter à l'intérieur des murs de la ville où aucun hindou ou musulman ne pouvait rester pendant la nuit[25].

D'après le voyageur français Pyrard de Laval (c. 1570-1621, en Inde 1601-1610), cette situation existait déjà avant l'arrivée des européens : dans les villes du Malabar, écrit il, les maures, les « hindous pauvres » et les pêcheurs ne peuvent sortir dans les rues que pendant la nuit[26]. Pyrard, qui a habité à Calicut pendant 8 mois et connaissait très bien les villes de la région[27], raconte que à Calicut, les juifs et les maures habitaient dans des quartiers séparés qu'il avaient eux mêmes construit, et a Cochin, la « ville des portugais » leur était réservée. Les *naïres* s'écartaient au

---

[22] Voir Helder Carita, "Os armazéns portuários de Cochim de Cima: persistências de urbanismo e arquitectura de influência portuguesa na zona de Cochim", *Oriente*, Lisbonne, Fundação Oriente, 5(2003), pp. 48-65.

[23] Quand je suis retournée a Cochin en 1998, cette porte n'était plus là et je n'ai pu arriver a savoir ce qu'on en aurait fait.

[24] Gaspar Correia, *Lendas da Índia* op.cit, I, p. 627.

[25] Sur Baçaim, André Teixeira, "Os primórdios da presença portuguesa em Baçaim – 1534--1554: notas sobre a situação financeira e politico-militar do primeiro 'território' do Estado da Índia", *D. João III e o Império*, op.cit, pp. 337-365. Walter Rossa, *Cidades indo-portuguesas* op.cit, pp. 61-67. Et "Baçaim. Sete alegações para uma aproximação ao espaço físico", *Os Espaços de um Império – estudos*, op.cit, pp. 105-124. Republié Rossa, Walter, *A urbe e o traço. Uma década de estudos sobre o urbanismo português*, Coimbra, Almedina, 2002, pp. 135-162. Dejanirah Couto, "Baçaim, a Capital do Norte", article cité; et "A fortaleza de Baçaim", *Oceanos*, Lisbonne, Comissão Nacional para as Comemorações dos Descobrimentos Portugueses, 28 (1996), pp. 105-120.

[26] François Pyrard de Laval, *Viagem de Francisco Pyrard de Laval*, Porto, ed. Civilização, 1944, 2 volumes: I, p. 235.

[27] *Viagem de Francisco Pyrard de Laval*, op. cit. : I , p. 313.

passage des européens et ces derniers faisaient de même dans la « vieille ville » (c'est á dire, Cochin d'en haut) quand ils croisaient les nobles indiens[28]. Dans un autre passage de ses mémoires, Pyrard compare la différenciation de castes indienne avec la « différence d'honneur » existante entre les portugais : ceux qui sont venus du Portugal, les *castiços* (nés en Inde de parents portugais), les métis et les *mulatos* (fils de portugais et d'africain).

À la ville de Damão[29] dans la « Province du Nord » habitaient au début du 17$^{ème}$ siècle, d'après Bocarro[30], 400 *casados* portugais et « quelques noirs » (c'est á dire, des chrétiens indiens). Devant la ville, sur la rivière nord du Damanganga, il y avait une forteresse bâtie pour abriter « les portugais et chrétiens » en cas d'attaque venu du nord. Près de cette forteresse, devant Damão donc, se situait « la ville des gentils »[31], une situation qui, *mutatis mutandis*, s'est maintenue jusqu'aujourd'hui : en fait, la vieille ville chrétienne, Damão Grande, est toujours habitée essentiellement par des catholiques, très peux nombreux d'ailleurs[32], tandis que, de l'autre côté de la rivière, Damão Pequeno (c'est à dire Damão petit), beaucoup plus grande que la grande Damão, explose de vie et d'activité.

Toujours dans la Province du Nord, le peuplement de Caranjá (Karanja-Uran, près de Mumbai), enregistrait aussi un « village des portugais » (c'est á dire, des chrétiens mais aussi des européens, ceux-ci

---

[28] *Viagem de Francisco Pyrard de Laval*, op. cit. : I, pp. 313, 325.

[29] Sur Damão, voir Carlos Xavier, "A cidade e o porto de Damão nos séculos XVIII e XIX", Lisbonne, *Studia*, 47(1987), pp. 287-301. Walter Rossa, *Cidades Indo-Portuguesas* op.cit, pp. 77--81. Sabine Choukroun, "Damão – a fortaleza e o seu distrito", *Os Espaços de um Império – estudos*, op.cit, pp. 125-138. Clara Alferes Pinto, "Damão, a Misericórdia e a cidade, através das plantas e da documentação", *Anais de História de Além-Mar*, Centro de História de Além Mar, Faculdade de Ciências Sociais e Humanas da Universidade Nova de Lisboa, I(2000), pp. 77-100. Lívia Ferrão, "Rendas e foros de Damão", *Anais de História de Além-Mar*, Centro de História de Além Mar, Faculdade de Ciências Sociais e Humanas da Universidade Nova de Lisboa, II(2001), pp.169-180.

[30] Bocarro, *Livro das plantas* op.cit, pp.130-134.

[31] *Tombo de Damão* op.cit, p. 18. Bocarro définit ce peuplement comme « peuplement [*povoação*] de maures et gentils et quelques chrétiens […], la plupart officiers mécaniques de plusieurs professions, parce qu' au dedans des murs de Damão n'habitent que les gens d'armes ce qui fait que Damão ne semble pas tellement une ville et peuplement [*cidade e povo*] ». Bocarro avait déjà donné les chiffres : « quatre cent *casados* entre portugais et leurs enfants et quelques *pretos cristãos* […] et des esclaves qui seront environ deux cents » (*Livro das plantas* op.cit, II, p. 84).

[32] La population catholique de Damão Grande a subi une décadence accentuée pendant le 19$^{ème}$ siècle. En 1745 il y avait encore 2.500 personnes. En 1900 elles n'étaient que 400 (voir Carlos Xavier, « A cidade e o porto de Damão », article cité).

en grand nombre) où se situait l'église de la paroisse des indigènes («naturais da terra »)[33].

Le dessin de la ville de Cananor (Konnur), dans le Malabar, par Gaspar Correia, bien que probablement très peu fiable du point de vue de la forme et de la modernité des fortifications[34], est très éloquent sur la partition de l'espace urbain (**im. 31**) : dans la forteresse Gaspar Correia place un peuplement de maisons de bois de portugais et chrétiens de la terre, avec des jardins potagers (*hortas*). De l'autre côté de la muraille et de la fossé, la banlieue (*arrabalde*) et peuplement des maures[35]. Entre les deux pôles, le dessin montre un troisième espace entouré de murs avec l'entrepôt commercial (la *feitoria*), la corderie, l'hôpital, la maison des ravitaillements et l'église de Notre Dame de l'Espoir. C'était sans doute la ville des chrétiens, portugais et indiens, l'espace dans la forteresse étant destiné surtout à les accueillir en cas d'attaque[36].

À l'autre bout du réseau portugais, l'île de Solor en Indonésie, les dominicains qui avaient construit eux-mêmes la forteresse, on situé au dedans des murs l'église de la « paroisse des portugais », laissant en dehors les paroisses « des naturels de la terre »[37].

Mais tous ces lieux sont essentiellement des forteresses bâties *ex nihilo* où il n'y avait rien ou presque rien avant l'arrivée des portugais.

Voyons le cas de Diu que présente, par rapport a ce genre de villes-forteresses, des différences intéressantes.

Au début, les portugais s'installèrent dans la forteresse guzerati située à l'extrémité occidentale de la petite île et, peu a peu, ils la transformèrent

---

[33] Frei Paulo da Trindade, *Conquista Espiritual do Oriente* op.cit, II, p. 39.

[34] André Teixeira et Zoltán Biedermann, historiens du Centro de História de Além Mar (CHAM) de l'Université Nouvelle de Lisbonne, préparent des études sur les fortifications et l'histoire sociale de Cananor où le dessin de Gaspar Correia est soumis à un examen attentif. [O artigo de André Teixeira foi depois publicado em *Murphy* 1(2006) pp. 164-179 sob o título « A fortaleza manuelina de Cananor »].

[35] *Lendas da Índia* op.cit, I, pp. 728-29 et III, p. 16. D'autres dessins de Gaspar Correia présentent la même intention de bien marquer la différence entre peuplements : c'est le cas de la perspective de Chalé, une fortification du Malabar, où le chroniquer distingue « l'église et peuplement des portugais » devant la forteresse (III , p. 438).

[36] Bocarro le confirme d'ailleurs : À Cananor il y aurait 40 *casados* (portugais je présume) « qui habitent aussi bien au dedans du circuit des murailles qu'en dehors, dans un peuplement de maisons de pierre et chaux couvertes de tuiles que sont comme des jardins potagers [*hortas*] et petites fermes [*quintais*] très grandes... » (*Livro das plantas* op.cit. II, p. 190). Les constructions « de pierre et chaux couvertes de tuiles » étaient le signe distinctif de l'excellence et de la noblesse à la côte de l'Inde du 16ème siècle. Voir Paulo Varela Gomes, "Portuguese settlements and trading centres" [publicado nesta colectânea].

[37] Voir João dos Santos, *Etiópia Oriental* op. cit., pp. 469-70.

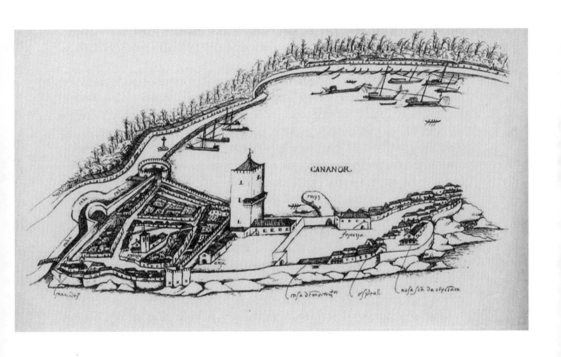

IMAGEM 31:
Vista de Cananor, Gaspar Correia, ca. 1530-1540

dans un des plus extraordinaires site fortifiés du monde[38]. Cette forteresse était aussi un peuplement. Le très beau dessin de Gaspar Correia en donne une idée certainement exagérée mais très claire dans son intention : montrer l'existence d'une vraie ville avec maison du gouverneur, cathédrale, hôpital, prison, rues et places. On sait, par exemple, que dans une flotte destinée à Diu en 1530 voyageaient « beaucoup de *casados* avec leurs femmes et enfants qui allaient a Diu pour y résider ». Dans la forteresse il y avait des maisons pour 600 hommes[39].

Dans la narration du deuxième grand siège de Diu par les turcs et les guzerati en 1546, Gaspar Correia décrit les combats dans la forteresse comme s'il s'agissait d'un combat dans une ville, maison à maison, place à place[40].

L'existence d'un peuplement chrétien dans la forteresse portugaise n'a rien d'extraordinaire. Ça se passait partout en Inde côtière. Mais devant la forteresse, 2 ou 3 kilomètres vers le ponant, se situait la ville guzerati avec ses divers quartiers de caste et religion. Cette ville était séparée du territoire rural de l'île par une muraille bâtie par les guzerati et renforcée ensuite par les portugais, qui existe toujours presque intacte et qui, d'une certaine façon, solidarise forteresse et ville dans un territoire encerclé commun. Or, après leur victoire dans des sièges successifs, les portugais sont venus a dominer toute l'île. Ils contrôlaient donc la ville d'en haut, la ville indienne, et pas seulement son propre peuplement portugais et catholique (la ville d'en bas, si l'on veut).

La situation était encore plus particulière[41]: tout d'abord, forteresse et ville asiatique étaient situées dans une île, et bien petite. Elles ne pouvaient pas, comme a Damão par exemple, être considérées séparément. Il fallait aux portugais contrôler étroitement la ville guzerati où, d'après Bocarro, habitaient des milliers de personnes « pour la plupart de caste guzerati, e quelques juifs blancs et maures, dans des maisons de pierre et chaux couvertes par des terrasses, a la façon des maures »[42] (cette ville existe encore et l'on peut encore reconnaître le description de Bocarro, vieille de quatre cent ans).

---

[38] Sur les fortifications de Diu, voir Rafael Moreira, "A fortaleza de Diu e a arquitectura militar no Índico", Os Espaços de um Império – estudos, op.cit, pp. 139-148.

[39] Gaspar Correia, Lendas da Índia, op.cit., III, p. 390, 625.

[40] Gaspar Correia, Lendas da Índia op.cit, IV, pp. 504, 557, passim.

[41] Sur l'urbanisme de Diu, voir Walter Rossa, Cidades indo-portuguesas, op.cit, pp. 69-75 ; et Nuno Grancho,"Diu: uma tentativa de cidade", Oriente, 6(2003), pp. 86-101.

[42] Bocarro, O Livro das plantas op.cit, II, pp. 75-76.

Ensuite, Diu était la plus importante place forte portugaise dans le nord-ouest de le côte indienne, la vraie serrure du golfe de Cambay. Même après que l'ascension commerciale et militaire de Surat, et ensuite de Bombay, au 17$^{\text{ème}}$ et 18$^{\text{ème}}$ siècles, aient dépourvu Diu de toute son importance militaire, la mémoire des grands sièges du 16$^{\text{ème}}$ siècle[43] a maintenu a Diu une atmosphère de place forte. Les conséquences urbanistiques et sociales en furent lourdes : pendant tout le 17$^{\text{ème}}$ et la première moitié du 18$^{\text{ème}}$ siècles, les capitaines de la forteresse jouissaient d'un pouvoir presque discrétionnaire[44] et surtout empêchaient, avec l'appui du Vice-roi et de Lisbonne, toute construction dans la grande esplanade établie pour la protection de la forteresse, un arc de mer en mer d'environ 1 kilomètre de largeur, établi par la destruction indiscriminée des maisons bâties par les portugais et les indiens aux alentour des murs.

D'après de rapport de Bocarro sur la situation a Diu a la fin des années 1620[45], les capitaines de la forteresse auraient fait démolir « beaucoup de maisons, très nobles et belles, de deux et trois étages, ou auparavant habitaient beaucoup de *casados* portugais avec leurs familles ». Toutefois, il y aurait encore 59 portugais qui « habitent dans cette île au dehors des murs de la forteresse » avec environ cent *casados pretos cristãos*, « très pauvres » et, pour la plupart, « officiers mécaniques ».

Ça veut dire qu'a la fin du 16$^{\text{ème}}$ siècle il y avait trois peuplements a Diu a l'intérieur de la zone protégée para la muraille guzerati: le site catholique originel dans la forteresse[46], la ville indienne contre la muraille urbaine, et un ébauche de peuplement catholique, habité pour la plupart par les *casados da terra*, dont la fortune dépendait de la pression militaire exercée para les capitaine de la forteresse.

Jusqu'à l'époque contemporaine, les autorités portugaises (d'abord le capitaine ensuite le gouverneur) ont laissé en paix la ville indienne – comme si celle-ci n'était pas sous leur contrôle militaire ou politique. Par

---

[43] Cette mémoire et la légende que y est associée persista pendant longtemps. Lorsque de l'attaque indienne de 1961, les militaires de la marine portugaise a Diu ont résisté jusqu'à la mort et les soldats de l'armée de terre se sont battus jusqu'à la dernière balle.

[44] António Bocarro lui même se plaignait des capitaines de la forteresse, peut-être par suggestion des habitants de Diu, en disant que « toutes les personnes qui habitent a Diu, tant portugais, que chrétiens de la terre ou gentils ou de toute autre loi » considèrent que la « tyrannie » du capitaine risque de ruiner le commerce. Cette « tyrannie » aurait comme conséquence que le « peuplement des gentils » était réduit a trois mille foyers des dix mille qui auraient existé auparavant. Bocarro, *O Livro das plantas* op.cit, II, pp. 75-76.

[45] Bocarro, *O Livro das plantas* op.cit, II, pp. 70-76.

[46] Au dedans des murs existaient toujours, à l'époque de Bocarro, la cathédrale, la *Misericórdia*, l'hôpital, la prison, la cisterne et l'église de S. Tiago. *O Livro das plantas* op. cit, II, p. 70.

exemple : dans la deuxième moitié des années 1660, le Vice-roi António de Melo e Castro (1662-1667) fut forcé d'intervenir à Diu où les inquisiteurs avaient appréhendé un orphelin hindou pour le soumettre à l'éducation des jésuites, comme c'était l'habitude à Goa. Raconte le rapport présenté a l'Inquisition : « dans cette ville il y a de plus grands privilèges [qu'à Goa], et faisait nouveauté cette intromission des inquisiteurs. Le résultat en fut une telle commotion que, le jour suivant, se sont levés dans la ville des maures plus de trois mille habitants, et les autres se préparaient pour faire de même ». Tout en hâte, le Vice-roi a fait libérer l'orphelin « de peur qu'on ne perde cette forteresse »[47].

Des cartes de Diu faites au début du 19ème siècle par des professionnels de l'exactitude, les ingénieurs militaires, représentent la ville indienne comme un labyrinthe abstrait de petites rues et ruelles (**im. 28**) – cette ville intéressait vraiment très peu les autorités coloniales[48].

La ville des *casados*, a son tour, n'est jamais arrivée a démarrer, asphyxiée d'abord par les besoins militaires, ensuite par la décadence de Diu. Les principaux ordres religieux y ont installé leurs églises, les franciscains y ont même bâti un hôpital. Au 18ème siècle on a essayé de renouveler le port et bâtir une place du commerce avec un marché. Au milieu du 19ème, on ouvrit une rue aux intentions monumentales, et un palais du gouverneur fut construit entre forteresse et ville. Les portugais abandonnaient définitivement la forteresse aux légendes de gloire et aux fantômes.

Dans les cas où il n'y avait pas eu de fondation de ville, mais la conquête par les européens d'une grande ville asiatique, la porosité était la condition même des choses urbaines: c'était les cas de Goa et de Malacca prises par les portugais dans la première décade du 16ème siècle.

Dans ce qui concerne Malacca[49] nous avons la bonne fortune de posséder une excellente cartographie du début du 17ème siècle élaborée par un ingénieur militaire, Manuel Godinho de Heredia (1553-1623), fils d'un portugais et d'une malaie[50].

---

[47] A. Baião, *Inquisição de Goa* op.cit, I, pp. 105, 106.

[48] Voir la carte du capitaine d'infanterie José Aniceto da Silva, datée de 1833, pub. Walter Rossa, *Cidades indo-portuguesas* op.cit, pp. 72-73.

[49] Sur l'histoire sociale et politique de Malacca voir Paulo Jorge de Sousa Pinto, "Capitães e casados, um retrato de Malaca nos finais do século XVI", *Oceanos*, 32(1997), pp. 45-60. Brian Juan O'Neill, "A tripla identidade dos portugueses de Malaca", *Oceanos*, 32(1997), pp. 63-86; Viana de Lima, *Reviver Malaca*, Porto, Figueirinhas, 1988.

[50] Sur Heredia, voir Jorge Flores, "Dois retratos portugueses da índia de Jehangir: Jerónimo Xavier e Manuel Godinho de Erédia", *Goa e o Grão-Mogol*, catalogue, Lisbonne, Fundação Calouste Gulbenkian, 2004, pp. 44-65. Les dessins ont été publiés plusieurs fois. Ils appartiennent, avec le texte de Heredia, a la Bibliothèque Royale de Bruxelles : « Declaraçam de

Une carte générale du territoire dessinée par Heredia (**im. 29**), peut être le plus intéressant document cartographique de l'histoire de la ville coloniale portugaise en Orient parce qu'il s'agit d'une carte ethnique et sociale en même temps que géographique et urbanistique, montre que, pour les portugais, il y avait la ville (*cidade*) – naturellement identifiée avec la ville fortifiée au centre de la carte, sur le levant de l'embouchure de la rivière – et les peuplements où villages (*povoações*), trois, entourant la ville, aussi sous juridiction portugaise : Yper à l'est, Sabac sur le nord, Upe à l'ouest.

Le noyau fortifié de Malacca correspondait a ce que les portugais ont toujours appelé la ville : la maison fortifiée du capitaine portugais fut construite sur l'ancienne mosquée principale.

Le peuplement Upe était divisé en plusieurs *kampong* c'est a dire des quartiers nationaux : le « campong chelin » prés de la mer était habité par les *Kelings*, les Tamul du Coromandel que nous avons déjà rencontré au Malabar sous la désignation de *chatins*. Sur la rivière s'étendait le *kampong* chinois et, au centre, le *kampong* du *Bendahara* où Bendara, c'est à dire le très important représentant des communautés malaies prés du capitaine de Malacca. À l'extrémité d'Upe sur la courbe de la rivière se situait un autre *kampong*, le « campon paso » ça veut dire du passage de la rivière.

Les trois peuplements qui entouraient Malacca étaient, au moins sur la carte, signalés par des églises (S. Tomé et Santo Estevão à Upe, S. Lourenço à Sabac, Nossa Senhora da Piedade à Yper), ce que signifie la présence où bien de communautés catholiques où de l'effort d'évangélisation des ordres religieux.

Les *casados* européens et asiatiques habitaient, pour la plupart, à Upe – et c'est certainement à cause de cela que nous voyons une *tranqueira*, c'est a dire une palissade de bois et terre, protéger Upe et tourner une « porta da tranqueira » vers le nord-ouest. L'architecture militaire a donc crée un territoire et une frontière et, en le faisant, a crée en même temps une identité autonome pour la *povoação* Upe, une identité distincte des autres peuplements que, eux, ne comptaient pas de *casados* ni de *tranqueiras* et portes.

Or, la place des *casados* européens dans l'ordre portugais des choses n'était pas à Upe mais dans la ville forteresse. Il arrive qu'ils n'y tenaient

---

Malaca e India Meridional com o Cathay, em III Tract[ados], ordenada por Emanuel Godinho de Eredia, dirigida a S.C.R.M. de D. Phel[ipe], Rey de Espa[nha] N. S., 1613 », pub. Léon Janssen, *Malaca, l'Inde Orientale et le Cathay*, Buxelles, 1882 (je remercie Rui Carita pour la précision de ces informations).

pas parce que, comme à Chaul et à d'autres places, le terrain manquait. Ici nous savons pourquoi : «à cause du petit espace qui reste au dedans des murs où il y a trois couvents de religieux : São Paulo, São Domingos, Santo Agostinho », raconte le rapport de Bocarro[51]. En plus, selon la même source, on vivait mieux à Upe : « il y fait plus frais et il y a des jardins avec des riches fruits ».

Upe, habitée donc par des indiens, des chinois, des malais, des européens, séparées par des *kampongs* nationaux et de religion, était certainement le secteur de la ville le plus dynamique au début du 17$^{ème}$ siècle. Heredia note sur sa carte les plans pour une extension fortifiée de la ville bastionnée, sans doute pour pouvoir recueillir tous les catholiques en cas d'attaque hollandais – qui d'ailleurs devenaient de plus en plus fréquents et devaient culminer en 1641 avec la chute de Malacca.

Où habitaient les catholiques a Upe ? Sans doute au *kampong* du Bendara. Selon un chroniqueur portugais, celui-ci était, avant la conquête, le « Vedor da Fazenda », c'est a dire une espèce de ministre des finances du Sultan. Et, ajoute le chroniquer, il « gouvernait le royaume »[52]. Un premier ministre, en fin de compte. Après la conquête, les portugais l'on nommé représentant des musulmans de la ville, en aidant a constituer les musulmans en tant que groupe religieux et social et en « inventant » le Bendara comme institution a laquelle il a fallu assigner une place urbaine : un *kampong* a Upe. Or, il arriva que le Bendara se convertit au catholicisme refusant son rôle de *go between*. Une fois christianisé, son *kampong* devint le quartier des chrétiens « de la terre », c'est a dire le quartier des siens, de sa nouvelle communauté. (On se rappellera du « capitaine des *baneanes* » de Diu, une autre dénomination institutionnelle propre à aider a constituer en tant que telle la communauté qu'elle désigne)[53].

---

[51] Bocarro, *Livro das plantas* op.cit, II, pp. 251.

[52] Voir Paulo J. Sousa Pinto, « Capitães e casados, um retrato de Malaca nos finais do século XVI », article cité.

[53] Sur le rôle joué par le Bendara dans la constitution d'une communauté musulmane a Malaca, voir Paulo J. Sousa Pinto, « Capitães e casados », article cité. La critique historiographique et anthropologique contemporaine a tendance a surestimer le rôle social / historique joué par la désignation et la perception des choses a laquelle elle est associée. Ainsi, par exemple, et encore sur Malacca, Keneth McPherson ("Uma história de duas conversões », article cité) défend que les portugais ont transforme les *paravás* (les pêcheurs de perles) dans un *játi* (une caste) catholique a travers justement la fortification de ses villages autour de la forteresse de Malacca et en leur désignant un représentant chef de village, de la caste *khsatriya*, de la même façon qu'on aurait constitué en "communauté" les musulmans a travers le désignation/nomination du Bendara. Sanjay Subhramanian a même suggéré que la distinction entre maures et gentils serait une sorte d'invention des européens dans les premières années de contact avec la

Voyons maintenant le cas de Goa que présente des similitudes et des différences intéressantes avec Malacca.

Conquise en 1510, un an avant Malacca, la ville de Goa[54] n'a pas subi de grandes transformations urbanistiques tout de suite. Surtout, pour ce que m'importe ici, elle a maintenu la caractéristique d'être habitée par des gens de toute religion et nation.

Toutefois, les frontières entre religions et castes dans la ville sont encore difficiles à déterminer avec exactitude, surtout si l'on considère l'évolution le long du temps des pratiques de partition sociale et religieuse de l'espace. En 1517, par exemple, au début donc de l'occupation portugaise, un siège de la ville de Goa par les soldats du sultan de Bijapur, porta le capitaine portugais a faire recueillir dans les murs tous les habitants de l'île de Goa (Tiswadi) où il n'y avait pratiquement que des hindous, environ 20.000 d'après les calculs de Gaspar Correia et Pyrard de Laval[55]. Or, Gaspar Correia ajoute a cette information l'indication que les autorités portugaises ont aussi obligé a travailler dans la fortification de la ville les bramines et les orfèvres, les seuls hindous (« gentils ») qui habitaient dans la ville…

Peu après, en 1535, un quart de siècle après la conquête, Goa avait 664 maisons de chrétiens. Il y avait aussi environ 100 maisons de gens de lignage portugais. Nous le savons avec cette précision parce que la municipalité portugaise en a dressé la liste rigoureuse[56]. Malheureusement on a perdu la liste des maisons hindoues et musulmanes exécutée en même temps[57]. Il me semble que les quelques asiatiques qui figurent dans la liste

---

côte de l'Inde. Subhramanyan, Sanjay, "The romantic, the oriental and the exotic: notes on the Portuguese in Goa", *Stories of Goa*, Catalogue cité, pp. 29-43.

[54] Sur l'urbanisme et les pratiques sociales à Goa, voir Geneviéve Bouchon, "Premières expériences d'une société coloniale: Goa au XVIe siècle", *Inde découverte, Inde retrouvée, 1498- -1630* op.cit, pp. 291-301 (article de 1987). Luís Filipe Tomaz, *De Ceuta a Timor*, Lisbonne, Difel, 1994. Rafael Moreira, "Goa em 1535, uma cidade manuelina", *Revista da Faculdade de Ciências Sociais e Humanas*, Lisbonne, Universidade Nova de Lisboa, 8 (1995), pp. 177-221. Walter Rossa, *Cidades Indo-portuguesas* op.cit, pp. 41-52 et pp. 93-111. Diogo Ramada Curto, "Representations of Goa: descriptions and travel accounts", *Stories of Goa* catalogue cité, pp. 45- -85. Catarina Madeira Santos, "*Goa é a chave de toda a Índia*", *perfil politico da capital do Estado da Índia (1505-1570)*, Lisbonne, Comissão Nacional para as Comemorações dos Descobrimentos Portugueses, 1999. Maria de Jesus dos Mártires Lopes, *Goa setecentista. Tradição e modernidade*, Lisbonne, Universidade Católica Portuguesa, 1999.

[55] Gaspar Correia, *Lendas da Índia* op.cit, II, p. 515 ; *Viagem de Francisco Pyrard de Laval* op.cit, II, p. 102.

[56] Voir Rafael Moreira, "Goa em 1535, uma cidade manuelina", article cité.

[57] Voir Viriato A. C. B. Albuquerque, *O Senado de Goa, memória histórico-archeologica*, Imprensa Nacional, Nova Goa, 1909, pp. 86-89, et Rafael Moreira, "Goa em 1535, uma cidade manuelina", article cité.

des chrétiens sont exceptionnels, peut-être les premiers *casados da terra* a Goa: un tel Nuno Vaz « maçon de la terre », Pero de Sousa et Pero Fernandes « malavares » (du Malabar) et une demi douzaine d'autres voient sa nationalité signalée dans la liste comme les italiens oû les grecs.

Un siècle après ce premier relèvement, et au moment où la ville atteint le zénith de sa prospérité et est la plus importante ville européenne hors d'Europe, Goa a, selon le rapport de Bocarro, 3000 maisons de *casados*, dont un tiers portugais et deux tiers « pretos cristãos », et environ 3000 maisons de hindous « marchands, artisans, Guzerati et *canarins* [habitants du Konkan et de Karnataka]».

Pyrard de Laval a caractérisé le commerce de la fameuse « Rua Direita » de Goa, la rue commerçante par excellence, comme une activité exclusive de portugais, italiens et allemands, les « bramines et *canarins* ayant leurs rues ailleurs et de la même façon toute sorte de commerçants et artisans tels que orfèvres et lapidaires »[58].

Dans la liste des 44 personnes condamnés par l'Inquisition de Goa en 1699, on compte 5 hindous et 39 catholiques, dont un seulement est décrit comme portugais. Les autres 38 étaient donc des « chrétiens de la terre ». Or, ils habitaient presque tous hors des murs de la ville dans les petites îles de Chorão et Juá, au nord de la rivière Mandovi[59].

Encore plus tard, dans les années 1755-56, le Vice-roi comte d'Alva est entré en conflit avec l'Inquisition a cause de cérémonies hindoues (le carnaval hindou, le *shigmo*) qui avaient lieu en territoire sous contrôle portugais, pas loin de la ville de Goa (à l'île de Juá, encore, et à Betim). Le Vice-roi lui-même assistait au *shigmo* avec sa famille et amis sous escorte des grenadiers de la garde ![60] Doit on conclure que la cérémonie – a laquelle participaient chrétiens et hindous – se déroulait dans des maisons de *casados da terra* pas christianisés a cent pour cent, qui ne pouvaient pas (et pour quelle raison ?) abriter ces festivités dans la ville de Goa? Le Vice-roi d'Alva fut responsable d'ailleurs par la proclamation de

---

[58] Pyrard de Laval, *Viagem de Francisco Pyrard de Laval* op.cit, II, pp. 43-45. L'organisation des métiers par rues était évidemment commune en Europe et en Asie. A Goa elle était maintenue en 1625 par le Vice-roi qui ordonnait aux « officiers mécaniques » de Goa de vivre « arruados » dans la rue des Galés. *Documentos remetidos da Índia ou Livros das Monções (1625--1627)*, 2 volumes, Lisbonne, Comissão Nacional para as Comemorações dos Descobrimentos Portugueses, 2000, I, p.18.

[59] Voir António Baião, A *Inquisição de Goa (introdução à correspondência dos Inquisidores da India, 1569-1630)*, Lisbonne, Academia das Ciências, 1949, I, pp. 279 sgs. Ces chrétiens étaient accusés d'aller travailler dans les terres de ses familiers hindous localisées à la « terre ferme », c'est á dire, en territoire non portugais.

[60] A. Baião, A *Inquisição de Goa* op.cit, I, pp. 123 ss.

la liberté de culte dans les « Nouvelles Conquêtes », les territoires nouvellement conquis par les portugais a Goa sous son commandement. Son courtier était un tel Navana Comotim, « demeurant a Santa Luzia [hors de la ville, donc], bramine de la maison des rentiers de la province [*condado*] de Cucobim [probablement Cucolim] »[61].

La séparation entre origine géographique, origine religieuse et catégorie sociale se vérifiait clairement dans un espace publique très normalisé et surveillé : l'hôpital.

En Asie, les portugais ont crée tout d'abord les hôpitaux de la couronne. L'hôpital royal de Goa fut loué par Pyrard de Laval comme « le meilleur du monde » par la qualité de son organisation, sa propreté et son efficience. Il était dirigé par des portugais et opéré par des bramines et des *canarins* chrétiens de Goa. Significativement, pourtant, l'hôpital n'acceptait comme malades internes que des soldats, des nobles, des fonctionnaires de l'administration, c'est-à-dire des gens d'armes et des européens de premier rang, bien que d'autres européens et des métis arrivassent à être acceptés pour des traitements occasionnels[62]. Pyrard et autres témoins distinguent cet hôpital d'élite, pour ainsi dire, d'autres hôpitaux, dont les plus importants étaient ceux qui se destinaient aux « gens de la terre »[63]. Ce type d'hôpital fut crée par les jésuites à Goa en 1546 et s'est répandu par la suite dans beaucoup de lieux portugais d'Asie.

La présence de non-chrétiens dans l'espace de la ville de Goa a crée une situation de permanent conflit et compromis pour le contrôle de l'espace publique et surtout de l'espace idéologique et symbolique entre divers groupes catholiques et entre catholiques et hindous.

Les Jésuites[64] conquirent un terrain publique de première importance, les salons et cours du palais du Vice-roi, en arrivant vers 1540-50 à expulser les bramines hindous qui, depuis la conquête en 1510, étaient

---

[61] A. Baião, *A Inquisição de Goa* op.cit, I : document cité p. 134.

[62] Sur les hôpitaux portugais en Asie, voir Vítor de Albuquerque Freire Silva, "Com D. João III, um novo tipo de assistência: os 'Hospitais da Gente da Terra' na Ásia", *D. João III e o Império*, op.cit., pp. 368-387.

[63] *Viagem de Francisco Pyrard de Laval* op.cit, II, pp. 12-19. Le dominicain frei João dos Santos décrit deux hôpitaux, le premier pour les « malades portugais » et l'autre pour « les pauvres et les chrétiens de la terre » (*Etiópia Oriental*, op. cit., p. 596).

[64] Dans des textes récents, Ângela Barreto Xavier ("A evangelização dos indianos e a politica imperial joanina", article cité) et Alan Strathern, nous préviennent contre la surestimation du rôle des jésuites dans les territoires portugais de l'Asie, en bonne mesure causée par les effets a long terme de la propagande et de l'information des jésuites eux-mêmes, et ils attirent notre attention sur les franciscains, les premiers missionnaires a Goa (Alan Strathern, « 'Os Piedosos » and the mission in India and Sri Lanka in the 1540s », *D. João III e o Império* op. cit, pp. 855-864).

conseillers et marchands du Vice-roi au palais de Goa, et les *naïres* qui constituaient sa garde à corps. Les hindous furent remplacés par des indiens catholiques. Un prêtre jésuite raconte avec joie comment les bramines furent réduits à mendier des audiences en faisant des gestes et en criant d'en bas, du quai sous les vérandas du palais[65].

Quelque chose de semblable se passa dans les rues : des lois de 1559 où 1574, par exemple, essayèrent de forcer hindous et musulmans a porter des vestes distinctes des catholiques (« a travers lesquelles on puisse reconnaître clairement qu'ils sont des gentils ou des maures ») et de leur interdire de se faire transporter a cheval ou sous des palanquins[66]. Ce dernier règlement avait une exception significative : les gentils parvenus des régions non-chrétiennes de Goa, c'est á dire les riches marchands dont les portugais avaient besoin. L'oscillation des autorités portugaises entre la tolérance et la persécution de ces hindous de la « terre ferme » fut constante pendant la deuxième moitié du 16$^{ème}$ et tout le 17$^{ème}$ siècles[67].

En 1633, le Vice-roi comte de Linhares fit publier une loi qui cherchait a imposer aux commerçants hindous arrivés a la province de Salcete (le territoire au sud de la ville de Goa) la résidence « dans un quartier particulier qui leur sera désigné en chaque village par les prêtres de la Compagnie de Jésus »[68].

En même temps, les Jésuites essayèrent de transformer le langage architectural des bâtiments catholiques en Inde – au début de la colonisation un langage emphatiquement, rèthoriquement européen – dans un langage très innovateur, sans précédent dans l'architecture européenne : une architecture euro-asiatique. Au début du 17$^{ème}$ siècle furent construits en même temps, en deux points clés de la ville de Goa, la place de la cathédrale et le terrain « dos Galos » , ce dernier une des sorties principales de la ville, deux bâtiments très importants : la nouvelle cathédrale et l'église de la Maison Professe du *Bom Jesus*, construite entre 1594 et 1605[69]. La première est la plus européen de toutes les cathédrales classiques portugaises. Le *Bom Jesus*, au contraire, tourne vers le terrain « dos Galos » une façade principale, dessinée par un architecte Jésuite,

---

[65] Voir Catarina Madeira Santos, *"Goa é a chave de toda a Índia"* op. cit, pp. 221 ss.

[66] Voir le texte jésuite du *Livro do Pai dos Cristãos*, ed. José Wicki S.J., Lisbonne, Centro de Estudos Históricos Ultramarinos, 1969, pp. 50, 190, passim.

[67] Voir par exemple dans le *Livro do Pai dos Cristãos* les provisions tolérantes de 1561-64, pp. 216-19 ; 248 sgs ; 307 sgs.

[68] Voir *Livro do Pai dos Cristãos* op.cit, p.137.

[69] Sur le Bom Jesus de Goa, voir Pedro Dias, *Arte Indo-Portuguesa, capítulos da história* op.cit, pp. 171-196.

que n'importe quel indien, hindou où musulman, aurait tout de suite comprise comme proche de ses propres traditions ornementales et structurelles, tant par la quantité d'éléments superposées en hauteur, comme par l'interprétation pas tout a fait européenne d'éléments classiques comme la volute. Bien que tous les éléments ornementaux de cette façade soient européens (probablement inspirés dans des traités d'architecture et ornementation d'origine flamande) l'ensemble ne l'est pas.

Encore plus intéressante est l'église des Jésuites à Diu (**im. 30**). Construite entre 1601 et 1612 sous le projet d'un prêtre architecte Jésuite, l'église a deux très intéressantes façades urbaines et une extraordinaire croisée devant la façade principale. En fait, la composition générale des façades et les motifs ornementaux sont comme ceux du *Bom Jesus* de Goa (avec en plus : des « termes » très expressifs), mais, encore comme au *Bom Jesus*, il y a une interprétation presque artisanale de ces ornements (renforcée par le fait qu'ils sont blanchis a chaux) et le remplissage décoratif des surfaces n'est pas européen. En plus, la croisée montre des ordres d'architecture qui sont interprétées comme les piliers des temples indiens (massifs et trapus) et le couronnement de l'ensemble suggère les motifs décoratifs hindous.

L'église de Sainte Anne au village de Talaulim á Tiswadi (un très grand et très beau temple en très mauvais état de conservation, et la voisine paroissiale de Mandur (**im. 32**) (*Nossa Senhora do Amparo*), bâties entre les dernières années du 17$^{ème}$ et les premières du 18$^{ème}$ siècles, représentent l'extrême raffinement auquel arriva l'architecture indienne à Goa. Les façades sont articulées par quatre ou cinq ordres basses et massives dans les tours e quatre ordres dans la section centrale. La façade de Mandur est sculptée comme une sorte de retable hindou. Ses colonnes torses furent certainement inspirées par les colonnes de la galerie de l'intérieur de Talaulim (une église à nef unique et chapelles latérales semi-circulaires, couverte par une voûte de berceau à pénétrations, entièrement revêtue par des motifs européens qui semblent orientaux)[70].

A mon avis, on ne doit pas interpréter cette architecture, comme on le fait d'habitude, en tant qu' « influencée » par les arts ornementaux indiennes. Il ne s'agit pas de cela mais plutôt d'un art de convergence

---

[70] Sur *Santana* de Talaulim et Mandur – et sur les caractéristiques « indiennes » de l'architecture jésuite a Goa – , voir David Kowal « The evolution of ecclesiastical architecture in Portuguese Goa », article cité. Sur *Santana*, voir aussi José Pereira, op. cit, pp. 14, 44, 46, 47, 49, passim.

IMAGEM 32:
Igreja de Nossa Senhora do Amparo, Mandur, Tiswadi, Goa, início do século XVIII
(fotografia de Joaquim Rodrigues dos Santos)

entre l'art européen et l'art indien. En fait, si ces églises étaient projetées par des prêtres architectes européens, la résolution concrète des projets en élévation était probablement prise en charge par les chrétiens asiatiques – et même, très souvent, par des artisans hindous. On n'est pas devant une architecture non-asiatique que les asiatiques exécutaient comme ils le savaient et pouvaient, mais bien d'une l'architecture des *casados da terra* pour la ville des *casados da terra*. Sur l'espace publique et l'espace imaginaire les Jésuites bâtirent les symboles de la construction d'une nouvelle communauté[71].

L'église jésuite de S. Paulo de Diu est localisée au milieu du peuplement des *casados* catholiques et dans un endroit névralgique – le croisement de rues entre la forteresse portugaise et le peuplement asiatique. L'éloquence de ses façades et de la croisée placée devant, furent renforcées par une belle loggia arquée ouverte au premier étage du bâtiment du collège, quand le complexe, après l'expulsion des Jésuites au milieu du 18$^{ème}$ siècle, fut placé sous le contrôle de la paroisse. L'église et l'ancien collège de S. Paulo sont donc, tant architecturalement comme de par son emplacement urbain, les signes par excellence du projet de ville (manqué) des *casados da terra* de Diu.

En 1740, quand la ville de Chaul fut abandonnée aux maratha, les chrétiens se sont installés dans un village au bas du *Morro*. Il y habitent encore aujourd'hui, au nombre d'environ mille personnes. Ils parlent un portugais créole et se sentent orgueilleux d'être connus comme « les portugais »[72].

Le hollandais Jan Huygen van Linschoten (1563-1611), qui a séjourné en Inde aux années 1580, a décrit la partition religieuse et sociale de l'espace urbain sous contrôle portugais d'une façon assez particulière : a Diu, le territoire serait « habité par les portugais ensemble avec les indigènes, comme a Hormuz et d'autres villes et lieux des Portugals

---

[71] Pour une interprétation des architectures « hybrides » comme idéologiquement et culturellement intentionnelles dans le cas de l'Inde, voir les études de Philip Wagoner sur la ville et l'empire de Vijayanagar : Wagoner, Philip B. "'Sultan among Hindu Kings': dress, titles, and the islamicization of hindu culture at Vijayanagara", *The Journal of South Asian Studies*, 55, n. 4(1996), pp. 851-880; "From 'Pampā's Crossing' to 'The place of Lord Virúpáksa': architecture, cult and patronage at Hampi before the founding of Vijayanagara", *Vijayanagara: progress of research 1988-1991*, ed. D. V. Devaraj and Channabasappa S. Patil, Directorate of Archeology and Museums, Mysore, 199, pp.: 141-174. Et aussi, P. Wagoner et J. H. Rice "From Delhi to the Deccan: newly discovered Tghluq monuments at Warangal-Suntanpur and the beginnings of indo-islamic architecture in southern Índia", *Artibus Asiæ* 61, 2001, pp. 77-117.

[72] A. Teodoro de Matos, introduction au *O Tombo de Chaul* op.cit, p. 17.

partout en Inde avec l'exception des forteresses qu'ils maintiennent entre leurs mains »[73]. Chose identique se passerait à Malacca et à Goa[74].

Si, dans ce qui concerne ces territoires, Linschoten ne fait pas attention aux frontières religieuses, il se rend bien compte de leur existence dans le cas de Cochin, en distinguant la ville chrétienne de la ville indienne, les chrétiens des hindous et musulmans[75].

Il semble que la distinction entre catholiques indiens et catholiques européens ait été un peu problématique pour Linschoten. Il se peut qu'à la racine de cette difficulté aie été l'incapacité très *burgher* de s'intéresser aux autres et la volonté de préserver son identité propre dont parle Simon Schama a propos des hollandais du 17$^{ème}$ siècle[76].

Mais il est possible également que les frontières entre portugais et catholiques fussent un peu floues déjà aux années 1580, au moins pour un observateur du nord de l'Europe.

Elles deviendraient de plus en plus floues. Comme le montre le cas des villageois catholiques du bas du *Morro* de Chaul, « portugais » en Inde est venu a signifier tout simplement catholique. À la fin du 19$^{ème}$ siècle, les catholiques de Bombay créèrent une association. Ils la nommèrent « Bombay East India Association » après un très long et féroce débat interne. Plusieurs membres ne voulaient pas que la désignation « East Indian » fut adoptée (elle était destinée a souligner la protection dont les catholiques avaient joui de la part de la East Indian Company anglaise). Les opposants se battaient pour la désignation traditionnelle : *Bombay Portuguese*[77].

Dans le deuxième tiers du 16$^{ème}$ siècle les portugais ont construit une muraille séparant Cochin d'en bas du territoire de Cochin d'en haut, le royaume hindou allié. La muraille ne se destinait pas à défendre Cochin contre des ennemis asiatiques où européens mais à essayer d'arrêter le

---

[73] Linschoten, Jan Huygen van, *Itinerário, Viagem ou Navegação de Jan Huygen van Linschoten para as Índias Orientais ou Portuguesas*, ed. Arie Pos and Rui Manuel Loureiro, Lisbonne, CNCDP, 1997, p. 8. Sur Linschoten, voir Bill Frank, "A European view of life in 16th-century Goa, the images of Jan Huygen van Linschoten", *India and Portugal. Cultural Interactions*, op.cit, p. 47-69.

[74] Linschoten, *Itinerário*, op.cit, pp. 18, 28.

[75] Linschoten, *Itinerário*, op.cit, pp. 11, 43.

[76] Schama, Simon, *The Embarassment of Riches, an interpretation of Dutch culture in the Golden Age*, Vintage, New York, 1997, pp. 570 ss.

[77] Voir John de Mello, *Some materials for a history of the Bombay East Indian Community*, ed. de l'auteur, Bombay n.d. [1939], pp. 8-10.

commerce libre entre les *casados cristãos da terra* du Cochin portugais et les marchands hindous ou musulmans de l'autre côté[78].

La création des villes nouvelles d'en bas devant les villes d'en haut asiatiques ne fut pas une simple nécessité militaire ou commerciale. Les murailles, les bastions ou les *tranqueiras* ne défendaient pas seulement les villes côtières contre leurs ennemis. L'architecture ne proclamait seulement la foi catholique ou l'allégeance européenne de l'espace publique et privé des villes. L'ordre des rues, places et quartiers n'obéissait pas seulement a des impératifs de défense, circulation où hiérarchie. Les périmètres militaires où les plans urbains, d'un côté, les élévations, les intérieurs, les ornements d'églises et maisons, d'un autre, furent aussi, dans une certaine mesure, des instruments de la construction, tout au long de trois où quatre siècles, d'une « communauté » auparavant inexistante en Asie : les *casados cristãos da terra*, c'est a dire, les asiatiques christianisés qui, a travers la christianisation, furent dépourvus de son lieu dans l'ordre social et territorial asiatique. Une des raisons de la création de l'hôpital des *gentes da terra* à Goa en 1546 fut, disent les documents jésuites, le fait que les indiens convertis au catholicisme se plaignaient de « n'avoir personne pour les guérir étant malades et aucune place où être ensevelis s'ils mourraient »[79]. La conversion écartait les indiens de ses propres médecins et de ses cimetières. Le nouveau type d'hôpital les re-territorialisait.

Bien entendu, les *cristãos da terra* n'étaient pas UNE « communauté ». Le dire constitue de la pure idéologie : ça signifie très peu de parler de chrétiens quand on se réfère a des gens d'origines sociales et géographiques, d'habitudes et pratiques religieuses très diverses et changeantes le longs du temps.

Quand Malacca fut assiégée par les malais en 1574, le capitaine Tristão Vaz fit placer ainsi ses soldats malais catholiques : « ceux d'un peuplement [*bairro*] au bastion le plus lointain [...], de façon a séparer parents et amis [...] pour que, ensemble, ils ne conspirassent de façon a ouvrir le chemin aux ennemis parmi lesquels ils avaient beaucoup de parents »[80].

---

[78] Alberto R. S. Tavim, "A cidade portuguesa de Santa Cruz de Cochim ou Cochim de baixo", article cité.

[79] Doc. transcrit par Vítor A. F. Silva, « Com D. João III, um novo tipo de assistência: os 'Hospitais da Gente da Terra' na Ásia », article cité.

[80] Cit. « História dos cercos de Malaca – descrição dos cercos de Malaca, sendo capitão Tristão Vaz da Veiga, e de uma vitória naval que teve da armada do Achém », ed. Jorge de Lemos, *Textos sobre o Estado da Índia*, Lisbonne, Alfa, 1989, pp. 81-127, voir p. 103.

La conversion ne brisait pas du jour au lendemain les relations de famille. Les franciscains se plaignaient que les hindous qui habitaient parmi leurs familiers catholiques étaient les vrais responsables du manque de fermeté de beaucoup de conversions[81].

Mais, justement, murailles, bastions, *tranqueiras*, façades, parlent idéologie, permanence, proclamation. Quand on étudie les réalités urbaines de Diu où Damão, de Cananor où Malacca, pour ne choisir que des cas où la réalité physique et cartographique des partitions du territoire urbain est particulièrement éloquente, on est frappé par la netteté de la solution : comme des tenailles que sortent de la forteresse, les murs que tiennent la ville des *casados cristãos*, tant portugais que asiatiques, les protégent contre la dissolution, beaucoup plus que contre hollandais, hindous où musulmans.

La porosité physique de ces murailles, jusqu'à un certain point inefficaces contre les ruses du commerce et du temps, ne les a pas rendues mois permanentes du point de vue de l'image. L'architecture essaye de figer la forme d'une réalité que le temps transforme constamment.

La ville des catholiques de Diu (le *ferenghi wadi* comme on l'appelle localement, le quartier des blancs où des occidentaux (bien qu'il n'y ait un seul européen résidant dans l'île), n'a pas aujourd'hui plus de 200 habitants. L'ancienne église des Jésuites est vide. Mais elle paraît toujours imposante.

---

[81] Frei Paulo da Trindade, *Conquista Espiritual do Oriente*, op. cit, I, 69 : 349.

# III
# ENTRE MULHERES

# ARQUITECTURA DE MULHERES, MUNDO DE HOMENS
INTERVENÇÕES DA DGEMN EM EDIFÍCIOS
DE MOSTEIROS FEMININOS EXTINTOS (1930-1950)

1999

Ao longo dos 70 anos da sua existência, a DGEMN interveio de modo relevante em cerca de 30 mosteiros femininos extintos. O número, embora impressionante, corresponde a uma percentagem diminuta do total das campanhas de obras dos *Monumentos*. Acresce que apenas 4 destas intervenções foram objecto de publicação no Boletim da Direcção-Geral. Em contraste, foram até hoje publicados cerca de 120 Boletins monográficos sobre intervenções noutro género de edifícios.

Os 4 mosteiros onde a DGEMN foi responsável por obras de vulto das quais resolveu dar conta pública foram Santa Clara de Vila do Conde, Santa Clara de Santarém, Jesus de Setúbal e Lorvão. As três primeiras intervenções tiveram lugar nos anos de 1930-1940: Vila do Conde foi concluída em 1938, Santarém em 1943, Setúbal em 1947. A obra do Lorvão concluiu-se bastante depois, em 1960.

Para além de não terem sido nada frequentes, as intervenções da DGEMN em antigos mosteiros de freiras têm outra peculiaridade: resultaram em alterações radicais das características tipológicas de alguns dos monumentos intervencionados, o que ocorreu muito menos vezes em percentagem nos castelos e palácios, nas catedrais e conventos masculinos onde a Direcção-Geral também actuou. Alguns destes edifícios ou conjuntos foram submetidos a mudança completa de funções – de palácio para museu ou de convento para pousada, por exemplo – mas isso não conduziu a mudanças tipológicas (até porque, em geral, as novas funções seleccionadas mantiveram uma relação evidente com as antigas).

Não sucedeu assim com os mosteiros de freiras, especialmente naqueles onde uma alteração de tipologia pareceria menos necessária: os que foram "recuperados" ou "restaurados" como puros monumentos (Vila do Conde e Santarém). Estes dois conjuntos foram alterados a tal ponto que não podemos reconhecer já neles a distribuição espaços/funções e os percursos constitutivos que tinham no passado (embora a intervenção da Direcção-Geral em Santarém se tenha limitado à igreja monástica, dado que o essencial do convento já tinha desaparecido).

O propósito principal do presente artigo é procurar esclarecer alguns dos motivos deste facto. Assim, discutirei o desajuste entre o que os edifícios eram antigamente e as características que adquiriram na nossa época graças a intervenção da DGEMN, assumindo que um tal desajuste era inevitável mas procurando provar que não foi inocente, ou seja, que teve pressupostos e objectivos culturais específicos do período da intervenção e da época contemporânea em geral.

Não me interessarão aqui, portanto, questões de carácter arqueológico (os edifícios foram ou não intervencionados de um modo tecnicamente acertado?), nem problemas do âmbito das escolhas "patrimoniais" (as intervenções foram ou não "correctas" do ponto de vista teórico?).

Interessar-me-à, sim, determinar como foi culturalmente (in)compreendida pelos técnicos da DGEMN em cada época a especificidade tipológica das edifícios conventuais femininos.

Procurarei demonstrar também que uma tal incompreensão não era característica apenas da DGEMN, nem das décadas de 1930 e 1940. Para tal abordarei de passagem uma intervenção recente num mosteiro feminino, o das Chagas de Vila Viçosa, o único que foi adaptado a pousada, cujas obras decorreram sob a direcção projectual (e cultural) de um gabinete privado de arquitectura e da ENATUR. Também o mosteiro das Chagas perdeu alguns traços tipológicos fundamentais da sua função passada.

As fotografias do interior da igreja de Santa Clara de Santarém antes e depois da intervenção da DGEMN dizem desde logo o essencial: o espaço que resultou da intervenção não tem nada que ver com aquele que existia anteriormente (**im. 33 e 34**).

Sabemos que foi desmontado antes da intervenção da Direcção-Geral o coro das freiras que ocupava mais de metade da comprida nave da igreja e estava desta separado por uma parede com grade. Sabemos também que as dependências do vastíssimo mosteiro (claustro, dormitórios, mirante, etc.) foram demolidas, não pelo Estado Novo, mas nos anos finais da Monarquia no culminar de uma sistemática razia do património construído antigo que fez de Santarém – capital dos ávidos "barões" do Liberalismo – também a capital da destruição do gótico em Portugal. A demolição completa de Santa Clara só foi sustida na I[a] República por

IMAGEM 33:
Interior da igreja de Santa Clara de Santarém no final do século XIX

IMAGEM 34:
Interior da mesma igreja depois das obras dirigidas pela DGEMN na década de 1930

pressão do *lobby* dos arqueólogos e arquitectos: a igreja foi declarada monumento nacional em 1916 e só ela sobreviveu[1].

As fotografias do coro, pelas quais sabemos como era esta parte do mosteiro, devem datar dos anos de 1910, mas é evidente que a sua publicação pela DGEMN em contraposição à nave vazia mostra que os *Monumentos* não ficaram excessivamente preocupados com o desaparecimento do coro (tanto mais que não procuraram "recuperá-lo").

O responsável pela intervenção da DGEMN em Santa Clara foi quase de certeza o arquitecto Baltazar Castro (1891-1967)[2]. Coube-lhe, portanto, a responsabilidade primordial da decisão de "limpar" a nave da igreja de todos os vestígios do coro, criando um espaço único, longitudinal e direccionado (até o pavimento na área do coro foi rebaixado).

Sustento que esta decisão resultou antes de mais do desconhecimento dos técnicos da DGEMN e dos historiadores da época acerca do que eram e como funcionavam os mosteiros de freiras.

De facto, uma igreja monástica de freiras não era compreendida e vivida no passado como um espaço único mas como dois espaços autónomos. Há literalmente centenas de referências em crónicas conventuais de toda a Europa, desde a Idade Media, à distinção entre igreja de fora (a dos leigos, conhecida em Itália como *chiesa di fuori* ou *chiesa esteriore*) e igreja de dentro (a das freiras, *chiesa interiore, chiesa dentro*).

Depois do final do Antigo Regime instalou-se – ao menos entre nós – o habito de designar a igreja de dentro como coro, confundindo assim coros mais ou menos integrados no espaço do templo (os coros de frades nas cabeceiras e o coro da música sobre a porta axial, por exemplo) com os coros de freiras, separados claramente do resto da igreja.

O coro de Santa Clara de Santarém foi descrito como "uma grande igreja" pelo cronista franciscano frei Manuel da Esperança na *Historia*

---

[1] Ver Francisco Nogueira de Brito, "Relatório da excursão que a Associação dos Arqueólogos Portuguezes fez a Santarem no dia 9 de Julho de 1916", *Boletim do Associação dos Archeologos Portuguezes*, Lisboa, 1917, tomo XIII, 5ª serie, n° 6, pp. 241-255.

[2] Ver Maria João Baptista Neto, *A Direcção Geral das Edifícios e Monumentos Nacionais e a intervenção no património arquitectónico em Portugal (1929-1960)*, Lisboa, 1995, III vols. dact. dissertação de doutoramento apresentada a Faculdade de Letras da Universidade de Lisboa. Sobre Baltazar Castro, principal responsável pelo teor "medievalista" das obras da DGEMN nos anos de 1930 e 1940, ver vol. I, pp. 410 e segs. [Parte desta tese foi entretanto publicada sob o título *Memória, propaganda e poder. O Restauro dos Monumentos Nacionais (1929-1960)*, Porto, FAUP Publicações, 2001, sobre Baltazar de Castro, pp. 221-224. Podem consultar-se também com muito proveito Miguel Tomé, *Património e restauro em Portugal (1920-1995)*, Porto, FAUP Publicações, 2002, e, para o período anterior, Lúcia Rosas, *Monumentos pátrios: a arquitectura religiosa medieval – património e restauro (1835-1928)*, III vols. dact., dissertação de doutoramento apresentada à Faculdade de Letras da Universidade do Porto, 1995.]

*Seráfica da Ordem dos Frades Menores de S. Francisco na província de Portugal* (1656, I, pp. 505 e segs). O relator da obra da DGEMN em Santarém[3] tomou nota da expressão usada pelo cronista franciscano mas continuou sempre a referir-se ao coro como se este fosse uma parte aleatória (e amovível) do edifício.

Ora, no passado, a prática litúrgica e a prática do espaço tinham lugar como se a mesma capela-mor servisse duas igrejas iguais.

Frei Manuel da Esperança conheceu a igreja em meados do século XVII. Escreveu o seguinte:

> "Era o templo magnifico e nem os intentos novos de reformar pello moderno a traça lhe desfizerão de todo a gravidade antiga, que hoje realça muito uma tribuna notavel sobre a grade do coro, onde se celebra missa e esta depositado, em sacrario patente por uma e outra parte, o mantimento do ceu, que regala nossas almas. E com isto se compriram os desejos deste devoto mosteiro, o qual para ter presente sempre diante dos olhos, não só na capella-mor, mas também dentro do coro o Sacramento Santissimo avia ja impetrado no anno de 1535 a licença da Se Apostolica" (I, p. 508).

Uma das fotografias anteriores à intervenção da DGEMN mostra claramente a grade que separava as duas igrejas e a presença do altar do Santíssimo no seu arco superior, "patente por uma e outra parte", ou seja, visível em ambas as igrejas, graças a uma licença especial da Santa Sé.

O que se passava em Santa Clara de Santarém ocorria do mesmo modo, como é evidente, em muitíssimos outros mosteiros. As freiras utilizavam a igreja de dentro a várias horas do dia e da noite (aí se realizavam pelo menos seis missas diárias), independentemente de estar ou não em uso a igreja de fora. A função do coro como "tribuna" separada a partir da qual as freiras participavam na Eucaristia sem serem vistas pelos leigos era apenas uma das funções possíveis desta parte do mosteiro.

O responsável pela notícia histórica da intervenção da DGEMN noutro mosteiro, Santa Clara de Vila do Conde, refere-se ao coro como "sagrado recinto onde as esposas de Cristo assistiam às cerimónias realizadas na Igreja" (*Boletim* n.º 14, p. 10). A redução do coro a lugar secundário e subsidiário de uma igreja única – ponto de vista ainda hoje comum mesmo entre gente informada – ajuda a explicar a não-reposição do coro em Santa Clara de Santarém.

---

[3] De acordo com Neto (op.cit., vol. I, p. 435, em nota), o autor de todas as notícias históricas nos Boletins da DGEMN até 1955 foi o dramaturgo João de Castro, cuja biografia desconheço.

Não era característica apenas das igrejas conventuais femininas a divisão do espaço em áreas autónomas ou semi-autónomas. Esta divisão é tão antiga quanto a arquitectura religiosa cristã e existia também nas igrejas catedralícias (coros de cónegos) e nas igrejas conventuais masculinas (coros situados em geral na cabeceira).

Nas abadias monacais existiam diversos coros separados: para os monges, os conversos e os leigos. O coro dos monges estava isolado do resto da igreja por segmentos separadores designados por *jube* ou *lectorium*, que podiam atingir um altíssimo grau de elaboração arquitectónica, constituindo-se como verdadeiros corpos edificados dentro do espaço das igrejas. Os coros catedralícios ou conventuais (em igrejas de monges) situavam-se quase sempre na cabeceira dos templos, ocupando parte da nave central e do transepto. A complexidade arquitectónica dos *jube* destinava-se a não permitir a distração dos cónegos ou frades pelos fiéis que ocupavam o resto da igreja. Os participantes na Eucaristia que estavam dentro do coro podiam ser vistos com dificuldade pelos leigos.

No que diz respeito aos coros de freiras, havia uma grande variedade de soluções espaciais, dependendo da época e da região.

Sabe-se que os primeiros mosteiros europeus eram, em muitos casos, mistos. Criados por comunidades de homens e mulheres que buscavam protecção mutua, estes mosteiros caracterizavam-se pelo trabalho, a oração e a habitação comuns e até pela existência de crianças educadas colectivamente. O carácter misto destes cenóbios podia assumir formas diversas: havia casos em que homens e mulheres partilhavam o mesmo espaço de vida e culto[4], outros em que estavam rigorosamente separados dentro da igreja, outros ainda onde as igrejas de mulheres não eram acessíveis aos leigos. Na Península Ibérica, tais comunidades existiam desde pelo menos o século V e foram severamente combatidas por reformadores como S. Isidoro de Sevilha (fal. 636) ou S. Frutuoso de Braga (fal. em 665 ou 667) que tentaram impor a separação rigorosa entre homens e mulheres.

Por toda a Europa, as novas regras da Alta Idade Média – e antes de mais a de S. Bento de Núrcia (480-547) – caracterizavam-se pela oposição frontal aos mosteiros mistos[5] e pela tentativa de imposição da clausura das

---

[4] [Investigação subsequente à redacção deste texto leva-me a crer que este tipo de cenóbio nunca existiu enquanto mosteiro com reconhecimento por parte de qualquer autoridade eclesiástica.]

[5] Os cronistas portugueses do século XVII designavam esses mosteiros antigos por mosteiros *dobrados*, dos quais o mais conhecido foi talvez Santa Cruz de Coimbra que, depois de efectuada a separação, manteve um convento de freiras anexo até ao século XVI (S. João das

mulheres. Depararam, nestes como noutros pontos, com uma feroz resistência que, no território que é hoje Portugal, parece ter partido especialmente dos mosteiros moçárabes das dioceses de Braga e Coimbra. A grande invasão Almorávida da transição do século X para o século XI fez desaparecer quase todos os mosteiros peninsulares primitivos. Quando começaram a ser refundados, no século XI, ficaram submetidos, em geral, à regra beneditina ou aos Cluniacenses e Cistercienses.

Mas os mosteiros mistos sobreviveram a tudo isto na Península como noutras regiões da Europa.

Suponho que tenha derivado de alguns mosteiros mistos a tradição de colocar as igrejas de dentro das freiras no pé da igreja, traço tipológico que caracteriza a arquitectura monástica feminina de algumas regiões da Europa como a Península Ibérica, a Europa central e do norte. De facto, a disposição de muitas igrejas mistas em que a nave era dividida longitudinalmente a meio não se ajustava a uma clausura efectiva das freiras. A tendência foi construir a igreja de dentro por detrás do altar ou a poente.

Em Portugal a solução sistemática – pelo menos do século XIII em diante[6] – foi a de igreja de dentro ao pé da nave, a poente. Quando existem latero-coros à capela-mor, o que é frequente, estes desempenham sempre um papel subsidiário do coro maior.

Na Idade Media portuguesa, o coro das freiras era portanto em baixo ao pé da nave, sobre uma plataforma de madeira ligeiramente mais alta que o pavimento da igreja. Deste modo, os leigos não olhavam o altar através do coro ou em volta dele como sucedia nas igrejas conventuais masculinas. Estavam de costas para as enclausuradas reforçando assim a separação entre as duas comunidades.

Os coros no pé da igreja estavam separados da igreja de fora por *jube* ou iconostases de que não subsiste um único exemplo medieval conhecido. Os que chegaram até nós (Almoster, Lorvão, etc.) são posteriores ao século XVI mas repetem em formulário clássico a complexidade das anteriores. É o caso daquele que existia em Santa Clara de Santarém.

A divisão da igreja em dois espaços autónomos – que posicionam o mundo dos homens de um lado e o das mulheres do outro – reflecte o

---

Donas). O cronista agostinho, frei D. Nicolau de Santa Maria, referiu-se à questão nos seguintes termos: "os mais dos Mosteiros que se fundavão antigamente erão dobrados & tinhão Religiosos & Religiosas, Conegos e Conegas divididos com suas paredes, & claustros" (*Chronica da Ordem dos Conegos Regrantes do Patriarca Santo Agostinho*, 1668, tomo XII, vol. VI).

[6] Quando este artigo foi publicado, já Manuela Braga tinha esclarecido que esta data é demasiado antecipada e que a questão é, pelo menos, controversa. Ver Manuela Braga, *Os cadeirais de coro no final da Idade Média em Portugal*, dissertação de mestrado em História da Arte da Idade Média, FCSH da UNL, 1997, ver 1ª parte.

modo como o aparelho monástico medieval encarava as mulheres. A clausura, o tipo de igreja dupla, a forma geral dos mosteiros, serviam explicitamente dois propósitos: o primeiro era a defesa das mulheres enclausuradas contra o mundo exterior.

No pensamento arquitectónico europeu, talvez tenha sido Leão Baptista Alberti (1404-1472) quem mais longe levou a teorização da tipologia dos mosteiros femininos[7]. No *De Re Aedificatoria* (1485), propôs a construção destes mosteiros dentro dos muros das cidades, precisamente para defesa das freiras contra intrusos: "Os mosteiros de virgens não vitupero que estejam dentro da cidade nem de todo fora dela os louvo, porque ali a solidão trará menos perturbadores mas os que nisso se empenharem terão mais vagar e licença para os seus feitos, onde nenhuns vigilantes assistem" (ed. castelhana de 1582, Livro V, cap. VII, trad. minha). A seguir, sugeriu que os mosteiros fossem planeados como autênticas fortalezas, sem aberturas ao exterior, recebendo a luz quase que apenas pelos claustros.

No III° dos *Libri Familiae* (1434), Alberti explicitou um conceito da mulher que esclarece as suas opções arquitectónicas: "as mulheres são quase todas tímidas par natureza, suaves, lentas, e portanto mais apropriadas a estar sentadas e vigiar o andamento das coisas" (cit. Wigley, p. 334). Seguidamente refere-se aos homens que preferem ficar em casa em companhia das mulheres coma "criaturas inúteis e efeminados".

Como notou Wigley, os espaços Albertianos são espaços de separação e localização dos sexos, ou seja, são espaços que ajudam a definir o que é cada género. Para Alberti, o interior protegido é o espaço par excelência dessas criaturas frágeis, as mulheres, o exterior é o espaço dos homens.

Entre o arquitecto (Alberti, neste caso) e os dirigentes das ordens monásticas há uma cumplicidade (ou complementaridade) necessária: ambos são servidores do aparelho monástico que opera mecanismos ao mesmo tempo de articulação e separação entre o mundo terreno e o mundo divino, o mundo do trabalho e o mundo da contemplação, o mundo dos leigos e o mundo do clero, o mundo dos homens e o mundo das mulheres. Neste quadro, a clausura feminina não servia só as mulheres contra o mundo exterior. Defendia também este contra

---

[7] Existe uma vastíssima bibliografia sobre Alberti. Conheço dois estudos que explicitamente relacionam a sua teorização com questões de género: Judith C. Brown. "A woman's place was in the home: women's work in Renaissance Tuscany" in *Rewriting the Renaissance: the discourses on sexual difference in Early Modern Europe*, Chicago, ed. Margaret Ferguson et al., 1986, pp. 206-224; e Mark Wigley, "Untitled: the house of gender" in *Sexuality and Space*, ed. Beatriz Colomina, Princeton, 1992, pp. 327-389.

aquelas. Nada o demonstra melhor que as muitas revoltas de freiras que pontuaram a história conventual do Antigo Regime. Sirva de exemplo um conjunto de manuscritos da Biblioteca Geral da Universidade de Coimbra (ms. 1323) que conta em pormenor a história de uma revolta das freiras cistercienses de Celas, em Coimbra, contra o Geral da ordem, ocorrida em 1712. As freiras queriam obter maior autonomia financeira e de governo do mosteiro. Procuraram para tanto livrar-se dos padres confessores da ordem e passarem à obediência do Bispo de Coimbra que os documentos cistercienses acusam – provavelmente com razão – de ser conivente com a revolta. Para obterem o que queriam, as freiras ameaçaram quebrar a clausura e saírem em "manifestação" pelas ruas de Coimbra. O mosteiro foi cercado pelo braço secular durante várias semanas. Houve cenas de grande violência com as freiras a agredirem à paulada e com pedras os representantes de Cister. Impotentes para abafar a revolta por meios militares, apavorados com a ideia da quebra da clausura, os cistercienses acabaram por ceder a uma grande parte das "reivindicações" das freiras.

Este episódio demonstra bem o verdadeiro poder de que gozavam as comunidades femininas enclausuradas. A ameaça de abandonarem a clausura como grupo, ou seja, como entidade social autónoma, de exporem publicamente a sua condição de mulheres não disponíveis e sem marido ou pai, era absolutamente apavorante para a sociedade do Antigo Regime. A saída das mulheres da clausura introduzia uma confusão tanto mais perturbante entre mundos separados quanto essas mulheres apareciam fora do controle dos laços familiares/patriarcais.

Acresce que as criaturas "tímidas por natureza" de Alberti eram por vezes temíveis gestoras de patrimónios muito vastos[8] que abarcavam terras e rendas de leigos. Exercendo soberanias fora dos mosteiros, as freiras revelavam-se também, dizem tantas crónicas conventuais, muito atreitas ao luxo, à dissipação, e ao exercício de uma soberania sexual que não era menos perturbadora por ter como palco o mosteiro, antes pelo contrário.

---

[8] Começam a estar disponíveis muitos títulos em português sobre questões económicas e sociais relativas aos conventos de freiras. Ver, entre outros, Maria Helena da Cruz Coelho, *O Mosteiro de Arouca do século X século XII*, Coimbra, 1977, Maria do Rosário Barbosa Morujão, *Um mosteiro cisterciense feminino: Santa Maria de Celas*, Porto, 1991, dissertação de doutoramento apresentada a Faculdade de Letras da Universidade do Porto, dact.; Rui Cunha Martins, *Património, parentesco e poder, o Mosteiro de Semide do século XII ao século XV*, Miranda do Corvo, 1992; Maria Teresa Osório de Melo, *O Mosteiro Beneditino de Santa Maria de Semide*, Coimbra, 1992; Cristina Maria André de Pina Sousa e Saul António Gomes, *Intimidade e Encanto, o mosteiro cisterciense de Santa Maria de Cós (Alcobaça)*, Leiria, 1998 (este ultimo também com indicações arquitectónicas e artísticas).

Entre o final do século XV e a primeira metade de Quinhentos, Roma lançou um movimento de reforma dos conventos e mosteiros, no quadro da chamada Pré-reforma. Os reformadores procuraram precisamente controlar a autonomia ganha pelas mulheres nos mosteiros e, ao mesmo tempo, garantir a essas comunidades um certo isolamento em relação a uma sociedade em mudança acelerada. À reforma monástica serviram muitas vezes as recomendações de Alberti sobre a clausura: tratou-se de reforçar fisicamente (arquitectonicamente) a separação entre o mundo da clausura e o mundo exterior: redução ao mínimo do número e dimensão dos vãos, imposição de fachadas quase cegas e muros exteriores, reforço dos gradeamentos de coros e parlatórios, deslocação dos mosteiros para perto ou para dentro das povoações, etc.

Em 1517, o rei D. Manuel obteve do papa uma bula nomeando frei Francisco de Lisboa reformador do mosteiro das clarissas de Santarém. Este delegou os seus poderes em frei Braz de Gois, do convento de S. Francisco da mesma cidade. A reforma começou com um verdadeiro assalto à igreja em 28 de Setembro desse ano porque as freiras, dirigidas pela abadessa Dona Brites de Menezes, se opuseram por todas os meios à entrada dos reformadores. A abadessa acastelou-se com as freiras no coro, conforme conta a *Historia Seráfica*. E foi precisa a intervenção do braço secular para lhe abater a resistência. Transferida a superiora e várias freiras, chamadas outras de mosteiros distantes para as substituir, tudo entrou pouco a pouco na nova ordem da *Observância*. Concluiu o cronista: "Mortificadas assi, parecião como mortas, porque não ouviam nem falavão, não vião nem eram vistas" (*História Seráfica*, I, p. 510).

Depois, a igreja foi muito alterada durante o resto do século XVI e no século seguinte: o coro diminuiu de extensão porque os reformadores exigiram mais espaço na igreja de fora; desapareceram os braços do transepto e os quatro absidíolos da cabeceira porque os fiéis, de acordo com a liturgia reformada do século XVI, deviam assistir à missa num espaço único e claro – que a complexidade da cabeceira medieval obscurecia. Todo o corpo do edifício foi transformado: abóbada de caixotões na cabeceira à maneira dos exemplos paleocristãos codificados por S. Carlos Borromeu e outros reformadores, torre e mirante no pé da igreja servindo o coro, fechamento da rosácea a poente que iluminava demasiado o coro, abertura nesta frente de duas portas axiais mais baixas ligadas ao corpo conventual e ao claustro, abertura de nova porta para a igreja de fora, decoração de toda a igreja com brutescos e retábulos de talha, etc.

De facto, tanto em Santa Clara de Santarém como em tantos outros mosteiros, antes e depois da reforma quinhentista, havia uma certa liberdade no que respeita à clausura: muitas freiras conseguiam sair do mosteiro por períodos mais ou menos curtos; a visita de familiares e amigos não era impossível. Os mosteiros femininos eram, e continuaram a ser apesar de todas as reformas, um mundo relativamente à parte, um mundo de mulheres, onde estas gozavam de um grau de liberdade, de um poder económico, de uma cultura e hábitos próprios, impossíveis no mundo dos homens, cá fora. Não admira que houvesse tantas mulheres que optavam voluntariamente pela vida monástica... e que fosse em geral tão difícil fundar um mosteiro feminino, apesar da necessidade que tinham as famílias nobres em se livrarem assim das filhas segundas sem dote e apesar da imobilização de propriedades que se verificava quando senhoras da nobreza fundavam mosteiros. A sociedade masculina resistia sempre à criação de novos mosteiros femininos como mostram todas as histórias conventuais.

Os propósitos explícitos dos reformadores quinhentistas dos mosteiros, e até algumas das suas iniciativas arquitectónicas, apresentam sintomáticas semelhanças com palavras e actos das técnicos e teóricos da DGEMN nos anos de 1930 e 1940.

A hipótese de que as enclausuradas pudessem gozar prazeres mundanos perturbou o responsável pelas notícias históricas dos *Boletins* da DGEMN que relatam as intervenções daquele organismo em Santarém e Vila do Conde. Escreveu ele sobre as freiras de Santa Clara de Santarém obrigadas à *Observância*: as freiras "mais sensíveis à brandura das costumes monacais praticados e consentidos pela abadessa, incitaram esta à rebeldia e gritaram contra a sacrílega violação das imunidades claustrais. Depois de imposta a reforma não mais os erros e as liberdades do viver antigo deslustraram as tradições da velha casa das clarissas de Santarém" (pp. 21-22). Por fim: "às antigas freiras mundanas sucederam, com quasi igual desconcerto, as freiras ambiciosas de santidade" (idem, p. 23).

*La Donna e mobile...*

Os traços das obras na igreja posteriores à reforma quinhentista foram sistematicamente desmontados pela DGEMN. A linguagem utilizada pelos técnicos para justificar esta intervenção é semelhante a dos reformadores que tinham imposto as obras. Assim, o relator dos *Monumentos* explica a não-reposição do coro de Santarém porque este "reduzia de facto, desproporcionadamente, o espaço que em tamanho templo deveria pertencer aos devotos seculares" (*Boletim* n.º 30/31, p. 11). O relator assume como própria a ideia – imposta na Pré e na Contra-reforma – de que o espaço das igrejas deve servir primordialmente os leigos. Tanto no século XVI como no século XX, os homens que intervieram na arquitectura das igrejas de mosteiros femininos, fizeram-no par meios diversos mas no mesmo quadro cultural: contra a igreja de dentro e exigindo a sua contenção...

Também foi violentamente reformado no século XVI – e profundamente alterado no século XX – o mosteiro medieval de clarissas de Sta. Clara de Vila do Conde (*Boletim* n.º 14, 1938).

Os reformadores nomeados pela coroa assaltaram o mosteiro em 30 de Setembro de 1517. A abadessa foi expulsa. Veio outra substituí-la. O conjunto edificado sofreu depois grandes transformações. A mais importante foi a substituição do coro baixo, que ocupava quase toda a igreja, por dois coros sobrepostos.

De facto, apesar de todos os dispositivos de separação de lugar, olhares e percursos que existiam nas igrejas medievais de freiras, assistiu-se em Portugal, no final século XV e na primeira metade do século XVI, à criação de um novo tipo de igreja de dentro: o coro alto ao pé da nave, por vezes sobreposto ao coro mais antigo, como no caso de Vila do Conde, outras vezes erguido sobre uma cripta (mosteiro de Jesus de Setúbal), ou sobre a porta axial da igreja (alguns mosteiros de Carmelitas Descalças no século XVII).

Além do desdobramento do coro, os reformadores do mosteiro das clarissas de Vila do Conde fizeram desaparecer uma galilé medieval que albergava a porta da igreja de fora; obrigaram à construção, junto ao braço norte do transepto, de uma capela nova para abrigar túmulos retirados do antigo coro. Pouco a pouco, como sucedeu em Santarém, o edifício monástico encheu-se de construções rodeando a face poente e parte da cabeceira. Eram necessárias para proporcionar às freiras comunicação directa com o claustro e para garantir a separação rigorosa da sacristia e da igreja de fora em relação ao resto do mosteiro.

Ao intervir no monumento, que estava em estado avançado de ruína, a DGEMN deparou-se com os dois coros ainda bem conservados e deixou-os em paz. Mas, para reintegrar o "estilo original do mosteiro", demoliu todos os acrescentos não medievais, incluindo a galilé e a portaria que substituíram a galilé medieval condenada pelos reformadores do século XVI.

A DGEMN não publicou fotografias da obra desmontada. Pelas plantas podemos assumir que se tratava de uma vasta divisão de cobertura assente em suportes de pedra, encostada ao lado norte da igreja. Para ela abriam tanto a porta da igreja como a porta conventual que dava acesso à portaria, esta dotada de parlatório e roda (também demolidas pela DGEMN).

À semelhança de tantos terreiros exteriores murados, galilés e alpendres situados à entrada de igrejas femininas, a galilé e a portaria de Santa Clara de Vila do Conde eram traços característicos e definidores da tipologia conventual das freiras desde a Idade Média. Funcionavam como uma série de barreiras sucessivas entre a rua e o interior do mosteiro. Os técnicos da DGEMN não perceberam a função essencial destes espaços. O relator escreveu que a galilé foi desmontada visto ser "inútil e até prejudicial a sua conservação" (*Boletim* n.º 14, p. 33, o texto não explica a que prejuízo se refere).

Todavia, passemos dos anos 1940 para os de 1990 e da Direcção-Geral para outras entidades: em 1996, concluiu-se a obra da pousada D. João IV, instalada no mosteiro quinhentista das Chagas de Vila Viçosa. Foi aí desactivada a antiga portaria monástica que abria para a rua dos Fidalgos, ou seja, para local recolhido e distante da porta da igreja pública (além de se situar logicamente na área de serviço do mosteiro, cerca da antiga Porta do Carro). A nova portaria – a da pousada – foi instalada no sopé da antiga torre-mirante das freiras, abrindo-se vãos que não existiam e virando do avesso os percursos constitutivos principais do antigo mosteiro, tanto mais que foram condenadas todas as ligações entre as instalações monásticas e a igreja de dentro/coros das freiras. Deste modo, não ficou sequer memória de alguns dos circuitos por excelência da vida monástica feminina (as ligações dos seus pontos fortes): entre as celas e o coro; entre o capítulo e o coro; entre as celas e a portaria. O mirante, lugar onde o olhar enclausurado alcançava o exterior, tornou-se o lugar de máximo acesso do exterior ao interior.

É evidente que a deslocação do sitio da portaria se deveu a necessidades funcionais de hoje (estacionamento de automóveis) e que a separação entre pousada e igreja era talvez inevitável por razões de propriedade dos diversos espaços[9]. Mas o texto publicado pelos arquitectos responsáveis pela intervenção (*Pousada D. João IV*, Enatur, 1997, p. 21) dá conta de um modo de compreender o mosteiro que também explicará alguma coisa: segundo eles, "o principal elemento gerador da morfologia

---

[9] O corte dos laços orgânicos entre igreja e convento tornou-se a situação normal após a extinção das ordens religiosas devido naturalmente a mudança de funções dos edifícios conventuais. Sucedeu isso, sistematicamente, em muitos mosteiros de freiras intervencionados pela DGEMN como o Lorvão, Santa Clara de Évora, S. Bento de Castris, etc. As obras neste ultimo mosteiro (processo da DGEMN 5.07.05:131036) são um caso característico de intervenção meramente técnica destinada à "modernização" das instalações para outros fins (uma escola agrícola, no caso), na qual a incompreensão pela estrutura e usos conventuais antigos é apenas uma parte (e menor) da geral indiferença projectual. Repare-se nas críticas formuladas por Túlio Espanca, *Inventario Artístico de Portugal. Concelho de Evora*. Lisboa, 1966, pp. 289 e segs.

do convento ou da sua estrutura" era (é) o claustro. Deste modo, a lógica da forma, sem dúvida determinada pelo claustro, aparece dissociada das funções que as diversas formas tinham, o que torna impossível a compreensão tipológica e a alusão a sua memoria (adiante veremos que a obra das Chagas integrou muito bem outros aspectos da memoria conventual).

À duplicidade da crítica tradicional aos mosteiros de freiras e à versão moderna dessa critica assumida por ela própria nas décadas de 1930 e 1940, a DGEMN contrapôs a resoluta univocidade das características arquitectónicas da sua intervenção em Vila do Conde e Santarém.

As fotografias dos interiores de Santa Clara de Santarém antes e depois do século XX são, alias, dos documentos mais brutais da historia da arquitectura modernista em Portugal: o espaço resultante da intervenção tem todas as características essenciais daquilo que o purismo dos anos de 1920 e 1930 esperava de um edifício – desornamentação, clareza e univocidade de leitura, predomínio das vistas e do espaço vazio, gosto pela exposição de espaços e volumes prismáticos.

Está por fazer a historia da – talvez não muito estranha – cumplicidade entre as ideologias arquitectónicas mais explicitamente conservadoras do salazarismo e o modernismo purista. Mas qualquer consulta, mesmo superficial, aos textos da DGEMN nesta época encontrará dezenas de referências adscritíveis a uma concepção modernista da arquitectura, essencialmente no que diz respeito à desconfiança pelo ornamento.

A ideologia do regresso às origens, do restabelecimento do aspecto primitivo dos edifícios, que marcou como se sabe a acção dos *Monumentos* nas primeiras décadas da sua existência, dá conta de uma opção pela clareza prismática dos espaços e de um considerável ressentimento contra tudo o que veio sobrepor-se a essa matriz ideal: segundo o relator da obra de Santarém, as alterações sofridas pelo mosteiro nos séculos XVI e XVII seriam ... "muitas, muitissimas, quasi criminosas, porque se podem considerar, quer pela violencia, quer pela intenção ou arrogância vandálica, verdadeiros atentados contra o carácter e a unidade arquitectónica dos edifícios – principalmente da igreja" (p. 26).

As citações poderiam multiplicar-se. Todas postulam uma unidade originária, um estilo único, uma clareza fundacional, que o tempo teria destruído. A critica deste género de ideias e já lugar-comum da discussão sobre as políticas patrimoniais da época.

No mosteiro de Jesus em Setúbal, intervencionado pela DGEMN até 1947 (*Boletim* n.º 47), este organismo reconstituiu o exterior da igreja conventual de acordo com uma vista antiga e desmontou sistematicamente, no interior, todos os altares de talha e painéis de azulejo dos séculos XVII e XVIII.

A intervenção foi severamente criticada em 1949 no jornal *Republica* pelo crítico e historiador Adriano de Gusmão, no quadro de uma viragem geral de perspectivas em relação ao restauro. Maria João Baptista Neto, que conta esta história (pp. 490-91), refere também as críticas do mesmo género à actuação da DGEMN formuladas, desde 1941, pelo arquitecto Raul Lino (1879-1970) (pp. 5-15 e 486 e segs). Neto aproxima as opiniões de Lino, muito acertadamente, das concepções alemãs e britânicas do ornamento e da arquitectura. De facto, Lino manifestava-se contra a ideia de "reintegração, noção perigosa que já causou grandes prejuízos artísticos" em favor da conservação, e defendia a preservação dos revestimentos parietais em azulejo, dos altares de talha, etc.

É provável que durante a sua formação na Alemanha, entre 1893 e 1897, Lino tenha entrado em contacto com a obra teórica do arquitecto Gottfried Semper (1803-1879), cujo *Der Stil in den technischen and tektonischen Kunsten* (1860-63) influenciou seriamente o pensamento alemão.

No ensaio que já citei, Mark Wigley contrapõe o pensamento de Alberti e o de Semper sobre a parede e o ornamento. Para Alberti, a superfície lisa e a cor branca aparecem como sinais de tectonicidade e pureza. O ornamento "excessivo", bem como a cor, são indícios de doença (física ou metafórica). São também, segundo ele, máscaras ou disfarces característicos da prostituta (ou seja, pode comentar-se, da mulher que não conhece o "seu lugar"). Semper, pelo contrario, elaborou toda uma teoria assente em dados arqueológicos que apontavam para a existência de cor nos monumentos gregos, afirmando que a parede decorada ou revestida de tecido está na origem da arquitectura como abrigo.

A oposição de pontos de vista desde tipo é recorrente em toda a história da teoria arquitectónica, como se sabe. Os técnicos e teóricos da DGEMN nas décadas de 1930 e 1940 eram decididamente Albertianos (ou modernistas, se assim se quiser). Os verbos usados pelo relator dos *Monumentos* para descrever os rebocos seiscentistas e setecentistas de Santa Clara de Santarém, sistematicamente desfeitos pela Direcção--Geral, são *macular* e *amesquinhar*. A propósito do mosteiro de Vila do Conde, o relator escreve que os retábulos se "combinaram ali para ocultar como coisas bárbaras a cantaria lisa das paredes"... (*Boletim* n.º 14, p. 31). E não há duvida de que a DGEMN preferia o liso e o branco no mesmo momento cultural em que rompia espaços, descobria vistas amplas, erguia volumes (os verbos a que aqui recorro tão pouco são inocentes – mas faço-o em plena consciência...).

Quando os *Monumentos* chegaram a Santarém para intervir na igreja monástica, tomaram nota de que esta servia de abrigo a ciganos. "Uma tribu de ciganos", foi a expressão usada (*Boletim* n.º 30/31, p. 32). A palavra tribo conota desde logo os ocupantes da igreja devoluta com gente incivilizada e primitiva. E o texto do relator não deixa sobre isso dúvidas: a presença dos ciganos era apenas a última fase de uma degradação que começara com a montagem do coro, dos retábulos de talha, etc.

É caso para recordar os textos de Adolf Loos (1870-1933) sobre o ornamento, nos quais este arquitecto aproxima a "maquilhagem" das mulheres das tatuagens dos "selvagens"...[10]

Creio que nem valerá a pena avançar interpretações. O espaço interno da clausura era um espaço de fechamento e protecção, revestido, convulsionado, secreto. As entradas laterais das igrejas conventuais de freiras, explicáveis por razoes planimétricas que já referi, surgiam também como factor de obliquidade que apontava o olhar de quem entrava para o altar-mor desviando-o, no mesmo momento, das grades dos coros e acentuando as divisões do mundo operadas pelo aparelho monástico. O liso e o branco reservavam-se às paredes exteriores dos mosteiros e igrejas. Eram a marca da sociedade (masculina) estabelecendo fronteiras físicas e simbólicas.

Quando Gomes da Silva, o todo-poderoso Director-Geral dos *Monumentos* dos anos de 1930 a 1950, quis desvalorizar as opiniões críticas de Raul Lino, referiu-as como "poesia suave" (Neto, ob cit, p. 441), expressão que remete de imediato para os insultos característicos da retórica "masculina" dos fascismos europeus.

Pelo contrário, o projecto nosso contemporâneo dos interiores da pousada instalada no antigo mosteiro das Chagas de Vila Viçosa aceitou integrar pinturas e rebocos antigos e conservar o recolhimento e a interioridade intimista de alguns espaços conventuais e de alguns percursos indirectos ou sinuosos. Essas marcas do antigo mundo das freiras ajudam a criar espaços polissémicos bem diversos da univocidade monumental do passado recente.

Pode dizer-se o mesmo de outra intervenção recente num mosteiro de freiras, desta vez orientada pela DGEMN: a obra no mosteiro dos Cardais

---

[10] Sobre a cultura de A. Loos e os problemas do ornamento, ver o excelente estudo de Massimo Cacciari, *Architecture and Nihilism: on the philosophy of modern architecture*, Yale, 1993.

em Lisboa. O conjunto beneficiou de nunca ter mudado realmente de funções. Foi mantendo um núcleo de religiosas e conservou ao culto as igrejas de dentro e de fora. As obras lá realizadas pelos *Monumentos* caracterizam-se pela sua neutralidade tipológica.

Continua a verificar-se hoje a incompreensão manifestada em relação aos mosteiros de freiras em décadas passadas – como demonstra de maneira evidente a escassez de trabalhos sobre a tipologia e a historia arquitectónica dos mosteiros de freiras. A verdade é que as mulheres que viveram nesses edifícios continuam em clausura rigorosa – agora a clausura da ignorância, do preconceito e do incómodo criado num mundo de homens por essas arquitecturas de mulheres.

Podemos referir-nos a pelos menos duas "lendas negras" dos mosteiros femininos que explicam em boa medida a ignorância que se vai mantendo: a dos reformadores dos séculos XV e XVI que descreveram mosteiros marcados pela devassidão, castigando assim, e procurando conter, a liberdade relativa das freiras. E a da burguesia do século XVIII (que a *Réligieuse* de Diderot simboliza) que escondia sob um sentimentalismo pró-feminino a ganância burguesa de se apossar dos bens dos mosteiros de freiras e a urgência masculina de ter acesso aos seus corpos. A abundante literatura picaresca freirática dos séculos XVII e XVIII atesta também da soberania sexual das freiras – única no mundo do Antigo Regime e que muito irritava aqueles que acorriam aos parlatórios dos mosteiros.

No entanto, a incompreensão e o preconceito em relação às freiras explicam apenas parcialmente a incapacidade dos técnicos da DGEMN, dos historiadores, de muitos projectistas de hoje, em perceber a arquitectura dos mosteiros.

O problema principal reside em que estes edifícios representam um dos poucos tipos arquitectónicos anteriores à época contemporânea em que a distinção entre os géneros masculino e feminino afecta estruturalmente a tipologia.

Isto não quer dizer que a função primordial da arquitectura conventual e monástica fosse separar homens de mulheres, controlar as mulheres e os seus "instintos", os homens e os seus "impulsos". O lugar (o dar lugar) não é simplesmente um mecanismo para controlar a sexualidade. Pelo contrario, é o controle da sexualidade por sistemas de representação que produz o lugar (M. Wigley). O mosteiro medieval é um sistema de representação. Os mecanismos de controle que o produzem como lugar não foram concebidos especificamente contra as mulheres mas como "mapas" da sexualidade – de toda a sexualidade –, com os seus percursos fluidos e as suas *no go areas*. As igrejas e outras dependências dos mosteiros são espaços interrompidos e fragmentados em relação aos quais nem sequer as ideias de fronteira ou limite são absolutamente operativas. Os interiores tactilmente revestidos, os percursos enviesados, os espaços inúteis, o acumular de mobiliários, são traços de multiplicidade. Os mosteiros eram aparelhos polissémicos e não simples organismos da duplicidade (aliás, toda a duplicidade não é senão a unicidade que se vê ao espelho).

Neste sentido, a arquitectura dos mosteiros escapava parcialmente a um entendimento da arquitectura baseado na ortogonalidade perspectiva. Ora, a perspectiva é o mecanismo por excelência do exercício da soberania do homem e do poder modernos sobre o espaço – apresentando-se portanto como um mecanismo neutro do ponto de vista politico, estético e sexual.

Os técnicos e teóricos da DGEMN nos anos de 1930 a 1950, no quadro das culturas dominantes na sua época, quiseram transformar os mosteiros de freiras em lugares perspécticos, neutros, sem marcas da sexualidade. Inevitavelmente, acabaram por criar lugares onde se lê, inscrita na lisura das paredes, na rudeza da pedra a vista e na brancura dos rebocos, apenas a marca da sexualidade dominante: a masculina.

# A FACHADA PSEUDO-FRONTAL NA ARQUITECTURA DAS IGREJAS DE FREIRAS NO MUNDO PORTUGUÊS

2000

Os mosteiros de freiras são o único tipo de edifício da Europa medieval e clássica no qual o partido tipológico resultou de questões de género. De facto, a planta, a altura dos corpos edificados, o tipo e distribuição das aberturas, os principais percursos internos, e até aspectos importantes da decoração, resultam, nos mosteiros de freiras, de um objectivo principal: assegurar a separação entre mulheres e homens e garantir que só se encontram em lugares ritualizados e vigiados.

No entanto, os encomendadores, mestres e arquitectos não desenvolveram imediatamente este resultado tipológico, bem pelo contrário. Pode dizer-se que só nos séculos XI-XII o mosteiro de freiras adquiriu o essencial das características tipológicas que manteria daí em diante. Até então, desenrolara-se uma história muito complexa e ainda mal conhecida que, em traços gerais, parece ter consistido na progressiva invenção, imposição e aperfeiçoamento de dispositivos arquitectónicos de separação entre freiras e leigos. Como se sabe, nos primeiros mosteiros da Alta Idade Média essa separação não existia. Como também se sabe, só foi imposta com absoluto rigor durante os séculos XV e XVI, ou seja, vários séculos depois dos primeiros mosteiros terem sido criados na Europa.

Todavia, na presente comunicação, interessa-me encarar o mosteiro de freiras como um tipo arquitectónico acabado. Com carácter introdutório, começarei por descrever as características principais deste modelo. Seguidamente discutirei um aspecto das igrejas de freiras que mostra – em minha opinião – que a separação entre sexos, sendo determinante da arquitectura monástica, não levava obrigatoriamente à menorização das mulheres enclausuradas. Pelo contrário, o tipo arquitectónico era trabalhado pelas freiras de modo a projectar para o mundo exterior uma imagem de poder e auto-suficiência. Os meios a que as ordens religiosas femininas recorriam para tal eram muito variados. Vou referir-me apenas a um deles, o desenho arquitectónico das fachadas das igrejas monásticas.

*
* *

A igreja monástica era o lugar mais problemático do mosteiro do ponto de vista da separação dos géneros. O acesso do celebrante e dos leigos à igreja fazia desta um potencial lugar de contactos entre mulheres enclausuradas e homens.

Tomemos, por exemplo, o caso da igreja de Santa Clara-a-Nova de Coimbra que é das mais características e mais conhecidas. Trata-se, como se sabe, de uma igreja de clarissas construida a partir da década de 1640[1].

É uma "igreja dupla", caracterizada por ter dois coros de freiras sobrepostos ao pé do templo e uma entrada pública lateral (**im. 35**).

A expressão igreja dupla esclarece muito bem o modo como os católicos do passado encaravam as igrejas dos mosteiros, distinguindo igreja "de dentro" (aquilo a que chamamos coro) e igreja "de fora" (aquela que era acessível aos leigos).

Em Santa Clara a Nova, a igreja "de dentro" tem exactamente as mesmas dimensões que a "de fora". O coro de baixo, que nos conventos femininos servia geralmente para as noviças professarem e para a colocação de túmulos, é uma autêntica igreja de três naves separadas por pilares. Tudo se passa em planta (e tudo se passava na prática litúrgica e na prática do espaço) como se a mesma capela-mor servisse duas igrejas iguais.

A porta pública é lateral ao corpo da igreja porque está tomado pelos coros o enfiamento do eixo longitudinal do corpo edificado. Entrando de lado, o leigo é imediatamente atraído para o altar-mor, aqui situado à sua esquerda, desviando portanto o olhar e a atenção dos coros das freiras – cujos arcos gradeados estavam, além disso, semi-encobertos por panejamentos. A separação entre freiras e leigos era muito efectiva.

---

[1] Sobre Sta.Clara-a-Nova, para além do *Inventário* da ANBA referente a Coimbra, a cargo de Virgílio Correia e Nogueira Gonçalves, ver George Kubler, *A Arquitectura Portuguesa chã, entre as especiarias e os diamantes, 1521-1706*, Lisboa, 1988, pp. 157-159. Ver também Paulino Mota Tavares, "Contrato novo da obra dos canos do Mosteiro Novo da Raínha Santa com o Mestre Domingos de Freitas", *Munda*, 23(1992), pp. 21-25. Sobre o portal exterior e o contexto histórico-simbólico da construção da igreja, ver Leonor Ferrão, "Um motivo arquitectónico emblemático", in *I Congresso Internacional do Barroco*, Porto, 1991, 2º vol. pp. 592-619.

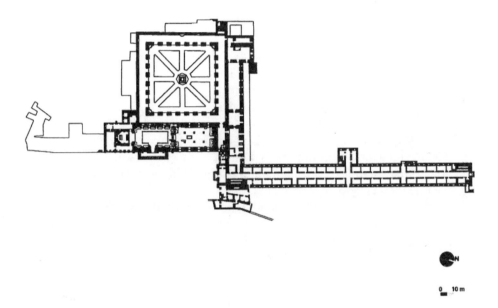

IMAGEM 35:
Planta do convento de Santa Clara a Nova de Coimbra (desenho cedido por Luís Urbano)

A capela-mor da igreja está ladeada por galerias, uma das quais conduz à sacristia situada por detrás dela. Deste modo, o padre podia aceder à sacristia vindo directamente da rua sem penetrar no recinto conventual.

Mas, além de celebrar a missa, o padre tinha de ministrar vários sacramentos às freiras e ouvi-las em confissão.

Deste modo, nas pilastras a poente da igreja foram abertas três passagens para o claustro que estão ocupadas por confessionários para as freiras (dispositivo semelhante ao usado nos Jerónimos em Lisboa no início do século XVI e em algumas igrejas conventuais femininas europeias e americanas).

Todas as igrejas conventuais femininas têm confessionários e comungatórios sob a forma de dispositivos de transposição parcial e ritualizada das paredes.

A portaria e o parlatório eram também lugares monásticos de encontro ritualizado. Em geral, os mosteiros tinham portas separadas para a portaria e a igreja pública, por vezes colocadas uma perto da outra. Outras vezes, essas portas estavam bem distantes.

Nas portarias existia um parlatório onde, no passado, arcos gradeados cobertos por panejamentos permitiam encontros entre as enclausuradas e quem vinha tratar de assuntos importantes ao mosteiro: assinatura de contratos, por exemplo. Os contratantes não se viam. Ouviam-se apenas dos dois lados da grade.

A passagem de papéis, pequenos embrulhos, ofertas às freiras, fazia-se recorrendo à "roda", o mais engenhoso de todos os dispositivos de encontro e separação dos mosteiros femininos.

Muitas igrejas de freiras tinham laterocoros (coros laterais à capela-mor) que se destinavam frequentemente às freiras mais idosas ou doentes que tinham dificuldade em participar na missa do distante coro alto aos pés da igreja.

Era igualmente usual a existência de galerias ligando a igreja "de dentro" à capela-mor, ao longo ou por dentro das paredes da nave da igreja "de fora", de modo a permitir a algumas freiras um contacto mais directo com o altar-mor, como sucede no mosteiro cisterciense de Arouca e muitas outras igrejas monásticas.

O tipo de igreja de freiras com um ou dois coros aos pés da igreja e entrada lateral é o mais comum no mundo português

A entrada lateral da igreja "de fora" não se devia apenas ao facto de o coro ou coros bloquearem o eixo longitudinal. Ao princípio, pode ter sido exclusivamente por essa razão que a porta da igreja era de lado. Mas, com o decorrer do tempo, a entrada lateral tornou-se um traço tipológico distintivo, adoptado pelas freiras como marca identitária.

De facto, conhecemos muitas igrejas monásticas que, tendo a igreja "de dentro" em coro alto, e tendo portanto livre o eixo longitudinal em baixo, abrem uma porta axial... mas também uma lateral.

Veja-se o caso da desaparecida igreja do S. Crucifixo ou das francesinhas de Lisboa (a S. Bento) de freiras franciscanas francesas, fundada em 1667 pela raínha D. Maria Francisca de Sabóia que lá foi sepultada, com projecto de Mateus do Couto, Sobrinho (†1696). Tratava-se de um templo com duas entradas, uma a eixo, outra lateral[2]. Várias fontes iconográficas, parecem indicar que a entrada axial se situava por debaixo de um coro alto, a julgar pelo mirante aí situado e tendo em conta a fachada lateral que mostra a parede exterior da capela-mor do outro lado.

*
*    *

O tipo de igreja com entrada pública lateral vem da Idade Média. No período da pré-reforma e da contra-reforma dos séculos XV e XVI passou, em Portugal, por uma normalização arquitectónica e de significado destinada a reafirmar a discrição e humildade imposta às ordens femininas e aos mosteiros nesse período da história do catolicismo.

Voltemos de novo a Santa Clara-a-Nova de Coimbra.

Ao escrever àcerca da igreja em 1973, George Kubler discutiu a disposição da fachada principal lateral como se nela se jogasse apenas uma questão de ritmos e proporções.

Mas o que sucede na fachada é a expressão arquitectónica da organização interna do edifício (**im. 35a**). Deste modo, à igreja "de dentro" corresponde uma fachada austera (porque era a igreja das freiras) onde apenas se marca a separação dos dois pisos através de uma cornija de pedra aparente. Na igreja "de fora", pelo contrário, os tramos em que se divide o interior surgem no exterior através de contrafortes rematados a pináculos de bola. Os dois tramos que ladeiam o da porta são mais estreitos que os outros três. Finalmente, a capela-mor ladeada de galerias exprime-se na fachada de um terceiro modo também muito coerente com o interior. Temos, em resumo, um só corpo edificado, mas duas igrejas e três tipos de fachada.

Kubler detectou a origem deste partido arquitectónico: a igreja do convento de Santa Helena do Monte Calvário em Évora, também de clarissas, fundada em 1565 pela infanta Dona Maria (1521-77), filha do

---

[2] Ver, D. Joseph Barbosa, C.R., *Historia da Fundação do Real Convento de S. Christo de Religiosas Capuchinhas Francezas*, Lisboa, 1748.

IMAGEM 35 A:
Santa Clara a Nova, Coimbra, fachada (fotografia PVG)

rei D. Manuel, e construida entre 1570 e 1574. No projecto interveio o mestre das obras reais Afonso Álvares († 1575) (**im. 36**).

A fachada da igreja do Calvário, virada a norte, é muito simples. A nascente, dois tramos mais largos assinalam a situação da capela-mor e da sacristia que a antecede, ligada à rua por uma pequena porta para serviço do padre. A meio estão seis tramos correspondentes àqueles em que se divide a nave única abobadada da igreja "de fora". A porta lateral abre-se no 5º tramo a contar da cabeceira. A nascente, dois tramos com a mesma largura dos dois iniciais marcam o lugar do coro.

A fachada exterior da igreja do Calvário é de facto tão austera que se pode dizer minimalista. Não é uma fachada arbitrária, como vimos, mas tudo o que parece dizer ao mundo exterior é que ali vivem freiras "mortificadas" na sua devoção católica e contra-reformadora, arredadas do mundo por uma parede que é uma verdadeira muralha.

Esta forma de fachada foi reutilizada em Coimbra cerca de 80 anos depois. Mas com uma pequena alteração muito significativa: em Évora a diferença entre inter-contrafortes não acentua o tramo respeitante à porta. Em Coimbra, sim.

Santa Clara-a-Nova de Coimbra tem uma fachada em que o tramo central e os dois tramos extremos são mais largos que os dois intermédios. Isto quer dizer que esta frontaria foi dotada de um eixo central que contradiz a orientação interna primordial do templo: o eixo entre a igreja "de dentro" e a capela-mor.

No interior da igreja todos os tramos têm a mesma largura. De facto, dentro da grande nave, o arquitecto jogou com a largura das pilastras e com pequenos ajustamentos na correspondência entre estas e os contrafortes exteriores de modo a manter uniforme a largura dos tramos. Se, por dentro, a igreja dos leigos se submete ao eixo da igreja das freiras, por fora tem uma fachada lateral que quase (mas apenas quase) se disfarça de fachada frontal.

Só faltou que a fachada fosse dotada de um frontão sobre o centro, ou qualquer outro elemento do género.

Todavia, estava já disponível este género de coroamento de fachada frontal sobre uma fachada lateral monástica.

Creio que este tipo de fachada – que designo por fachada pseudo-frontal – apareceu na arquitectura portuguesa no período filipino, talvez por influência espanhola, algures na transição entre o século XVI e as primeiras décadas do século XVII. Sem quaisquer certezas, apontaria como o mais antigo caso que conheço uma igreja situada muito longe de Coimbra no mosteiro de Santa Mónica de Goa, de freiras agostinhas (**im. 37**).

IMAGEM 36:
Calvário, Évora, fachada (fotografia Humberto Reis, 1950)

Imagem 37:
Convento de Santa Mónica, Goa (fotografia de Sidh Mendiratta)

É o maior convento (feminino ou masculino) existente em todo o mundo português. Foi o único mosteiro da "Roma do Oriente", criado a insistência do arcebispo agostinho D. frei Aleixo de Menezes e construído entre 1606 e 1634.

A igreja está praticamente em ruína desde que a abóbada de pedra desabou no início do século XIX[3]. Os poderosos contrafortes que seguram a fachada e a tornam uma das vistas mais pitorescas da Velha Cidade devem ter sido construídos no século XVIII ou XIX para tentar segurar o peso da abóbada de pedra ou permitir a sua reconstrução. Em ambos os casos, sem sucesso.

A igreja tem hoje uma cobertura de madeira e o coro alto, situado a poente sobre um coro baixo, há muito que desabou.

A fachada lateral exterior da igreja pública está dividida em cinco tramos iguais. O tramo central aparece coroado com um frontão triangular sobre ático, dotado de aletas. Deste modo, como sucedeu mais tarde em Santa Clara-a-Nova, a fachada anuncia um eixo que não tem confirmação ou continuidade dentro da igreja, orientada lateralmente.

A igreja de Santa Mónica tem em baixo duas portas (caso raro mas não incomum na arquitectura ibérica de freiras): ocupam os tramos intermédios. No central, "centralizando" mais uma vez a fachada, está uma grande pedra de armas real e do arcebispo, com inscrição.

Que eu saiba, as fachadas das igrejas de Santa Mónica e de Santa Clara-a-Nova são, no mundo português, das primeiras deste tipo: fachadas laterais com aparência de frontais ou fachadas pseudo-frontais.

Além deste elemento formal, as duas igrejas e os dois mosteiros têm outro aspecto comum que talvez ajude a explicar o partido formal de ambas: são mosteiros fundados pelo poder central em situações em que este tinha grande necessidade de se afirmar propagandisticamente.

Deste modo, a fundação de Santa Mónica por D. frei Aleixo de Menezes culminou o empreendimento de ocupação da maior parte da chamada "colina sagrada" da antiga cidade de Goa por estabelecimentos de agostinhos, a ordem do arcebispo: o grande convento da Graça, cuja igreja era a segunda maior de Goa a seguir à catedral e ocupava o sítio

---

[3] Para além da crónica conventual de frei Agostinho de Santa Maria, *História da fundação do Real Convento de Santa Mónica na Cidade de Goa...*, Lisboa, 1699, ver a Prova Final de licenciatura em arquitectura pela Faculdade de Ciências e Tecnologia da Universidade de Coimbra de Lúcia R. Figueiredo, *Velha Goa, guia arquitectónico*, Coimbra 2001, dact., pp. 72--74. [Depois desta comunicação ter sido publicada, Pedro Dias traça a história do convento no seu *De Goa a Pangim. Memórias tangíveis da capital do Estado português da Índia*, Lisboa, Santander Totta, 2005, pp. 232 e sgs].

mais alto de toda a cidade erguendo ao céu duas extraordinárias torres; o colégio de Nossa Senhora do Pópulo; e, finalmente, Santa Mónica, o primeiro mosteiro de freiras fundado no mundo ultramarino português.

As circunstâncias que rodearam a fundação de Santa Mónica justificariam uma comunicação própria, de tal modo são interessantes e intrincadas. Bastará porém assinalar que os agostinhos, e o arcebispo – que ocupou as funções de governador de Goa entre 1606 e 1609, precisamente na altura em que se fundou Santa Mónica – utilizaram a arquitectura e o simbolismo urbano e geográfico da "colina sagrada" para se estabelecerem firmemente em Goa e perante o clero goês e os franciscanos e jesuítas, desde sempre as mais importantes ordens religiosas da India.

A fundação de Santa Mónica encontrou, aliás, grandes dificuldades colocadas pelos partidários de uma fundação franciscana em Goa (ou Baçaim) e pela aversão da sociedade colonial indiana à ideia de um mosteiro de freiras. De facto, o número restrito de mulheres existentes no Oriente tornava a sua distribuição marital sempre tão problemática que a fundação de um mosteiro podia levar tudo ao ponto de ruptura. Os adversários da fundação de Santa Mónica esgrimiram, aliás, um peculiar argumento que, de algum modo, denunciava a sua preocupação afirmando que "a experiência mostrava, que não era a clausura para as molheres da India, por sua muita fraqueza, grandes delícias, desleixação da terra, intemperança do clima, e licenciosa criação, que se dava às moças, que nella nacião".

Santa Clara-a-Nova, por seu lado, foi mosteiro fundado pelo rei D. João IV e o empreendimento arquitectónico ao qual mais intimamente esteve ligado durante toda a sua vida (é um dos três que mencionou no seu testamento com a capela real da Ribeira e S. Vicente de Fora[4]). Fundado para acolher a comunidade de clarissas expulsa da margem do Mondego pela subida constante do rio, o mosteiro foi construído para albergar o túmulo da raínha Santa Isabel. A fundação correspondeu, deste modo, à celebração da nova dinastia de Bragança como herdeira da história de Portugal e do nome dos Santos portugueses que, na mesma altura e em Madrid, eram reivindicados pelos aristocratas partidários do rei Filipe IV de Espanha, III de Portugal[5].

---

[4] Ver frei Cláudio da Conceição, *Gabinete Histórico*, 18 tomos, Lisboa, ed. 1818, tomo 3, p. 206.

[5] Sobre esta conjuntura ver Paulo Varela Gomes, *Arquitectura, Religião e Política em Portugal no século XVII. A planta centralizada*, Porto, Edições FAUP, 2001, pp. 219 e sgs. e Fernando Bouza Alvarez, *Portugal no tempo dos Filipes, política, cultura, representações (1580-1668)*, Lisboa, 2000, esp. pp. 271 sgs.

A ideia de que as fachadas pseudo-frontais em igrejas monásticas femininas portuguesas surgiram no período filipino pode ser confirmada pelo caso da igreja das *trinas* do Rato, em Lisboa, cujo edifício, muito alterado entretanto, mantém apesar disso a estrutura original.

De acordo com Vítor Serrão[6], esta igreja foi iniciada em 1634 mas a obra interrompeu-se vinte anos depois e a clausura só teve início em 1721. As portas conventuais das duas extremidades do edifício são de arquitectura dos anos de 1620 ou 1630. A igreja corre paralela à fachada, com mirante a sul. A sua porta lateral abre para uma galilé no centro da fachada exterior do bloco edificado.

\*
\* \*

Começando a contrariar a austera herança medieval e quinhentista reformadora, tanto a igreja das *mónicas* de Goa como as das *trinas* de Lisboa e das clarissas de Coimbra dotaram-se de fachadas públicas de algum aparato. As freiras aproveitaram assim o ímpeto celebrativo dos patronos das suas fundações para apresentarem ao mundo uma fachada tão frontal como as das igrejas das ordens masculinas.

A fachada pseudo-frontal só se generalizou nos mosteiros de freiras no século XVIII e, por razões que desconheço, é um tipo característico da arquitectura do norte de Portugal e da ilha de S. Miguel nos Açores.

Destaquem-se as igrejas monásticas de Santa Ana de Viana do Castelo (de clarissas), de Santa Clara de Guimarães, actual Câmara Municipal, do mosteiro dominicano de Aveiro, actual Museu.

Nos Açores, repare-se na igreja do mosteiro de Santo André da Ponta Delgada (clarissas, actual Museu), cuja fachada foi feita no século XVIII e no início do século XIX e é uma típica igreja dupla em planta, além de se situar entre dois mirantes altos, caso de que não conheço outros exemplos. A igreja de clarissas da Esperança também é assinalável (**im. 38**).

A afirmativa exuberância exterior das fachadas pseudo-frontais setecentistas sucedia ao extraordinário luxo interior que as igrejas de freiras tinham começado a manifestar no século XVII.

De dentro para fora, as freiras enclausuradas afirmavam o seu direito a uma presença artística e luxuosa – e a uma presença urbana mais afirmativa – condizentes com a sua riqueza e importância.

---

[6] Ver *Monumentos e Edifícios Notáveis do Distrito de Lisboa*, tomo III, Lisboa, 1988, pp. 70-73.

IMAGEM 38:
Convento da Esperança de Ponta Delgada (fotografia PVG)

# AS IGREJAS CONVENTUAIS DE FREIRAS CARMELITAS DESCALÇAS EM PORTUGAL E ALGUMAS NOTAS SOBRE ARQUITECTURA DE IGREJAS DE FREIRAS

2001

A *Museu* publicou no seu número 4 da corrente série um excelente artigo de Fernando Ponce de Léon sobre o convento carmelita de Santa Teresa de Olinda no Brasil que inclui uma síntese da história da arquitectura dos conventos masculinos de carmelitas descalços no mundo Português.

Proponho-me no presente texto apresentar uma breve panorâmica da história da arquitectura das igrejas dos conventos femininos da mesma ordem, acrescentando-lhe uma reflexão sobre as igrejas de freiras em geral e uma ou duas precisões sobre factos discutidos por Ponce de Léon.

O primeiro convento de carmelitas descalços foi um convento de freiras: situava-se em Ávila, cidade de Santa Teresa, foi fundado em 1562, era de invocação de São José. Como costumava suceder por toda a parte, o convento funcionou ao princípio com uma igreja provisória. Só em 1608 começou a construção da igreja definitiva, a primeira de carmelitas descalços feita de raiz. Foi riscada pelo arquitecto régio Francisco de Mora (1552-1610).

A regra dada por Santa Teresa obrigava à pobreza rigorosa e contém inúmeras disposições referentes à arquitectura e decoração dos templos de carmelitas descalços. Estas disposições foram precisadas nos anos iniciais do século XVII, em Madrid, durante algumas reuniões em que participaram os arquitectos da ordem. Todas estas disposições vão no mesmo sentido: as igrejas devem ser simples e até toscas[1]

---

[1] Os encontros realizados em Madrid pelos dirigentes dos carmelitas descalços e os seus arquitectos estão documentados por F. Jose de Santa Teresa, *Reforma de los Descalzos de Nuestra Señora del Carmem*, Madrid, 1683 e foram discutidos por José Miguel Muñoz Jimenez, *Arquitectura Carmelitana*, Avila, 1990, a primeira grande síntese da história da arquitectura dos carmelitas descalços (ver pp. 26-28). Jimenez escreveu também vários outros artigos anteriores sobre esta temática. Ver também o artigo citado de Ponce de Leon, esp. pp. 122 e sgs.

Creio que os projectos de San José de Ávila e de outras igrejas carmelitas surgidas na mesma altura resultam da experiência adquirida pelos arquitectos régios espanhóis nas muitas obras que tiveram lugar na cidade de Valladolid quando Filipe III (II de Portugal) lá residiu entre 1601 e 1606 por influência do seu valido, o duque de Lerma. Na região de Valladolid, e na própria vila de Lerma, estes arquitectos criaram um foco de arquitectura desornamentada, recorrendo sistematicamente àquilo que um historiador da arquitectura italiana chama *ordine a fasce*[2], ou seja, uma arquitectura astilar, baseada em pilastras sem capitel e entablamentos lisos formando enquadramentos abstractos das paredes e vãos. Esta ordem aplicava-se a volumes paralelepipédicos regulares. Os alçados mais importantes tinham proporções derivadas do tratado de Andrea Palladio, publicado em tradução espanhola por um dos projectistas de Valladolid, Francisco de Praves, em 1625. O tratado fora editado em Veneza em 1570 e era bem conhecido dos construtores peninsulares. Os alçados paladianos aparecem em Valladolid desprovidos das ordens arquitectónicas canónicas[3].

Foi este o género de arquitectura que Francisco de Mora usou em Ávila (**im. 39**): a igreja é de planta rectangular e nave única estreita e alta com três capelas pouco profundas de um lado e duas do outro. A fachada é um pano rectangular colocada ao alto, rematado com um frontão recto. Está antecedida por uma galilé de três arcos sobre parte da qual corre um dos dois coros de freiras: o coro alto (o outro é do tipo latero-coro e abre para a capela-mor).

O tipo de igreja criado por Francisco de Mora para as carmelitas de Santa Teresa pode, portanto, ser descrito assim: igreja de nave única, entrada frontal (a eixo), coro alto sobre a entrada, latero-coro à capela-mor, fachada principal estreita e alta, de pano único, coroada por frontão recto.

O coro alto de Ávila situa-se sobre a galilé e avança um pouco relativamente ao plano da fachada. Esta solução não teve continuidade na arquitectura espanhola. De facto deu origem em Ávila a uma fachada pouco coerente em que a galilé e o coro parecem estar encostados à igreja, como se o arquitecto se tivesse esquecido de fazer a galilé e tivesse tido de remendar depois da obra[4].

---

[2] Ver Sandro Beedetti, "Sintetismo e magnificenza nella Roma post-tridentina", in *L'Architettura a Roma e in Italia (1580-1621)*, Roma, 1989, vol. I, pp. 27-56.

[3] Ver Agustin Bustamente Garcia, *La arquitectura clasicista del foco vallisoletano (1561-1640)*, Valladolid, 1983.

[4] Ver Luís Cervera Vera, *Complejo Arquitectonico del Monasterio de San José en Ávila*, Valencia, 1982.

IMAGEM 39:
Igreja de San José, Ávila (fotografia PVG)

Em todo o caso é bem possível que a solução de fachada sobre a galilé com três arcos tenha sido aprendida por Francisco de Mora quando trabalhou em Portugal entre 1605 e 1608[5]. Bastava a Mora ter olhado com atenção para igrejas como São Francisco, Espírito Santo e São Mamede, todas em Évora.

Mas a galillé avançada de Ávila não correspondia à tradição espanhola e não se ajustava à pureza das fachadas paladianas desornamentadas. Foi logo a seguir abandonada, por exemplo na igreja conventual dominicana de San Blas de Lerma, onde o coro alto e a galilé estão integrados no paralelepípedo da igreja. Mais acima, por debaixo do frontão recto, assomam também na fachada as janelas gradeadas do mirante.

A igreja de San Blas foi projectada por um dos colaboradores e continuadores de Francisco de Mora, frei Alberto de la Madre de Dios (1575-1635), arquitecto carmelita descalço[6]. A partir de 1611, frei Alberto desempenhou um importante papel na construção da célebre igreja da Encarnação de Madrid, onde o tipo criado por Mora atinge uma forma muito coerente (**im. 40**). A Encarnação não é uma igreja de carmelitas mas de freiras agostinhas. O tipo, porém, é aquele que estava a ser testado sobretudo para o Carmelo Descalço. A igreja tem entrada a eixo, coro alto sobre a galilé de três arcos incorporada no paralelipípedo da igreja, latero--coro à capela-mor.

Este é o tipo canónico das igrejas de frades ou freiras carmelitas. Foi implantado em Portugal sobretudo em igrejas masculinas de que refiro apenas três das primeiras:

O convento de S. Filipe ou dos Remédios de Lisboa foi fundado logo em 1591 pelo arquiduque Alberto da Áustria, vice-rei de Portugal, mas a igreja foi construída mais tarde e só abriu ao culto em 1613. Está situada numa cota superior à da rua das Janelas Verdes e separada desta por um muro onde se abre um portal conventual. Por detrás do muro arranca uma escada para os dois lados que conduz ao pátio fronteiro da igreja

---

[5] Sobre as datas da presença em Portugal de Francisco de Mora, ver Miguel Soromenho, "Classicismo, italianismo e estilo chão, o ciclo Filipino", in Paulo Pereira (ed.), *História da Arte Portuguesa*, Lisboa, 1995, vol. II, pp. 377-403, esp. p. 377. Muñoz Jimenez (pp. 29-30) afirma que a entrada de três arcos apareceu na arquitectura carmelitana aquando da primeira fundação seiscentista importante da ordem, a igreja conventual de San Hermenegildo de Madrid, iniciada em 1605 (deitava o pátio fronteiro para Alcalá e desapareceu na época moderna com a regularização desta rua).

[6] Muñoz Jimenez escreveu a sua biografia: *Fray Alberto de la Madre de Dios, arquitecto (1575-1635)*, Santander, 1990. Ver também do mesmo autor, "Fray Alberto de la Madre de Dios y la arquitectura cortesana: urbanismo en la villa de Lerma", revista *Goya*, LII-212 (1989), pp. 52-59.

IMAGEM 40:
Igreja da Encarnación, Madrid (fotografia PVG)

(eram assim – separadas da rua por pátios cerrados – as igrejas de carmelitas espanhóis). A igreja é de nave única, coro alto sobre a galilé situada aos pés do templo, confessionários à mão esquerda dando para o claustro. A fachada é exactamente do tipo criado por Mora. Parece evidente que a igreja foi projectada por um arquitecto espanhol, talvez o próprio Francisco de Mora.

Nestes mesmo anos, foi construída a igreja do convento dos Remédios de Évora. A data normalmente indicada para o início das obras (1606) corresponde à estada em Portugal de Francisco de Mora a quem o projecto tem andado atribuído[7]. Esta atribuição é muito verosímil porque Mora trabalhou para os padres cartuxos de Évora fazendo um risco deste convento e porque a igreja dos Remédios é de facto do seu "estilo". No mesmo ano, 1606, Mora traçou a igreja de madres carmelitas de Medina de Rioseco, que é de um tipo muito menos "canónico" que o de Évora (não tem galilé nem pilastras laterais na fachada, por exemplo). É possível, portanto, que Mora tenha "inventado" o tipo definitivo de fachada carmelita em Évora e talvez também em Lisboa – recorde-se que tão pouco a fachada de Ávila é do tipo definitivo. A igreja de Évora só foi sagrada em 1614 (esta data está inscrita, aliás, na abóbada da nave e assinala o seu fecho).

O edifício da igreja dos carmelitas de Cascais, a Piedade, ainda subsiste mas com outro uso. A fachada é do tipo habitual. O convento foi criado em 1594 e inaugurado em 1596 mas a igreja só foi construída entre 1625 e 1641. Entre a primeira e as últimas datas, os descalços foram obrigados a abandonar as instalações conventuais. De facto, o convento primitivo estava encostado aos muros da fortaleza da vila que, na altura, sofreu importantes obras. Uma carta do rei Felipe III (II de Portugal) enviada ao vice-rei D. Cristovão de Moura em 1609 recorda-lhe que se haviam tomado em Madrid seis anos antes algumas decisões sobre fortificações. A primeira fora "fortificar a Cascaes". O rei queixa-se de que nada fora feito mas outra carta, enviada no mesmo dia para Madrid pelo Vice-Rei, demonstra que não era bem assim. Nesta carta, D. Cristovão refere-se à tarefa que atribuíra ao engenheiro-mor do reino, Leonardo Turriano: fazer a avaliação do custo dos edifícios dos carmelitas de Cascais de modo à coroa poder indemnizar a ordem pela sua demolição. Um ano depois, em Outubro de 1610, a questão já estava adiantada, como se depreende de outra carta de D. Cristovão para Madrid em que este revela que Turriano traçou as obras de ampliação da fortaleza ao

---

[7] Ver o texto de Túlio Espanca no *Inventário Artístico de Portugal* da ANBA, volume sobre o Concelho de Évora, Lisboa, 1966, pp. 314 e seguintes.

mesmo tempo que avaliou as dos Carmelitas. Estes, diz o vice-rei, aceitaram a quantia de indemnização proposta. As obras começaram em 1616[8].

O primeiro convento de madres carmelitas descalças criado em Portugal foi contemporâneo de S. Filipe de Lisboa e também patrocinado pelo arquiduque Alberto: trata-se de Santo Alberto, um convento desaparecido de que só subsiste parte da igreja, incluída hoje no Museu Nacional de Arte Antiga. Uma planta que estava por publicar nas colecções do antigo Arquivo Histórico do Ministério das Finanças (hoje no IAN-TT, AHMF, Plantas, Cx 5270, IV/C/114, n.° 41) esclarece como eram as instalações conventuais à data da extinção do convento.

A invocação da igreja – Santo Alberto – lisonjeava o arquiduque e correspondia também à devoção carmelita: Santo Alberto (Alberto de Vercelli de seu nome secular) era o patriarca de Jerusalém no início do século XIII e esteve no santuário carmelita do Monte Carmelo, perto de Haifa, entre 1206 e 1211 onde deu à ordem a sua primeira regra[9]. Deste modo, o arquiduque fundou dois conventos dos descalços em Portugal com nomes de Santos que o invocavam a ele e ao rei: o convento masculino de S. Filipe e o feminino de Santo Alberto.

O convento "das Albertas" foi fundado em 1584 e a sua igreja coloca-nos de chofre perante um problema complexo. Tratava-se, como se pode observar no desenho, de uma igreja de entrada pública lateral e coro alto a poente. Por debaixo do coro tinha uma entrada secundária a eixo ligando à portaria conventual com "roda", por sua vez aberta para a rua. À mão direita da cabeceira da igreja havia um latero-coro e vemos um comungatório com roda, também à direita.

O desenho revela que a antiga igreja das Albertas tinha características planimétricas e tipológicas idênticas às do convento de Nossa Senhora da Conceição dos Cardais de Lisboa fundado cem anos mais tarde por madres vindas das Albertas: são do mesmo tipo e em igual posição as igrejas, coros, portarias, comungatórios, existem dois claustros em ambos os conventos, etc.

Sucede que os Cardais não foi o segundo, mas o terceiro convento feminino de carmelitas descalças criado em Lisboa. Após Santo Alberto, a ordem criou o convento de Santa Teresa de Carnide cuja igreja corres-

---

[8] Sobre as obras de Cascais, ver Frei Belchior de Santana, *Chronica de Carmelitas Descalços Particular do Reyno de Portugal....* Lisboa 1657, I, pp. 326 e seguintes. As cartas entre Lisboa e Madrid que refiro não estão publicadas. Os originais de D. Cristovão (20 de Setembro de 1609 e 16 de Outubro de 1610) e a cópia da carta do Rei (20 Setembro de 1609) encontram-se no Archivo Historico Nacional de Madrid, secção Estado, Livro 80, fólios 78, 79 e 246.

[9] Ver sobre isto Elias Friedman, *El Monte Carmelo y los primeros carmelitas*, Burgos, 1985, pp. 131 esgs.

ponde à forma introduzida por Francisco de Mora e é completamente diferente tanto do convento anterior como dos Cardais (**im. 41**).

A ideia de fundar o convento de Carnide é anterior à Restauração. Em 1637 havia já porventura projectos arquitectónicos mas a construção só arrancou sob patrocínio dos Braganças. A igreja definitiva foi construída a partir de 1662 como reza a crónica e confirma uma inscrição no cunhal esquerdo da fachada: M. F.IOANNIS IIII LUSITANIAE REGIS. HOC OPUS STRUXIT ANNO DNI MDCLXII. Ou seja, "Maria, Filha de João IV Rei de Portugal construiu esta obra no Ano do Senhor de 1662". A inscrição refere-se à infanta D. Maria (1643-1693), filha ilegítima de D. João IV, patrocinadora mais importante do convento, onde viveu[10]. A porta de madeira da igreja está datada de 1667, assinalando o fim das obras.

A igreja é um belíssimo edifício, de nave única estreita e alta. Tem um transepto pronunciado cujo braço sul deita para a cerca uma enorme janela termal; um profundo coro alto corre sobre a porta axial única, iluminado por duas janelas gradeadas na fachada; o latero-coro situa-se à mão direita da capela-mor. A fachada é de tipo carmelita, com frontão recto a toda a largura.

Quer dizer, a igreja de Santa Teresa de Carnide é do tipo criado por Francisco de Mora, usado em Portugal, até então, apenas em conventos de frades. Este tipo não foi seguido nos Cardais nem na grande maioria das fundações femininas da segunda metade do século XVII e do século XVIII.

Logo em 1658, foi fundado outro convento feminino de carmelitas: o de S. João Evangelista de Aveiro – de que hoje só subsiste parte da igreja, alinhada paralelamente à rua. Tinha duas portas, uma lateral e outra a eixo sob o coro alto. Esta última dava, como nas Albertas e nos Cardais, para a portaria conventual. Tinha também latero-coro à capela-mor. A portaria e o coro alto foram demolidos depois de 1905 para se alargar uma rua[11].

---

[10] O testamento de D. Maria, que designa o convento de Santa Teresa e o vizinho convento de S. João da Cruz (de padres carmelitas descalços) como "os meus conventos", foi publicado por Edgar Prestage. "O testamento da Senhora Dona Maria, filha de El-rei D. João IV", *Revista de História*, nº 2 (1912), Lisboa, pp. 121-126. O que resta do convento de S. João da Cruz pertence hoje a uma instituição do Estado. O muro e o portão da cerca deitam para a face norte do largo de Carnide. A igreja desapareceu e os edifícios conventuais estão muito alterados e danificados.

[11] Escreveu sobre esta igreja Nogueira Gonçalves no *Inventário Artístico de Portugal, Distrito de Aveiro-zona Sul* (Lisboa, 1971), pp. 130 e sgs.

IMAGEM 41:
Igreja das carmelitas descalças de Carnide (fotografia PVG)

Foi contemporâneo dos Cardais o início da clausura do convento feminino de S. José ou da Esperança de Évora, o chamado Convento Novo (1681). Mas a arquitectura conventual foi remodelada, e a igreja construída, só depois de 1721. Encontramos aqui, de novo, o tipo arquitectónico das Albertas e dos Cardais. Como neste último convento, deitam para o exterior – para um pátio a uma cota superior à da rua que, no passado, estava certamente cercado de muro – duas portas chegadas uma à outra, a porta conventual datada de 1721 e a da igreja, cuja data (1733) deve assinalar o fim das obras do templo. Tal como em Lisboa, a porta conventual dá para a portaria e esta tem acesso axial à igreja por debaixo do coro alto. Existe também um latero-coro, ainda com bancos corridos, à mão direita da capela-mor.

Surgiram logo a seguir dois outros conventos de descalças exactamente do mesmo tipo: no Porto[12] e em Coimbra. O do Porto foi construído entre 1702 e 1732 e já desapareceu; era muito parecido com o Convento Novo de Évora e com Santa Teresa de Coimbra. Este último é o único onde se manteve até hoje a clausura carmelita. Aqui há também duas portas para o exterior, a porta conventual, datada de 1741, um ano após o lançamento da primeira pedra do convento, a outra servindo a igreja de fora (1743). As portas estão decoradas com molduras de um tipo já arcaico para a época, cheias de volutas caprichosas. A portaria situa-se sob o coro alto e tem entrada a eixo para a igreja, como já estamos habituados. Junto à capela-mor existe o também habitual comungatório-latero-coro[13].

Cinquenta anos depois, no final do século XVIII, foi construído mais um convento de freiras carmelitas descalças: o Desterro de Viana do Castelo[14]. O projecto foi do arquitecto carmelita frei Luís de Santa Teresa e a obra teve lugar entre 1780 e 1785. A igreja é do tipo da de Carnide: fachada frontal virada à rua, coro alto aos pés, latero-coro à capela-mor. O desenho da fachada, mantendo embora a forma geral de rectângulo posto ao alto e coberto de frontão recto, tem uma decoração característica da época.

---

[12] Sobre o desaparecido convento de S. José e Santa Teresa do Porto, ver Jaime Ferreira Alves, *O Porto na época dos Alniadas. Arquitectura. Obras públicas*, ii volumes, Porto, 1988-1990, vol. I, pp. 73-75. Os documentos publicados nesta obra mostram que a igreja conventual era de nave única, tinha duas portas para o exterior, uma de fora, outra de dentro, e estava – com o convento – no interior de uma cerca murada. Os topos da capela-mor e do transepto da igreja, porém, eram arredondados, facto que só pode ser explicado pela influência do projecto da basílica de Mafra que então estava em obra.

[13] Ver Nogueira Gonçalves, inventário citado (Cidade de Coimbra), pp. 95-96.

[14] Sobre esta convento ver Maria Augusta d'Alpuim, "Carmelitas de Viana", *Cadernos Vianenses*, tomo II (1979). pp. 125-133.

O tipo planimétrico e a fachada deste convento vianense surgiram por inspiração do último convento de carmelitas descalças fundado no Portugal antigo. É também o maior e aquele que tem a igreja mais sumptuosa: refiro-me à Estrela, fundação da raínha D. Maria I em 1779, inspirada como se sabe pelo exemplo de Mafra. A igreja da Estrela tem uma fachada de secção central avançada coberta por frontão recto com entrada por galilé de três arcos, aspectos que o exemplo de Mafra não explica, antes a tradição carmelita. Tem também um latero-coro dando para o braço esquerdo do transepto. A capela-mor e os braços do transepto são arredondados à maneira de Mafra e da igreja das carmelitas do Porto, a que já me referi. A clausura na Estrela teve início em 1781 com freiras vindas de Carnide.

Resta portanto saber porque escolheram as Carmelitas de Lisboa em Santo Alberto um tipo de igreja de entrada lateral; e porque utilizaram outra vez esse tipo nos Cardais quando já estava disponível o tipo canónico de Francisco de Mora. Ou seja: porque é que, tendo sido construída a igreja de Carnide a partir de 1662, essa sim de tipo canónico, não seguiram o seu exemplo as freiras dos Cardais nem as de quase todas as fundações da segunda metade do século XVII e do século XVIII?

O primeiro convento feminino de carmelitas em Portugal, Santo Alberto, foi fundado por freiras que vieram de São José del Carmen de Sevilha, uma fundação da própria Santa Teresa que teve lugar em vários sítios da cidade andaluza e só se fixou no definitivo nos últimos anos do século XVI[15]. Foi dessa fundação ainda provisória que vieram as fundadoras de Santo Alberto, especialmente soror Maria de São José, companheira de Santa Teresa, a quem esta chamava "la mi letrera" porque era poetisa. Soror Maria chamava-se no século D. Maria de Salazar, era aragonesa de nação, e professara na ordem em 1571, tornando-se prioresa de Sevilla em 1575. Quando chegou a Lisboa ainda não existia em Sevilla a igreja conventual que só foi construída mais tarde e é do tipo carmelita à maneira de Mora, evidentemente, com entrada axial sob coro alto dando para a rua, e entrada lateral para um pátio cerrado. Tão pouco existia ainda qualquer igreja definitiva de carmelitas descalças em Espanha.

Todavia, parece que as 16 fundações originais de Santa Teresa, realizadas entre 1562 e 1582 por toda a Espanha, tinham – ao princípio – igrejas femininas de entrada lateral, algumas delas com coro baixo aos pés. Isto é absolutamente certo para 6 dessas fundações: Pastrana (1569), Ávila,

---

[15] Sobre este convento ver Maria Luísa Cano Navas, *El Convento de San José del Carmen de Sevilla*, Sevilha, 1984.

Alba de Tormes (1571), Segovia, Beas de Segura e Caravaca (1574), Villanueva de la Jara (1580). Não disponho de dados seguros para as outras mas seria capaz de apostar que eram também assim, com excepção daquelas que utilizaram igrejas já existentes (Soria em 1581, por exemplo). Quase todas as primeiras igrejas desapareceram depois, sendo substituídas pelas definitivas, de tipo diferente (entrada a eixo sob coro alto). As que ainda subsistem da primitiva fundação são de entrada lateral[16].

Ou seja, a fundação lisboeta seguiu a disposição das igrejas originais de Santa Teresa. Ora, esse tipo de igreja é afinal aquele que a tradição construtiva ibérica preferia para todas as igrejas de freiras. Por isso foi escolhido por Santa Teresa para as suas fundações.

Esta tradição, que mandava construir igrejas de freiras paralelas às ruas da cidade e com coros aos pés – e portanto com acesso lateral –, tinha poderosas raízes culturais, muito antigas em território português, que foram abruptamente reforçadas no século XVI.

A partir do fim da Idade Média, o Papado, as autoridades eclesiásticas e muitos soberanos europeus, com destaque para as monarquias ibéricas, lançaram uma campanha de reforma da clausura no sentido de acabar com os abusos reais (e imaginários) sucedidos nos conventos. Exigiam-se uma fé mais pura e hábitos mais cristãos. Desde pelo menos o Concílio de Latrão convocado por Leão X em 1513-14, multiplicam-se as medidas de reforma completa e radical da clausura cujo reflexo directo em Portugal foram as visitações e reformas impostas pelo rei D. Manuel desde 1514 a todos os conventos femininos e masculinos do país[17]. Sabemos com razoável certeza que nestes anos de transição entre o século XV e o século XVI, os principais conventos foram profundamente reformados – muitas vezes pela força das armas devido à resistência oposta por monges e monjas às intervenções reformadoras do clero e do rei. As monjas viram apertadas as regras da clausura. Foram impossibilitadas de sair do convento fosse sob que pretexto fosse. Lá dentro, perderam o direito que às vezes tinham de manter criadas e servidoras e até as celas luxuosas de que dispunham as de maior nascimento. Os conventos foram cercados de altos muros e janelas gradeadas.

---

[16] Sobre as fundações de Santa Teresa, ver a *Arquitectura carmelitana* de Munõz Jimenez. No entanto, o autor não toma em atenção a tipologia e a liturgia católica como instrumentos da história da arquitectura, não percebendo, portanto, as questões da posição do coro e da entrada da igreja pública.

[17] Sobre este assunto, o livro fundamental continua a ser J. S. da Silva Dias, *Correntes do sentimento religioso em Portugal (séculos XVI a XVIII)*, ii vols., Coimbra, 1960.

O concílio de Trento, reunido em fases sucessivas em meados do século XVI, prolongou, aprofundou e fez a revisão das medidas e decisões tomadas anteriormente. Sobre os conventos, houve debates importantes na semana de 20 a 27 de Novembro de 1563. Em 1566, 1570 e 1572, foram publicadas três bulas sobre o assunto. As instruções do concílio não são precisas do ponto de vista da tipologia das igrejas conventuais. Apontam essencialmente, no caso dos conventos de freiras[18], para medidas em que os reformadores vinham insistindo desde o início do século XV. Aquelas que tiveram reflexos arquitectónicos imediatos foram as seguintes: clausura absoluta, incluindo uma separação clara e total das igrejas de dentro e de fora; vida em comum das freiras proibindo-se alojamentos individuais; proibição dos bispos entrarem na igreja de dentro só podendo atender as freiras junto à janelinha da clausura (Cap. VII); proibição de se conservar na igreja de dentro o Santíssimo Sacramento que devia estar "in publica Ecclesia" (Cap. X).

Uma outra decisão do concílio é especialmente importante: os príncipes da igreja reunidos em Trento recomendaram a imediata deslocação dos edifícios conventuais femininos para perto ou para dentro das povoações impedindo o seu isolamento no campo onde estavam à mercê de exércitos inimigos em campanha, de salteadores, de profanadores (Sessão XXV, Cap. V, Dezembro de 1563). Não bastava, porém, que as igrejas femininas estivessem sob protecção das muralhas da cidade. Era ainda preciso que, dentro da cidade, não dessem nas vistas. Em Sevilha, por exemplo, os conventos ocupam quarteirões inteiros, ficando a igreja escondida no seu miolo. Para lá chegar, é preciso atravessar um pátio cerrado. A entrada da igreja (muitas vezes a eixo) é invisível da rua.

O exemplo de Sevilha prova que é possível construir edifícios discretos mesmo que tenham uma fachada frontal e entrada a eixo. Resta, portanto, averiguar porque é que as igrejas portuguesas de freiras tinham o coro (ou os coros) aos pés e entrada lateral.

Suponho que terá derivado dos mosteiros mistos a tradição de colocar as igrejas das freiras no pé da igreja; de facto, é quase certo que nas igrejas conventuais "dobradas" dos primeiros tempos da vida monástica, os sexos eram separados durante a celebração da missa ficando os homens à frente e as mulheres atrás, como até há relativamente pouco tempo se costumava fazer em muitas igrejas paroquiais. Quando os reformadores medievais impuseram a separação dos sexo sem edifícios distintos e a clausura

---

[18] Ver Raimundo Creytens, "La riforma dei Monasteri Feminili", in *Il concilio di Trento e la Riforma Tridentina*, Roma, 1963, I, pp. 45-83.

feminina, é natural que uma das soluções aplicadas tenha sido a colocação do coro das freiras a poente.

Esta solução foi adoptada sistematicamente pelos cistercienses que a puseram em prática na Península, em França e no Império. As ordens mendicantes, franciscanos e dominicanos, vieram a imitá-los a partir do século XIII. Criou-se assim o tipo de igreja de freiras com entrada pública lateral.

Ao contrário do modelo de igreja de dentro situada em baixo na nave do templo, o coro alto permitia uma separação muito mais rigorosa e radical entre a clausura e a igreja de fora. Ainda em 1678, a regra das clarissas do México, por exemplo, estabelecia que o coro baixo só devia ser construído em caso de absoluta necessidade[19].

A evolução da arquitectura conventual feminina em Portugal não está ainda estudada como merece e é por isso difícil precisar quando e como apareceram no nosso país as igrejas femininas de coro alto aos pés mas terá entrado em voga em Portugal nos primeiros anos do século XVI, enquadrada na campanha manuelina de reforma dos conventos e acentuação da clausura, a ponto de ter vindo a afectar, quase duzentos anos depois, a fundação do convento dos Cardais cujas freiras eram de uma ordem, as carmelitas descalças, que, nessa altura, já tinha uma tradição construtiva própria muito diferente.

Faltaria ainda esclarecer porque razões o tipo tradicional de igreja de freiras – com entrada lateral – foi abandonado pela arquitectura carmelita espanhola nos anos iniciais do século XVII, mantendo-se em Portugal. De facto, as igrejas espanholas das descalças depois de 1608 são todas do tipo que, entre nós, só aparece em Carnide e, muito mais tarde, na Estrela e em Viana. A resposta possível a esta questão teria que ter em conta todas as diferenças entre o modo como decorreu o processo contra-reformista em Espanha e em Portugal e os seus reflexos arquitectónicos. Seria outro artigo.

---

[19] Sobre os casos mexicanos ver Francisco de la Maza, *Arquitectura de los Coros de Monjas en Mexico*, México 1956.

# IV
# DEPOIMENTOS (QUE SÃO QUASE ENSAIOS)

# ARQUITECTURA NÃO-ALINHADA

2001

*A arquitectura portuguesa chã, entre as especiarias e dos diamantes, 1521-1706*, livro publicado por George Kubler (1912-1996) nos Estados Unidos em 1972, foi o mais importante ensaio de história da arquitectura portuguesa da segunda metade do século XX. Até hoje ainda não foi ultrapassado em capacidade de problematização e em influência. Continua a ser lido e utilizado como se fosse a História da Arquitectura Portuguesa da Idade Clássica por excelência. O poderoso carácter das teses essenciais do livro faz esquecer que muitos dos seus dados factuais (datas, nomes) foram rectificados por investigações posteriores, que os seus métodos historiográficos exibem claros sinais de envelhecimento, que sabemos hoje muito mais que Kubler sabia. Não importa. Há uma historiografia pós-kubleriana da arquitectura portuguesa. Vivemos ainda nela.

O sucesso do livro de Kubler (do qual foi inseparável o magistério de José Eduardo Horta Correia no mestrado de História da Arte da Universidade Nova de Lisboa a partir da década de 1980) deveu-se essencialmente, na minha opinião, a duas ordens de razões: em primeiro lugar, é um belo livro, tão vivo metodologicamente como o seu quase contemporâneo *Lisboa pombalina e o iluminismo* de José-Augusto França (1966) e, como este último, completamente diferente do arcaísmo da história da arquitectura que então se praticava entre nós.

Em segundo lugar, o livro de Kubler veio cumprir um poderoso desiderato ideológico. Até então, lia-se a evolução da arquitectura portuguesa de acordo com o esquema um tanto bizarro imposto entre nós por Reinaldo dos Santos e Aarão de Lacerda na década de 1940: havia o gótico e o gótico final manuelino, faltava-nos o renascimento (que o manuelino substituíra, talvez com vantagem), vinha a seguir o proto--barroco (a arquitectura construída a partir de 1550) e depois, finalmente, o barroco joanino. Era o melhor que se conseguia arranjar para integrar a arquitectura portuguesa nas correntes italianas internacionais, valorizando nela ao mesmo tempo as coisas mais monumentais: o manuelino e Mafra.

Nos anos de 1950 e 1960, Jorge Henriques Pais da Silva (1929-1977) descobriu o "maneirismo", resolvendo o problema criado pelo estranho "proto-barroco" de Reinaldo dos Santos, demasiado wölffliniano, e tornando o esquema evolutivo ainda mais internacional.

E quando na década de 1980, Rafael Moreira veio dizer que afinal também tivemos renascimento, só não houve uma festa de adesão historiográfica à CEE da arquitectura (italo-cêntrica) porque, entretanto, saíra o livro de Kubler e Portugal ficou de repente desviado da Europa e inscrito no movimento dos não-alinhados arquitectónicos.

Apesar não ser de modo algum um livro com princípio, meio e fim, mas uma mera "recolha de estudos" (Kubler dixit) – que se nota ter sido feita um pouco ao sabor das oportunidades e ao revirar dos tempos –, *Portuguese Plain Architecture* busca uma coerência interna e, ao fazê-lo, inventa um Objecto: a arquitectura portuguesa do período de entre a morte de D. Manuel e a chegada dos diamantes brasileiros com D. João V, compreendido como um período estilístico coerente.

Entre os Jerónimos e Mafra, em resumo, haveria uma arquitectura portuguesa, a que Kubler chama "plain architecture" ou "arquitectura chã". O autor, aliás, concluiu o livro referindo-se a uma "expressão [arquitectonica] nacional portuguesa" e adjectivou esta expressão portuguesa da seguinte maneira (palavras kublerianas retiradas de varias partes do livro): princípios sóbrios; formas arquitectonicas austeras; exteriores friamente racionais; requinte de proporções; clareza; ordem; simplicidade; qualidades arquitectonicas gravemente profundas e pesadas; expressão arquitectonica directa e simples num país pobre; perfis puristas; exteriores sóbrios de pilastras-contrafortes e paredes-cortina; arquitectura menos académica e mais vernacular que o "desornamentado" espanhol. Etc.

O desiderato ideológico que o livro de Kubler veio satisfazer foi, deste modo, o de nos permitir apreciar de um modo positivo (forte, cheio, autónomo, coerente e fechado) edifícios ou conjuntos edificados que não se podiam encaixar evidentemente nas categorias "cheias" da historiografia europeia, o renascimento, o maneirismo, o barroco.

A "pobreza" (construtiva, de materiais, decorativa, de composição, de desenho, de alçados) que parecia desfear como um estigma tantos conventos e igrejas portuguesas aparecia de repente redimida (ao mesmo tempo que des-europeizada) numa década, a de 1970, em que Portugal buscava uma autonomia política e ideologica de claros contornos, por assim dizer, "periféricos".

O conceito de "estilo chão" apresentou-se, deste modo, como uma verdadeira denegação da periferia: procurando autonomizar certas arquitecturas feitas em Portugal em relação ao domínio de conceitos italo-cêntricos e demonstrar a precaridade desses conceitos, criava-se afinal outro conceito que, enquanto tal, podia ombrear com renascimento, maneirismo e barroco. Negando a centralidade da arquitectura porruguesa, a sua pertença ao centro, fazia-a centro de si própria.

Esta operação foi evidentemente útil. Permitiu que se discutissem mais tranquilamente peças arquitectónicas que, à luz de conceitos como maneirismo ou barroco, eram desprezíveis ou incompreensíveis.

Mas foi também prejudicial ao ajudar a criar um preconceito isolacionista na discussão da história da arquitectura portuguesa e ao justificar visões unilaterais dos edifícios e da sua história projectual e cultural.

De facto, trabalhos historiográficos recentes sobre as arquitecturas italiana ou espanhola dos séculos XVI e XVII apontam para a existência de muitas arquitecturas "chãs", em períodos diversos, não forçosamente sucessivos cronologicamente. Apontam também para o facto de que essas arquitecturas, ou melhor, esse género de soluções arquitectónicas, obedeceram a circunstâncias concretas de várias regiões, encomendadores e épocas, num panorama muito diversificado em razões, métodos, objectivos, ideias e resultados. Por exemplo, a discussão de aspectos até agora desprezados de várias igrejas romanas da segunda metade do século XVI, designadamente a solução arquitectónica "chã" de fachadas exteriores secundárias, tem demonstrado que tais soluções coexistiram com outras bastante mais luxuosas e derivaram de propósitos culturais e construtivos muito específicos do ambiente romano da época. Não se vê que utilidade pode ter englobar esse género de tratamento de fachada na mesma categoria estilistica de obras igualmente "chãs" como, por exemplo, as que foram projectadas por engenheiros militares portugueses cerca de 1550, pelos arquitectos do rei de Espanha em Valladolid nos anos iniciais do seculo XVII, ou por Carmelitas Descalços a partir de 1600.

A investigação conduzida em Portugal, por seu lado, não tem cessado de encontrar excepções à simplicidade que se julgava dominante. De facto, só com um grande esforço de abstração se pode dizer "chã" a arquitectura feita a norte do Mondego na segunda metade do século XVI, por exemplo, cujos aspectos decorativos no tratamento de vãos e molduras parecem ter derivado de projectos e obras coimbrãs e de arquitectos da corte como Jerónimo de Ruão ou Terzi. Podem tambem referir-se inúmeros exemplos de edifícios ou partes de edifícios fortemente ornamentados construídos durante o século XVII a partir de projectos de arquitectos que, nessas mesmas obras ou noutras anteriores e posteriores, fizeram obra "chã". Peças como a sacristia nova de Santa Cruz de Coimbra, de 1622, o remate da fachada principal da igreja jesuíta da mesma cidade (a "Sé Nova"), concluída em 1639, a fachada da igreja do colégio jesuíta de Santarém, de meados do século, perturbarão sempre a tranquilidade com que se classifica o século XVII como simples período de transição entre o século anterior e o posterior. As longas durações, as sínteses epocais, as tendências profundas, as invariantes, constituem uma malha da análise demasiado larga que deixa passar muitas pepitas de ouro.

Das cerca de 60 obras portuguesas ilustradas com fotografias por Kubler no seu livro, só cerca de 20 (um terço) são verdadeiramente "sóbrias, austeras, friamente racionais, claras, simples, profundas e pesadas, puristas, de exteriores sóbrios de pilastras contrafortes e paredes-cortina, menos académicas e mais vernaculares", etc. Trata-se, por exemplo, das catedrais de Leiria, Portalegre e Miranda do Douro, das igrejas da Graça de Setúbal, do Espírito Santo de Évora, de S. Roque de Lisboa, do exterior (e apenas o exterior) da nova capela-mor dos Jerónimos, da igreja dos Agostinhos de Vila Viçosa, de Santa Clara-a-Nova de Coimbra, do Bom Sucesso de Belém.

São quase todas catedrais e igrejas paroquiais de 1550-1580 (por vezes só os exteriores) e algumas igrejas conventuais de 1640-1680, nas quais Kubler despreza azulejo e talha como se isso nada tivesse que ver com a arquitectura.

Do período "entre especiarias e diamantes", ficam de fora a arquitectura da prata (dos Filipes) e a do açucar (a do chamado "barroco português").

Mas também desaparece o renascimento ornamental de Coimbra, Évora e Tomar e são ignoradas as arquitecturas ornamentalistas de Coimbra e a luso-galaica da segunda metade do século XVI e início do século XVII.

Kubler escreve o capítulo acerca das "composições celulares" (excelente tema para o artigo que é), para poder discutir obras maiores do renascimento ou do classicismo contrareformista portugueses (a fonte da Manga em Coimbra, a capela real de Salvaterra, o claustro grande de Tomar) como se estas obras fossem arquitectura "chã". A capela do Bom Jesus de Valverde e a igreja de S. Domingos de Benfica tornam-se "chãs" por entrarem no capítulo/artigo "Algumas simplificações e derivações paladianas". A igreja da Conceição em Tomar, puramente italiana e renascentista, cabe no livro transformada em "igreja salão" que nunca foi.

Na introdução de *Portuguese Plain Architecture*, Kubler comparou explicitamente o que ocorreu em Portugal na década de 1550 com o aparecimento do modernismo arquitectónico nos anos de 1920, altura em que se teria imposto o "racionalismo e a necessidade económica mediante o abandono da superfície superdecorada". Trata-se evidentemente de uma frase que só alguém muito marcado pela historiografia formalista pode escrever mas, apesar disso, estranha num historiador tão experiente e probo como Kubler. No contexto da adjectivação da arquitectura "chã" com palavras como "sóbria", "purista", "directa", "racional", a comparação com o modernismo mostra que Kubler viveu em Portugal uma espécie de Giedionização ou Pevsnerização da história da nossa arquitectura antiga – que, por seu lado, serviu perfeitamente o patriotismo anticosmopolita vigente nos anos de 1970.

Aqui há uns anos, pouco antes de falecer, Kubler fez uma conferência em Lisboa. Depois de terminada, reunimo-nos alguns dos seus discípulos de primeira e segunda mão. Na conversa que se seguiu, Kubler – já muito velhote – pronunciou uma frase que me ficou na memória: "todas as arquitecturas tem as suas arquitecturas 'chãs'".

All right, Doctor Kubler, bye, thanks for everything.

# O PALÁCIO QUE NÃO HOUVE

2003

A viagem de Gianlorenzo Bernini (1598-1680) a França em 1665 para fazer o projecto do palácio real do Louvre foi o acontecimento arquitectónico mais mediatizado de toda a história europeia entre a decisão papal de construir uma nova basílica de S. Pedro em Roma no início do século XVI e... talvez a inauguração da Torre Eiffel em 1889. O mais famoso artista europeu da época foi convidado pelo mais poderoso dos reis, Luís XIV, para fazer o projecto do palácio real da mais importante capital laica da Europa.

Houve de facto projecto (aliás, três projectos) mas não chegou a haver obra. O desentendimento entre Bernini e os donos da obra arrastou-se durante cinco meses e, depois da colocação da primeira pedra do novo Louvre, o artista regressou a Itália e o palácio foi sendo feito até ao século XIX com projectos de arquitectos franceses. O fracasso tornou-se quase imediatamente uma notícia europeia tão ribombante como tinha sido a encomenda.

Os quatro intervenientes principais na viagem de Bernini foram o rei Luís XIV, o papa Alexandre VII, renovador de Roma e "patrão" máximo do artista, o superintendente para as obras da coroa de França, Jean--Baptiste Colbert, e finalmente o próprio Bernini.

O papa deixou partir Bernini, então envolvido na obra da *Cathedra Petri* (a cadeira simbólica de S. Pedro localizada na ábside da grande basílica por detrás do baldaquino), porque procurava aproximar-se da França onde o catolicismo nacionalista (galicanismo) preocupava constantemente o papado. Luís XIV queria propagandear o seu nome como o do rei extravagante e poderoso por excelência, o rei capaz de dar ao mais famoso artista do mundo a sua maior obra. Colbert precisava de fixar o rei em Paris e estabelecer na capital o lugar simbólico e físico do poder real afastado da cidade pelas revoltas da Fronda e pelo ódio que Luís XIV então lhe tinha ganho. O Louvre devia substituir Versalhes no coração do rei. Finalmente, Bernini não podia resistir à encomenda mais prestigiante da sua carreira.

Estas razões tinham muito pouco que ver com arquitectura. De facto, não diziam respeito a um programa, um local, um projecto, um orçamento, uma obra... e foi muito por isso que as coisas acabaram mal[1].

O convite de Luís XIV a Bernini decorreu numa época em que, como sucedia desde meados do século XVI, circulavam intensamente por toda a Europa muitas imagens e desenhos de arquitectura. Todavia, tais imagens não eram nem actualizadas nem precisas, abrangiam apenas as obras mais famosas e entravam em circulação por vezes bastante tempo depois da obra estar visitável. Os desenhos, por seu lado, passavam de mão em mão entre um número muito restrito de arquitectos e amadores de arquitectura. Neste quadro, é natural que em França muito poucos tivessem alguma vez visto qualquer obra de Bernini. O próprio artista confessou a Paul Fréart de Chambrai, senhor de Chantelou e *Mâitre d'Hôtel* de Luís XIV que, a mando deste, serviu de seu acompanhante permanente e redigiu o diário da viagem, que "sortant de Rome, il sortirait de son école et s'en irai dans un lieu où il ne connaîtrait personne et où personne ne connaîtrait ses ouvrages"[2].

Bernini manifestava assim um genuíno receio de que, confrontados com projectos concretos e obras de pedra e cal, os que só o conheciam de ouvir falar se retraíssem. Sabia que a sua reputação de artista se fundava não na sua obra mas na fama da sua "nação": Roma era considerada, de facto, a capital artística do mundo em geral e da Itália em particular. Os italianos determinavam o que era bom e o que era mau em matéria de arte desde o Renascimento que, do ponto de vista artístico, foi em boa medida a globalização da cultura ocidental em favor da Itália. Roma, a cidade do papa e de S. Pedro, a cidade de Rafael e Miguel Ângelo, continha todos os modelos e obras-primas canónicos. Não era preciso ir a mais sítio nenhum.

A fama da Itália e de Roma surgiam reforçadas, neste caso, pela extraordinária personalidade do próprio Bernini, que toda a Europa

---

[1] O mais recente e melhor ensaio que conheço sobre a história dos projectos de Bernini é de Sabine Frommel, "Les projets du Bernin pour le Louvre, tradition italienne contre tradition française", in *Le Bernin et l'Europe: du baroque triomphant à l'âge romantique*, Paris, C. Grell e M. Stanic eds., Presses Universitaires de Paris-Sorbonne, 2002, pp. 43-76. A colectânea onde este ensaio se inclui tem uma bibliografia praticamente completa sobre o assunto.

[2] *Journal de Voyage du Cavalier Bernin en France*, manuscrito de Chantelou, ed. Ludovic Lalanne, *Gazette des Beaux-Arts*, Paris, 1885, p. 59.

identificava como o verdadeiro mestre de cerimónias de Roma, o *Regista* da cidade mais espectacular do Antigo Regime – como foi designado pelos organizadores de uma exposição recente[3]. Personagem solar e exuberante que em parte alguma passava despercebido, Bernini era um organizador de espectáculos e da arquitectura como espectáculo: toda a Europa já tinha ouvido falar da sua colunata de S. Pedro[4], da fonte de Piazza Navona, das encenações efémeras, cenários grandiosos para peças de teatro, organização de cortejos, construção de extraordinários monumentos de madeira e tela pintada.

De tudo isto, circulavam descrições e gravuras que granjearam a Bernini uma fama maior que a de Miguel Ângelo.

Ao decidirem encomendar-lhe o projecto do Louvre, Luís XIV e Colbert tinham perfeita consciência da operação de propaganda que desencadeavam, tanto no plano diplomático como no plano cultural. Aquilo de que não podiam suspeitar era de que essas operações têm uma vida própria em que a lógica do espectáculo se sobrepõe por vezes à razão das coisas úteis.

Já antes de Bernini existiram arquitectos e artistas que receberam convites reais. Recorde-se, por exemplo, o convite endereçado a Andrea Sansovino (1467-1529) pelo rei de Portugal D. João II em 1492[5]. Ou a ida de Leonardo da Vinci para França em 1517. Mas nunca, até Bernini, um artista fora tratado como se ele próprio fosse de sangue real. Nunca até então um artista fora utilizado por um príncipe para exaltar por toda a Europa a generosidade, o gosto, a política da sua coroa. Era antes o contrário que costumava passar-se: os artistas contavam com as encomendas e convites reais para ornamentar a sua própria carreira.

Charles Perrault (1628-1703), o teórico das artes que foi um dos grandes inimigos de Bernini em França, classificou de "chose qui n'est

---

[3] *Gian Lorenzo Bernini, regista del Barocco*, Roma, Palazzo Venezia, Maio-Setembro de 1999, exposição comissariada por Maria Grazia Bernardini e Maurizio Fagiolo dell'Arco, catálogo com o mesmo título, Milão, ed. Skira, 1999.

[4] Um exemplo dessa fama é uma carta escrita de Roma no início da década de 1660 para o embaixador de Portugal em Londres, o marquês de Sande, na qual o correspondente do embaixador diz: "O Papa nosso senhor trata de edifícios. Os mais grandiosos faz na praça de S. Pedro, um círculo de mais de mil passos de circuito, com quatro ordens de colunas de pedra da altura de cinquenta palmos". Cit. Teresa Maria Schedel Castelo-Branco, *Vida de Francisco de Mello Torres, 1º Conde da Ponte-Marquês de Sande, 1620-1667*, Lisboa, Parceria A. M. Pereira, 1971, p. 297.

[5] Ver Rafael Moreira, "Andrea Sansovino au Portugal (1492-1501)", *Revue de l'Art*, 133 (2001-3), pp. 33-38.

pas croyable" as honras que o italiano recebeu na corte francesa[6]. Chantelou, por seu lado, escreveu que o acolhimento feito ao artista pela cidade de Lyon, a caminho de Paris, foi do género "qu'on ne faisait qu'aux princes de sang"[7]. Os observadores italianos, enquanto fingiam ser absolutamente normal a recepção feita a Bernini (afinal de contas tratava-se de um italiano...), exageravam os seus aspectos mais espectaculares: Baldinucci, por exemplo, inventou que Bernini fora recebido às portas de Paris pelo núncio papal e que fora alojado no próprio Louvre. A realidade, mais prosaica mas não menos extraordinária, é que o artista foi recebido por Chantelou, enviado do rei, que vinha na carruagem real, e alojado no *hôtel* de Frontenac a cargo da coroa[8].

A recepção feita a Bernini foi rapidamente compreendida e saudada pela comunidade artística europeia como o culminar de dois séculos de progressiva nobilitação das profissões artísticas junto das ideologias dominantes. De simples artesãos ou criados de luxo dos poderosos na Antiguidade, na Idade Média e no primeiro Renascimento, os artistas vinham-se afastando das profissões manuais e conseguiram relacionar a sua actividade com os ideais humanistas. A partir da viagem de Bernini, passavam a ser uma espécie de personificação da própria ideia de arte, tornando-se indispensável aos poderosos fazerem-se ver junto deles. Com Bernini, apareceu o *star-system* em arquitectura.

Por exemplo: o português Cyrillo Volkmar Machado (1748-1823), erudito, pintor e aspirante a arquitecto comparou a sua própria sorte à de Bernini quando se queixou de que os poderosos lhe não davam projectos ou não compreendiam aqueles que ele lhes propunha[9] e citou aplicadamente a propósito um tratadista francês que contava a história da viagem de Bernini[10].

Só hoje cidades e governos se disputam nomes de arquitectos antes mesmo de conhecerem as respectivas obras, como Colbert e Luís XIV

---

[6] Cit. *Journal du Voyage*, introdução, p. 4.

[7] *Journal du Voyage*, p.11. Bem entendido, quando foi lançada a primeira pedra da nova obra do Louvre projectada por Bernini, o nome do arquitecto não aparece na inscrição. O "dessin" é atribuído ao encomendador, o rei, como era tradicional (transcrição no *Journal du Voyage*, p. 228).

[8] *Journal du Voyage*, pp. 12, 13, 15.

[9] Paulo Varela Gomes, A *Confissão de Cyrillo*, estudos de História da Arte e da Arquitectura, Lisboa, Hiena, 1992, pp. 15 sgs.

[10] Cyrillo Volkmar Machado, *Tratado de Arquitectura & Pintura*, Lisboa, ed. Francisco Gentil Berger, Fundação Calouste Gulbenkian, 2002, fólio 72. Esta publicação, de grande qualidade gráfica e paleográfica não é, no entanto e ao contrário daquilo que o seu título quer fazer crer, um tratado. Trata-se tão somente de um caderno de apontamentos vários.

disputaram a presença de Bernini. De facto, até aos nossos dias, nenhum outro arquitecto voltou a ter tanto peso junto dos seus colegas e do poder. Nem o próprio Le Corbusier – que se empenhou em construir para si próprio um nome utilizável com vantagem por qualquer poder de Estado – conseguiu alguma vez servir de troféu de uma política (salvo talvez a de Nehru, na Índia).

Quando Filippo Juvarra (1676-1736), o mais importante arquitecto europeu da primeira metade do século XVIII, verdadeiro "neto" arquitectónico de Bernini (foi discípulo de Carlo Fontana, por sua vez aluno do mestre), recebeu o convite de D. João V para vir a Lisboa em 1719 projectar o mais prestigiante de todos os programas (um palácio real e uma catedral)[11], é evidente que o monarca português se inspirava em Luís XIV e Bernini, o rei que gostava de emular e a corte papal que queria, talvez, superar. No mesmo pensaram certamente tanto Juvarra como os arquitectos e engenheiros da corte de Lisboa que com ele se passearam por Lisboa e o trataram como se fosse de sangue real.

Mas nem neste caso, nem no episódio da viagem de Juvarra a Madrid, vinte anos depois, para fazer o palácio real dos Bourbon espanhóis[12], se verificou a repercussão pan-europeia da passagem de Bernini por Paris.

Creio que a explicação principal para esse facto radica na ordem de razões que já enunciei: Bernini não foi convidado por razões primordialmente arquitectónicas mas por razões políticas e mediáticas, como diríamos hoje. Daqui resulta que a sua viagem convocou e agitou valores cuja repercussão era muito mais ampla e funda que simples questões arquitectónicas.

Embora as nações e o nacionalismo ainda não tivessem sido então inventados, as elites da Europa do Antigo Regime jogavam frequentemente uma espécie de jogo intelectual que consistia na psicologização dos povos e na comparação dos temperamentos nacionais, criando-se assim uma série de categorias e lugares-comuns destinados a sobreviver

---

[11] Sobre este assunto, o estudo mais recente e melhor documentado é de Walter Rossa, "A imagem ribeirinha de Lisboa – alegoria de uma estética urbana barroca e instrumento de propaganda para o Império", in A Urbe e o Traço – uma década de estudos sobre o urbanismo português, Coimbra, Almedina, 2002, pp. 87-124.

[12] Ver Beatriz Blasco Esquivias, "El Madrid de Filippo Juvarra y las alternativas locales a su proyecto para el Palacio Real", in Catálogo Filippo Juvarra 1678-1736, de Mesina al Palacio Real de Madrid, Madrid, Electa, 1994, pp. 45-111.

até à nossa época: o inglês fleumático, o castelhano soberbo, o italiano fogoso, o português triste, etc.[13].

O talento para uma ou outra arte e o modo de expressão desse talento eram dos aspectos mais rigorosamente classificados nesta taxinomia dos temperamentos e isso serviu a Bernini para tentar "vender" o seu projecto em França sustentando-se na ideia da natural predisposição dos italianos para as artes... mas correndo o risco de ter o efeito oposto ao denegrir o gosto artístico das outras nações, a começar pela França. De facto, segundo Bernini, a França não seria nação virada para as artes plásticas ou a arquitectura mas para a "arte militar" de "disciplinar as tropas, formar esquadrões e comandar exércitos", opinião que demonstrou através de um conspícuo desagrado pelos telhados dos palácios franceses, tão diferentes dos cornijamentos rectos e balaustradas de Itália[14]. Noutra ocasião, e não contribuindo em nada para melhorar a opinião que os franceses começavam a ter dele, Bernini insistiu que, em França, só considerava dignas de elogio as tapeçarias, a riqueza do ornamento, as "belas tropas"... mas não a arquitectura[15]. Os espanhóis, por seu lado, só teriam gosto para o "doce e o polido", "ce qu'ils appelent *lindo*"[16]. Os lombardos teriam tendência para o "material e o pesado, mas com grandeza", em contraste com a maneira "fogosa, mas triste e miúda" dos franceses[17].

Em conclusão: "Se o Papa quisesse um edifício à francesa e tivesse para isso recorrido a um arquitecto francês, ele [Bernini] não teria qualquer objecção a fazer; mas o rei tinha pedido um edifício à romana e eles [os franceses] não deveriam dizer mal da obra"[18].

No quadro deste género de cultura "nacionalista" e de recados e contra-recados passados para dentro e para fora do *hôtel* de Frontenac, é natural que a pompa e circunstância que rodearam a visita de Bernini tenham contribuído para agudizar tensões entre a cultura francesa e a romana. Cada elogio de Bernini – e sobretudo cada silêncio – relativamente a um *chateau*, uma escultura, um jardim franceses, era cuidado-

---

[13] Pelo contrário, outros traços de personalidade colectiva considerados então evidentes, são para nós inesperados: o português brigão e insolente ou, para citar um exemplo invocado pelo próprio Bernini, o facto dos franceses serem absolutamente incapazes de pontualidade em contraste com os italianos... (*Journal du Voyage*, p. 63).

[14] *Journal du Voyage*, p. 20. Bernini acreditava que, uma vez construído o seu projecto para o Louvre, as pessoas viriam a França "où l'on ne venait voir que des armées", ver então arquitectura (*Journal du Voyage*, p. 37).

[15] *Journal du Voyage*, p. 60.

[16] *Journal du Voyage*, pp. 99 e 214.

[17] *Journal du Voyage*, p. 138.

[18] *Journal du Voyage*, p. 130.

samente sopesado como se a própria arte francesa como um todo estivesse em julgamento. Longe de apaziguar ressentimentos, a personalidade de Bernini – ou melhor, a aura que a rodeava como se fosse a luz permanente de holofotes – reforçou no meio arquitectónico parisiense o orgulho anti-italiano (ou, pelo menos, a-italiano) que marcou desde o início do Renascimento a cultura arquitectónica francesa[19].

A divergência, crescente á medida que a visita de Bernini se alongava, centrou-se em volta de dois aspectos: em primeiro lugar, a teoria de que os arquitectos italianos estariam exclusivamente preocupados com questões de forma e imagem, compreendidas no quadro do conceito de "simetria", enquanto que os franceses teriam a "distribuição" como preocupação principal (correspondência entre o tipo e o programa). Assim por exemplo, quando Bernini projectou a capela real incluindo-a no perímetro do grande quadrilátero do Louvre por questões de "simetria", ou seja, de coerência da forma geral, Colbert detectou inúmeras falhas funcionais derivadas dessa localização: acesso complicado do rei à tribuna da capela, insuficiente separação dos aristocratas e do povo na participação na missa, etc. Em resposta a estas críticas, Bernini concebeu uma grande capela isenta de planta oval situada à fachada norte do palácio que, ao quebrar a "simetria" do conjunto, era compensada por "une grande et magnifique chambre da parade" para o rei situada na frente oposta, elemento do programa que ninguém tinha evidentemente pedido[20].

Também em matéria de construção, os orgulhos nacionais e as personalidades fortes confrontando-se em ambiente de grande atenção pública criaram complicações que se revelaram inultrapassáveis: Bernini ter-se-ia atrevido, segundo Charles Perrault, a pôr em dúvida aquilo de que os franceses mais se orgulhavam, a capacidade e inventividade dos seus pedreiros, preferindo-lhes *muratore* italianos e técnicas italianas de fazer cal e assentar pedra[21].

Para além deste género de problemas, houve outros, característicos de qualquer obra de arquitectura, que só se agudizaram até à ruptura final devido às circunstâncias muito mediatizadas em que o processo decorria. Eram problemas de programa, que o cliente, como é habitual, ia inventando á medida que o projecto se desenvolvia, e problemas de tensão entre a pressa do cliente e os vagares (ou cuidados) do arquitecto. Por exemplo, Colbert pressionou constantemente Bernini para apressar o

---

[19] Sobre este assunto, ver J-M. Pérouse de Montclos, *Histoire de l'Architecture Française de la Renaissance à la Révolution*, Paris, Mengès, 1989, esp. pp. 91 e sgs.
[20] *Journal du Voyage*, pp. 248-249.
[21] Ver por exemplo *Journal du Voyage*, pp. 126-127.

projecto de execução da envolvente imediata do Louvre para que se pudesse proceder à expropriação das casas a demolir. Bernini respondeu acusando os arquitectos de Colbert de terem feito um levantamento errado do velho Louvre e da sua envolvente, que teria obrigado a muito trabalho suplementar e tornaria impossível determinar depressa e exactamente por onde se expandiria o palácio.

O programa, por seu lado, mudava constantemente à medida que o dono da obra descobria problemas de estruturas e recebia instruções reais para incluir no palácio mais esta ou aquela função programática. Não se tratava de pequenas coisas: um belo dia, já Bernini trabalhava no projecto há semanas e tinha entregue vários desenhos, Colbert apareceu no *hôtel* de Frontenac para lhe dizer que era preciso acomodar no Louvre salas de banquete e baile, teatro, uma grande biblioteca, espaço para danças a cavalo, uma praça de armas para milhares de homens, etc.[22]. Bernini chegou a responder a Colbert que o que esperavam dele era que fizesse "tenir une pipe de vin dans un baril"[23].

Entretanto, é importante tomar nota de que Colbert por um lado, e Bernini por outro, estavam a criar um tipo arquitectónico, o palácio real, que não tinha quaisquer precedentes na história da arquitectura europeia[24]. Havia palácios fortificados como o Castel Nuovo de Nápoles, palácios feitos de várias partes agregadas como o de Urbino, palácios--mosteiro como o Escorial, mas não havia um complexo edificado urbano destinado a habitação e espectáculo de uma monarquia moderna. Esse tipo de palácio só apareceu depois (Caserta, Madrid, Estocolmo, Sans--Souci, Schönbrunn, Ajuda) e, em boa medida, graças a Bernini e a Colbert, graças aos projectos de Juvarra para D. João V de Portugal e Filipe V de Espanha.

As notícias dos desentendimentos entre Bernini e Colbert saíam do *hôtel* de Frontenac e espalhavam-se imediatamente no meio arquitectónico parisiense. A certa altura, Charles Perrault veio falar com Bernini e fez-se eco das críticas e ressentimentos que circulavam em Paris. O velho artista perdeu a cabeça e pô-lo na rua dizendo que estava disposto a ouvi-lo em matéria de "comodidade" (ou "distribuição") mas que, no que res-

---

[22] *Journal du Voyage*, pp. 105-106.
[23] *Journal du Voyage*, p. 244.
[24] Ver sobre isto, Hilar Ballon, "Architecture in the Seventeenth Century in Europe", in Henry A. Millon (ed.), *The triumph of the Baroque, architecture in Europe, 1600-1750*, Nova Iorque, Rizzoli, 1999, pp. 81-112.

peitava à "composition du dessein", Perrault não era sequer digno de lhe sacudir o pó dos sapatos[25].

Bernini não escondia, aliás, o desprezo que sentia pela juventude de arquitectos franceses como Louis Le Vau (1612-1670), o ex-arquitecto do Louvre, e Claude Perrault (1613-1688), irmão de Charles. Segundo Chantelou, Bernini dizia que o rei "au lieu d'être entouré de tant de jeunesse", devia ter consigo "d'habiles hommes en toutes les sciences..."[26]. Mas, ao referir-se a isso, alienava o próprio rei, também ele jovem.

Bernini e Chantelou utilizaram a expressão "cabala dos arquitectos" para se referirem aos boatos e intrigas que fervilhavam no meio arquitectónico parisiense. Como sabem todos os que se interessam pelas questões do segredo ou das teorias da conspiração, quanto mais se acredita numa "cabala", mais esta ganha materialidade. Falar de uma conspiração, de um segredo, de uma cabala, é construir a realidade que faltava à suspeita inicial. Foi provavelmente alguma coisa deste género que ocorreu em Paris naquela Primavera e Verão de 1665 durante a qual todas as atenções do meio artístico estavam focadas nas visitas do rei ou de Colbert ao *hôtel* de Frontenac, nos passeios de Bernini por Paris e arredores, no tempo despendido pelo rei para o atender em Fontainebleau, Versalhes ou Saint-Cloud.

Quando a "cabala" foi finalmente trazida á existência pelos rumores de que existia, o projecto Berniniano tornou-se impossível de executar.

O prestígio da arquitectura italiana não saiu diminuído do episódio Bernini, antes pelo contrário, como demonstra a fortuna europeia de Juvarra e de outros arquitectos italianos convidados a projectar palácios reais de Aranjuez a São Petersburgo, da Ajuda a Carskoe-Selo, durante todo o século XVIII.

Mas consolidou-se na Europa a ideia, destinada a não ter futuro nenhum, de que existem "nações" arquitectónicas habilitadas para diversas respostas programáticas. Aos italianos cabia fazerem palácios reais, como aquele que nunca fizeram nas margens do Sena.

O sistema das *Beaux-Arts* do século XIX, empenhado em criar uma arquitectura moderna que fosse a síntese de todas as épocas e todas as maneiras nacionais, tipificou o palácio Berniniano. Ao querer à viva força eternizá-lo na história, expulsou-o para sempre dela.

---

[25] *Journal du Voyage*, p. 205.
[26] *Journal du Voyage*, p. 138.

# SE NÃO ME ENGANO
## O ORIENTE E A ARQUITECTURA PORTUGUESA ANTIGA

2003

No Palace Hotel do Buçaco, um dos mais extraordinários edifícios construídos em Portugal no século XIX, existem várias composições figurativas cujo tema é a expansão portuguesa. O hotel, projectado pelo cenógrafo italiano Luigi Manini em 1888, apresenta-se aliás, pelos seus temas e motivos arquitectónicos, como uma espécie de monumento aos Descobrimentos[1].

De entre as representações figurativas, são muito interessantes as marinhas com temas históricos pintadas por João Vaz e instaladas na sala de jantar do hotel no início do século XX. Uma delas ajudou a dar o título a esta conferência (**im. 42**). Trata-se da representação de uma praia com alguns coqueiros e edifícios de um branco resplandecente. A legenda diz: "Terras são de Calicut, se não me engano".

É um verso de Camões referente à chegada da frota do Gama à vista das terras da Índia. Lê-se na estrofe 92 do Canto VI d'Os Lusíadas:

> "Já a manhã clara dava nos outeiros
> Por onde o Ganges murmurando soa,
> Quando da celsa gávea os marinheiros
> Enxergaram terra alta pela proa.
> Já fora de tormenta, e dos primeiros Mares
> o temor vão do peito voa.
> Disse alegre o piloto Melindano:
> Terra é de Calecut, se não me engano".
>
> (Os Lusíadas, VI-92)

---

[1] Maria Regina Anacleto, *Arquitectura Neomedieval Portuguesa*, 2 vols., Fundação Calouste Gulbenkian e JNICT, Lisboa, 1997, ver I: 306 sgs.

IMAGEM 42:
Pintura de João Vaz, Buçaco, primeira década do século XX. Palace Hotel, Buçaco, foto PVG

O piloto de Melinde não se enganava, como se sabe. Mas o pintor João Vaz sim. De facto, a paisagem que pintou no seu painel tem muito pouco que ver com aquilo que é a costa do Malabar (onde se situa Calicut), uma costa que, sendo efectivamente plana e debruada a praias, é muito verde devido à espessa vegetação de coqueiros – e não quase desarborizada com cores de areia na terra e no céu, como a pintou João Vaz[2].

As arquitecturas representadas no painel, casas baixas, brancas, com terraço, sem aberturas, estão também muito longe da realidade que podemos ver ainda hoje no Malabar e daquela que encontraram os europeus nos séculos XVI e XVII.

O viajante francês Pyrard de Laval[3], por exemplo, visitou Calicut no início de Seiscentos e não gostou nada da cidade dizendo que estava construída sem ordem e que as construções eram feias (I-300). O italiano Pietro Della Valle[4] tão pouco lhe dispensou um elogio que fosse (II-363). Pensavam, eles e muitos outros, que edifícios cobertos de folhas de palmeira, construídos em madeira ou de pedra não caiada, como era o caso, não mereciam sequer menção enquanto obras de arquitectura. Os portugueses e os viajantes europeus desprezavam, quase todos, as cidades e a arquitectura do Malabar preferindo-lhes por sistema as cidades de pedra e cal do norte e centro da Índia.

Voltarei a esta questão daí a pouco. Para já, basta tomar nota de que os edifícios reverberantes de luz que vemos na pintura de João Vaz são claramente "mouros", de modo algum malabares ou da Índia do sul.

No Palace Hotel do Buçaco existem também os fabulosos painéis de azulejo de Jorge Colaço executados em 1906 que representam vários episódios da história de Portugal. Um desses painéis imagina a conquista de Ceuta pelos portugueses. Também aqui vemos uma cidade muralhada com edifícios brancos, cúpulas de mesquitas, uma torre claramente inspirada nas da Andaluzia moura ou mudéjar.

O que aparece nesta figuração, na de João Vaz, ou noutras pinturas de idêntico tema feitas na época como, por exemplo, a "Conquista de Malaca por Afonso de Albuquerque", executada em 1903 por Ernesto

---

[2] Já a conferência a que corresponde este texto tinha sido pronunciada há um ano, publicou Sandra Leandro na revista *Monumentos* n° 20(2004) um artigo onde menciona o tema, ilustrado com óptimas fotografias: "*Pinturas palaceanas*: historicismo, fantasia e encenação", pp. 119-125.

[3] Fancisco Pyrard de Laval, *Viagem de Francisco Pyrard de Laval*, 2 vols, Porto, Livraria Civilização, 1944.

[4] Pietro Della Valle, *The travels of Pietro della Valle in India*, 2 vols., Londres, Hakluyt Society, 1892.

Condeixa para o então Museu de Artilharia em Lisboa[5], são, não referências "realistas" às paisagens naturais ou construídas do oriente, mas pintura orientalista de expressão francesa, ou seja, de horizonte oriental e exótico limitado ao Norte de África e ao Próximo Oriente. João Vaz esteve em Paris em 1878, acrescente-se[6]. Deve ter observado aí muitas pinturas desse tipo.

A costa de Calicut que o piloto malindiano de Luís de Camões viu através do pincel de João Vaz era, afinal, a costa de Marrocos ou da Argélia.

É absolutamente natural que assim fosse. A segunda metade do século XIX foi em Portugal a época do neo-mudejar ou neo-mourisco artístico e arquitectónico, desde as obras do Palácio da Pena em Sintra nos anos de 1840[7] até às do Clube Majestic de Lisboa, hoje Casa do Alentejo, de 1917-1920.

Ora, significativamente, o neo-mourisco foi introduzido em Portugal por estrangeiros: o rei consorte D. Fernando de Saxe-Coburgo-Gotha, construtor do palácio da Pena, e o comerciante britânico Francis Cook que, com o seu arquitecto James Knowles, fez a partir de 1863 o palacete de Monserrate, também na serra de Sintra – sítio, aliás, com pergaminhos neo-mouriscos importantes, os do palácio da Vila, monumento maior do neo-mudejarismo dos séculos XV e XVI.

O neo-mourisco oitocentista parece de facto ter correspondido à aceitação e incorporação por parte das elites nacionais portuguesas e espanholas de uma narrativa histórico-artística àcerca da identidade das culturas da Península Ibérica proveniente dos países do norte da Europa[8]. De facto, os viajantes britânicos ou centro-europeus viam desde o século XVII as cidades ibéricas enquanto cidades mouriscas e as culturas da Península como "exóticas". O inglês John Stevens disse acerca de Lisboa em 1701 que "most part of the streets are very narrow being built after the old moorish fashion", e trata-se apenas de um exemplo entre muitos possíveis[9].

---

[5] José-Augusto França, *Museu Militar, pintura e escultura*, Lisboa, CNCDP, 1996, p. 110. Sobre obras de arte e literatura orientalistas em Portugal, embora sem referência àquelas de que falo aqui e numa aproximação diferente ao problema, ver o catálogo *O Orientalismo em Portugal*, CNCDP, Porto, 1999.

[6] *Soleil et Ombres, l'Art portugais du XIXème siècle*, Catálogo, Musée du Petit Palais, Paris, 1988, p. 225.

[7] Anacleto, I: 399 sgs; Paulo Pereira, *Pena Palace*, Londres, Scala Publishers, 1999.

[8] José Álvarez Junco, *Mater Dolorosa. La idea de España en el siglo XIX*, Madris, Taurus, 2001, ver pp. 187 sgs.

[9] Fernando Castelo-Branco, "Lisboa vista pelos estrangeiros (até aos fins do século XVII)", *Presença de Portugal no Mundo*, Lisboa, Academia Portuguesa de História, 1972, pp. 355-390.

Opiniões como a de Stevens tornaram-se verdadeiros *topoi* da imagem "para inglês ver" de Lisboa ou Sevilla – e da imagem das paisagens e da cultura das nações ibéricas.

Mais intensamente no caso da Espanha do que no de Portugal, as elites ibéricas recorreram à tradição mudéjar da Idade Média e do século XVI para a renovar, esteticizando, através da adopção do neo-mourisco arquitectónico e artístico, a imagem "mourisca" da Península que os outros europeus construíam.

Aquando da Exposição Universal de Paris em 1900, um comentador espanhol elogiou o pavilhão da sua nação, em estilo neo-renascentista, afirmando que teria sido "o cúmulo da inorportunidade" fazê-lo "com um estilo mais ou menos mudéjar" que recordaria aos visitantes da Exposição os "antecedentes orientais e berberiscos" dos espanhóis. E concluiu: "Servimos e temos de servir para algo mais que para apresentar uma nota pitoresca destinada a combater o aborrecimento universal"[10].

Aliás, a problemática do título desta palestra – influência oriental na arquitectura portuguesa – apareceu nesta conjuntura oitocentista e pela pena de um francês, o historiador e publicista romântico Edgar Quinet no seu livro de 1857 "Mes Vacances en Espagne"[11].

Paulo Pereira traduz assim as palavras imaginativamente voluntaristas que Quinet dedicou ao monumento português que mais o interessou, os Jerónimos:

"É ainda a casa de Deus da Idade Média mas aparelhada como um navio de partida. Se se entrar no interior do claustro, já os frutos e as plantas dos continentes inovadoramente revelados, os cocos, os ananazes, os pêssegos, são colhidos e apensos nos baixos relevos [...]. Aqui sereias góticas nadam num mar de alabastro; ali macacos trepadores do Ganges balançam no cabo da nave da igreja de S. Pedro. As avestruzes do Brasil batem as asas em torno da cruz do Gólgota...".

Não valerá a pena assinalar que não há sequer um coco, um ananaz, muito menos um pêssego, nos relevos dos Jerónimos, e que macacos do Ganges só na India, avestruzes do Brasil, em parte alguma. O que importa no texto de Quinet é que a arquitectura da época de D. Manuel

---

[10] Víctor Nieto Alcaide, "La versatilidad del sistema gótico: construcción y reforma de las Catedrales Castellanoleonesas en el Renacimiento", *Las Catedrales españolas en la Edad Moderna*, Madrid, Fundación BBVA, António Machado Libros, 2001, 129-147.

[11] Paulo Pereira, *A Obra Silvestre e a Esfera do Rei. Iconologia da arquitectura manuelina na Grande Extremadura*, Instituto de História da Arte da Faculdade de Letras da Universidade de Coimbra, 1990, ver pp. 51 sgs. Ver também Paulo Pereira, " A invenção do Estilo Manuelino", em *História da Arte Portuguesa*, 3 vols., Lisboa, Círculo de Leitores, 1995, vol. 2, 53-60.

I foi percebida como exótica por europeus para quem a Península Ibérica de 1850 era tão exótica como a India.

Em 1881 teve lugar no South Kensington Museum de Londres (depois Victoria & Albert Museum) uma exposição de arte portuguesa. No catálogo, a arte indo-portuguesa representada pelo mobiliário seiscentista e a imaginária religiosa foi amalgamada com o manuelino do início do século XVI e ambas as correntes artísticas foram atribuídas à influência indiana.

Deste modo, proponho tentativamente que a ideia de que o Oriente influenciou a arte portuguesa em geral, e a arquitectura em particular, não é uma ideia que tivesse provindo de meios intelectuais portugueses, mas sim de outros meios europeus e no quadro do orientalismo oitocentista.

Os argumentos com mais impacte visual em favor da presumida influência oriental sobre a arquitectura portuguesa foram formulados por outro não-português, o arquitecto e historiador de arte alemão, Albrecht Haupt, professor em Hanôver e mestre do nosso arquitecto Raul Lino.

Sobre Haupt, como sobre Quinet, sei muito pouco. O que todos sabemos é que entre 1890 e 1895 Haupt publicou em Frankfurt os dois volumes da sua obra "A arquitectura do Renascimento em Portugal", um livro ainda hoje muito útil – e não só por conter os magníficos desenhos de Haupt, os melhores até hoje publicados representando edifícios portugueses antigos.

Haupt dá como adquirido que houve influência oriental sobre a arquitectura manuelina. Escreveu ele "... é evidente que o esplendor extasiante das construções da India causou uma profunda impressão de verdadeiro deslumbramento nos espírito dos colonizadores [...] pelo que é natural que mais tarde se empenhassem vivamente em imitar nas construções portuguesas o aspecto esplendoroso desses edifícios do oriente [...]."[12].

O primeiro argumento visual de Haupt foi a Torre de Belém, mostrada através de dois desenhos de pormenor comparados pelas respectivas legendas. O primeiro desenho é a representação de parte da cidade-templo de Palitana, no Gujerat, provavelmente executada a partir de fotografia, destacando-se uma cúpula de gomos em primeiro plano e, lá atrás, balcões com coberturas canopiais, exactamente o mesmo género de cúpula e de balcões que a seguir aparecem na ilustração de pormenor da Torre de Belém.

---

[12] Albrecht Haupt, A *Arquitectura do Renascimento em Portugal*, Lisboa, Presença, 1985, ver pp. 15-16.

A legenda de um desenho representando um aspecto da escultura arquitectónica do templo de Halebid em Mysore é comparada pela legenda de Haupt com a Batalha. O grande monumento gótico é de facto o prato forte da argumentação orientalista de Haupt. Especialmente as Capelas Imperfeitas e, em particular, porque, estando incompletas, permitem um grau razoável de especulação.

A Batalha vinha interessando a opinião ilustrada europeia desde a publicação em 1795 das "Viagens em Portugal" do arquitecto irlandês James Murphy que imaginou a cobertura das Capelas Imperfeitas através de uma solução puramente gótica – coruchéus cónicos sobre os plilares de colunelos do anel exterior e uma cúpula apontada sobre o vão central.

Não lhe ocorreu evidentemente qualquer ideia exótica ou orientalista. Cem anos depois, pelo contrário, Haupt propôs como modelos para uma hipótese de acabamento das Capelas um túmulo persa e o famoso minarete Qutb de Delhi, edifício do século XII.

Interpretando os colunelos do minarete e dos pilares como "canas de bambu", Haupt elaborou uma composição de forma fortemente exótica – que adquire um sentido oriental pela sua justaposição aos desenhos orientais.

A progressão do conhecimento "positivo" de factos relativos à arquitectura portuguesa do início do século XVI, essencialmente nomes e datas precisos, não alterou a argumentação orientalista.

Na década de 1940, o historiador de arte João Barreira voltou às reflexões e desenhos de Haupt para retomar a hipótese indiana, perguntando-se se a origem do manuelino não teria sido efectivamente a India e desenvolvendo um facto referido por Haupt, a presença em Goa do mestre das obras reais Tomás Fernandes, arquitecto manuelino[13]. A seguir, João Barreira mostrou que, como muitos outros colegas seus anteriores e posteriores, não conhecia de facto a arte indiana, baseando-se em impressões colhidas ao acaso de leituras e de imagens: para sustentar a hipótese do "contágio" indiano sofrido pela arquitectura portuguesa da época de D. Manuel, Barreira invocou a semelhança que existiria entre o mudejarismo em voga na corte manuelina e a arquitectura hindu, referindo a influência persa sobre esta última, que a tornaria parecida com a arquitectura muçulmana.

---

[13] João Barreira, *Arte Portuguesa*, Lisboa, n.d. Ver pp. 176 sgs. Ver sobre os factos Rafael Moreira, "From Manueline to Renaissance in Portuguese India", *Mare Liberum*, nº 9 (1995), 401-407.

Barreira não reparou que justificar a influência da arquitectura muçulmana da India sobre a arquitectura portuguesa por a primeira ser muito parecida com a do Magreb é comprometer decisivamente a pertinência do argumento. Afinal de contas, se havia o Magreb aqui ao pé, para quê procurar influências na India?

O orientalismo manuelino tinha-se tornado uma espécie de questão de fé. Na sua famosa (e brilhante) conferência de 1943, "O espírito e a essência da Arte em Portugal", Reinaldo dos Santos classificou o manuelino como "expressão de descoberta – do Oriente e do mar", deixando ao leitor o trabalho de comprovar a ideia[14].

O último historiador de arte a voltar à questão, já na voga dos estudos hermenêuticos pós-estruturalistas, foi Paulo Pereira[15]. Diz ele que "de positivo" não se pode concluir nada acerca do assunto, cujo interesse talvez advenha precisamente dessa ausência da possibilidade de sustentação em factos históricos incontroversos.

Ou seja, diz Paulo Pereira, a questão da influência oriental sobre a arquitectura portuguesa antiga não é uma questão de facto mas de interpretações historiográficas.

Antes de passar adiante nesta conferência, vejamos dois ou três dos supostos factos que têm sido por vezes evocados para manter em aberto a questão oriental:

As cúpulas de gomos primo-quinhentistas da Torre de Belém ou da quinta da Bacalhoa em Azeitão têm de facto equivalente na India mogol: por exemplo em alguns edifícios da capital da dinastia de Malwa sediada em Mandu, que os portugueses conheceram na década de 1530. Mas, infelizmente para a tese orientalista, estas cúpulas indianas são, em geral, posteriores às nossas. Mais lógica fonte de influência são as cúpulas de gomos de tantos edifícios medievais do Magreb.

Por outro lado, não é preciso ir à India para encontrar balcões sobre mísulas com guardas de requintada escultura como os da Torre de Belém: aparecem por toda a região do Véneto nos séculos XIV e XV, embora não coroados por cúpulas canopiais. E é também em Veneza que aparecem cúpulas de genes: em S. Marcos, por exemplo...

Continua inteiramente por esclarecer outro argumento orientalista, os telhados "de tesoura" que caracterizam muita arquitectura popular portuguesa do sul e da região de Lisboa. Não sabemos de facto se telhados

---

[14] Reinaldo dos Santos, *Conferências de Arte*, Lisboa, Sá da Costa, 1943, ver p. 21.
[15] Paulo Pereira, 1990, pp. 51 sgs.

deste tipo que existem na India portuguesa são tão antigos – ou menos, ou mais – que os mais antigos existentes em Portugal.

Deve concluir-se do que disse até aqui que a agenda orientalista de estudiosos e curiosos norte-europeus e portugueses do século XIX e do início do século XX era uma agenda inteiramente disparatada?

Não é isso que eu concluo.

Repegando em tantos exemplos de há muito conhecidos de influência mudéjar ou neo-mourisca sobre a arquitectura das épocas de D. Afonso V, D. João II, D. Manuel[16], podemos e devemos concluir que a arquitectura portuguesa – exactamente como a castelhana ou a aragonesa – passou no século XV e no século XVI pela experimentação de temas e formas não europeias. Só isso, como suspeitou o grande historiador italiano da arquitectura Manfredo Tafuri num livro de 1980 que depois renegou, só isso é de um extraordinário significado e importância. Cito da edição espanhola: "É a primeira vez que, na arquitectura europea, se pode falar de influência e memórias de modelos não-europeus [...] sob o signo de um irracionalismo anti-europeu"[17].

É claro que há muitos outros exemplos anteriores de influência não--europeia sobre a arquitectura da Europa. É evidente também que aquilo que Tafuri disse do manuelino, podia tê-lo dito do neo-mourisco castelhano, andaluz, granadino, aragonês. Finalmente, parece-me que em nenhuma destas arquitecturas houve no século XVI irracionalismo, e muito menos anti-europeísmo, tratando-se pelo contrário da incorporação da diferença ultramarina na identidade fechada do pensamento humanista. Mas isso seria tema de outra conferência. Basta-me aqui assinalar que o facto do humanismo artístico europeu se ter aberto a influências ultramarinas através de Portugal e dos outros reinos ibéricos coloca estas culturas artísticas na vanguarda da Europa. Isso, Tafuri percebeu.

Assinalo entre parêntesis que me refiro à Europa, não como a construção geográfica e histórica nossa contemporânea, mas à noção que tinham as pessoas de 1400 e 1500 de que, no estreito de Gilbraltar, começava a não-Europa, a África. D. Manuel era, afinal, "Rei de Portugal e dos Algarves d'Aquém e d'Além Mar *em África*".

Tão pouco o orientalismo oitocentista, por seu lado, se equivocava acerca da influência oriental que percebia nas arquitecturas ibéricas, porque não compreendia o Oriente como um sítio preciso mas como a

---

[16] Pedro Dias, "Arquitectura Mudéjar Portuguesa: tentativa de sistematização", *Mare Liberum*, n° 8 (1994), 49-89.

[17] Manfredo Tafuri, *La Arquitectura del Humanismo*, Madrid, Xarrait, 1982, ver p. 46.

ideia de uma deslocalização exótica. Neste sentido, a identificação exotizante operada pelos viajantes norte e centro-europeus entre as culturas ibéricas e as culturas mouriscas ou "orientais" baseava-se em factos arquitectónicos, entre outros, da paisagem ibérica e norte-africana e não apenas em factos ideológicos.

Todavia, é absolutamente anacrónica, pelo contrário, a ideia de que, também nos séculos XV e XVI, os portugueses e os outros ibéricos olhavam as arquitecturas magrebinas ou mudéjares como exóticas e as incorporavam enquanto tal. O que se passou foi talvez o oposto: o processo que, no século XIX, culminou com uma leitura orientalista da arte europeia, teve início no século XVI como uma leitura europeísta da arte oriental.

É o tema daquilo que resta da minha conferência.

De engano em engano, acabamos de regressar, ao engano original que o piloto de Vasco da Gama não cometeu mas que toda a gente cometeu a seguir.

Refiro-me, como é evidente, aos "cristãos e especiarias" que os portugueses buscavam na India em 1498 – e que encontraram de facto: as especiarias porque as havia, os cristãos porque, havendo-os mas sendo cristãos de rito sírio, os marinheiros do Gama encontraram-nos quase católicos porque queriam encontrá-los assim.

Como se sabe, ao passarem frente a um templo de Calicut os portugueses julgaram ouvir cânticos cristãos e ver uma imagem de Maria. O equívoco, que se prolongou durante uma década pelo menos, explica-se pela vontade messiânica das cortes manuelina e dos Reis Católicos de unir sob a fé de Cristo um mundo que julgavam ter estado unido em tempos longínquos.

Disto resultaram muitas consequências e muitos desdobramentos. Sylvie Deswarte e eu próprio já nos ocupámos de um aspecto dessa problemática, o modo como algumas elites portuguesas dos períodos manuelino e joanino apreciaram a arquitectura e as cidades da India como tendo tido origem na influência europeia, grega e cristã. Supondo que, por exemplo, a escultura monumental budista de Kanheri, na área de Bombaim, fora originada por influência helénica, podia assumir-se a unidade originária do mundo sob uma cultura não exactamente europeia mas certamente ocidental e da Antiguidade clássica[18].

---

[18] Sylvie Deswarte, *Ideias e Imagens em Portugal na época dos Descobrimentos*, Lisboa, Quetzal, 1992. Paulo Varela Gomes, "Ovídio Malabar. Manuel de Faria e Sousa, a Índia e a arquitectura portuguesa", *Mare Liberum*, nº 11-12 (1996), Lisboa, 73-90 [publicado nesta colectânea].

Repare-se, por outro lado, naquilo que escreveu João de Barros acerca das primeiras impressões dos portugueses que chegaram á vista de Diu em 1509 na armada de D. Francisco de Almeida:

> "... a dous de Fevereiro dia de Nossa Senhora, surgiu uma manhã de névoa por causa da qual [a armada] não se chegou muito ao porto. Mas como ela, com a vinda do Sol, foi desfeita, que a cidade ficou descoberta, a qual estava assentada em um lugar soberbo sobre o mar, que os nossos viram os muros, torres e a polícia de seus edifícios ao modo de Hespanha, cousa que não tinham visto na terra do Malabar, entre a saudade da pátria, que pela semelhança dos edifícios da cidade lhe lembrou, a uns sobreveio o temor, vendo que detrás daqueles muros a morte os podia assaltar"[19].

Os homens que contaram a João de Barros esta história (Barros nunca esteve no oriente), viram na cidade de Diu o que o nosso já conhecido João Vaz, pintor do Buçaco de 400 anos depois, colocou na sua pintura de Calicut: "terras de Hespanha", ou seja, da Ibéria "d'Aquém e dÁlém mar em África", essa miragem não-europeia que continua a aparecer-nos no horizonte do mar.

O que as fontes de João de Barros lhe disseram sobre Diu e muitas outras povoações asiáticas é muto semelhante ao que escreveram Duarte Barbosa, Domingos Pais, Bocarro e tantos outros portugueses conhecedores do oriente. Todos eles, praticamente sem excepção, exprimiram o seu apreço pelas cidades e pelas arquitecturas de pedra e cal da India, recordando sempre – e reconhecendo – as ruas e edifícios muçulmanos ou mudéjares de Hespanha.

Não se trata aqui, como se terá percebido, de influência oriental sobre a arquitectura portuguesa antiga, mas de influência ibérica sobre o modo português de ver a arquitectura oriental. É um assunto relacionado com os enganos que venho perseguindo, mas não me interessa directamente aqui.

Estaria mais dentro do tema desta conferência, se agora começasse outra acerca da arquitectura dita indo-portuguesa ou luso-indiana. Mas o assunto está já muito tratado. O seu primeiro estudioso moderno foi Mário Tavares Chicó que acompanhou a missão dos Monumentos Nacionais ao Estado da India em 1951 e subsequentemente escreveu páginas fundadoras sobre a arquitectura dessa região. Ou Carlos de Azevedo, que também esteve na missão. Jorge Henriques Pais da Silva, discípulo de Chicó, escreveu sobre as igrejas da India baseado em

---

[19] João de Barros, *Décadas*, vol III, Lisboa, Sá da Costa, 1983, ver III-V.

fotografias e desenhos do seu mestre. O norte-americano David Kowal renovou os estudos do tema no início da década de 1990 com alguns importantes artigos. Pedro Dias publicou factos novos. O indiano José Pereira, seguindo Chicó e Azevedo, acrescentou apreciações justas sobre a influência indiana sobre igrejas portuguesas e a influência portuguesa sobre os templos hindus setecentistas e oitocentistas de Goa[20].

A comparação, por exemplo, entre as torres poligonais da fachada da igreja dos franciscanos de Velha Goa, datáveis do século XVII final, e a arquitectura mogol da cidade de Bijapur no Decão, da mesma época, é um caso citado por Kowal de possível influência oriental sobre arquitecturas portuguesas.

Outro é a clara expressão oriental da fachada, mas sobretudo dos interiores de tantas igrejas jesuítas da India, decoradas e por vezes até traçadas por indianos.

Interessante é que, nos anos de 1950 e 1960, um historiador de arte como Pais da Silva tenha olhado para as imagens de muitas dessas igrejas jesuítas como, por exemplo, as de Orlim, Curtorim e Margão, não do ponto de vista indiano mas, pelo contrário, como composições maneiristas, ou seja, adscritíveis a elaboradas linguagens arquitectónicas clássicas e europeias[21].

Aquilo que tenho vindo a dizer nesta conferência deve bastar para nos fazer perceber que os pontos de vista antagónicos de Pais da Silva e Azevedo são ambos possíveis e ambos revelam mais sobre a cultura própria de cada um dos autores do que sobre a realidade da arquitectura indo-portuguesa.

De facto, Carlos de Azevedo e Chicó trabalharam em época de, digamos assim, luso-tropicalismo, quando se aproximava o fim do Estado da India e se aperfeiçoavam à pressa as narrativas ideológicas da nação multi-racial e multi-continental. Pais da Silva, pelo contrário, era um estudioso

---

[20] Carlos de Azevedo, e Mário Tavares Chicó, *Arte Cristã na India Portuguesa*, Lisboa, Junta de Investigações do Ultramar, 1959. Carlos de Azevedo, *A Arte de Goa, Damão e Diu*, Lisboa, 1992. Pedro Dias, *História da Arte Portuguesa no Mundo*, 2 vols, vol. 2 "O Espaço do Índico", Lisboa, Círculo de Leitores, 1999. David M. Kowal, The evolution of ecclesiastical architecture in Portuguese Goa", *India and Portugal. Cultural Interactions*, José Pereira e Pratapaditya Pal (ed), Bombain, Marg Publications, 2001: 70-87 (primeiro publicado em *Mitteilungen der Carl Justi-Vereinigung*, 5(1993): 1-22). Jorge Henriques Pais da Silva, *Estudos sobre o Maneirismo*, Lisboa, Editorial Estampa, 1983. José Pereira, *Baroque Goa*, Nova Delhi, Books&Books, 1995. José Pereira, "The evolution of the Goan Hindu Temple", *India and Portugal. Cultural Interactions* José Pereira e P. Pal (ed), Bombain, Marg Publications, 2001: 89-97.

[21] Pais da Silva, 1983: pp. 175 sgs.

europeísta dos quatro costados, interessado na Itália, viajante pela Europa, frequentador de meios da resistência anti-salazarista.

Todavia, escolho terminar esta conferência não apenas com a constação da relatividade das coisas em relação aos pontos de vista de cada um, mas com duas obras de arquitectura que, persistentemente, vêm incomodando o meu próprio relativismo em relação ao problema da influência indiana sobre a arquitectura portuguesa antiga.

A primeira, mostrei-a na televisão há uns anos e, ao que me dizem, desapareceu entretanto. Trata-se (tratava-se?) de uma porta manuelina provavelmente do antigo palácio dos Rajás de Cochim que estava em Dezembro de 1994 parcialmente desmontada à entrada do chamado "Dutch Palace" em Mattancherry. A porta é (era?) muito "indiana". Na sua composição e escultura, alguma coisa foi partilhada, pelos pedreiros manuelinos de Cochim, da "künstwollen" presente na escultura ornamental hindu...

Igualmente perturbador é um caso detectado há anos por João Vieira Caldas[22], as duas ermidas quinhentistas que ainda restam na Quinta da Piedade em Santa Iria da Azóia, que era dos condes de Vila Nova de Portimão, homens de vasta experiência ultramarina no norte de África e na India[23].

A primeira, a ermida de Nossa Senhora da Piedade, de 1545, é muito interessante ao ostentar um invulgaríssimo coruchéu de gosto claramente mudéjar sobre o santuário.

A ermida de S. Jerónimo, mais inesperada, está articulada por uma linguagem mudéjar e da primeira Renascença mas, mais importante do que isso, é a sua planta e os seus volumes. De facto, não conheço outro caso na arquitectura portuguesa de uma igreja ou capela composta por dois espaços cobertos de cúpulas com expressão exterior, o primeiro a nave e o segundo a galilé.

A cobertura do santuário e do espaço de entrada com elementos verticais é característica de muita arquitectura hindu da India especialmente das culturas Palava e Chola, ao longo da costa do Coromandel e no golfo de Bengala.

Noutros casos, como na arquitectura das dinastias hindus do Decão, a sikhara, torre sobre o santuário, partilha a linha do céu com a gopura, a torre sobre a porta de entrada no recinto sagrado.

---

[22] João Vieira Caldas, *A Casa Rural dos arredores de Lisboa no século XVIII*, Porto, Publicações FAUP, pp. 370-374.

[23] Celso Mangucci, *Quinta de Nossa Senhora da Piedade. História do seu palácio, jardins e azulejos*, Museu Municipal de Vila Franca de Xira, 1998.

Podemos também pensar na relação entre mausoléus e mesquitas anexas, ou na relação entre a sala do mihrab e o pavilhão de entrada da mesquita, no caso das arquitecturas muçulmanas da India.

Poderá o raro partido arquitectónico da ermida de S. Jerónimo ter sido inspirado por recordações e imagens deste tipo?

A esta pergunta posso responder com absoluta exactidão:

Não sei.

E respondendo assim, de certeza que não me engano.

# V
# E MEIO ENSAIO, PARA (POR) ACABAR

# CAZAS DE TAIPA PINTADAS AO FRESCO TÊM SOMENTE A VISTA
A CONSTRUÇÃO DE UMA IDENTIDADE PARA A ARQUITECTURA PORTUGUESA NO PERÍODO FILIPINO

2003-2004 *(não publicado)*

O presente texto examina opiniões de vários autores portugueses do período Filipino (1580-1640) acerca da arquitectura e da cidade portuguesas e espanholas, discutindo o modo como a referência ao ambiente construído pode ter contribuido para a construção de uma narrativa da identidade portuguesa como diferente de outras identidades ibéricas, precisamente na época em que a historiografia das pátrias se começava a afirmar em Portugal e nos outros estados da Península Ibérica.

I

Nas cartas escritas às infantas suas filhas por Filipe I de Portugal (Filipe II de Espanha) quando residiu em Lisboa entre 1580 e 1582, o rei referiu admirativamente um edifício, e apenas um, de entre os muitos que conheceu e frequentou no seu novo reino: o Paço da Vila de Sintra. Contou às filhas que a casa "ainda que seja antiga, tem coisas muito boas e algumas que julgo nunca ter visto em nenhuma parte", acrescentando acreditar que as Infantas teriam gostado muito da casa "porque tem jardins e fontes"[1].

É natural que em cartas escritas para duas meninas, o rei, cujo empenhamento nas coisas arquitectónicas é conhecido, não tenha querido fazer comentários mais profissionais em matéria de arquitectura que outras obras lhe teriam suscitado, mas que o Paço da Vila, com os seus labirínticos corredores, pátios, fontes, escadas e salas lhe tenha recordado a curiosidade infantil das filhas.

---

[1] Fernando Bouza (org. int. e notas), *Cartas para duas Infantas Meninas. Portugal na correspondência de D. Filipe I para as suas filhas (1581-1583)*, Lisboa, Dom Quixote, 1998, p. 100.

Filipe I conhecia edifícios de arquitectura mudéjar como o de Sintra um pouco por toda a Península e não podemos saber que aspectos do Paço da Vila nunca tinha visto "em nenhuma parte". O que sabemos é que o edifício era bastante admirado na época: o viajante castelhano Villalba y Estaña, quase contemporaneamente, desfez-se em elogios da casa, "la mejor de su estado, sino del Mundo [...] verdadero recreo de señor"[2].

Um comentário da contemporânea *Miscelánea* de Luís Zapata, agora sobre praças urbanas existentes na Península, esclarece o contexto da frase de Villalba sobre Sintra: "la mejor plaça [es] la mayor de Valladolid, y el Ruxio de Lisboa y la de Medina del Campo y la del Duque de Vergança [en] Villa Viçiossa y la de ante palacio de Lisboa..."[3].

Como se percebe, Zapata compara as praças portuguesas e espanholas de um ponto de vista puramente formal, sem qualquer preocupação nacional exterior às formas. Seria também essa a compreensão que Filipe II tinha de casas e palácios como o de Sintra, que lhe interessavam em si – e não como sinais de outras culturas.

Ana Isabel Buescu[4] referiu-se ao bilinguismo português-castelhano dos meios cultos do Portugal de Quinhentos, mostrando que a comparação entre as duas línguas e o elogio da língua portuguesa, vulgar entre muitos autores, não denotava, até depois da década de 1580, qualquer traço de xonofobia, como diríamos hoje, escrevendo os nossos autores em português e castelhano num quadro de quase equivalência de idiomas. O elogio da língua, bem como o elogio de edifícios ou praças, não significava a percepção nacional de diferenças[5].

Aparentemente de sinal contrário é a história, já várias vezes contada, do *Auto da Avé Maria* do português António Prestes, escrito em meados do século XVI, comédia onde aparece em cena um diabo-arquitecto vestido à italiana, pesonificação irónica de Vitrúvio e de Francisco de Hollanda, que opõe a arquitectura desornamentada do classicismo à arquitectura "grosseira e silvestre" defendida por um "cavaleiro português"[6].

---

[2] Cit. Bouza: idem, p. 99.
[3] Cit. Bouza, Fernando, *Imagen y Propaganda, capítulos de historia cultural del reinado de Felipe II*, Madrid, Akal, 1998, pp. 101-102
[4] Ana Isabel Buescu, *Memória e Poder, Ensaios de História cultural (séculos XV-XVIII)*, Lisboa, Edições Cosmos, 2000, pp. 49-66.
[5] Ver sobre isto Feliciano Páez-Camino, "Felipe II y algunos tópicos históricos sobre Portugal y España", *O Estudo da História*, 2(1997), pp. 67-76).
[6] Sylvie Deswarte-Rosa, "Francisco de Holanda ou le diable vêtu à l'italienne", *Les traités d'architecture de la Renaissance*, actes du colloque du Centre d'Études Supérieures de la

A materialização de diferenças culturais entre arquitectura italiana e da portuguesa em forma de personagens dramáticos opostos, ou seja, a formulação explícita de conceitos, pareceria indicar uma primeira percepção clara de diferenças nacionais em matéria de arquitectura. Creio, no entanto, que não é o caso. De facto, não se pode deduzir que António Prestes estivesse a comparar a arquitectura portuguesa como um todo com um classicismo "estrangeiro". Na segunda metade do século XVI já o manuelino, a única arquitectura que, enquanto "estilo", podia mercer os qualificativos de "grosseiro e silvestre", estava completamente fora de moda nos círculos da corte. Creio antes que o *Auto da Avé Maria* insiste num *topos* muito vulgar na época, a ironia em relação aos arquitectos que eram considerados profissionais muito pedantes. As palavras "grosseiro" e "silvestre" referem-se provavelmente à construção popular e dos mestres pedreiros, da qual arquitectos como Holanda se distanciavam afirmando o seu estatuto de intelectuais e suscitando, assim, o sarcasmo dos palcos.

Vem a propósito contar um episódio sucedido no Funchal meio século mais tarde, em 1623. Celebrava-se na cidade, como sucedera em todas as outras cidades portuguesas maiores, com grandes cortejos e encenações, a festa jesuíta da canonização de S. Francisco Xavier e Santo Inácio de Loyolla. Num dos entremezes representado na rua para gáudio da multidão, contracenavam dois arquitectos e um personagem que, ao ostentar uma vara de ouro na mão, representava o Varadouro, ou seja, a praia onde se varavam os barcos para reparação. O Varadouro queixava-se de "...não ter quem o podesse ornar" e os arquitectos, que traziam "compaço, regoa, & cada hum seu livro de architectura", propuseram-lhe fazer ali "por sua arte obras magnificas & engenhosas com que a nenhum outro desse vantagem, gabando-se de serem os mais antigos do mundo [...]".

E prossegue o texto: "Depois de espantarem o Varadouro e ressuscitarem para tal effeito homens mortos de mais de mil annos, & de dar graças ao Ceo por tam grande favor, & de os gabar relatando as obras famosas que tinham feito no mundo, & em que partes delle florecerão, [o Varadouro] desfechou com mil disparates tam engraçados acerca dos mesmos Architectos, que de todos foy mui festejado"[7].

---

Renaissance de Tours (1981), Paris, Picard, 1988, pp. 327-345. Trad. "Francisco de Hollanda ou o Diabo vestido á italiana", *Temas Vicentinos, Actas do colóquio em torno da obra de Gil Vicente*, Lisboa, 1988.

[7] *Relaçam geral das Festas que fez a Religião da Companhia de Iesus na Província de Portugal, na canonização dos gloriosos Sancto Ignacio de Loyola seu fundador, & S. Francisco Xavier Apostolo da India Oriental, no anno de 1622*, Lisboa 1623, pp. 188 sgs.

Embora me escape o contexto preciso deste episódio em que se brinca com os arquitectos e as suas citações de Vitrúvio (um dos "homens mortos de mais de mil annos" "ressuscitados" pelos arquitectos..."), as investigações conduzidas por Rui Carita mostram que se estava em época de intensos trabalhos de fortificação no Funchal, envolvidos em controvérias financeiras e militares várias, e que tinham especial protagonismo nesta situação precisamente dois arquitectos, Bartolomeu João e o seu irmão João Falcato, filhos do mestre das obras reais Jerónimo Jorge, falecido em 1617[8]. Rui Carita esclarece ainda que as obras mais eruditas do Varadouro (de cuja falta se queixava o personagem da vara de ouro) só foram levadas a cabo em 1689 com a construção de um portal nobre[9]. É possível que o entremez encenado nas festas jesuítas de 1622 tivesse que ver com este contexto – e ainda, quem sabe?, com as críticas feitas cerca de trinta anos antes pelos governadores da Madeira ao mestre Mateus Fernandes, autor do projecto do colégio da Companhia de Jesus no Funchal, acusado de fazer obras demasiado luxuosas... além de outros pecados menos propriamente arquitectónicos, como o desvio de fundos...[10]

A investigação sobre a actividade arquitectónica da Companhia de Jesus em Portugal trouxe já à luz várias histórias como esta. Quando, em 1592, chegou a Lisboa vindo de Itália o projecto do arquitecto jesuíta Giuseppe Valeriano para o colégio lisboeta de Santo Antão, o arquitecto português das obras, padre Silvestre Jorge, considerou a planta do italiano "fermosa e engenhosa e dina da Arquitectura Romana", mas acrescentou a esta apreciação cosmopolita a prevenção caseira (e interesseira) de que o projecto ia obrigar a desmontar abóbadas "fazendo anatomia ao edifício que está conglotinado e firme"[11]. A "conglotinação" e firmeza do edifício não foi suficiente para convencer o mestre de matemáticas do colégio, padre João Delgado, que escreveu para Roma em defesa da traça de Valeriano, aproveitando para intrigar contra os seus colegas e contra Silvestre Jorge: "Há padres antigos [...] que nunca saíram deste palmo do mundo [e acreditam] não haver em toda a Cristandade arquitecto igual ao Padre Silvestre Jorge", escreveu ele, acusando depois o arquitecto de

---

[8] Rui Carita, *A arquitectura militar na Madeira nos séculos XV a XVII*, 2 vols., Universidade da Madeira, Funchal, 1998, I, pp. 288 sgs.

[9] Carita, idem: I, 422.

[10] Carita, idem: I, 220 sgs.

[11] Fausto Sanches Martins, *A Arquitectura dos primeiros Colégios Jesuitas de Portugal, 1542- -1759, cronologia, artistas, espaços*, dissertação de doutoramento, 2 volumes, Faculdade de Letras da Universidade do Porto, 1994, I, p. 361.

dizer que "os Romanos não sabem desenhar" e rematando com a informação de que aconselhara o Provincial a recorrer a Filipe Terzi e "outros arquitectos estranhos", ou seja, estrangeiros[12].

Disputas profissionais não são, porém, desentendimentos nacionais. Se o padre João Delgado sabia reconhecer um projecto italiano e conhecia quem o pudesse legitimar, tal não significa que identificasse a maneira de Silvestre Jorge com uma tradição nacional ou um lugar pátrio, apenas com aquilo que julgava ser uma certa incompetência.

Vejamos uma polémica arquitectónica entre um escritor castelhano e um português que pode esclarecer alguns aspectos deste problema. Trata-se das opiniões acerca do mosteiro dos Jerónimos de Belém formuladas pelo frade jerónimo José de Sigüenza em 1600, e pelo escritor português Manuel de Faria e Sousa cerca de 1630[13].

Na sua *História de la Orden de San Jerónimo* publicada em Madrid em 1600, Sigüenza descreveu com mais ou menos pormenor todos os mosteiros de frades jerónimos existentes na Península Ibérica no final do século XVI. Entendido em arquitectura e tendo acompanhado localmente a obra do seu edifício favorito, o Escorial, pelo qual tinha uma admiração sem reservas, Sigüenza não se cansou de criticar a arquitectura "moderna" (ou gótica) de muitos dos mosteiros jerónimos. Por exemplo, a propósito do famoso mosteiro de Guadalupe, na Extremadura espanhola, o frade referiu que "sabián poco los maestros de aquel tiempo de las buenas architecturas"[14]. No que respeita ao claustro de Santa Engrácia de Saragoça, mosteiro célebre de que hoje já só resta a igreja, Sigüenza distinguiu com interessante rigor a arquitectura moderna (gótica) e o classicismo Herreriano: "...es fabrica bien entendida, para lo que en aquel tiempo se usava, que eran aficionados a llenarlo todo de labores, y follages, sin tener otro respeto al buen orden de Architectura, que aborrece esto, y ama mucho los cuerpos limpios, y los miembros y partes, sin turbarlas ni mezclarlas con lo que no es de su genero. Y entendian que el primor estava en llenarlo todo de manudencias, que aqui en este claustro estan harto bien engeridas, y sufrese todo por ser en yeso..." (I: 55).

---

[12] Martins, idem: I, p. 362.

[13] Ver Rafael Moreira, "Com Antigua e Moderna Arquitectura. Ordem clássica e ornato flamengo no mosteiro dos Jerónimos", *Jerónimos, Quatro Séculos de Pintura*, 2 volumes, catálogo, Mosteiro dos Jerónimos, CNCDP, Lisboa, 1993, I, 24-39; e Paulo Varela Gomes, "Ovídio Malabar", [republicado neste volume].

[14] Frei José de Siguenza, *História de la Orden de San Jerónimo* (1600), 2 volumes, Madrid, 1907, I, P. 91.

Todavia, estas opiniões críticas eram quase sempre matizadas com elogios à capacidade e riqueza das casas monásticas. Mas, no que respeita ao mosteiro de Belém, toda a moderação desapareceu: Sigüenza começou por elogiar hiperbolicamente a cidade de Lisboa em termos que eram quase um *topos* na Península de então: Lisboa seria a maior cidade de Espanha e, na Europa, "ygual con las mayores, y a ninguna segunda" (II: 70). Depois, elogiou o rei D. Manuel e o seu "siglo dorado de la nación Portoguesa". Quanto ao mosteiro, começou por alinhar as suas críticas habituais contra a obra moderna: "La materia es marmol durissimo que tampoco sabian labrarlo, ni polirlo; y con la Arquitectura moderna esta siempre adornado de follages, y de figuras y molduras, y mil visages impertinentes" – mas rapidamente mudou de tom tornando-se surpreendentemente violento: a obra estaria "llena de florones, morteretes, resaltos, canes, piramides, y otros mil moharrachos que no se como se llaman, ni el que los hazia tampoco. [A igreja] es de una sola nave y el cruzero es admirable de mucha grandeza, sustentado sobre unos pilares muy flacos y delgados, puestos por gentileza mas que por necessidad: cosa que a qualquier hombre de buen juyzio en esto ha de ofender en viendolo [...], locura y indiscrecion en buena Arquitectura, porque el edificio es para asegurarme y no que viva en el con miedo de si me viene encima" (II: 71).

Num passo da *Europa Portuguesa* de Manuel de Faria e Sousa, livro escrito na década de 1630 quando o autor vivia em Madrid, elogia-se o mosteiro dos Jerónimos em termos que retomam o orgulho de escritores como Damião de Góis – que, na *Crónica do Felicíssimo Rei D. Manuel* (1567), se referira ao mosteiro como "... obra a que nenhuma das quantas ha em toda Europa faz vantagem, nem em grandeza, nem em magnificência..."[15]. Faria e Sousa foi mais longe que Góis, com palavras diametralmente opostas às de Sigüenza: "Ainda o Rei nao obtinha da India outra coisa senao o descobrimento dela pelo clarissimo Herói Vasco da Gama, uma das glórias entre os mortais, quando (admire-se a fe notavel deste Principe) como se tivesse ja conseguido alguns tesouros daquele Imperio de que depois obteve copiosissimos, deu princípio à estupenda maquina do Mosteiro de Belem na margem do Tejo pouco distante de Lisboa, por trofeu Sagrado, e perduravel daquela Sagrada empresa. Nesta fabrica viu-se competir a arte, e o poder. Hoje ve-se no pouco que deixou executado do desenho vencido no poder da Arte: e daquele pouco, os

---

[15] Damião de Góis, *Crónica do Felicíssimo Rei D. Manuel* (1567), 4 volumes, Coimbra, 1949, IV, LXXXIV.

muitos das Rotundas Romanas; dos Escoriais espanhóis; das Piras Egipciacas, e dos Pagodes Asiaticos".

Para rematar estas opiniões com uma verdadeira cereja em cima do bolo, citou uma frase que Filipe I teria pronunciado ao olhar para a abóbada da igreja quando visitou o mosteiro antes de fazer a sua entrada solene em Lisboa em 1580: "Digo-vos na verdade que no Escorial não fizemos nada"[16].

Ao escrever assim, Faria e Sousa pretende evidentemente responder a frei José de Sigüenza. O frade jerónimo deve ter estado em Lisboa e no mosteiro de Belém em 1580 com o rei. Faria e Sousa sabemos que aqui esteve de facto, quase 40 anos depois, na segunda *Joyeuse Entrée* de um Áustria na nossa capital, a visita de Filipe II de Portugal em 1619.

Ao regressar a Espanha em 1583, Filipe I passou por Guadalupe e seguiu para o Escorial onde chegou a 24 de Março "con gran acompañamiento de Cavalleros Castellanos y Portugueses", dando depois "una buelta por la casa, mostrandola al Obispo de Viseo, capellan mayor de su Magestad". A visita foi descrita por Sigüenza, que a acompanhou, e ao bispo de Viseu, D. Jorge de Ataíde[17]. É muito provável que, entre os cavaleiros portugueses que regressavam com o rei a Madrid, estivessem homens que Faria e Sousa veio a conhecer.

A polémica sobre a arquitectura dos Jerónimos explica-se neste quadro de rivalidades entre os frades jerónimos de Portugal e Espanha, de Belém e do Escorial, neste ambiente de contendas entre escritores espanhóis e portugueses, neste "diz que diz-se" cortesão. De facto, Faria e Sousa não elogiou a arquitectura dos Jerónimos por razões que hoje chamaríamos patrióticas. Em lugar algum da sua obra historiográfica distinguiu edifícios portugueses e espanhóis. Pelo contrário, o elogio constante da arquitectura gótica portuguesa serviu-lhe sempre de pretexto para criticar a pobreza dos tempos em que viveu tanto em Espanha como em Portugal[18].

---

[16] Manuel de Faria e Sousa, *Europa Portuguesa*, Lisboa, 1678, II, IV, I, 37.

[17] Sigüenza, idem: II, pp. 462 sgs.

[18] [Num artigo publicado acima nesta colectânea e pensado e escrito muito antes deste, em 1994-1996 – "Ovídio Malabar..." -, Manuel de Faria e Sousa aparece como um partidário dos Bragança após 1640, ainda que hesitante e dúbio. Todavia, isso nada tem que ver com questões de apreciação artística e tenho muitas dúvidas de que possa ser descrito em termos de patriotismo moderno].

## II

A polémica em volta do mosteiro de Belém, bem como os episódios que referi anteriormente a propósito de rivalidades entre arquitectos, pouco tinham que ver com nações. Todavia, ocorreram num tempo em que as nações começavam a construir-se enquanto entidades próprias. Ora, essa coincidência histórica mudou-lhes o sinal cultural.

Vejamos alguns factos desta conjunctura:

Entre 1597 e 1632, publicou-se a *Monarquia Lusitana* de frei Bernardo de Brito e frei António Brandão. A obra é praticamente contemporânea da *História General de España* do jesuíta Juan de Mariana (1592). Nos vários reinos da Península e um pouco por toda a Europa o interesse historiográfico em termos pré-modernos é anterior a esta época mas foi no século XVI que se multiplicaram histórias que ambicionavam ultrapassar o mero âmbito dinástico para se apresentarem como nacionais. As obras de Juan de Mariana e de frei Bernardo de Brito e frei António Brandão foram as primeiras histórias gerais dos dois reinos peninsulares[19].

A historiografia espanhola tem observado que, desde a *Historia* de Mariana até meados do século XIX, não houve outras histórias gerais de Espanha. Pode dizer-se que, no que respeita a Portugal, sucedeu o mesmo entre a *Monarquia Lusitana* e o século XIX com excepção da singular *História de Portugal Restaurado* do Conde da Ericeira, publicada entre 1679 e 1698 (a *Historia Geneológica da Casa Real Portuguesa*, de 1735--48, não se apresenta como história nacional, nem tem esse perfil).

Pode verificar-se o lento progresso da ideia nacional em alguns episódios relativos à cultura arquitectónica desta época.

Aquando das cerimónias fúnebres de Filipe I, celebradas nos Jerónimos em 1599, o arquitecto Nicolau de Frias fez o projecto para o cenotáfio erguido na igreja do mosteiro[20]. No texto do "Livro de Exéquias", provavelmente escrito pelo próprio Frias, pode ler-se que, ao contrário do que sucedia em Portugal, era costume de outras nações colocar a eça funerária no primeiro corpo do cenotáfio e não no topo.

---

[19] Ver Luís Reis Torgal; José Amado Mendes; Fernando Catroga, *História da História em Portugal, séculos XIX – XX*, 2 volumes, Lisboa, Temas & Debates, 1998, esp. II, pp. 23-27. Ver também José Alvarez Junco, *Mater Dolorosa. La idea de España en el siglo XIX*, Madrid, Taurus, Madrid, 2001, esp. pp. 56 sgs.

[20] José Manuel Tedim, "Nicolau de Frias e as exéquias fúnebres de Filipe II no mosteiro dos Jerónimos", *Actas del VII Simpósio Hispano-Portugués de Historia del Arte*, Cáceres-Olivença, 1993, pub. Badajoz, 1995, 267-270. E Paulo Varela Gomes, *Arquitectura, religião e política em Portugal no século XVII*, Porto, FAUP, 2001, pp. 160 e sgs.

"Em Portugal, escreve Frias, se costuma o cõtrario, porque o estilo do Reino he porse no alto do templo o docel, e bandeira: e por esse respeito as essas, que se fazião pera as exequias dos Reis passados, ainda q sumptuosas, não tinhão graça no desenho. Po q não se fazia mais, que hum grande corpo solido, quadrado, que a bancos, ou degraus, ia sobindo ao modo de pyramide..."[21].

Verifica-se assim que Nicolau de Frias tomou boa nota da existência de uma tradição própria, associada ao nome Portugal, ao vê-la confrontada com formas estrangeiras.

Na festa da canonização de S. Francisco Xavier e Santo Inácio, que referi acima, as cerimónias realizadas em Coimbra entre 12 e 19 de Julho de 1622 tiveram particular brilho devido ao facto de terem como lugar principal o largo da feira dos estudantes situado frente ao colégio e à igreja, actual Sé Nova[22].

A igreja estava então por concluir. A obra tivera início por volta de 1598, implantando-se sobre a igreja mais antiga, iniciada trinta anos antes, que os jesuítas devem ter considerado demasiado pobre. A "igreja nova" foi riscada por Silvestre Jorge aproveitando alguns fundamentos da primeira obra[23]. Com o falecimento do arquitecto em 1608, pegou na obra o padre João Delgado que há pouco vimos em confronto com Silvestre Jorge, anos antes, em Lisboa, e que talvez tenha conseguido, em Coimbra, fazer obra mais italiana.

É possível que esta obra tenha sido uma nova fachada, a que lá está ainda hoje. Atribuída, com toda a igreja, a Baltazar Álvares, sem fundamento documental, a fachada avança em relação ao corpo do colégio e ao plano da fachada antiga. Desta última, restam as torres que, por isso, aparecem recuadas.

A fachada nova, mais que uma simples frontaria, é todo um corpo quase autónomo, de linguagem arquitectónica muito erudita e de tipo caracteristicamente ítalo-flamengo. De facto, a manutenção das torres antigas não interfere excessivamente com o pano da fachada que se apresenta de resolução italiana, com secção central mais alta ligada às laterais por elaboradas aletas.

Em 1612, porém, o padre Delgado foi substituído pelo padre Baltazar João e as obras da fachada foram interrompidas em 1618, possivelmente ao atingirem a cimalha.

---

[21] Varela Gomes, idem: p. 163.
[22] *Relaçam...*, 1623: pp. 53 sgs.
[23] Sanches Martins, op. cit: pp. 82 sgs.

O peculiar remate que hoje se vê sobre a fachada não estaria ainda construído. É ele que torna a igreja de Coimbra um caso singular. Suponho que tenha sido projectado e construído entre as décadas de 1620 e o início da de 1640, quando a igreja se concluiu, e é a este propósito que cabe falar de sinais portugueses de arquitectura.

Uma fonte coeva, o padre António Leite SJ, descreve e intrepreta assim o remate da fachada:

> "Gracioso frontespício dividido entre corpos, dois abertos no meo com pyramides estribadas sobre carrancas pera terror dos profanos (como o Cherubim do paraizo que alguns julgaram serem medonhas figuras de demonios) que vem prohibir aos pecadores entrarem tanta pureza, abraçam no meo as armas reais, com que Portugal he conhecido protestando com seu escudo paquife e tymbre confessar por resgate seu, as trinta moedas que a Judas se deram, como o traidor de Christo repartidos com tal engenho que venham a dar noticia das cinquo chagas do Salvador com que o mundo se libertou [...] A terceira parte com que tudo se fecha [...] que tem por pedestal coroa de Reys e emperadores, a Santa Cruz, que como bandeira arvorada, chama a soldadesca Christam pera dar batalha ao inferno..."[24].

As armas portuguesas são de facto, com as carrancas "pera terror dos profanos", o motivo mais conspícuo da fachada. Os termos usados na descrição remetem para o texto fundador do milagre de Ourique, a *Segunda Chronica Breve de Santa Cruz de Coimbra*, de 1451[25], e para todos os textos subsequentes, desde Camões n'*Os Lusíadas* (III, XXVI e XXVII) a frei António Brandão na 3ª parte da *Monarquia Lusitana*, publicada em 1632 (VII / X / 131). Aliás, as décadas de 1620 a 1640 foram precisamente a época durante a qual o milagre de Ourique começou a adquirir os contornos do mito identitário português por excelência[26] e, em vésperas do golpe de 1640, foi disso que os jesuítas de Coimbra se reclamaram.

Na festa de 1622, o remate da fachada não estava ainda feito. De facto, a relação das festas descreve um arco triunfal efémero erguido em frente da igreja que parece tão parecido com o frontespício que, se este existisse já, o relator não teria deixado de reparar na coincidência. É até possível que o arco efémero tenha sugerido o projecto do remate da fachada: tinha

---

[24] Cit. Sanches Martins, op. cit: pp. 106-107.
[25] Buescu, op. cit: pp. 13-28.
[26] J. F. Marques, *A Parenética Portuguesa e Restauração, 1640-1668*, Porto, 1983, II, pp. 109 e sgs.

70 palmos de altura (cerca de 14 metros), quatro colunas coríntias de cada lado com 16 palmos de altura, e era decorado "pela maior parte de Romano" com "tarjas, brutescos e laçarias". À frente erguiam-se pedestais ostentando duas "enormes carrancas", que podem ter inspirado as da fachada.

Acresce que surgiram na altura outras carrancas na arquitectura de Coimbra. Refiro-me à sacristia nova de Santa Cruz, descrita por frei Dom Nicolau de Santa Maria como sendo também de "obra corintia" e com "frontespicio quebrado com uma carranca no meio"[27] – que, de facto, se pode ver sobre a porta de entrada.

O remate da igreja jesuíta, o arco triunfal das festas de 1622 e a sacristia nova de Santa Cruz, partilharão o mesmo partido ornamental e mesmo projectista, ainda por identificar (apesar da atribuição da sacristia nova a João Nunes Tinoco. Mas só na igreja jesuíta essa riqueza ornamental e escultórica serviu para afirmar a Companhia de Jesus e a sua igreja de Coimbra como explicitamente portuguesas através da ruidosa exibição das armas de Ourique.

Um terceiro caso que merece menção é o dos edifícios antigos que, nesta época, começam a adquirir o estatuto de monumentos pátrios que mantiveram até hoje (pelo menos alguns deles).

Pedro de Mariz, nos seus *Diálogos de Varia História* publicados em Coimbra em 1594, uma obra que antecede a *Monarquia Lusitana*, nomeia os mosteiros e igrejas fundados por D. Afonso Henriques, identificando o primeiro rei com edifícios primordiais da história portuguesa: Santa Cruz de Coimbra, evidentemente, ou não fosse a cidade o centro do culto afonsino desde a reforma dos túmulos reais operada por D. Manuel nos primeiros anos de Quinhentos; S. Vicente de Fora de Lisboa, mosteiro assim arrebatado à sua refundação por Filipe I e remetido ao primeiro fundador; o mosteiro de Alcobaça; as Sés catedrais de Lisboa e Évora[28].

A estes edifícios, Pedro de Mariz acrescentou aqueles que D. Manuel fundou, alguns dos quais já não existem ou não são já objecto da nossa atenção: os Jerónimos, a Torre de Belém, o mosteiro da Pena em Sintra, os conventos de Santa Clara de Estremoz (provavelmente o convento de freiras da ordem de Malta, fundado com religiosas clarissas), S. Francisco de Lisboa, Évora e Santarém, a ponte de Olivença sobre o Guadiana e a

---

[27] Frei Nicolau Santa Maria, *Chronica da Ordem dos Conegos Regrantes do Patriarca S. Agostinho*, Lisboa, 1668, VII, XXIV.
[28] Pedro de Mariz, *Diálogos de Varia História*, Coimbra, 1594, p. 52.

"fonte nova" em Olivença, os paços reais de Coimbra, os túmulos reais em Santa Cruz[29].

Manuel de Faria e Sousa acrescentou aos dois momentos fortes da afirmação nacional portuguesa designados por Pedro de Mariz (a fundação do reino e o reinado de D. Manuel), um terceiro momento, destinado como os outros a constituir cánone historiográfico: a época de D. João I. Deste modo, a Batalha foi somada por ele a Alcobaça, "maravilha primogénita deste Reino e do seu primeiro Rei", antecedendo os Jerónimos e o convento de Cristo de Tomar, esquecido por Pedro de Mariz, "onde se recolhe um Rei com toda a sua corte sem achar-se em apertos"[30].

A lista dos "monumentos pátrios" estava mais ou menos consolidada (e assim esteve até ao século XIX). No panfleto brigantino *Espelho de Lusitanos em o cristal do Psalmo quarenta e três* de António Veloso de Lyra, publicado em 1643, o autor referiu Alcobaça, Santa Cruz, a Batalha e rematou assim: "Dos primeiros empregos do Oriente se fabricou o insigne Convento de Belém, & do primeiro ouro as mais ricas peças que hoje gosa. Atras deste fez-se logo o de Thomar, cuja obra de riquezas manifesta ser hum Rey Dom Manoel, o que a fabricou, segundo Salaman de nossos seculos"[31].

## III

Para além de listar edifícios do passado, Veloso de Lyra ocupou-se da arquitectura portuguesa do seu tempo em comparação polémica com a espanhola de um modo mais directamente ligado ao tema do presente ensaio. Nisso foi acompanhado pelo escritor português que proponho ter sido um dos fundadores da ideia moderna de Portugal: Tomé Pinheiro da Veiga[32].

---

[29] Mariz, op.cit., pp. 198-99.

[30] *Europa Portuguesa*: II, IV, I, 37. A frase de Faria e Sousa sobre Tomar corresponde talvez a uma opinião vulgar na Península nessa época porque um dos acompanhantes de Filipe I às cortes que aí se realizaram em 1580 referiu que o edifício era "muy grande y tan grande que le quieren comparar con el escurial" (cit. Bouza, *Cartas para duas Infantas Meninas*: p. 60).

[31] António Veloso de Lyra, *Espelho de Lusitanos em o cristal do Psalmo quarenta e três*, Lisboa, 1643, fol. 30 v.

[32] Thomé Pinheiro da Veiga, *Fastigimia*, reprodução em fac-simile da edição de 1911 da Biblioteca Pública Municipal do Porto, Lisboa, IN-CM, 1988. Ver também Vitor Vladimiro Ferreira, "Tomé Pinheiro da Veiga, um português na corte de Valladolid", *IV centenário da morte de Frei Luís de Granada*, Actas do colóquio comemorativo, Associação dos Arqueólogos Portugueses, Lisboa, 1988, pp. 49-90.

A atribuição de traços psicológicos comuns a um determinado povo ocorre no século XVI um pouco em todas as culturas europeias[33]. Na sua famosa obra *Fastigimia*, Pinheiro da Veiga descreve a sua estada em Valladolid em 1604 quando a cidade servia de capital provisória da monarquia ibérica com a residência lá de Filipe II de Portugal (Filipe III de Espanha), do seu valido o duque de Lerma, e da corte. Em soberba prosa, da melhor no português de Seiscentos, o autor compara sistematicamente os hábitos, costumes e traços de personalidade de castelhanos e portugueses com um feroz sentido de humor e uma cirúrgica capacidade de observação.

No último volume do livro, intitulado "Pincigraphia, Descripção e historia natural e moral de Valhadolid"[34], abundam referências a arquitectura e urbanismo que não deixam dúvidas de que o autor não conhecia em Portugal nada que se comparasse a Valladolid, nem mesmo a célebre e celebrada (pelos portugueses...) Rua Nova de Lisboa.

Como se sabe, Valladolid passara por um importante processo de expansão e regularização depois do grande incêndio sofrido em 1561, e apresentava no início de Seiscentos uma cara inteiramente lavada, constituindo um dos mais interessantes exemplos de urbanismo regular primo-moderno na Europa[35].

Pinheiro da Veiga não se cansa de elogiar a rectidão e largura das ruas e a regularidade das fachadas. Do ponto de vista da riqueza, escreve ele, as ruas novas de Valladolid "devem valer mais no que têm que sette Ruas Novas de Lisboa [...] e são tamanhas como uma igreja estreita cada huma".

As casas da cidade e as suas igrejas são também ocasião de comparações desfavoráveis a Lisboa: "Há em Valhadolid mais de quatrocentas cazas grandes, a que chamam Palacios, todas de quatro cantos, com seu páteo de colunas no meyo, como claustra, e algumas tem dous e tres, e sendo assim que não sei em Lisboa sincoenta semilhantes, e em rezão de cazas grandes a excede grandemente". "Tem 12 Igrejas parochiaes, quazi todas de aboboda e columnas, ou forros de cresteria dourada, e nenhuma comparação tem as de Lisboa com ellas, ainda que algumas estão por acabar".

As comparações são por vezes precisas: "a Igreja [de S. Bento al Real de Valladolid] he fermozissima, pelo modo de Santa Cruz em Coimbra, mas com columnas e mayor e mais soberba".

---

[33] Junco, op. cit: p. 59.
[34] *Fastigimia*: pp. 325 sgs.
[35] A. Garcia Bustamante, *La Arquitectura Clasicista del Foco Vallisoletano (1561-1640)*, Valladolid, Institución Cultural Simancas, 1983.

A este comentário, todavia, Pinheiro da Veiga acrescentou uma qualificação que me vai servir de pretexto para discutir aquilo que é verdadeiramente um outro lado da auto-comiseração que sentia relativamente a Portugal e que, ao mesmo tempo, deixa entrever um tipo de orgulho português que me parece directamente relevante em matéria de arquitectura.

Volto a transcrever, agora completa, a sua opinião acerca de S. Bento al Real de Valladolid: "a Igreja he fermozissima, pelo modo de Santa Cruz em Coimbra, mas com columnas e mayor e mais soberba, *mas não tão linda*" (sub. meu).

Ora, o autor encontrara já pelo menos três aspectos estético-artísticos que considerava mais positivamente nos casos portugueses do que nos castelhanos: o primeiro eram os sepulcros da Semana Santa portugueses que "levam em tudo muita vantagem, na invenção, curiosidade e devoção" (*Fastigimia*: 20). Depois, as procissões castelhanas seriam "todas muito frias, sem ordem, nem concerto, nem grandeza nenhuma", facto que os próprios castelhanos admitiriam ao "estimar em Portugal o concerto, como nós [em Espanha] a riqueza". (*Fastigimia*: 45, 114). Finalmente, ao "armarem panos" nas igrejas "são tão desconcertados os castelhanos que nem seguidos, nem entresachados os armam, senão assim como se acerta; e aqui estão huns sobre os outros e acolá a parede branca [...] e assim não lustram tanto". (*Fastigimia*: 255).

Se pensarmos nestas observações e na ressalva feita pelo autor acerca da igreja de S. Bento al Real, podemos talvez verificar que Pinheiro da Veiga criava (ou fazia-se eco de) um modo português de apreciar a arquitectura que não tinha que ver com a riqueza mas sim como categorias como "concerto", "invenção", "lustre", "lindeza".

Pode ser interessante assinalar que Gianlorenzo Bernini, durante a sua estada em França em 1665 para se ocupar do projecto do Louvre, teve algumas conversas com colaboradores seus a propósito do gosto artístico das várias nações da Europa, dizendo que os franceses, por exemplo, não tinham jeito para as artes plásticas ou a arquitectura mas para a "arte militar" de "disciplinar as tropas, formar esquadrões e comandar exércitos, enquanto que os espanhóis, ou seja, os habitantes da Península Ibérica, só teriam gosto para o "doce e o polido", "ce qu'ils appelent *lindo*"[36].

A distinção entre as várias "pátrias" e "nações" europeias em matéria artística através nomeadamente do conceito de "escola" (escola flamenga,

---

[36] *Journal de Voyage du Cavalier Bernin en France*, ed. Ludovic Lalanne, *Gazette des Beaux-Arts*, Paris, 1885, pp. 99, 214.

escola bolonhesa, etc.) é um dispositivo teórico do século XIX. Mas, enquanto dispositivo empírico é, pelo menos, quinhentista, e assentava frequentemente na tradição de geografia cultural e histórica de Plínio. A geografia da arte e da arquitectura é evidentemente uma geografia ideológica que, num mesmo momento, segue e consolida a geografia política e as fronteiras, em afirmação progressiva, dos estados-nação nascentes[37].

Na febre da propaganda contra os Áustrias a seguir a 1640, o escritor António Veloso de Lyra investiu contra o palácio real madrileno do Buen Retiro que então estava em obras e era apresentado, não só por portugueses, como um exemplo da corrupção e dos gastos inconsiderados da monarquia espanhola[38]. Disse ele que os "ricos panos" que ornavam a Capela real da Ribeira de Lisboa "em que a divinissima Magestade he venerada" foram parar ao Retiro onde "serviam de adorno em hum aposento, onde por vergonha calo o que sercavam, assi como Nabuco despojou o santo Templo para tais abusos" (p. 45).

Noutro passo, referiu que apesar de Portugal ter sido arruinado pelos castelhanos durante o período filipino nunca faltaram ao culto divino "as cousas convenientes e necessarias à grandeza, e ao costume antigo Lusitano [...] sem faltarem dourados em todos quantos templos tem o Reyno" (p. 51).

Finalmente afirmou que a reparação do Buen Retiro depois de um incêndio foi feita com madeiras das igrejas de Madrid "multiplicandose aposentos e galarias para galinhas, porcos, e outros brutos, não havendo para Santo Isidro (patram daquella Villa) mais que huma hermida mais limitada do que o Tugurio em que vivera" (p. 57).

A especial devoção do culto divino e dos seus lugares, que os portugueses se atribuiam, era mais antiga que Seiscentos. Já o pregador real da

---

[37] Sylvie Deswarte-Rosa, "Le Portugal et la Méditerranée. Histoires mythiques et images cartographiques", *Arquivos do Centro Cultural Calouste Gulbenkian*, XLIII, "Le Portugal et la Méditérranée, Lisboa-Paris, Centro Cultural Calouste Gulbenkian, 2002, 98-147. Claire Farago, "Vision itself has its history: race, nation and Renaissance Art History", in Claire Farago (ed.), *Reframing the Renaissance. Visual culture in Europe and Latin America, 1450-1650*, New Haven e Londres, Yale University Press, 1995, 67-88. Francis Haskell, *History and its images. Art and the interpretation of the past*, New Haven e Londres, Yale University Press, 1995 (3ª edição corrigida). Thomas DaCosta Kauffman, "Italian sculptors and sculpture outside of Italy (chiefly in Central Europe): problems of approach, possibilities of reception", Claire Farago (ed.), *Reframing the Renaissance. Visual culture in Europe and Latin America, 1450-1650*, New Haven e Londres, Yale University Press, 1995, pp. 47-66. Thomas DaCosta Kauffman, *Toward a geography of Art*, Chigago University Press, 2004.

[38] Jonathan Brown e J. H. Elliott, *A Palace for a King. The Buen Retiro and the court of Philip IV*, Yale University Press, Cambridge Mass., 1981. (Ver ed. Madrid, Alianaa, 1985, pp. 231 e segs.).

raínha Dona Catarina, Francisco de Monzón, no seu *Libro Primero del Espejo del Principe Christiano* de 1544, dissera que Lisboa só tinha paralelo em Jerusalém na devoção ao Santíssimo Sacramento[39].

Mas, como vimos, foi no início do século XVII que este orgulho católico se começou a exprimir sistematicamente na apreciação das igrejas. Frei António Brandão escreveu que as igrejas de Lisboa "são de tanta perfeição & fermosura, tanta magestade, riqueza & polícia, que só [por elas] se pode dizer com justa razão o que ousou afirmar o outro Poeta illustre dos templos de Roma, que por elles entendia não estar longe da gloria [...] e na verdade em o ornato dos templos, & culto divino se pode preferir a todas as nações da Christandade a gente portuguesa"[40].

Quando Tomé Pinheiro da Veiga regressou a Portugal foi descansar na sua aldeia. Aí encontrou Leonarda, uma moça que estava "no Abril de sua idade [...] nem menina para não sentir meus favores, nem mulher para se acobardar com suas esquivanças, mas na entrada da idade que convida a amar e promete ser amado".

Veio então "finalmente a bejar a doce terra da minha amada patria, livre do cativeiro de tanta liberdade" e começou a "namorar-se mais da modestia e sugeição da nossa Patria, que das aparencias phantasticas das estranhas" (*Fastigimia*: 317-318).

Pensando em Leonarda, comparou as mulheres portuguesas com as castelhanas e concluiu que estas são como "cazas de taipa pintadas ao fresco, têm somente a vista" (*Fastigimia*: 319). Recordava talvez aquilo que pensara sobre as casas de Valladolid, edifícios de taipa ou "de madeira e tijolo que chamamos de tabique", "aprazíveis por fora, porque com almagra os pintam a modo de tijolos, com branco entre hum e outro..." (*Fastigimia*: 330).

## Conclusões

Na transição entre Quinhentos e Seiscentos, Portugal e Espanha nascem indistrinçavelmente ligados. Uma nação não existe sem a sua contraposição à outra.

Face aos povos da Ásia, da América ou da África, os portugueses não parecem ter sentido especial vontade de se auto definirem, dispensados disso por serem serem cristãos e brancos. Mas identificaram esse estatuto

---

[39] Cit. Varela Gomes, op. cit: p. 156.
[40] *Monarquia Lusitana*, frei Bernardo de Brito e frei António Brandão (1597-1632), 4 volumes, IN-CM, Coimbra, 1973-75: XXVI.X.168 v.

religioso e étnico com um destino messiânico particular no quadro do mundo. Um tal destino confirmava-se na India contra outros europeus (holandeses, franceses, italianos) que, ou eram não-católicos, ou não tinham nada que ver com a missão entregue por Deus aos portugueses.

Na Europa, pelo contrário, havia do outro lado da raia quem também se revia no destino messiânico, quem também acreditava ser parte de uma nação e de uma monarquia designadas por Deus para unificar o mundo sob a fé de Cristo. Era precisamente a semelhança entre as duas culturas que tornava necessária a sua diferenciação, especialmente nas circunstâncias da monarquia dual e perante a necessidade de fazer respeitar o Estatuto de Tomar.

O nacionalismo espanhol, pré-moderno e moderno, configurou-se, desde meados do século XVII, em torno da ideia da decadência do poderio espanhol e da incompreensão de que a Espanha seria alvo por parte de uma Europa completamente enganada pela "Lenda Negra" espalhada pelo adversário protestante do norte. Era o mundo contra Espanha.

Não assim o nacionalismo português, que desde cedo assentou num sentimento de superioridade tão arrogante e ao mesmo tempo tão ingénuo que tornou muito fácil ao estado e às elites, quando a decadência bateu à sua porta, acolher-se sem vergonha debaixo da asa do paternalismo alheio, francês ou inglês.

Escreveu Eduardo Lourenço: "A Espanha, durante o século XVII, integra, inconscientemente ou não, o património cultural lusitano no seu. Portugal, consciente ou inconscientemente, reflui para si mesmo, torna-se de ilha imperial gloriosa em ilha perdida na qual espera a ressurreição do seu passado simbolicamente intacto..."[41].

No tempo da "ilha imperial gloriosa", nesse século e meio de ouro entre 1400 e 1550, a diferença sentida pelos portugueses em relação a Espanha, ou Castela, era uma diferença pré-moderna, centrípeta por assim dizer. Com os tempos da "ilha perdida", de 1550, e sobretudo de 1600 em diante, tornou-se uma diferença moderna, centrífuga.

A distinção entre estes dois tipos de diferença provém das arqueologias do saber pensadas por Foucauld evidentemente. Nessa linha, escreveu Jürgen Habermas: "... Les empires de l'Antiquité [...] percevaient le monde au-delà de leurs frontières à partir du point de vue central que leur donnait leur propre image du monde. La compréhension moderne

---

[41] Eduardo Lourenço, *Portugal como Destino seguido de Mitologia da Saudade*, Lisboa, Gradiva, 1999, p. 19.

de soi est au contraire empreinte d'un universalisme fondé sur l'égalité qui non seulement requiert qu'on se décentre de sa propre perspective, mais impose encore qu'on départicularise son propre regard afin de pouvoir le mettre en relation avec les perspectives d'interprétation adoptées par l'autre, considéré à égalité " (*Le Monde*, 2 de Maio de 2003).

Na cultura europeia, a diferença renascentista dos séculos XV e início do século XVI existia num horizonte de imutabilidade e homogeneidade através do qual o mundo era percebido como in-diferente. Neste quadro mental, os portugueses sentiam-se diferentes sendo-lhes todos os outros indiferentes.

Na época moderna, porém, após meados do século XVI, foi-se estabelecendo lentamente uma cultura de separação e de diferença, centrífuga. A época moderna é a época da redimensionação do mundo através do reconhecimento daquilo que se afasta do centro ocidental, tornando-se nesse afastamento exótico, diferente.

Deste modo, é evidente que a ideia de uma arquitectura portuguesa não podia ter, no início de Quinhentos, os mesmos contornos culturais que veio a adquirir em Seiscentos e menos ainda nos séculos XIX e XX.

Mas havia no período histórico de que apresentei aqui alguns testemunhos um sentimento próprio da arquitectura portuguesa, um sentimento pré-moderno que se prolongou no tempo até ficar completamente fora de tempo, nessa "ilha perdida" de que escreve Eduardo Lourenço. Esse sentimento, porque não era moderno, não correspondia uma forma ou a um "estilo" arquitectónico.

Portuguesas podiam ser a arquitectura dos Jerónimos ou as eças piramidais das cerimónias fúnebres, as igrejas revestidas a talha dourada ou o modo de armar tapeçarias nas capelas. Eram arquitecturas portuguesas não por serem diferentes do ponto de vista da forma em relação às arquitecturas com que se comparavam, a italiana ou a espanhola, mas porque, centripetamente, eram formas que materializavam a diferença portuguesa como povo / lugar onde se encontravam a religião católica e a ideia de Portugal.

Deste modo, os grandes edifícios dos reis das três primeiras dinastias (Alcobaça, Santa Cruz, Batalha, Convento de Cristo, Jerónimos) sustentavam a noção de um passado próprio, pátrio, e os interiores dourados ou as arquitecturas efémeras das procissões testemunhavam da devoção própria dos portugueses. A ninguém ocorria a necessidade de procurar ou descrever uma forma para o portuguesismo arquitectónico porque o portuguesismo se sustentava transcendentalmente, sendo anterior à arquitectura, à arte, à literatura, a todas as provas empíricas.

Só foi necessário inventar uma forma para a arquitectura portuguesa quando, no início do século XIX, o debate entrou no terreno empírico da História.

No século XVI, os debates sobre o "Antigo" e o "Moderno" não introduziam nas próprias formas da arquitectura a distinção entre o bem e o mal, o correcto e o incorrecto, o apropriado e o impróprio, porque as formas não se discutiam historicamente mas apenas dos pontos de vista religioso, simbólico ou formal. Discordava-se em matéria de gosto mas nunca era posto em causa o significado da arquitectura (de qualquer arquitectura – manuelina, renascentista, desornamentada) enquanto materialização e transmissão dos valores transcendentes do Portugal católico.

Todavia, quando Tomé Pinheiro da Veiga começou a estabelecer a diferença entre portugueses e espanhóis no terreno dos hábitos e mentalidades, ou seja, quando deu início, em Portugal, à modernidade da nossa auto-percepção identitária, a arquitectura e a cidade apareceram-lhe como lugares naturais de observação das diferenças. Dando-se conta da relativa pobreza, em dimensões, ambição e classicismo, das cidades portuguesas relativamente a Valladolid, contrapôs a estes exteriores, cívicos e ricos, a riqueza interior, escondida, devota, das igrejas portuguesas. Às ricas "casas de taipa pintadas de fresco" que viu em Valladolid, preferiu, ao regressar à sua terra, a riqueza verdadeira, para além da vista, da sua doce Leonarda, namorando-se mais da "modestia da nossa Patria, que das aparencias phantasticas das estranhas".